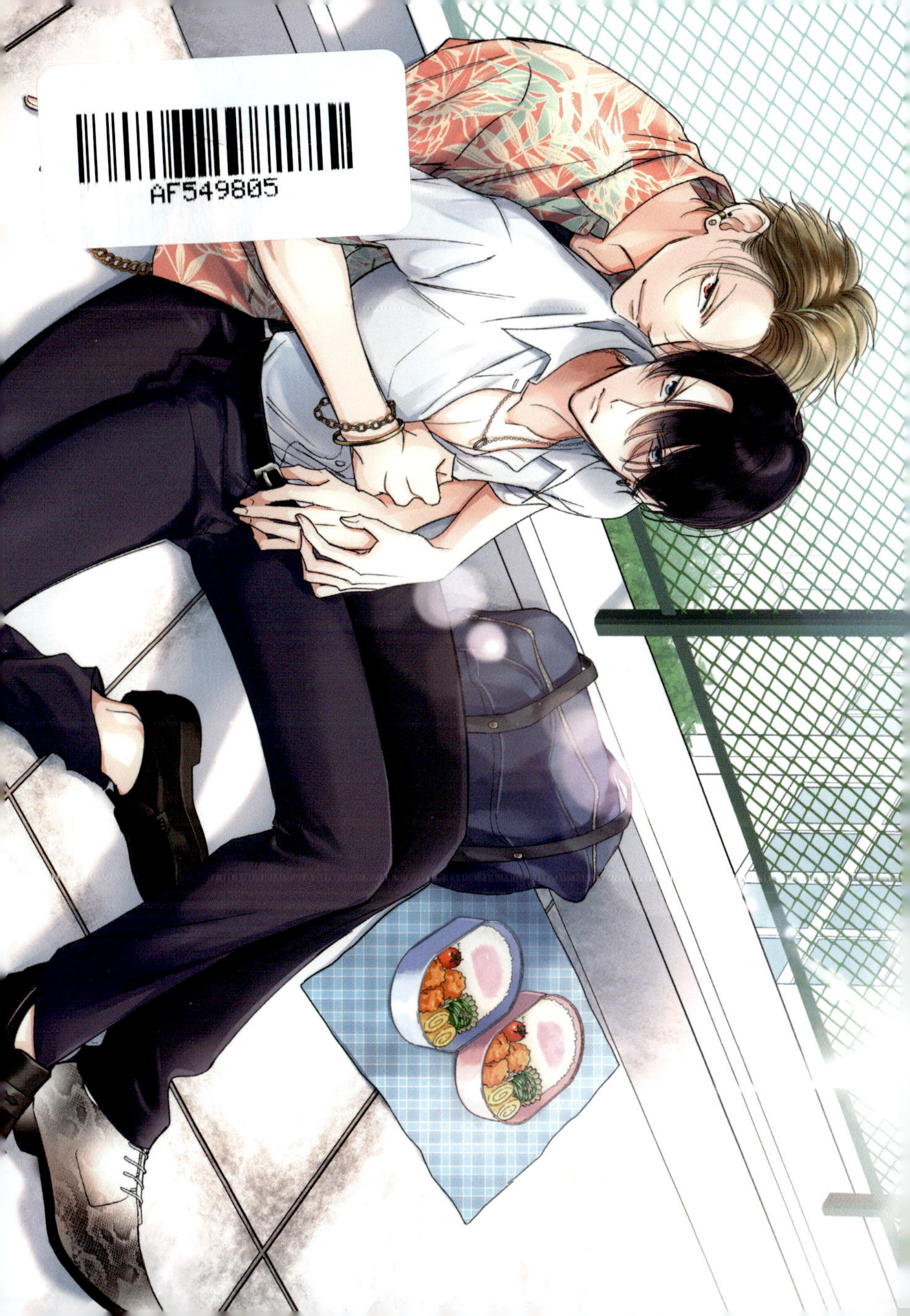

Story & Zeichnungen
TOTOFUMI

Übersetzung
DOROTHEA KLEPPER

Lektorat
KATHARINA ALTREUTHER

Lettering
LARA IACUCCI

INHALT

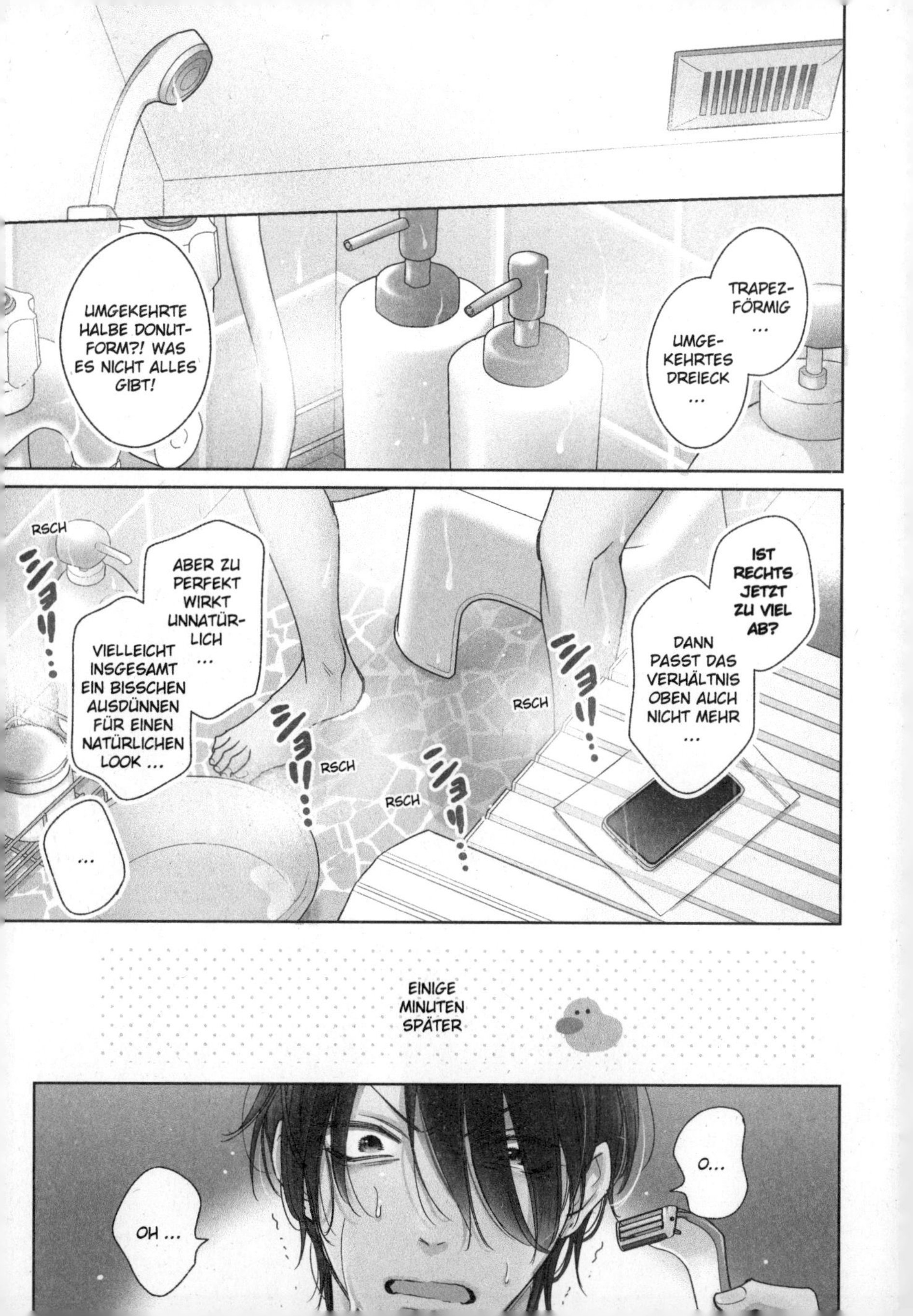

TRAPEZFÖRMIG …
UMGEKEHRTES DREIECK …

UMGEKEHRTE HALBE DONUTFORM?! WAS ES NICHT ALLES GIBT!

IST RECHTS JETZT ZU VIEL AB?
DANN PASST DAS VERHÄLTNIS OBEN AUCH NICHT MEHR …

RSCH
RSCH
RSCH
RSCH

ABER ZU PERFEKT WIRKT UNNATÜRLICH …
VIELLEICHT INSGESAMT EIN BISSCHEN AUSDÜNNEN FÜR EINEN NATÜRLICHEN LOOK …

…

EINIGE MINUTEN SPÄTER

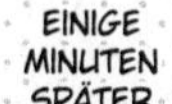

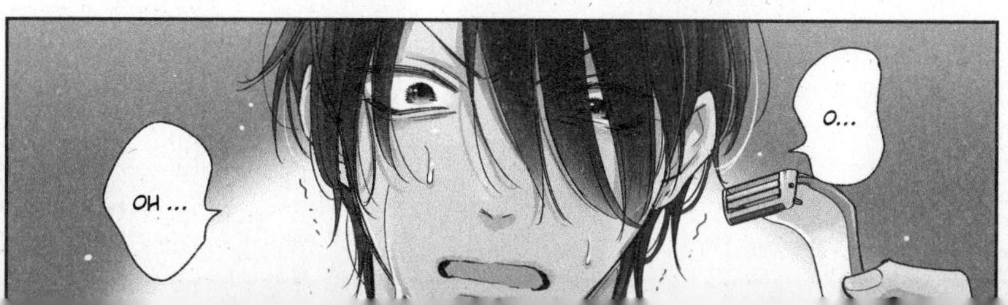

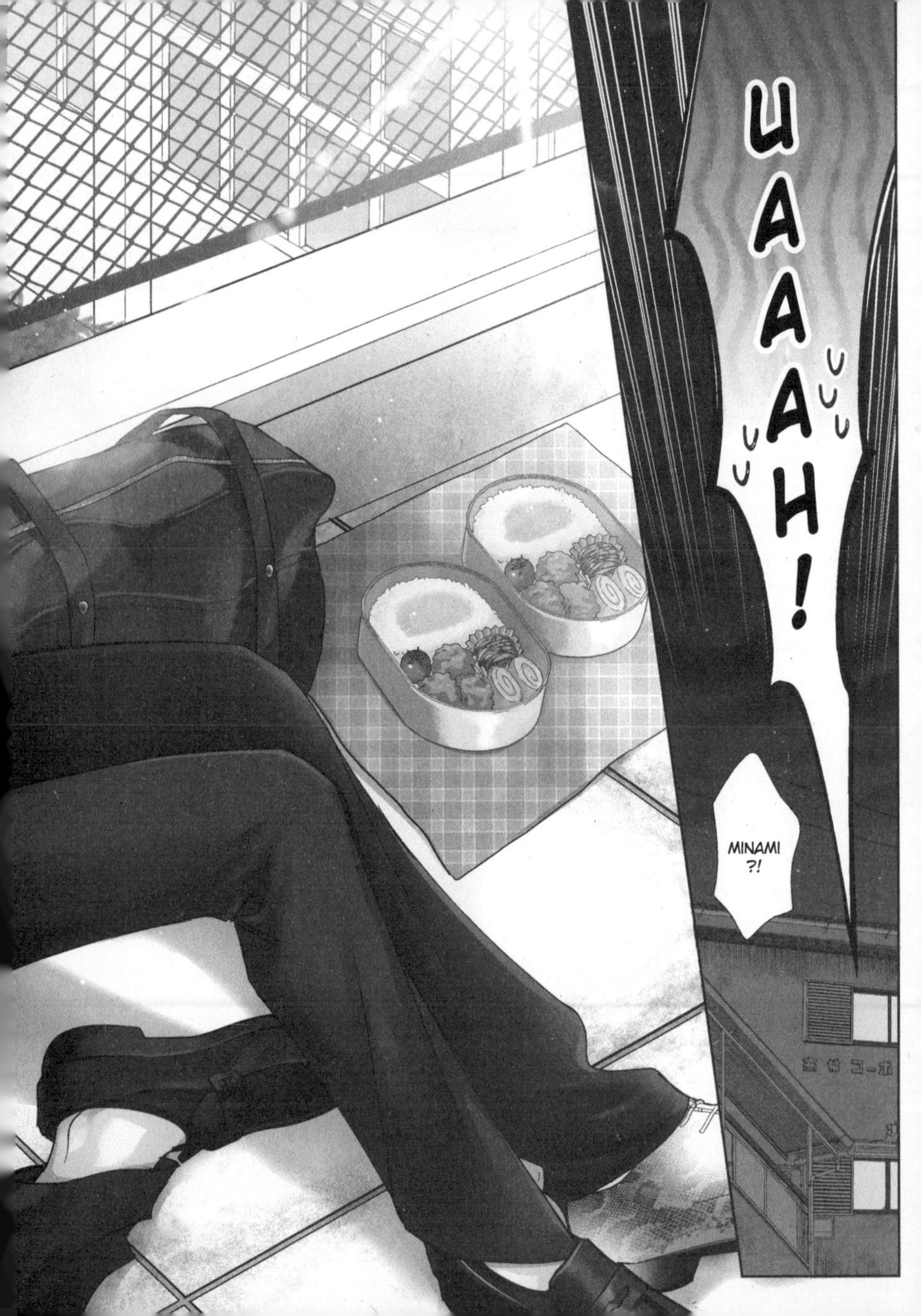
UAAAAH!
UUUUU
MINAMI ?!

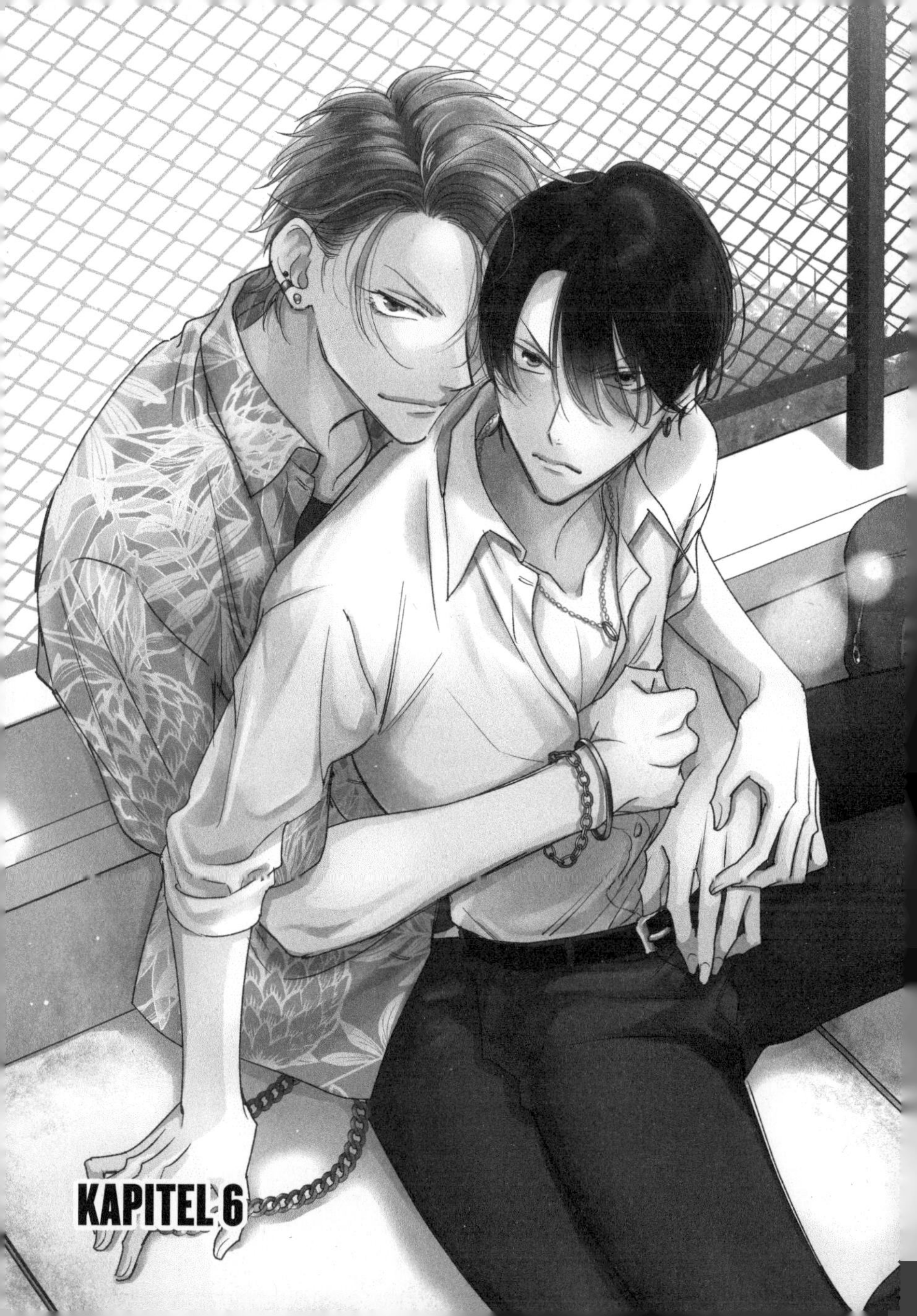
KAPITEL 6

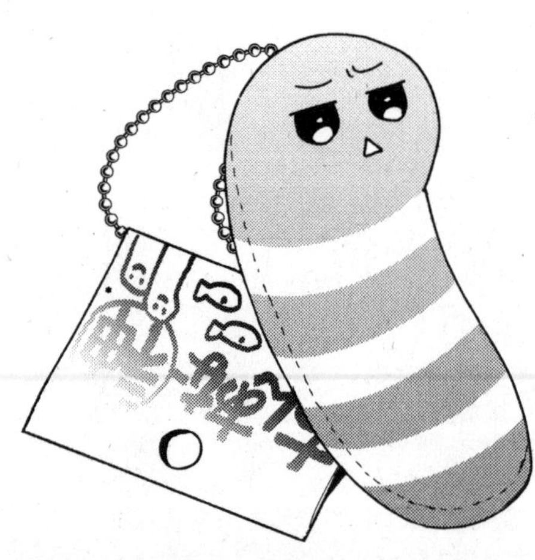

KAMPF DER VERFÜHRERGIGANTEN

PRESENTED BY TOTOFUMI

* OHRFLECK-RÖHRENAAL

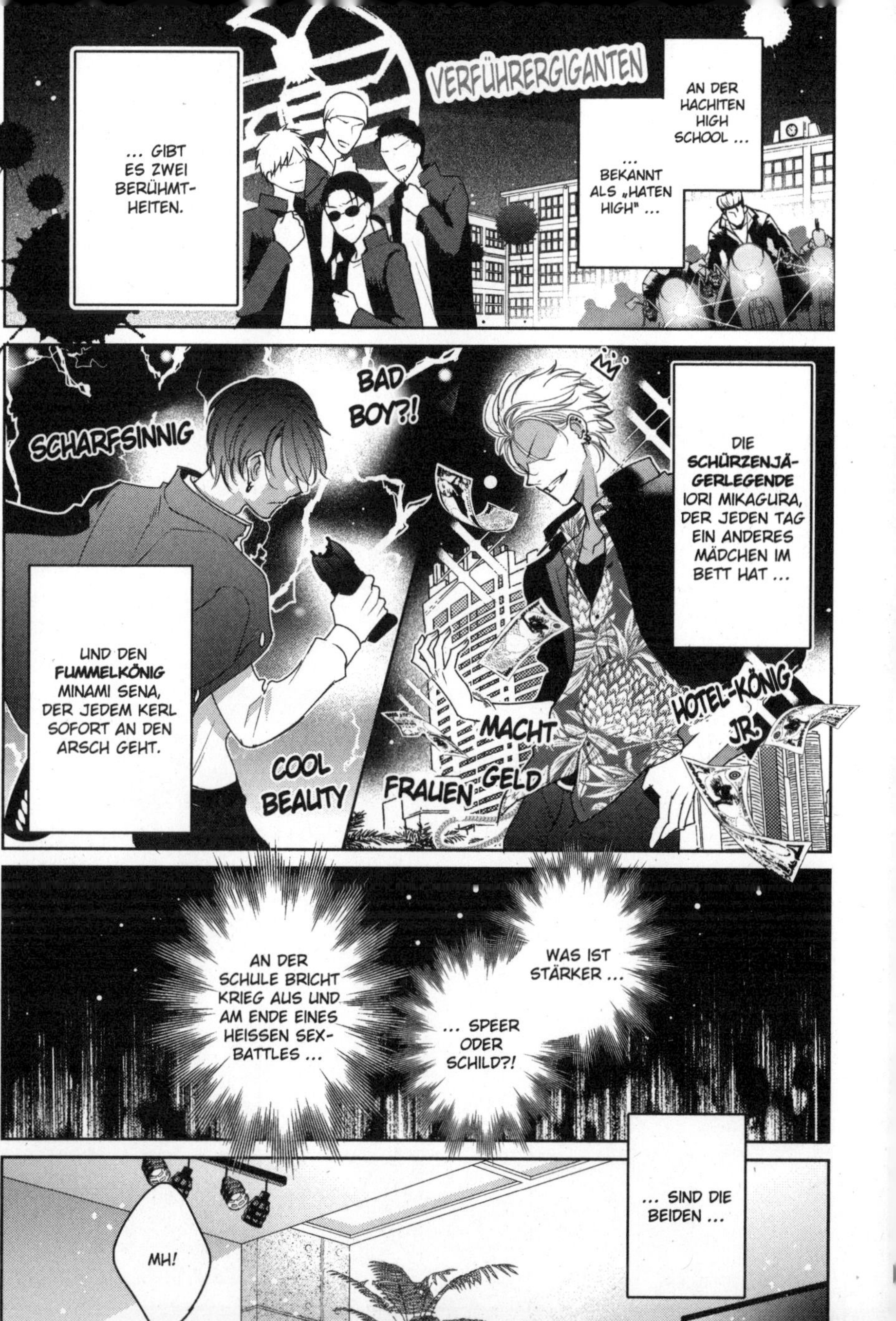

AN DER HACHITEN HIGH SCHOOL …

… BEKANNT ALS „HATEN HIGH“ …

VERFÜHRERGIGANTEN

… GIBT ES ZWEI BERÜHMTHEITEN.

DIE **SCHÜRZENJÄGERLEGENDE** IORI MIKAGURA, DER JEDEN TAG EIN ANDERES MÄDCHEN IM BETT HAT …

HOTEL-KÖNIG JR.

MACHT

GELD

FRAUEN

BAD BOY?!

COOL BEAUTY

SCHARFSINNIG

UND DEN **FUMMELKÖNIG** MINAMI SENA, DER JEDEM KERL SOFORT AN DEN ARSCH GEHT.

WAS IST STÄRKER …

… SPEER ODER SCHILD?!

AN DER SCHULE BRICHT KRIEG AUS UND AM ENDE EINES HEISSEN SEX-BATTLES …

… SIND DIE BEIDEN …

MH!

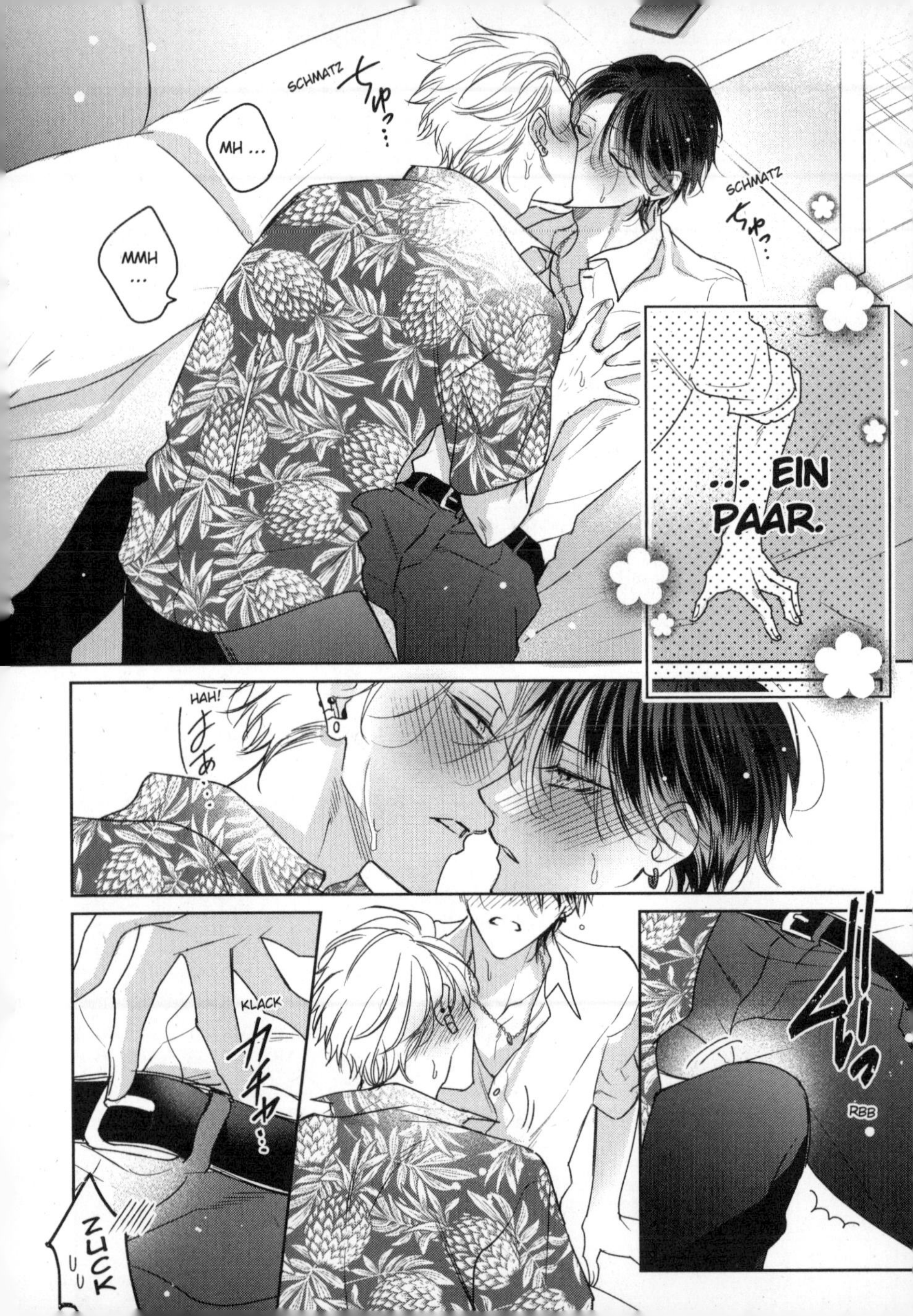
SCHMATZ
ちゅっ…
MH …
MMH …
SCHMATZ
ちゅっ…
… EIN PAAR.
HAH!
はぁ…
KLACK
カチャ…
RBB
ZUCK

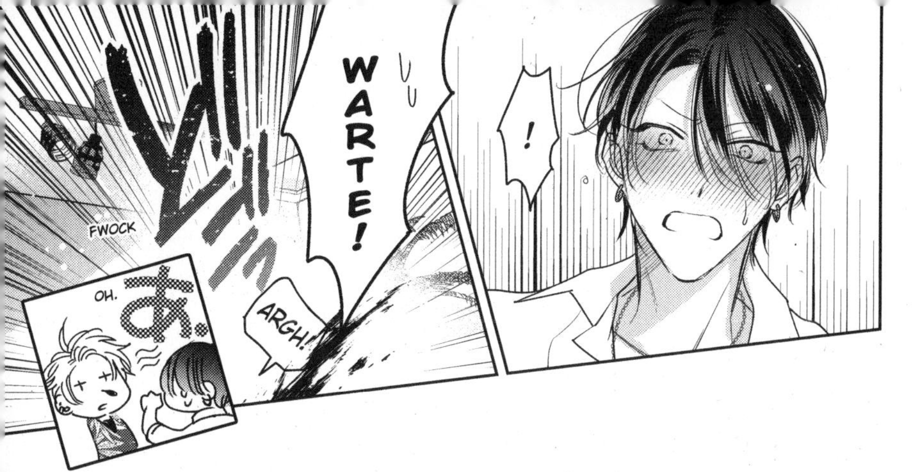
!
WARTE!
ARGH!
FWOCK
あ。
OH.

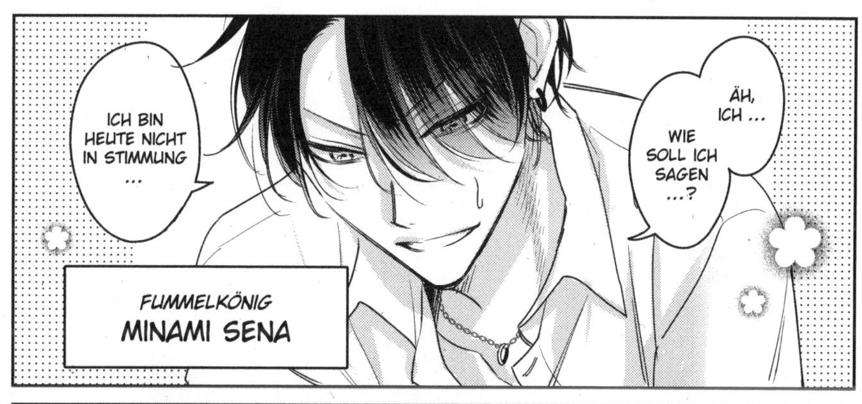
ÄH, ICH ...
WIE SOLL ICH SAGEN ...?
ICH BIN HEUTE NICHT IN STIMMUNG ...
FUMMELKÖNIG
MINAMI SENA

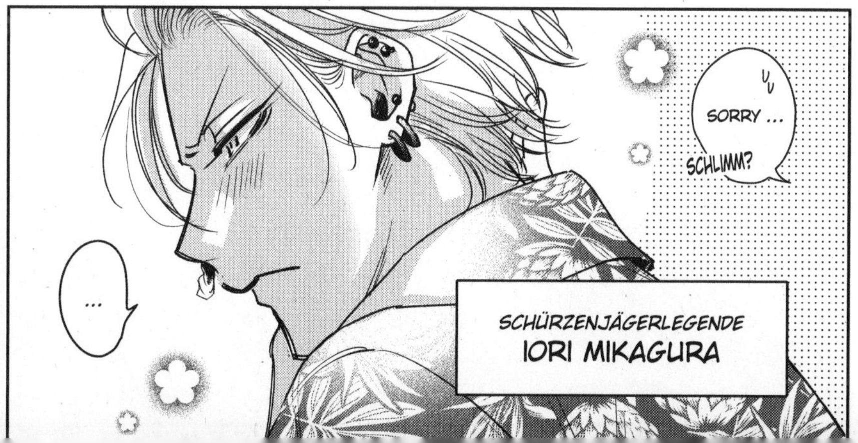
SORRY ...
SCHLIMM?
...
SCHÜRZENJÄGERLEGENDE
IORI MIKAGURA

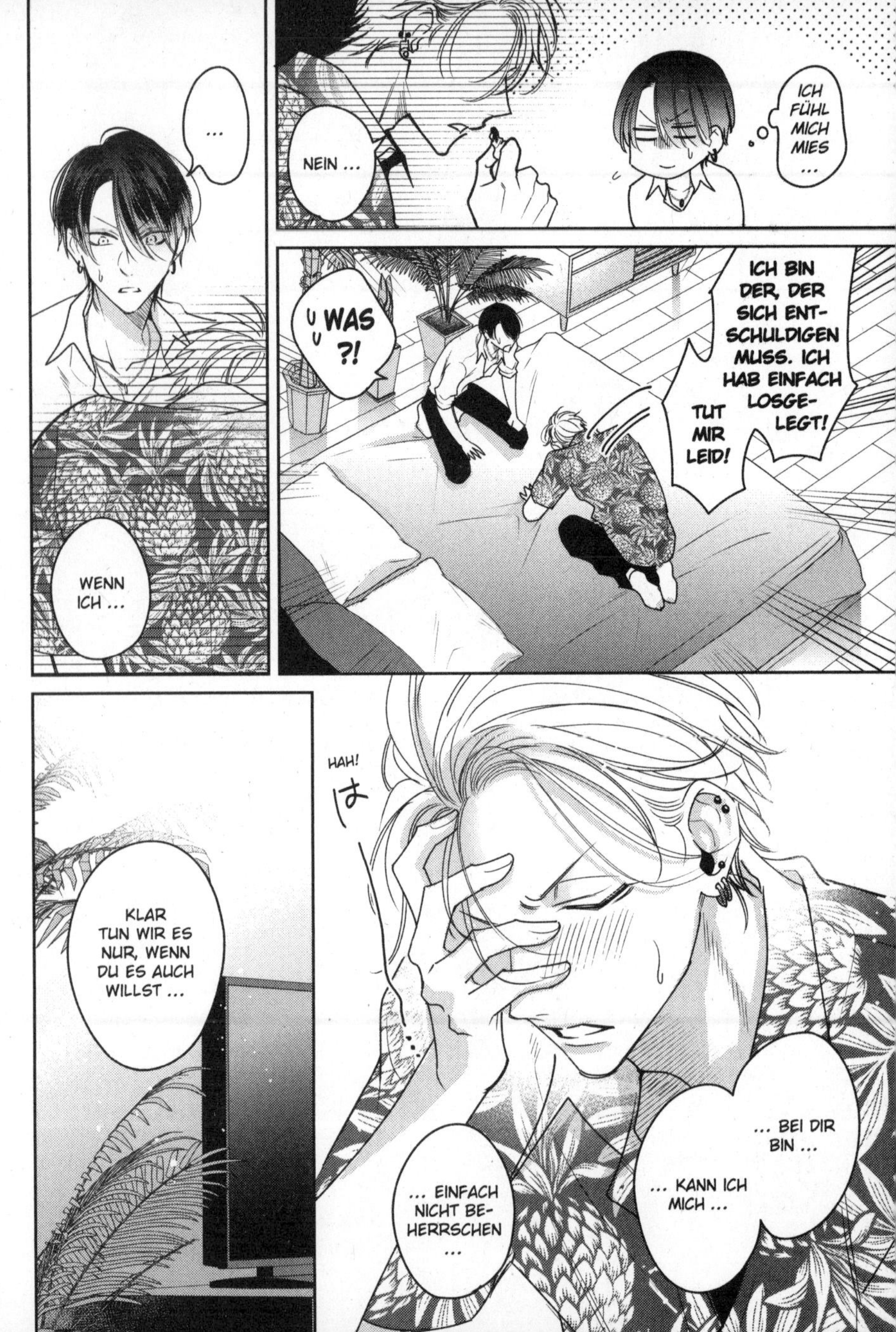
ICH FÜHL MICH MIES …
NEIN …
…
ICH BIN DER, DER SICH ENT-SCHULDIGEN MUSS. ICH HAB EINFACH LOSGE-LEGT!
TUT MIR LEID!
WAS ?!
WENN ICH …
HAH!
は
… BEI DIR BIN …
… KANN ICH MICH …
… EINFACH NICHT BE-HERRSCHEN …
KLAR TUN WIR ES NUR, WENN DU ES AUCH WILLST …

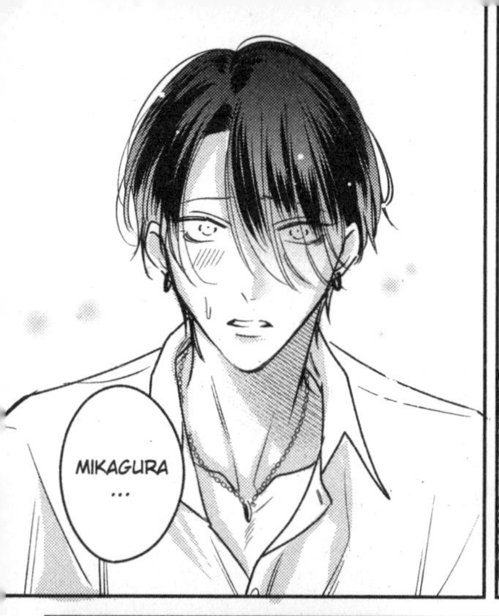
MIKAGURA …

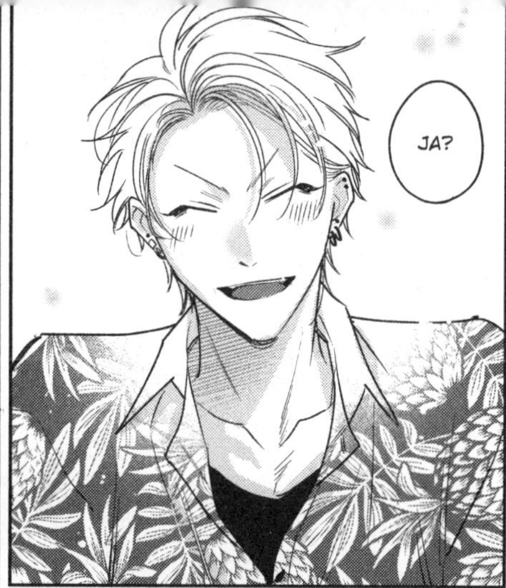
JA?

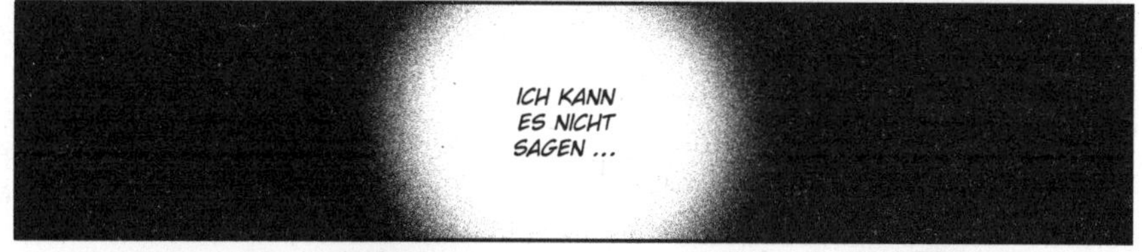
ICH KANN ES NICHT SAGEN …

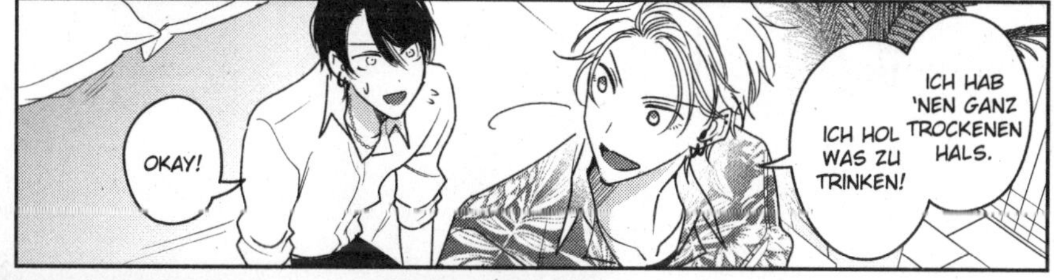
OKAY!
ICH HOL WAS ZU TRINKEN!
ICH HAB 'NEN GANZ TROCKENEN HALS.

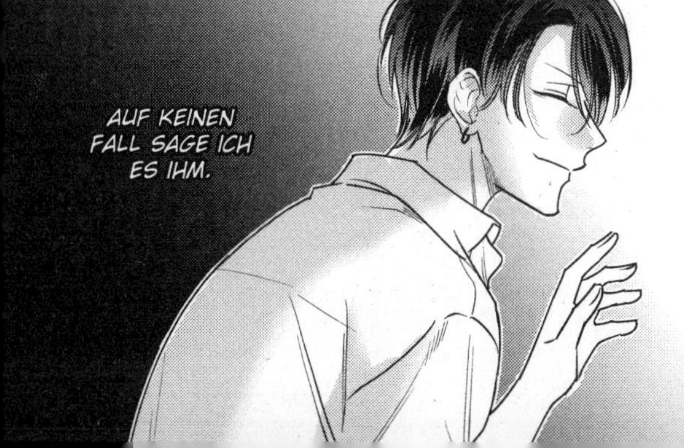
AUF KEINEN FALL SAGE ICH ES IHM.

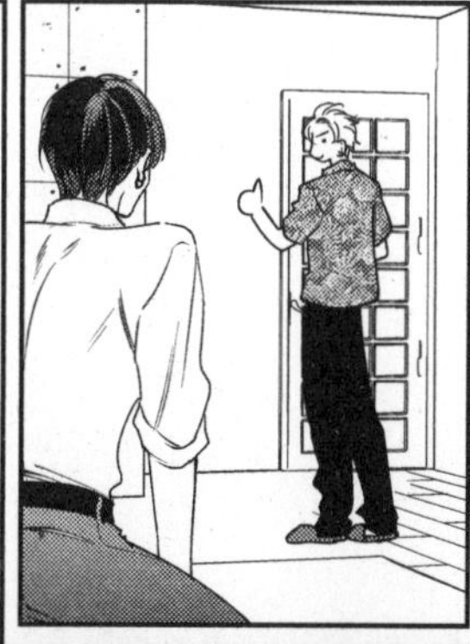

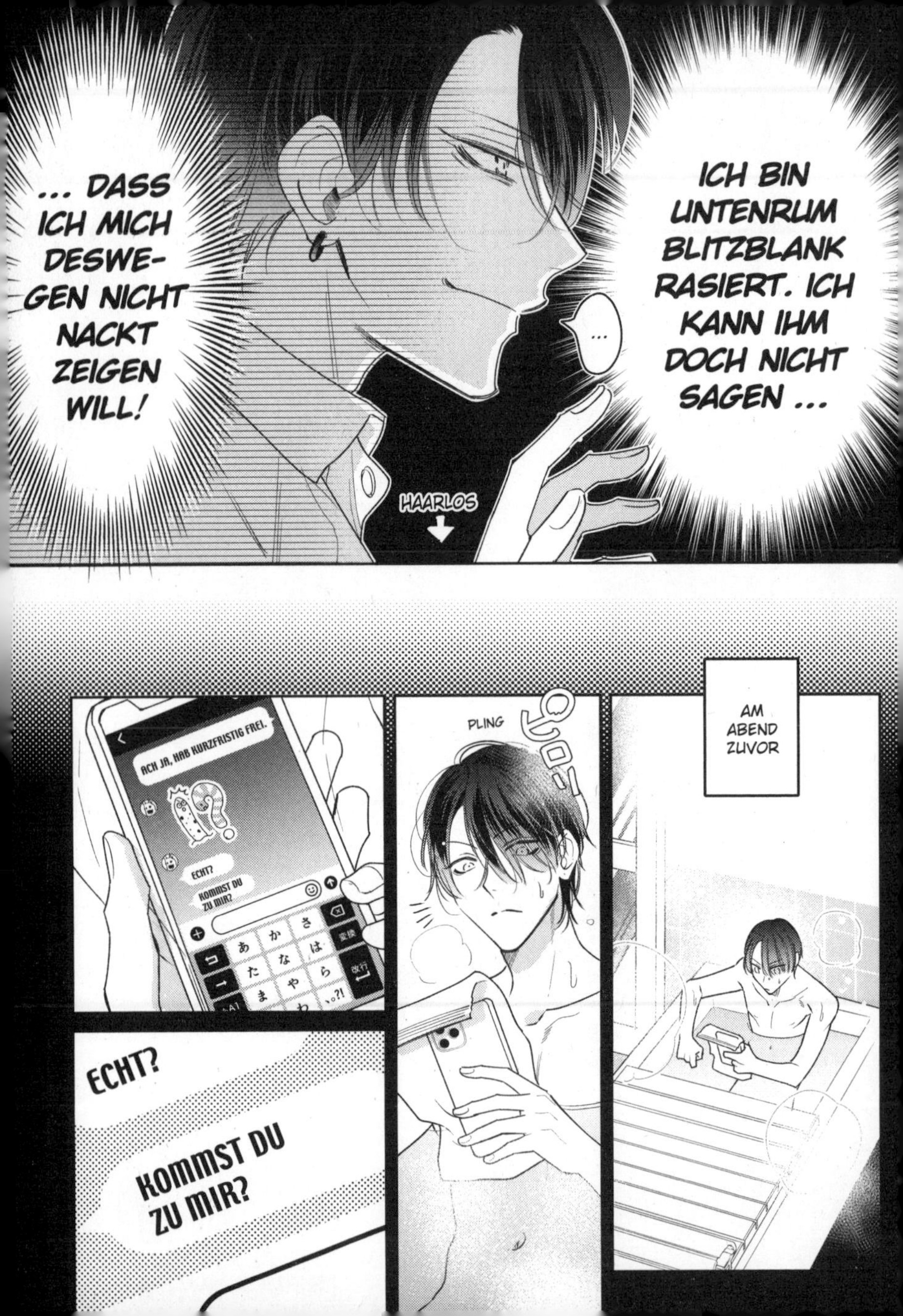

ICH BIN UNTENRUM BLITZBLANK RASIERT. ICH KANN IHM DOCH NICHT SAGEN ...

...

... DASS ICH MICH DESWE-GEN NICHT NACKT ZEIGEN WILL!

HAARLOS

AM ABEND ZUVOR

PLING

ACH JA, HAB KURZFRISTIG FREI.

ECHT?

KOMMST DU ZU MIR?

ECHT?

KOMMST DU ZU MIR?

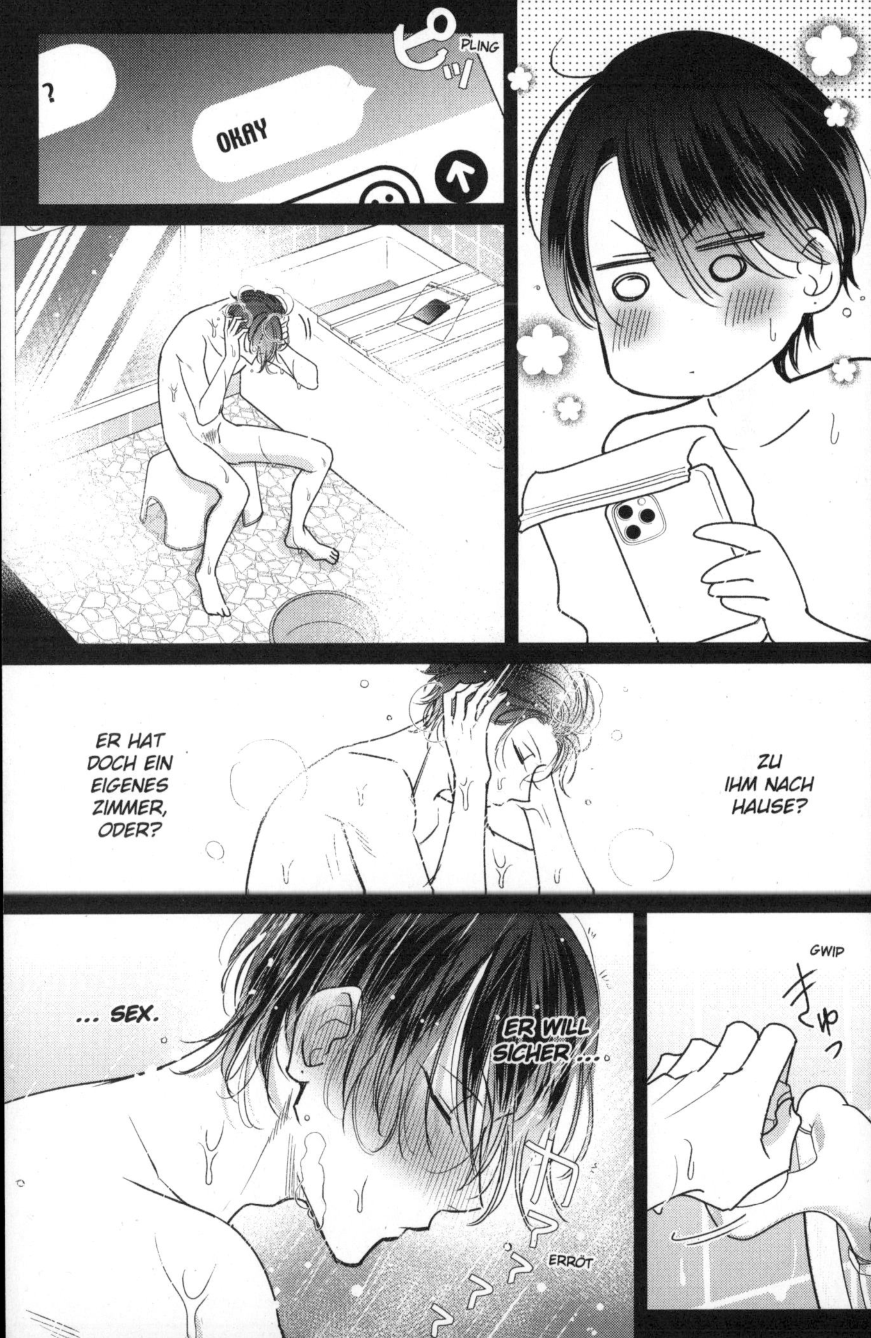
?
OKAY
PLING
ZU IHM NACH HAUSE?
ER HAT DOCH EIN EIGENES ZIMMER, ODER?
GWIP
ER WILL SICHER ...
... SEX.
ERRÖT

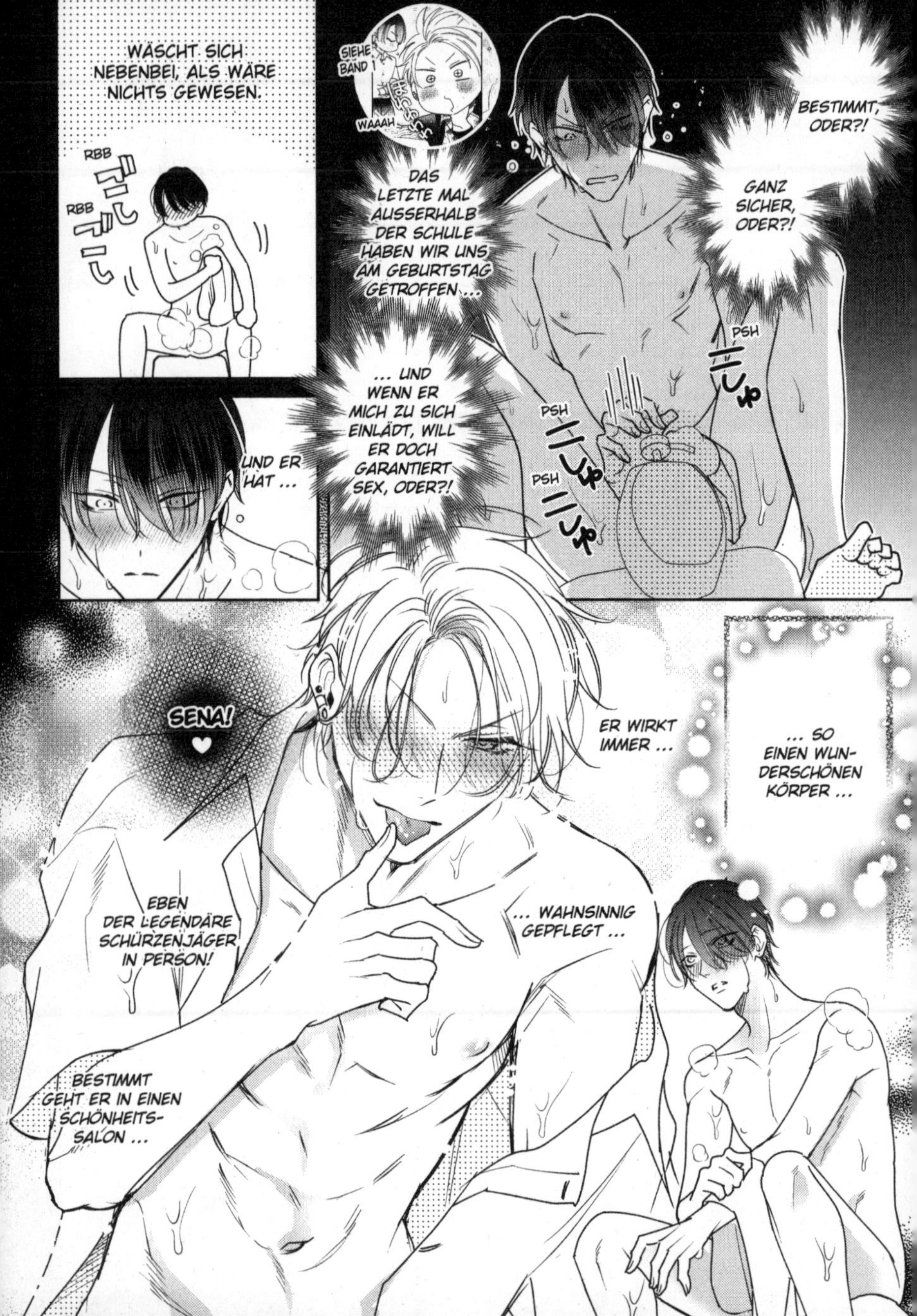

WÄSCHT SICH NEBENBEI, ALS WÄRE NICHTS GEWESEN.
SIEHE BAND 1
WAAAH
RBB
RBB
BESTIMMT, ODER?!
GANZ SICHER, ODER?!
DAS LETZTE MAL AUSSERHALB DER SCHULE HABEN WIR UNS AM GEBURTSTAG GETROFFEN ...
PSH
... UND WENN ER MICH ZU SICH EINLÄDT, WILL ER DOCH GARANTIERT SEX, ODER?!
UND ER HAT ...
PSH
PSH
SENA!
ER WIRKT IMMER ...
... SO EINEN WUNDERSCHÖNEN KÖRPER ...
EBEN DER LEGENDÄRE SCHÜRZENJÄGER IN PERSON!
... WAHNSINNIG GEPFLEGT ...
BESTIMMT GEHT ER IN EINEN SCHÖNHEITSSALON ...

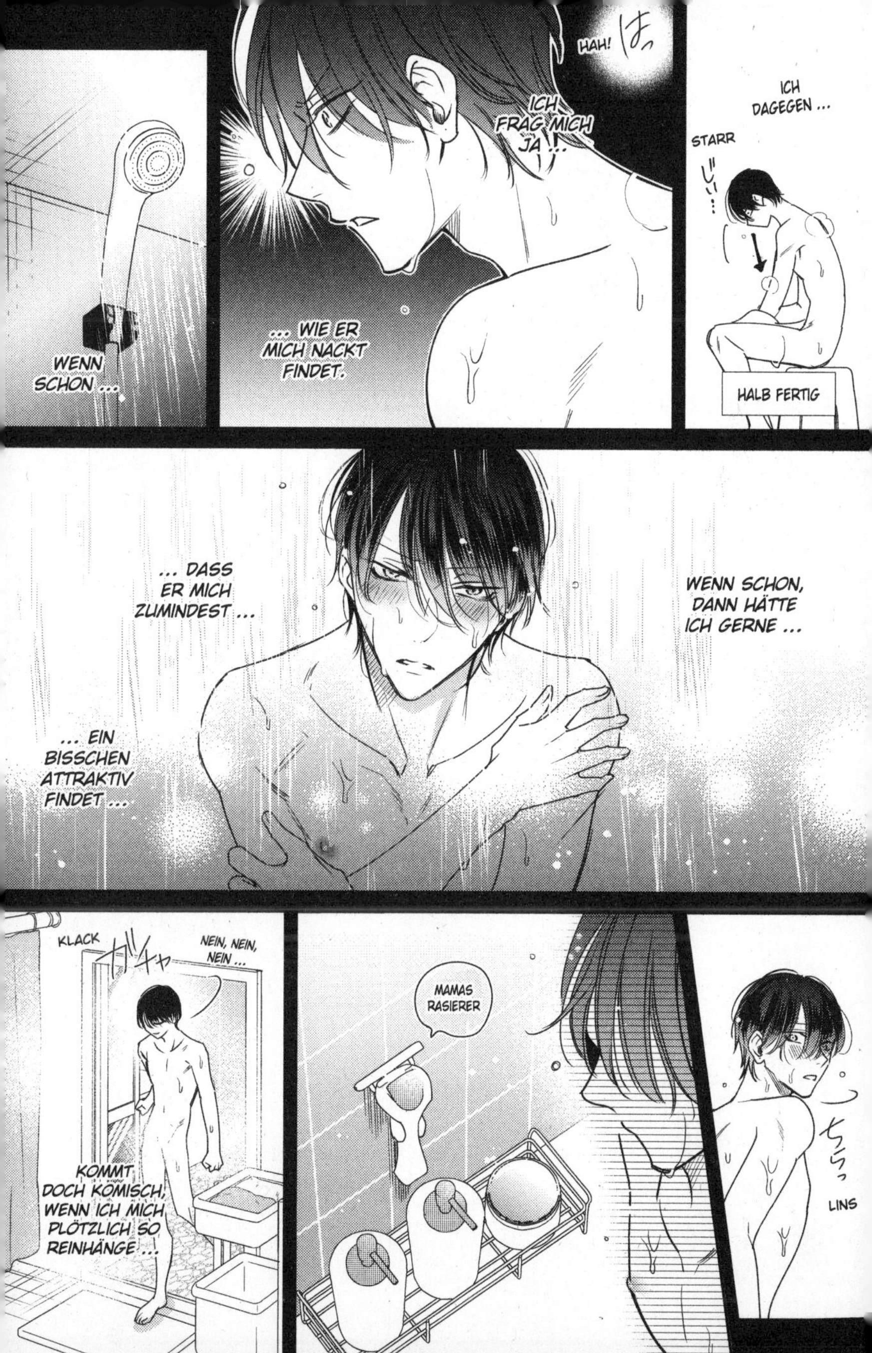
ICH DAGEGEN ...
STARR
じぃ…
HALB FERTIG
HAH!
はっ
ICH FRAG MICH JA ...
... WIE ER MICH NACKT FINDET.
WENN SCHON ...
WENN SCHON, DANN HÄTTE ICH GERNE ...
... DASS ER MICH ZUMINDEST ...
... EIN BISSCHEN ATTRAKTIV FINDET ...
ちらっ
LINS
MAMAS RASIERER
NEIN, NEIN, NEIN ...
KLACK
ガチャ
KOMMT DOCH KOMISCH, WENN ICH MICH PLÖTZLICH SO REINHÄNGE ...

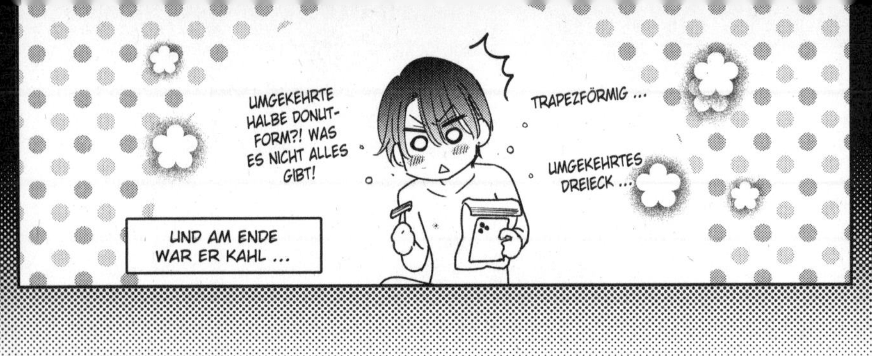

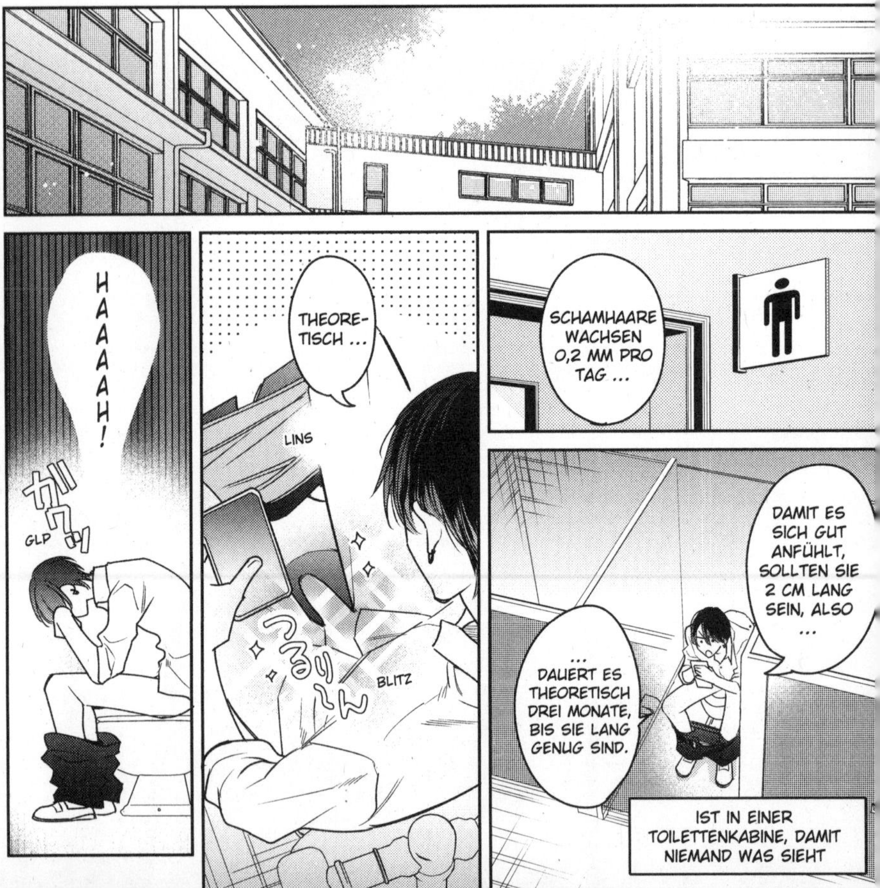

SCHAMHAARE WACHSEN 0,2 MM PRO TAG …

DAMIT ES SICH GUT ANFÜHLT, SOLLTEN SIE 2 CM LANG SEIN, ALSO …

… DAUERT ES THEORETISCH DREI MONATE, BIS SIE LANG GENUG SIND.

IST IN EINER TOILETTENKABINE, DAMIT NIEMAND WAS SIEHT

THEORE-TISCH …

LINS

つるりん

BLITZ

HAAAAAH!

GLP

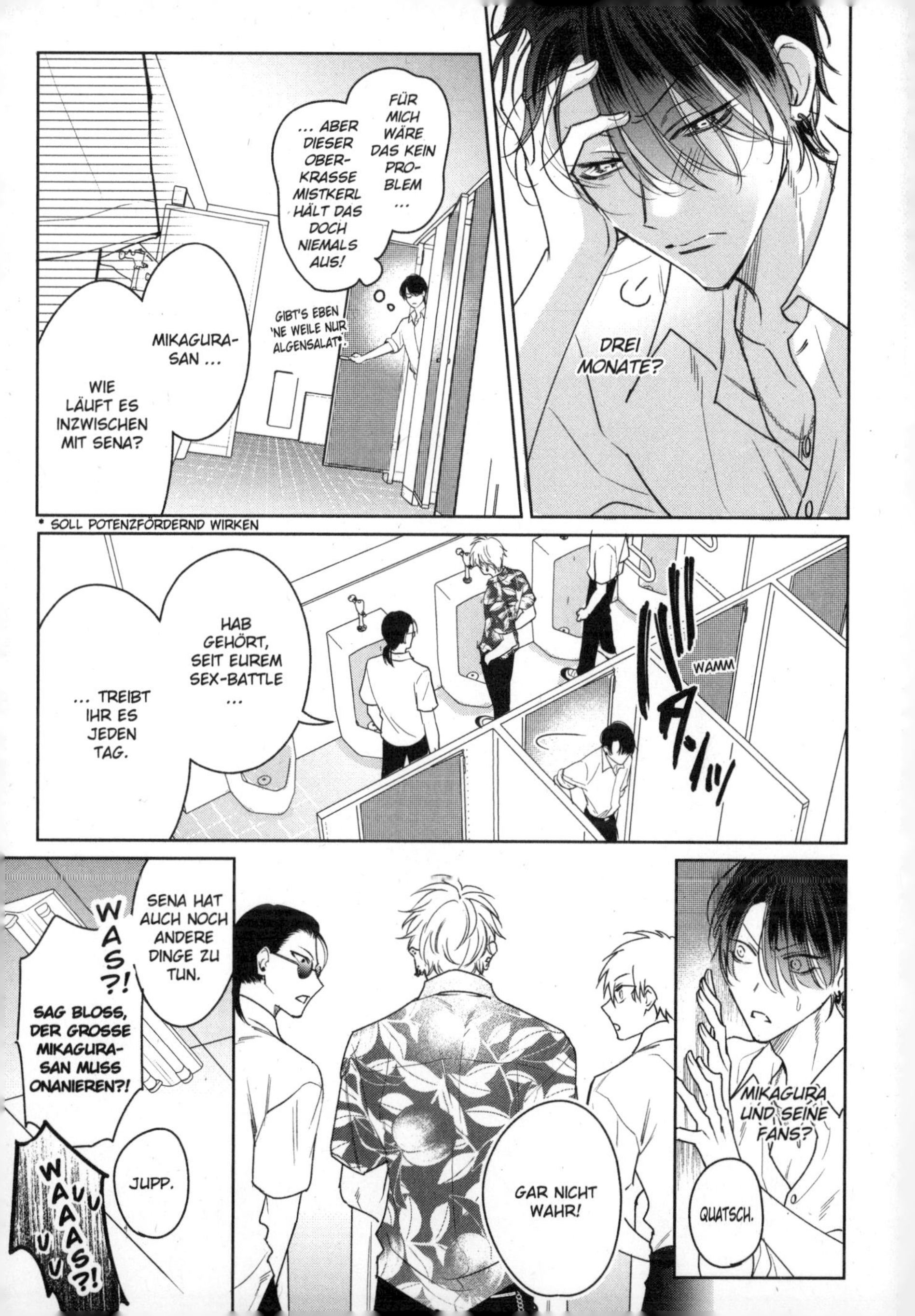

DREI MONATE?

FÜR MICH WÄRE DAS KEIN PROBLEM ...

... ABER DIESER OBERKRASSE MISTKERL HÄLT DAS DOCH NIEMALS AUS!

GIBT'S EBEN 'NE WEILE NUR ALGENSALAT*.

MIKAGURA-SAN ...

WIE LÄUFT ES INZWISCHEN MIT SENA?

* SOLL POTENZFÖRDERND WIRKEN

HAB GEHÖRT, SEIT EUREM SEX-BATTLE ...

... TREIBT IHR ES JEDEN TAG.

WAMM

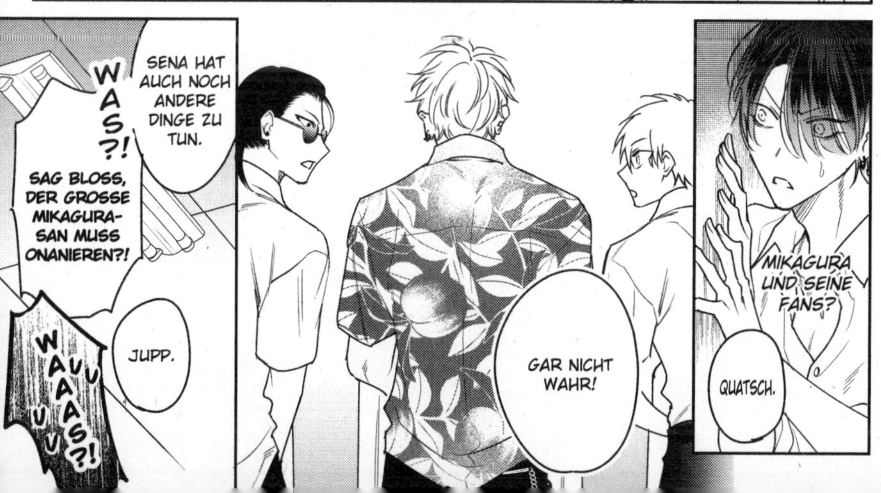

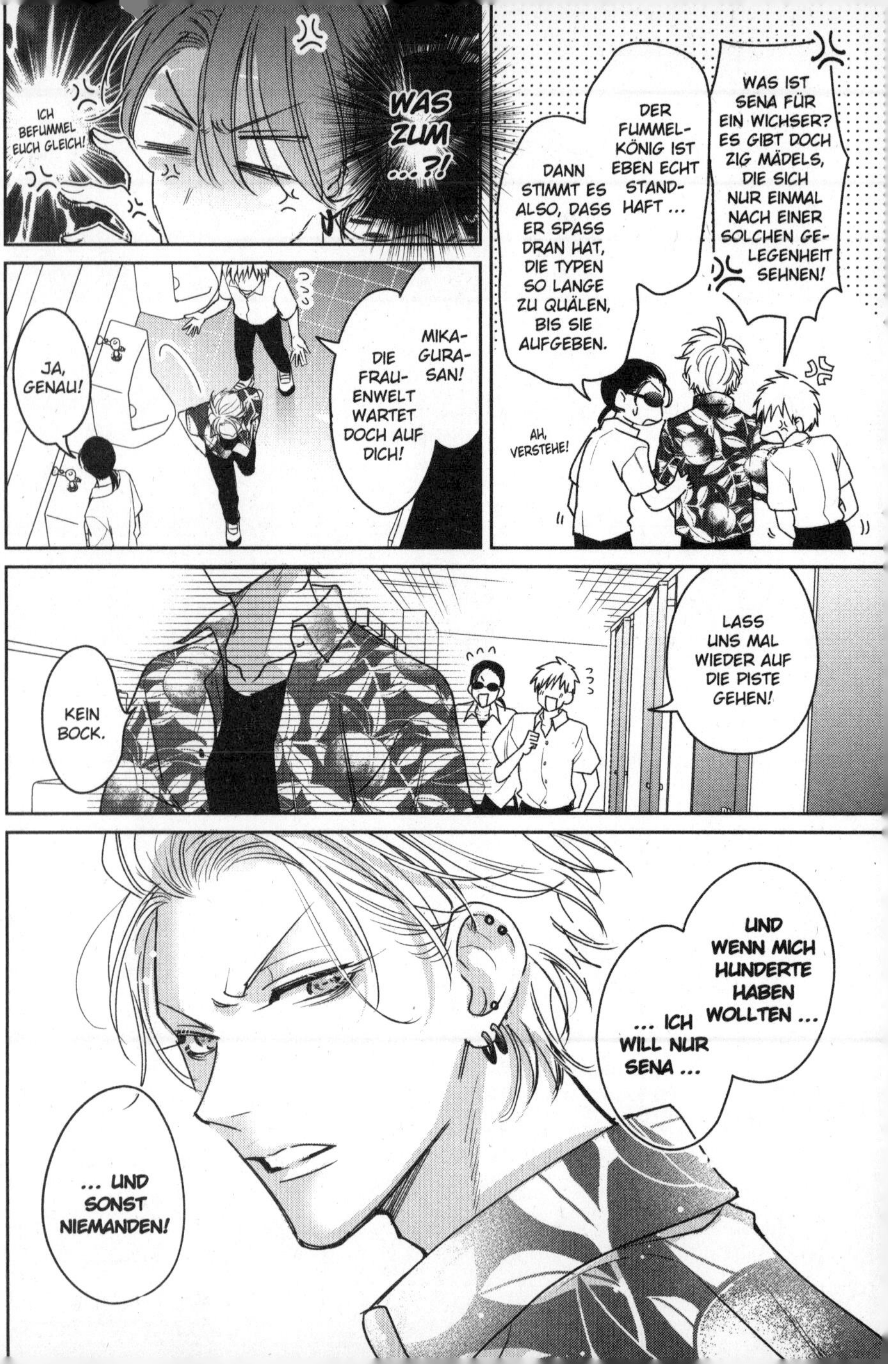

WAS IST SENA FÜR EIN WICHSER? ES GIBT DOCH ZIG MÄDELS, DIE SICH NUR EINMAL NACH EINER SOLCHEN GELEGENHEIT SEHNEN!

DER FUMMELKÖNIG IST EBEN ECHT STANDHAFT …

DANN STIMMT ES ALSO, DASS ER SPASS DRAN HAT, DIE TYPEN SO LANGE ZU QUÄLEN, BIS SIE AUFGEBEN.

AH, VERSTEHE!

ICH BEFUMMEL EUCH GLEICH!

WAS ZUM …?!

MIKAGURA-SAN! DIE FRAUENWELT WARTET DOCH AUF DICH!

JA, GENAU!

LASS UNS MAL WIEDER AUF DIE PISTE GEHEN!

KEIN BOCK.

UND WENN MICH HUNDERTE HABEN WOLLTEN …

… ICH WILL NUR SENA …

… UND SONST NIEMANDEN!

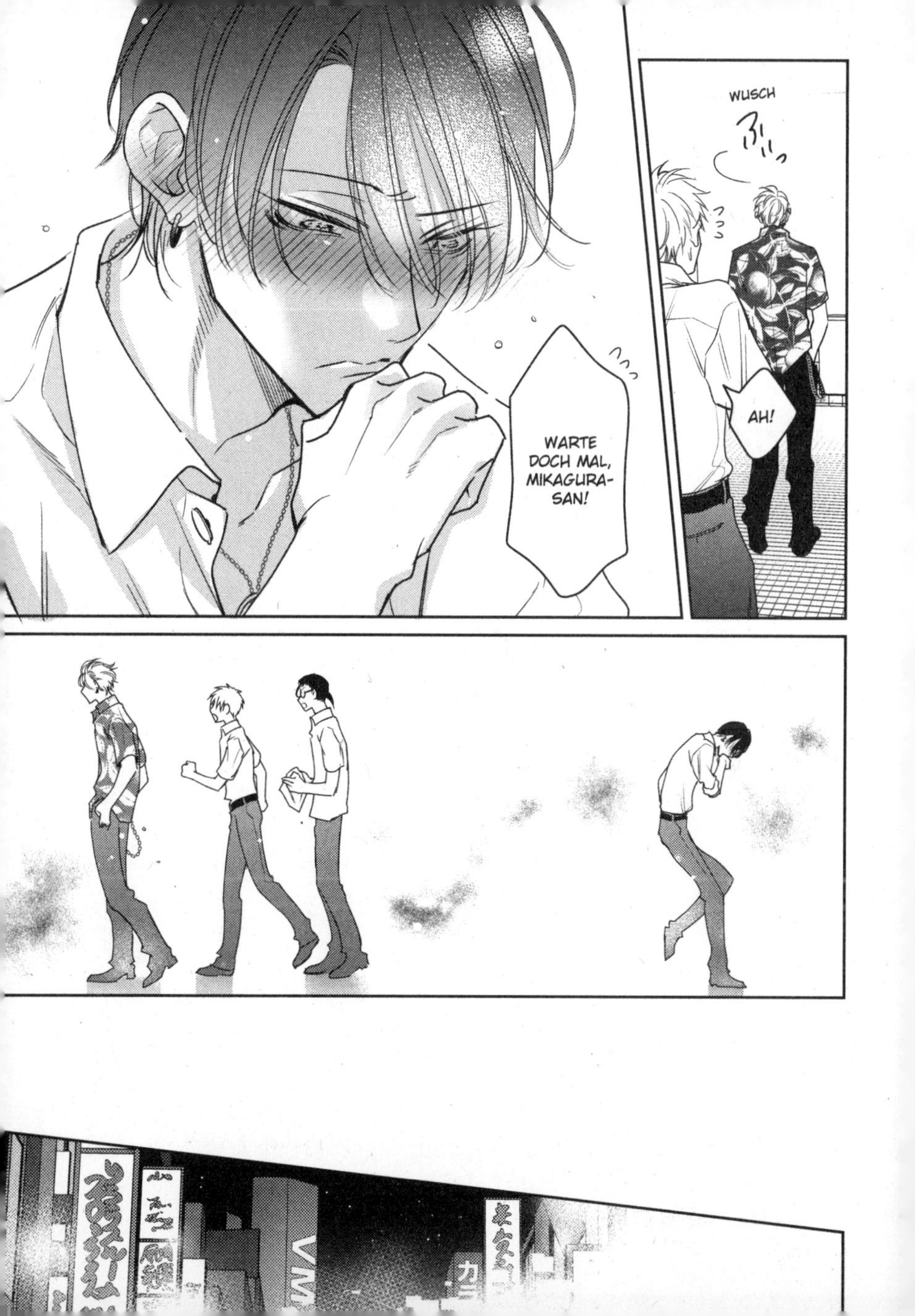

WUSCH
AH!
WARTE DOCH MAL, MIKAGURA-SAN!

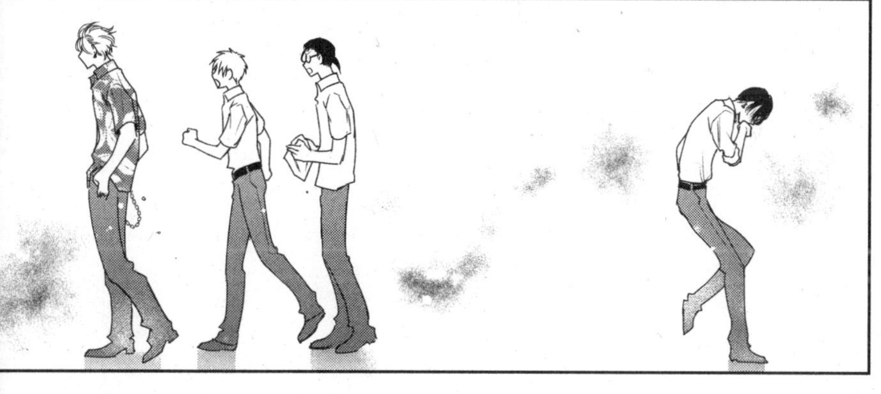

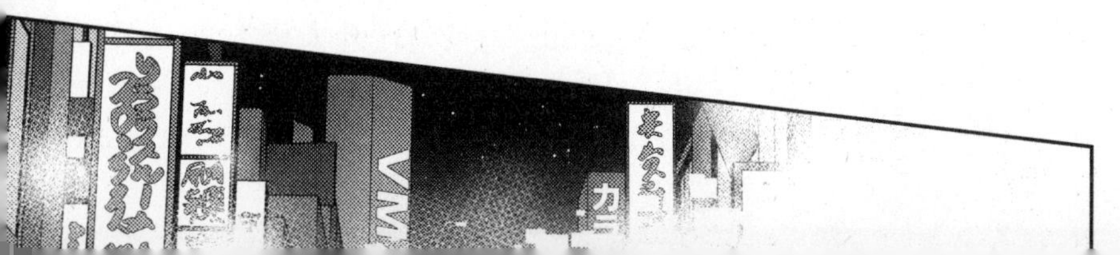

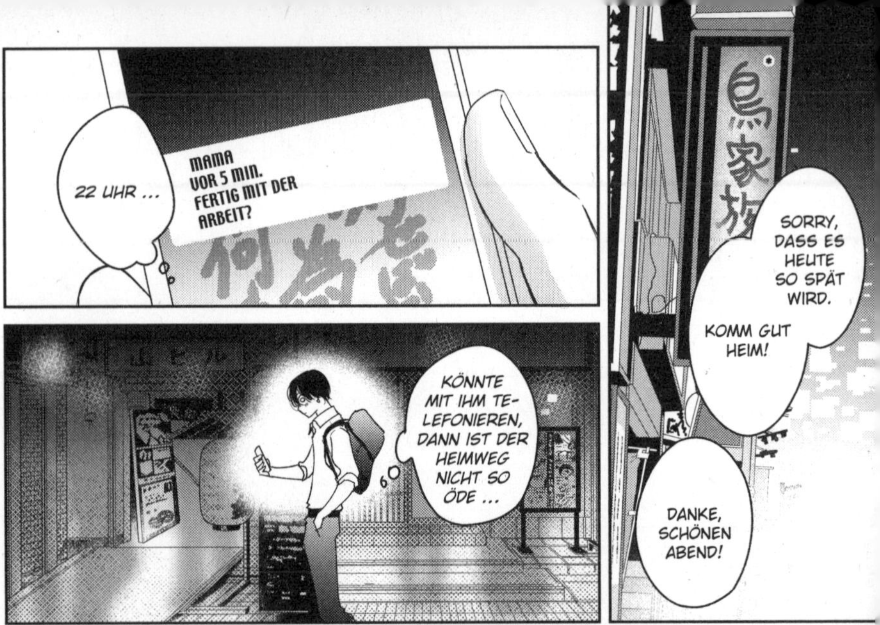

SORRY, DASS ES HEUTE SO SPÄT WIRD.

KOMM GUT HEIM!

DANKE, SCHÖNEN ABEND!

MAMA
VOR 5 MIN.
FERTIG MIT DER ARBEIT?

22 UHR …

KÖNNTE MIT IHM TELEFONIEREN, DANN IST DER HEIMWEG NICHT SO ÖDE …

* TORIKIZOKU; EINE KNEIPENKETTE, DIE SICH AUF YAKITORI (HÜHNCHENSPIESSE) SPEZIALISIERT HAT

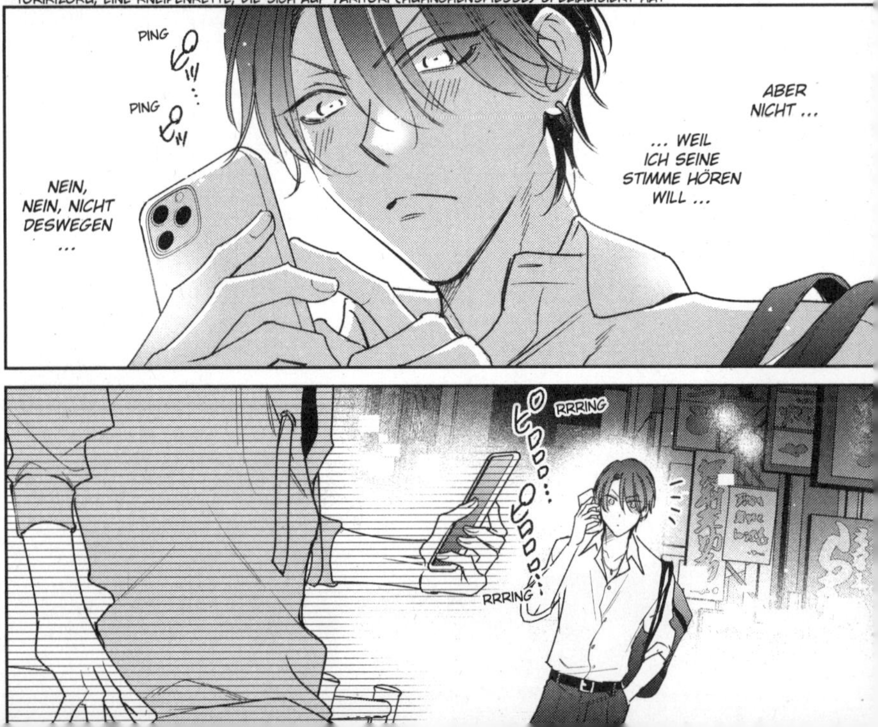

ABER NICHT …

… WEIL ICH SEINE STIMME HÖREN WILL …

PING

PING

NEIN, NEIN, NICHT DESWEGEN …

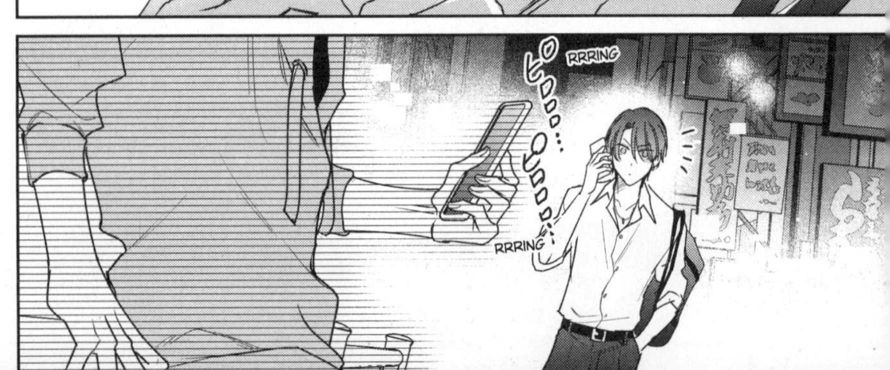

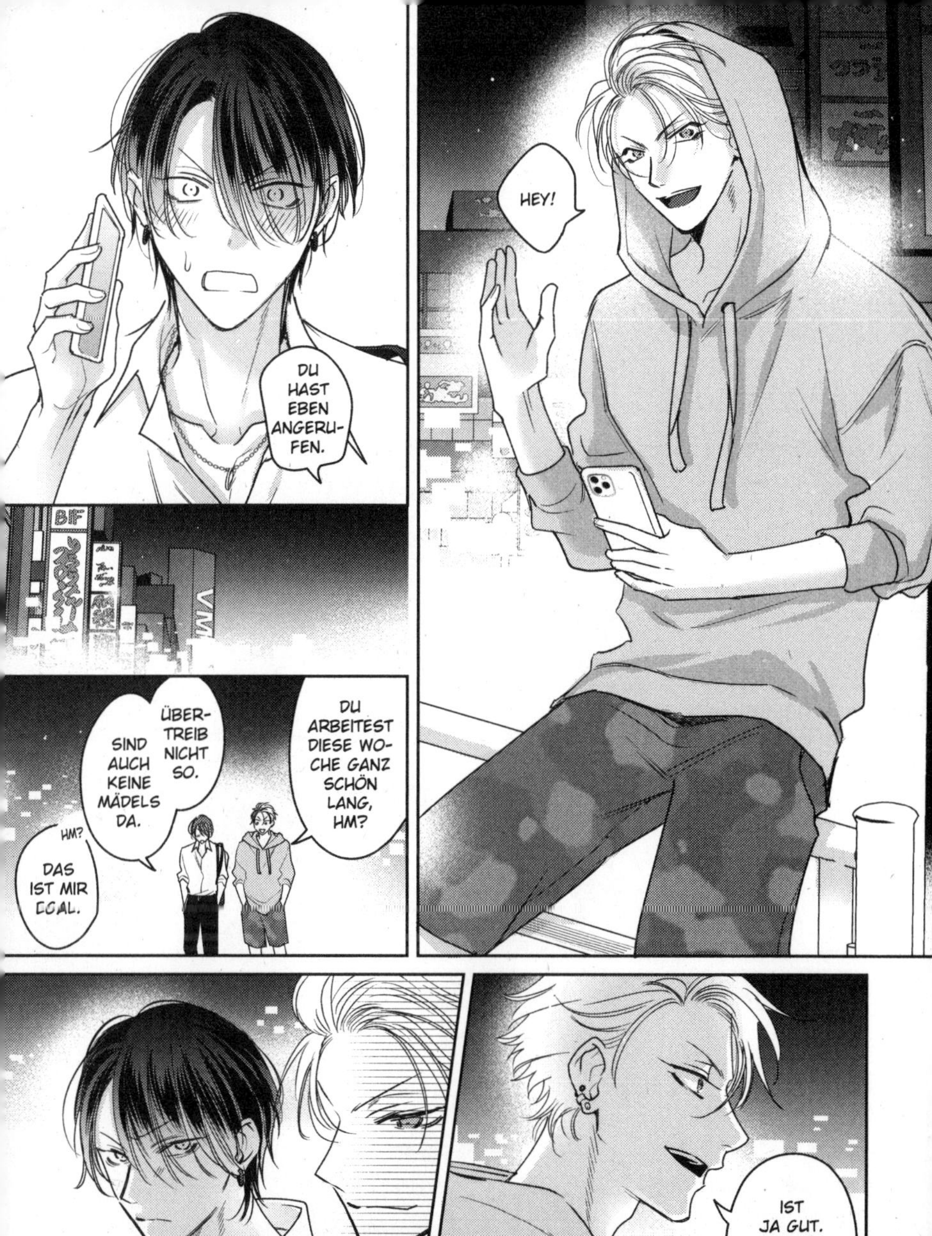
HEY!
DU HAST EBEN ANGERUFEN.
DU ARBEITEST DIESE WOCHE GANZ SCHÖN LANG, HM?
ÜBERTREIB NICHT SO.
SIND AUCH KEINE MÄDELS DA.
HM?
DAS IST MIR EGAL.
IST JA GUT. HAB MIR NUR SORGEN GEMACHT.

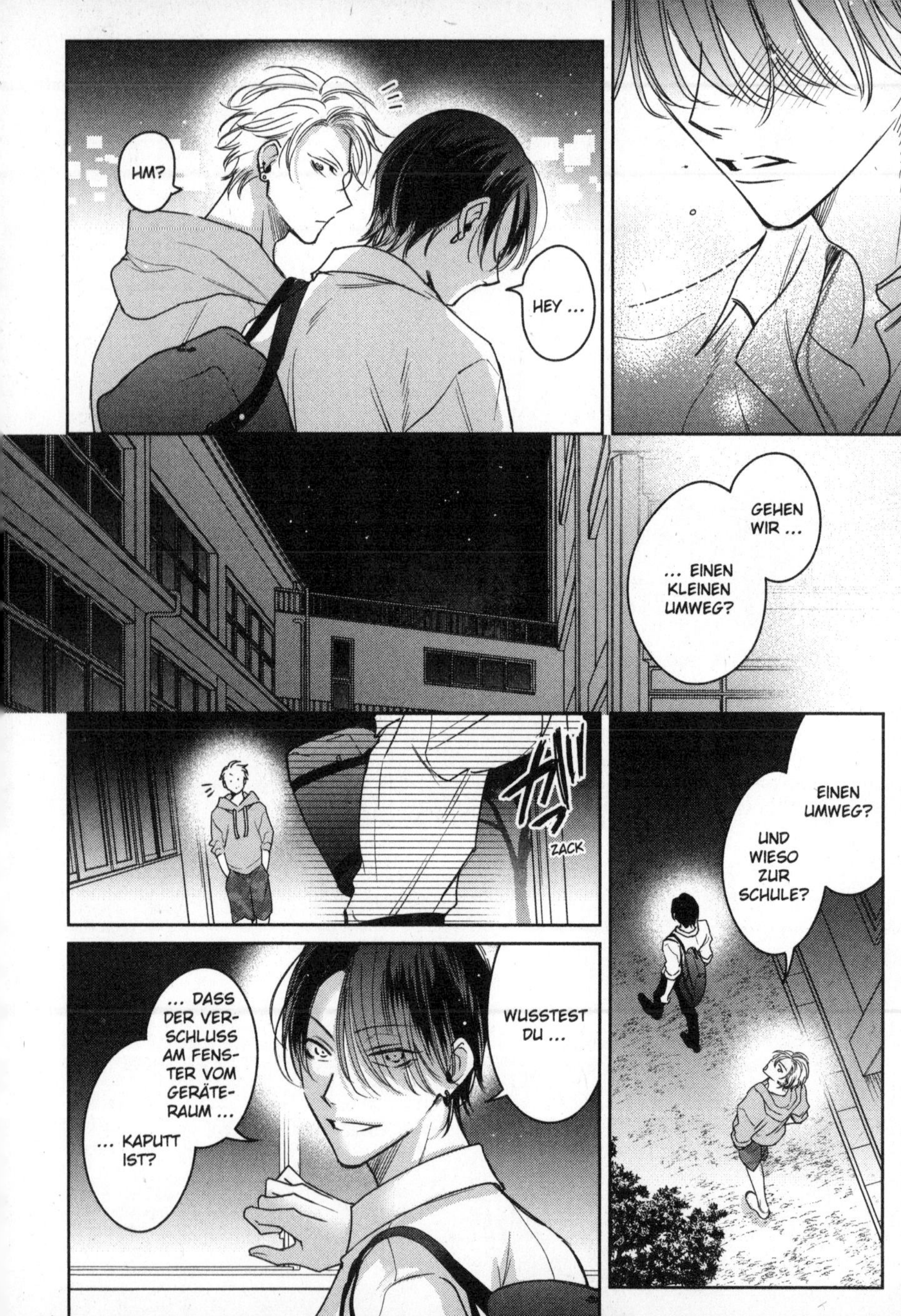
HEY ...
HM?
GEHEN WIR ...
... EINEN KLEINEN UMWEG?
EINEN UMWEG?
UND WIESO ZUR SCHULE?
ZACK
WUSSTEST DU ...
... DASS DER VER-SCHLUSS AM FENS-TER VOM GERÄTE-RAUM ...
... KAPUTT IST?

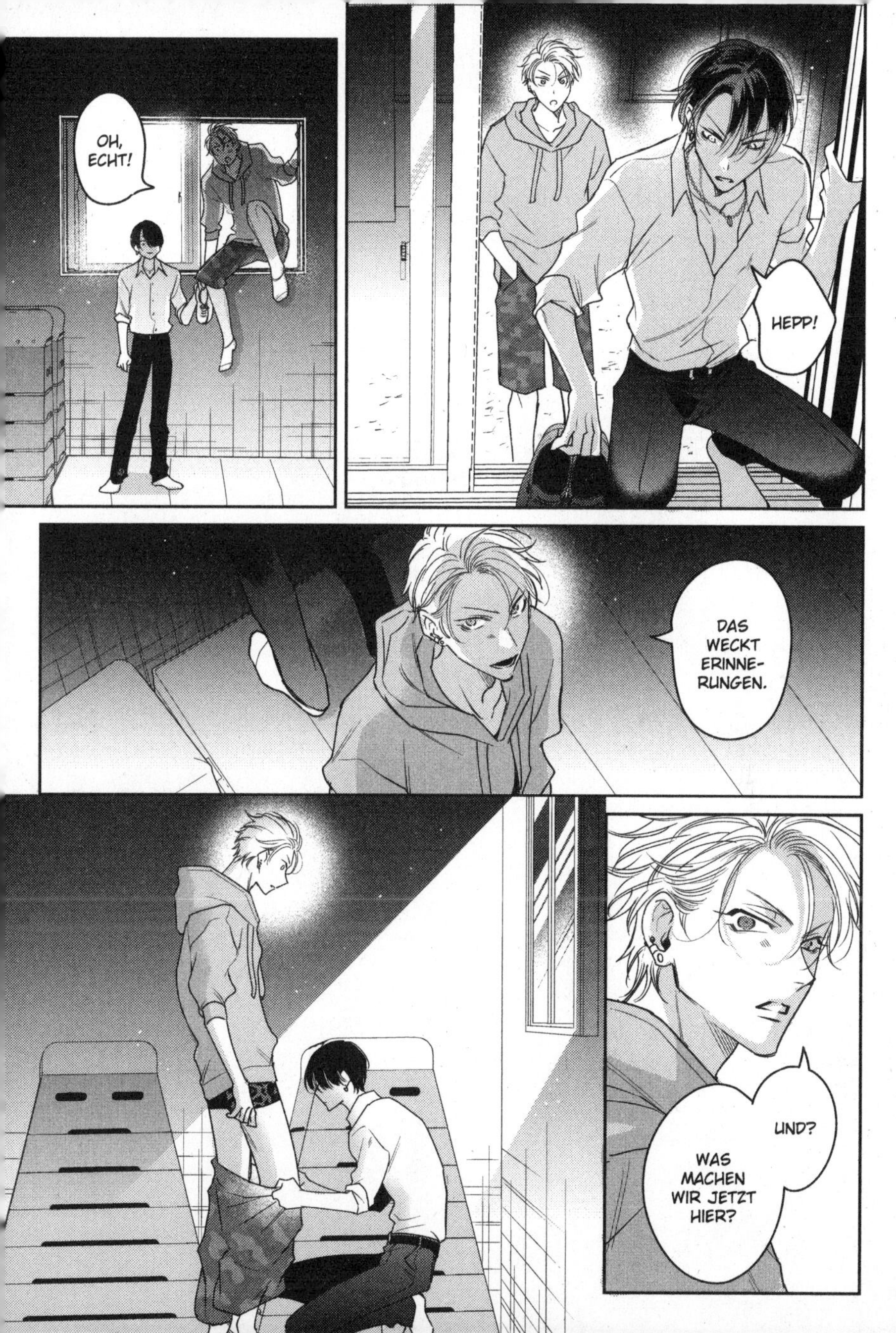
HEPP!
OH, ECHT!
DAS WECKT ERINNE-RUNGEN.
UND?
WAS MACHEN WIR JETZT HIER?

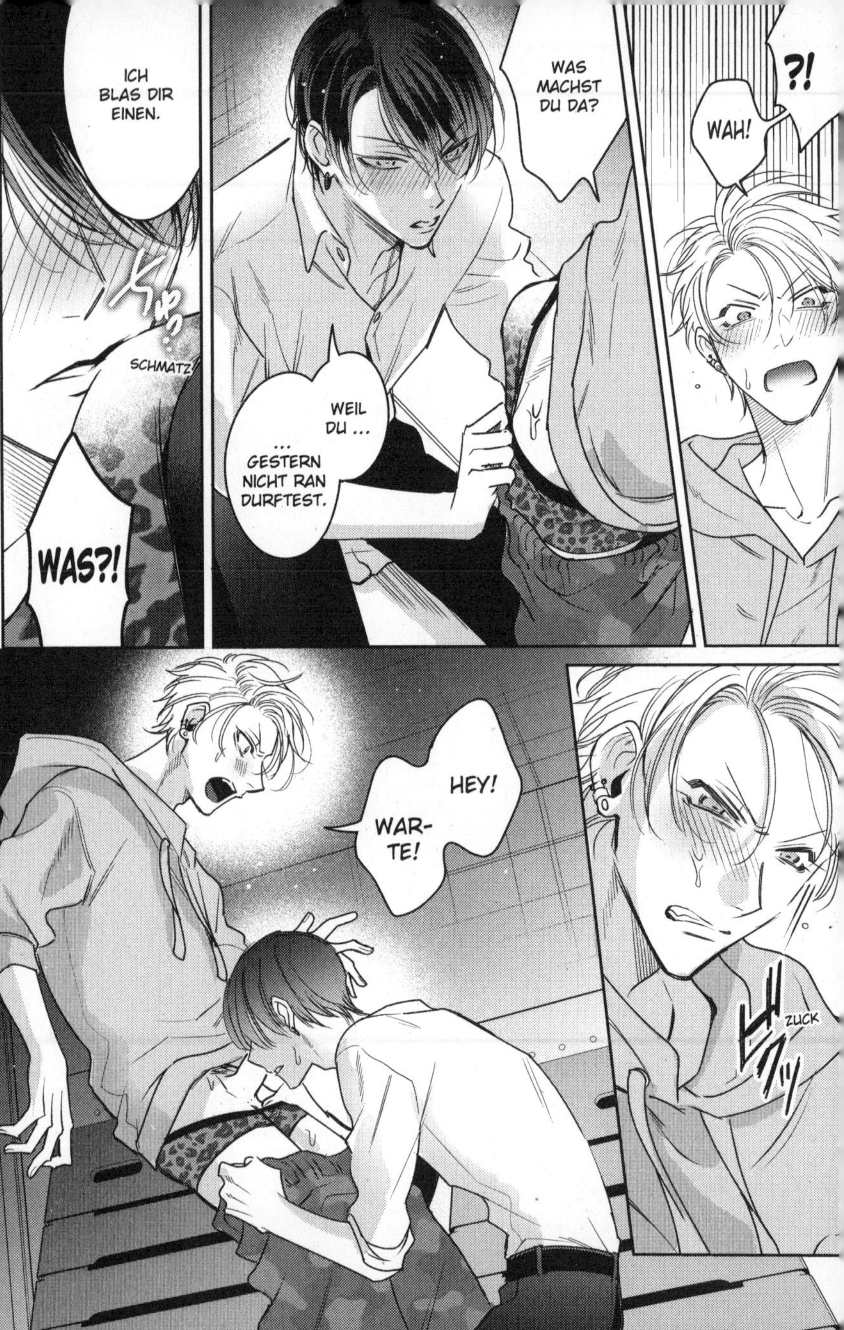

?!
WAH!
WAS MACHST DU DA?
WEIL DU …
… GESTERN NICHT RAN DURFTEST.
ICH BLAS DIR EINEN.
SCHMATZ
WAS?!
ZUCK
HEY!
WAR-TE!

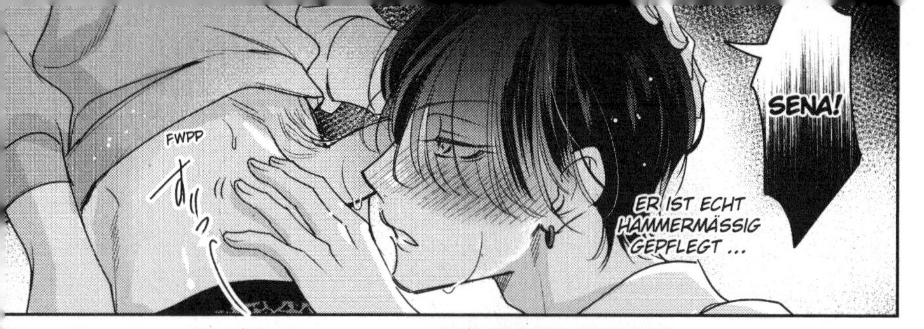

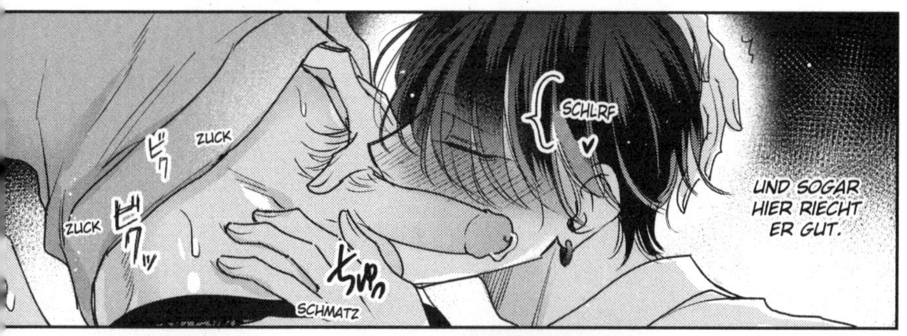

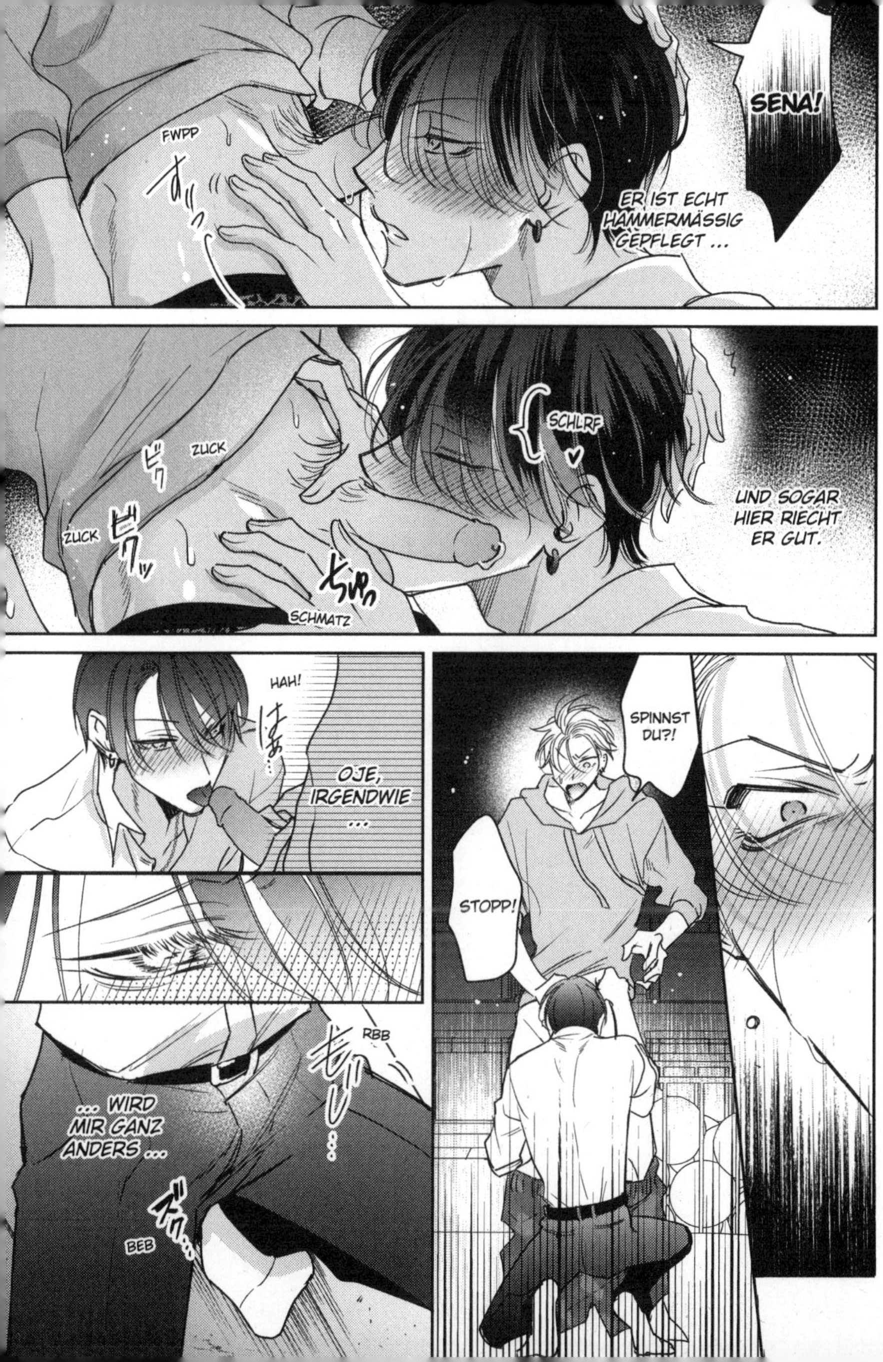

SPINNST DU?!

STOPP!

HAH!

OJE, IRGENDWIE ...

... WIRD MIR GANZ ANDERS ...

RBB

BEB

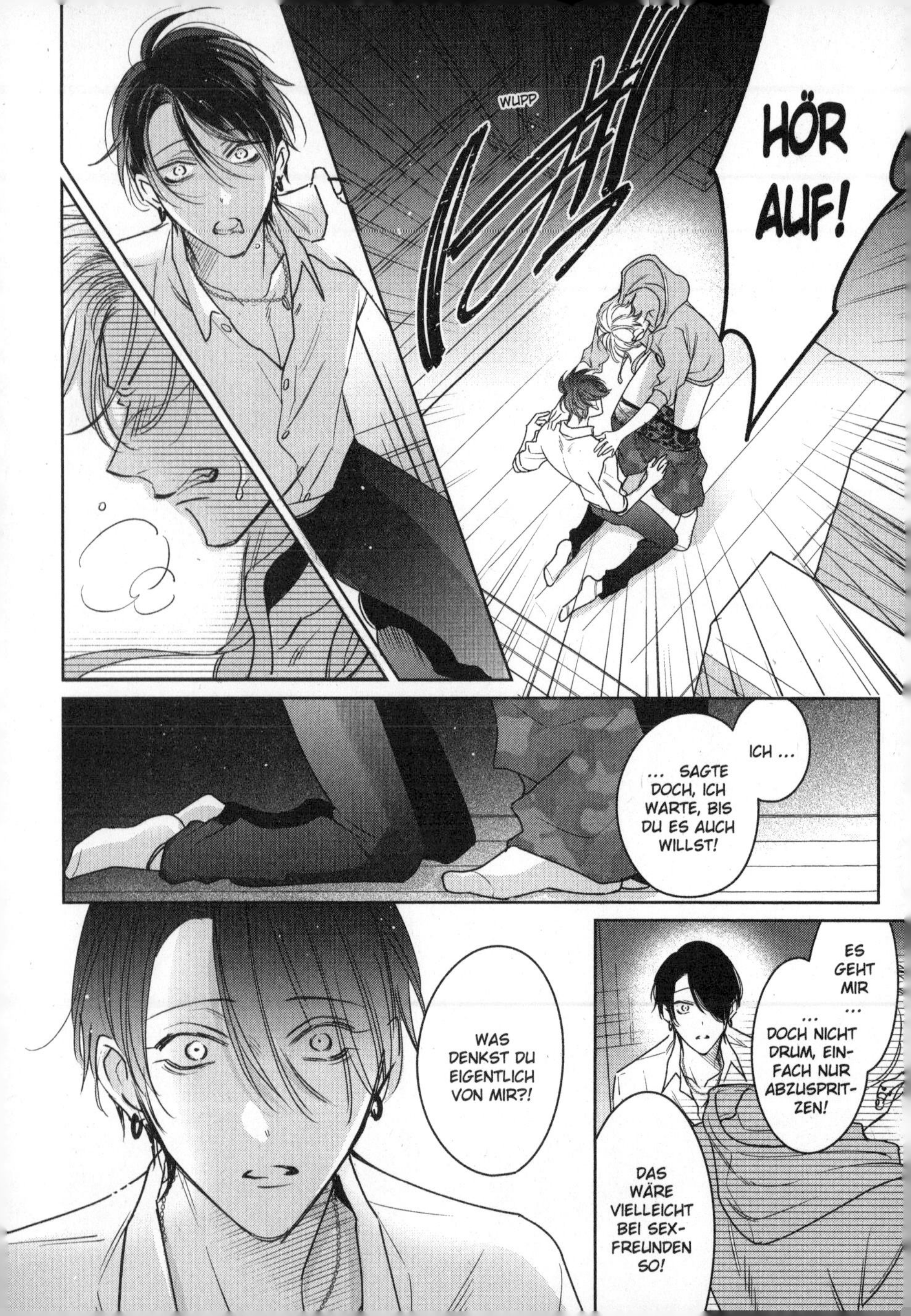
HÖR AUF!
WUPP
ICH …
… SAGTE DOCH, ICH WARTE, BIS DU ES AUCH WILLST!
ES GEHT MIR … … DOCH NICHT DRUM, EIN-FACH NUR ABZUSPRIT-ZEN!
DAS WÄRE VIELLEICHT BEI SEX-FREUNDEN SO!
WAS DENKST DU EIGENTLICH VON MIR?!

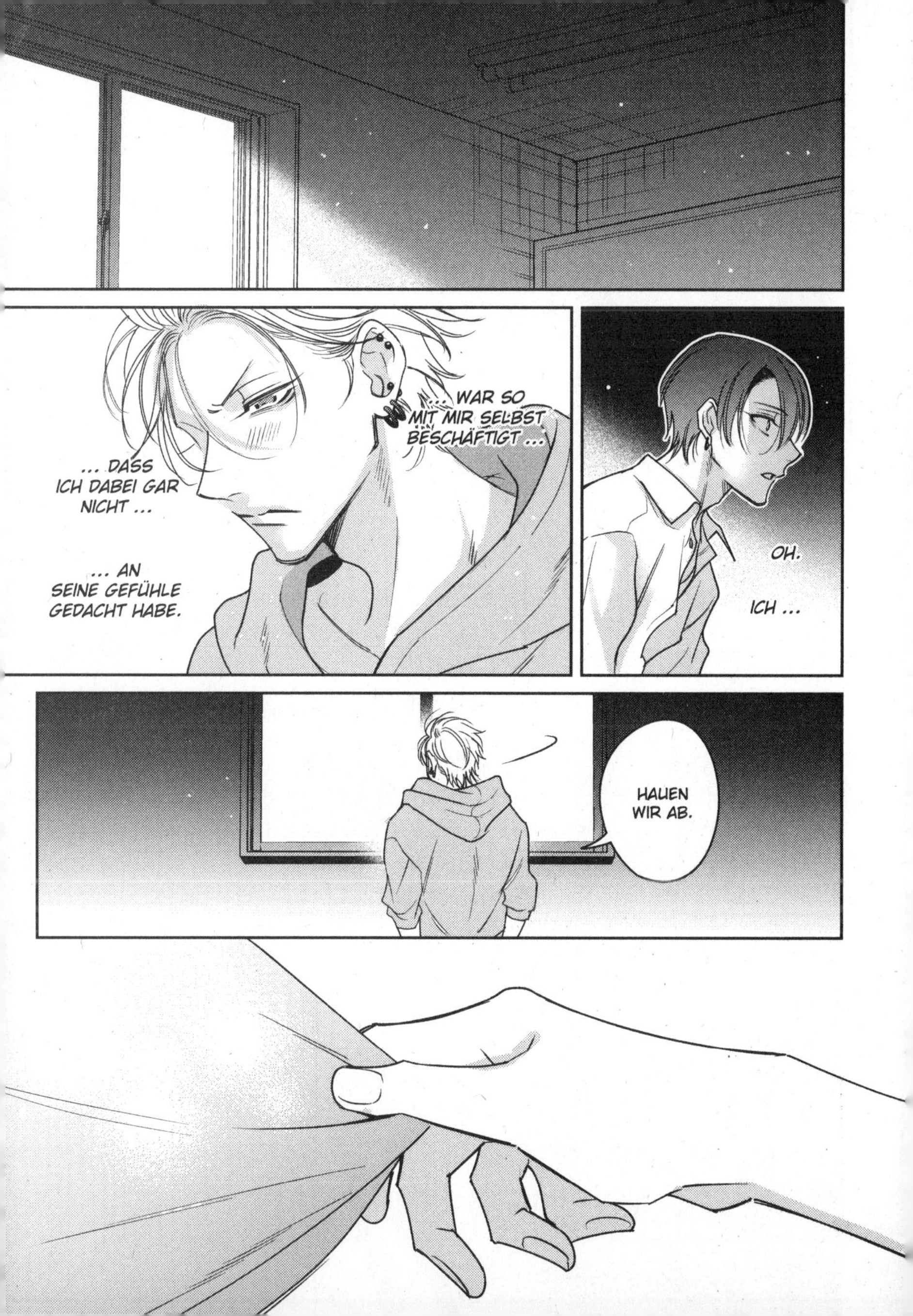
... WAR SO MIT MIR SELBST BESCHÄFTIGT ...
... DASS ICH DABEI GAR NICHT ...
... AN SEINE GEFÜHLE GEDACHT HABE.
OH.
ICH ...
HAUEN WIR AB.

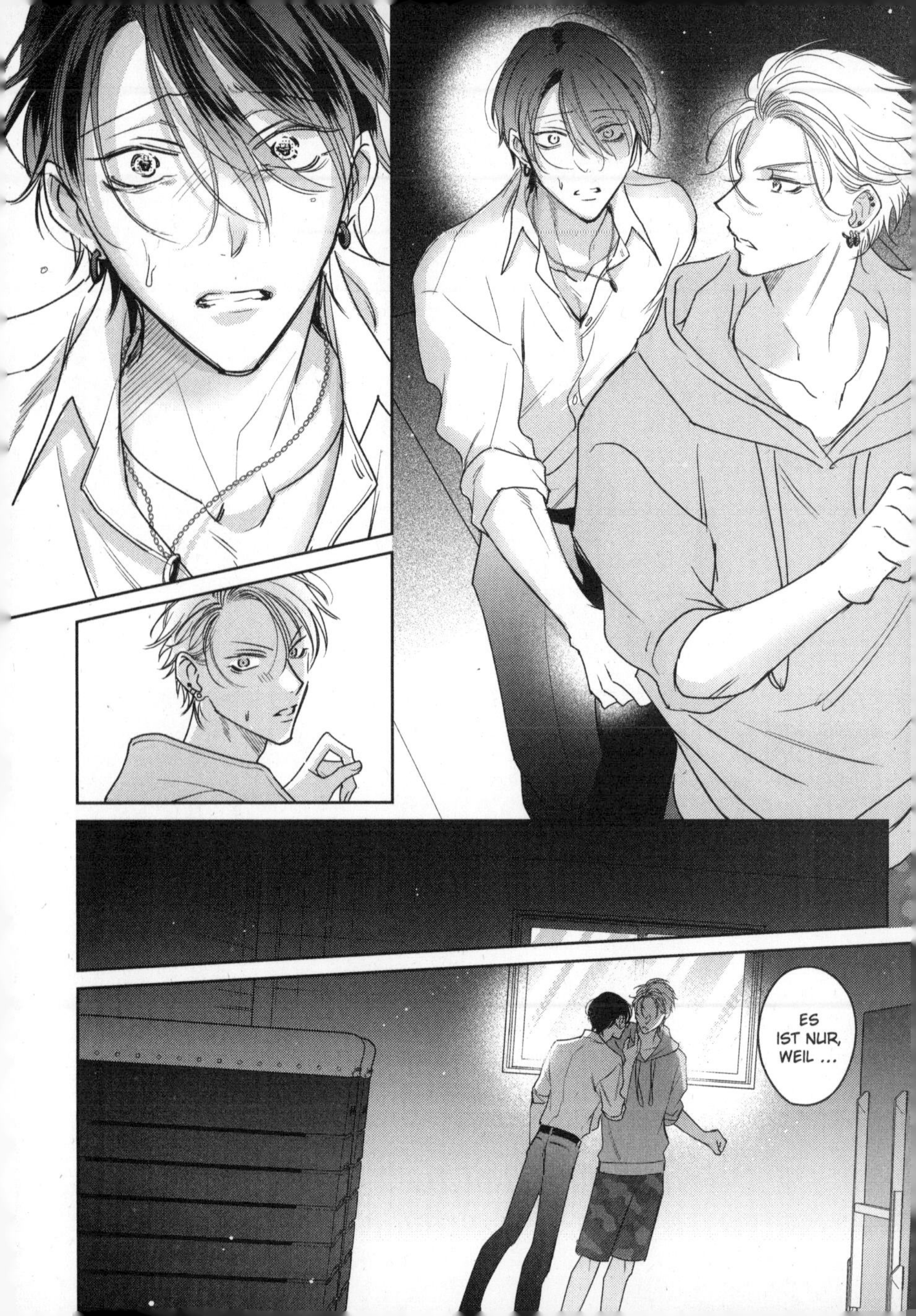
ES
IST NUR,
WEIL ...

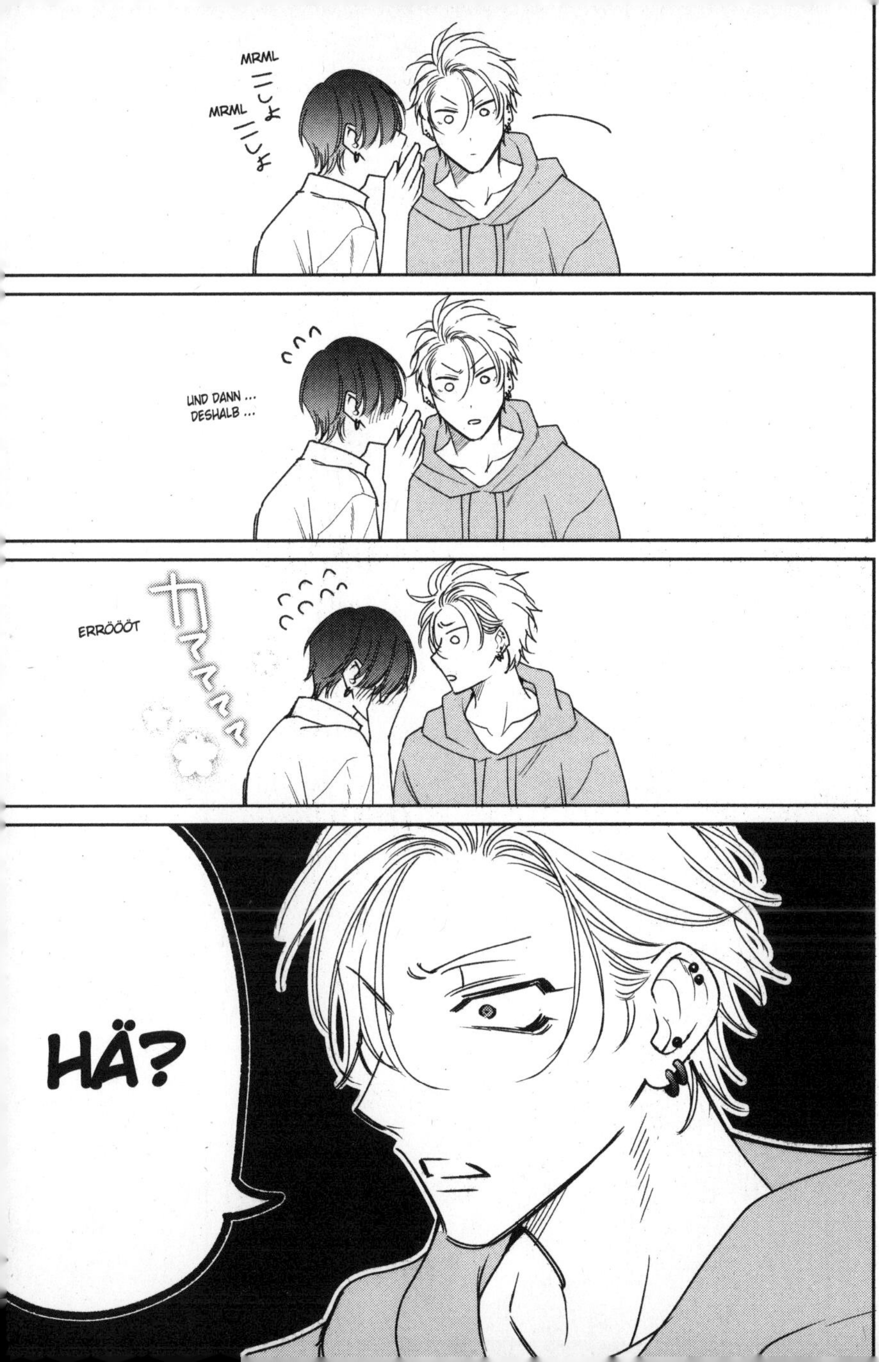

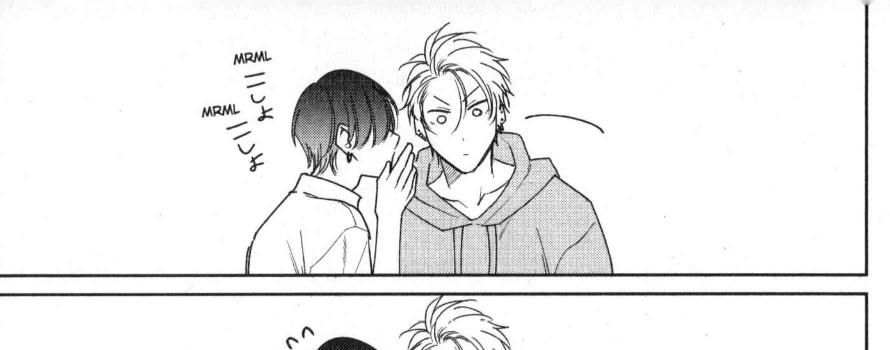

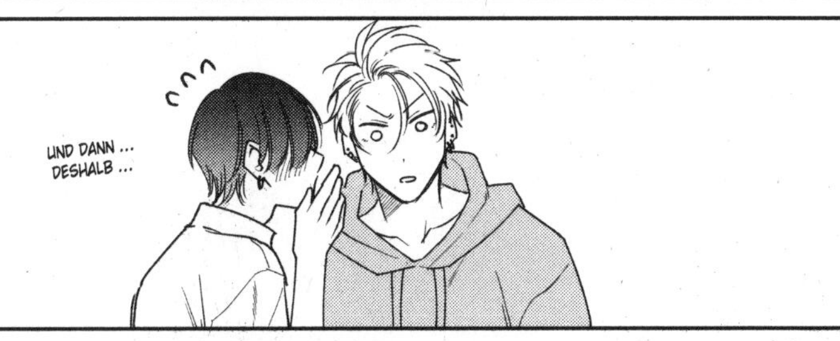

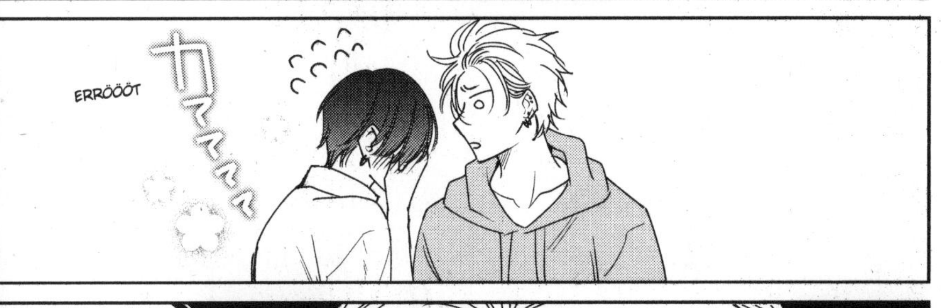

HÄ?

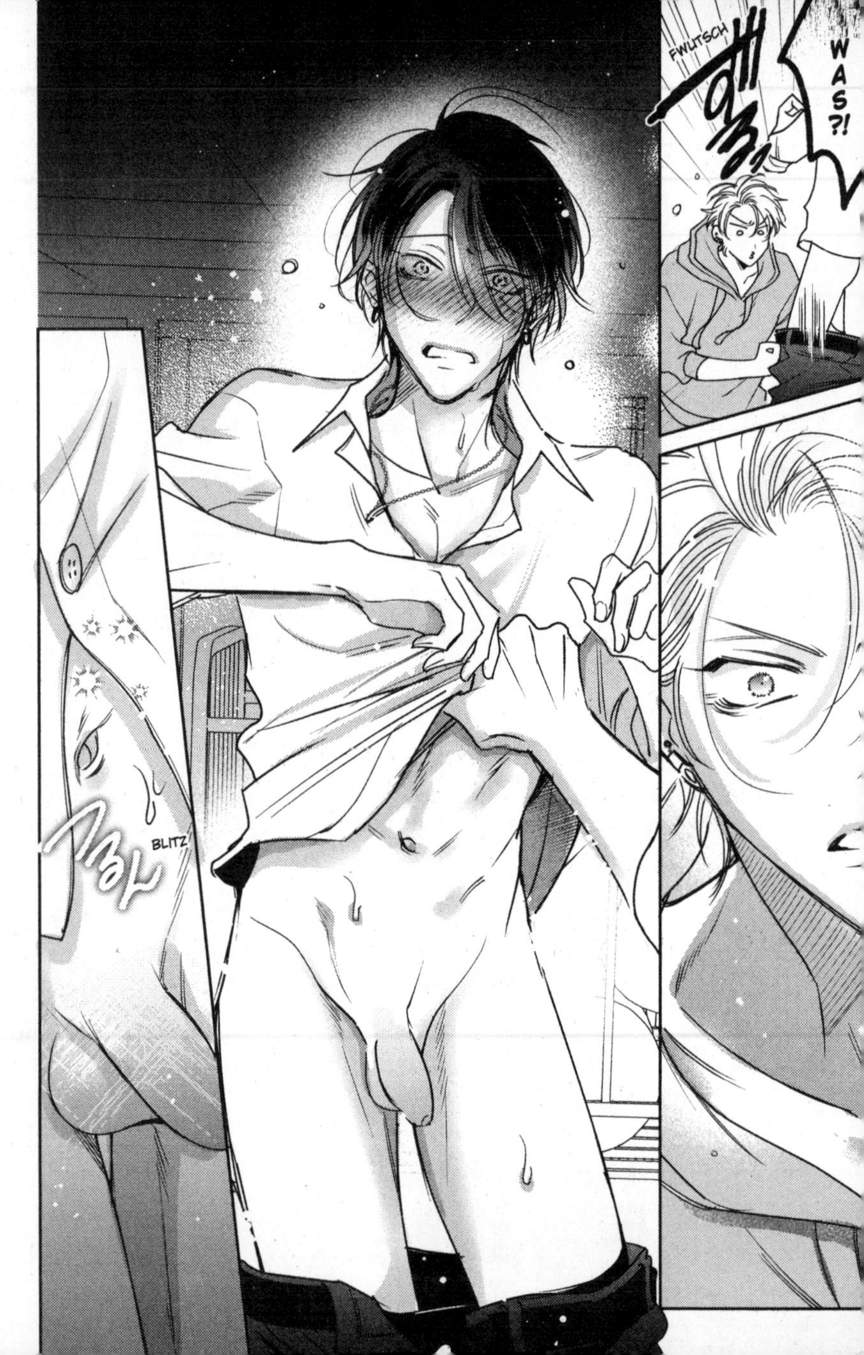
FWUTSCH
WAS?!
BLITZ

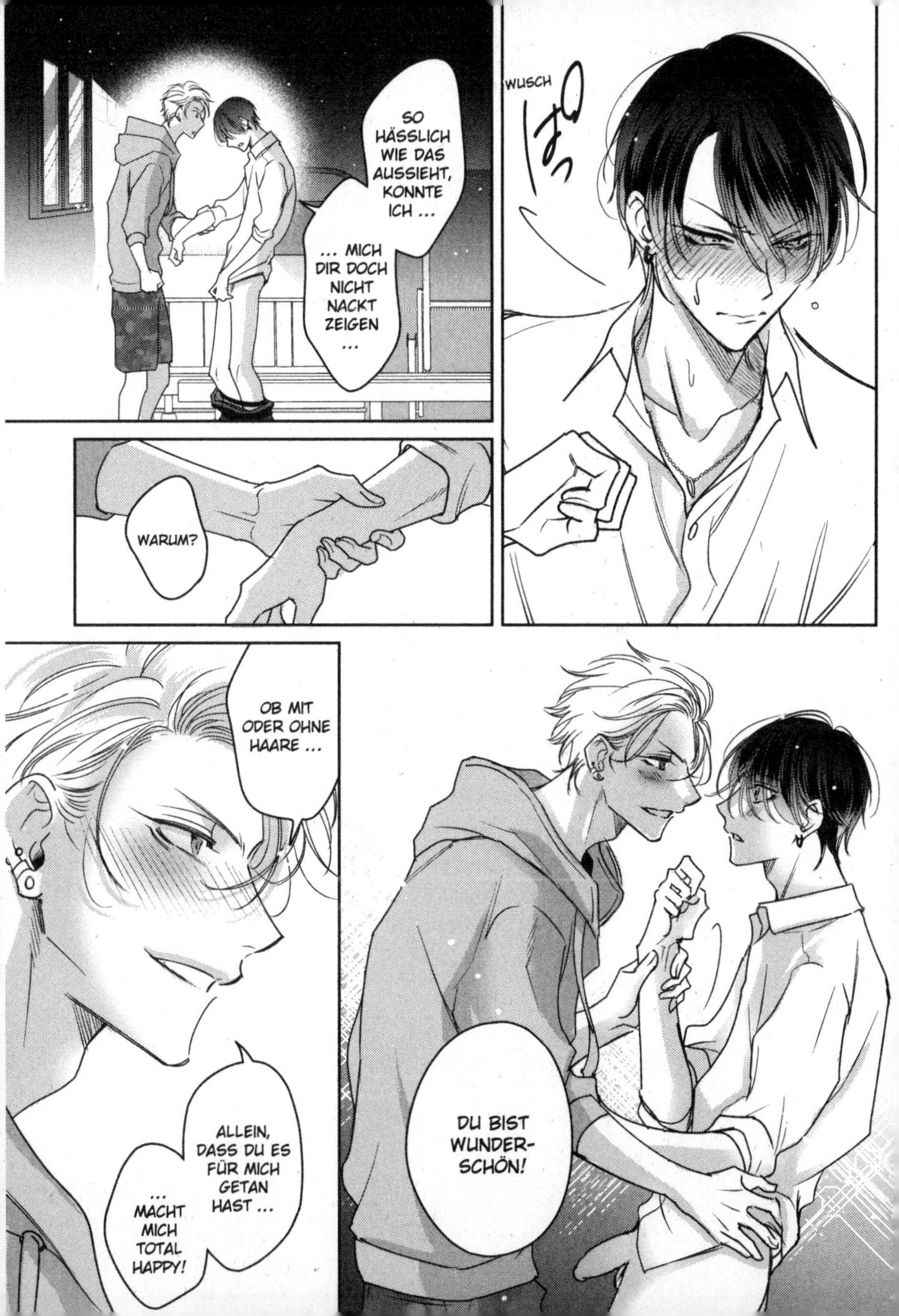

SO HÄSSLICH WIE DAS AUSSIEHT, KONNTE ICH …
… MICH DIR DOCH NICHT NACKT ZEIGEN …
WUSCH
ぱっ
WARUM?
OB MIT ODER OHNE HAARE …
DU BIST WUNDERSCHÖN!
ALLEIN, DASS DU ES FÜR MICH GETAN HAST …
… MACHT MICH TOTAL HAPPY!

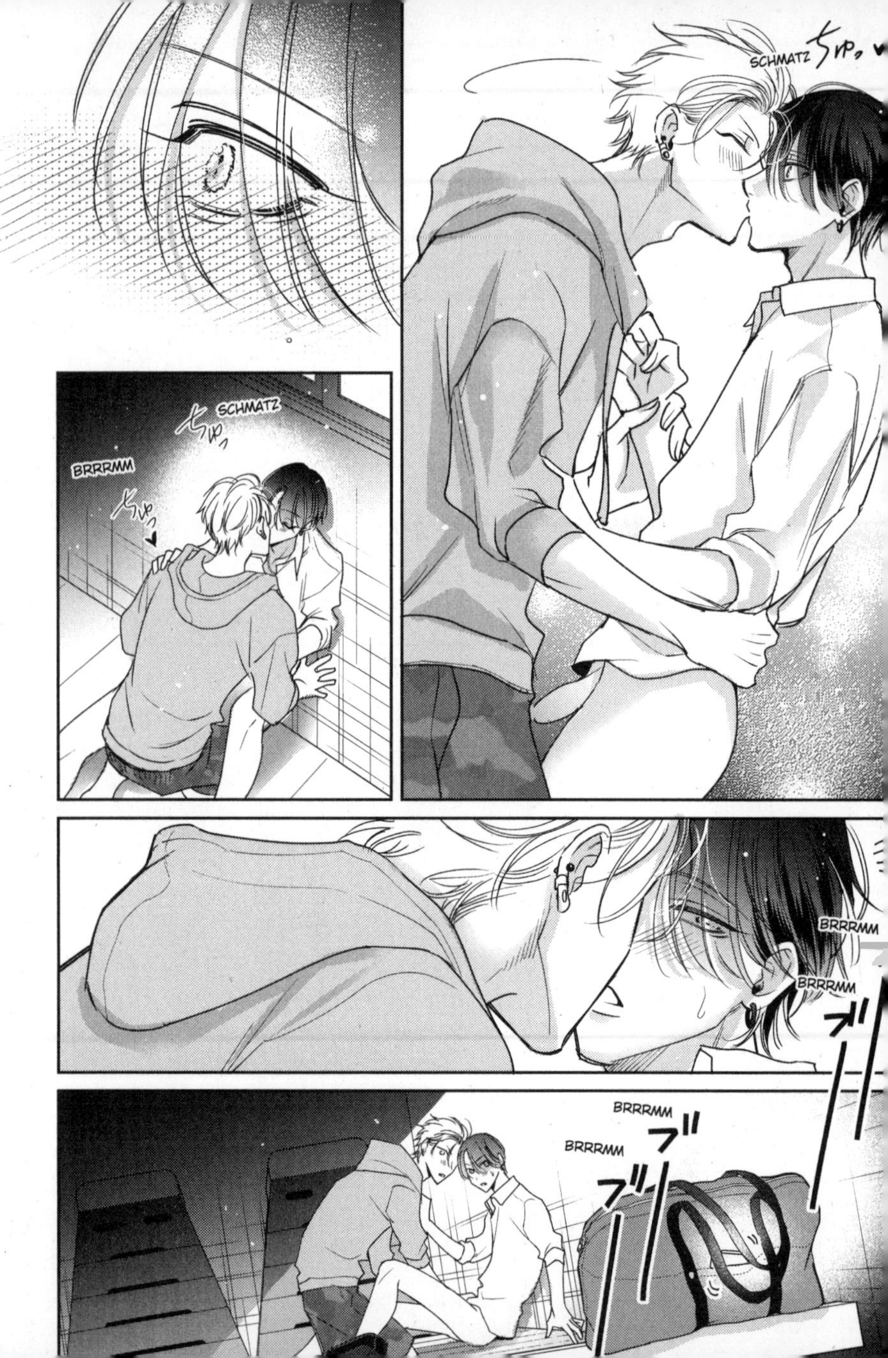
SCHMATZ
ちゅっ♥
SCHMATZ
ちゅっ
BRRRMM
ちゅっ♥
BRRRMM
BRRRMM
BRRRMM
ブ
BRRRMM
ブ

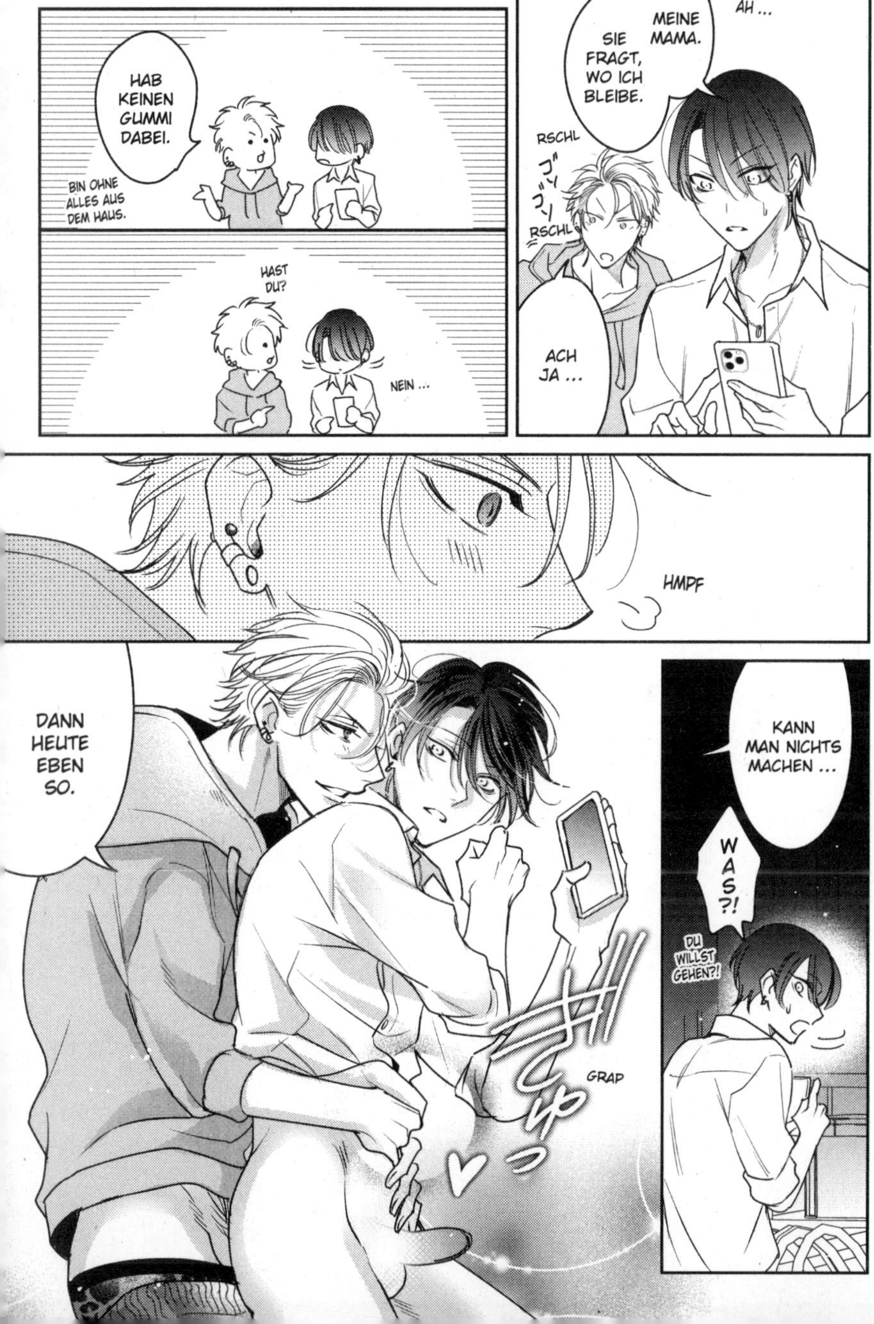

MEINE MAMA.
SIE FRAGT, WO ICH BLEIBE.
AH ...
RSCHL
RSCHL
ACH JA ...
HAB KEINEN GUMMI DABEI.
BIN OHNE ALLES AUS DEM HAUS.
HAST DU?
NEIN ...
HMPF
KANN MAN NICHTS MACHEN ...
WAS?!
DU WILLST GEHEN?!
DANN HEUTE EBEN SO.
GRAP

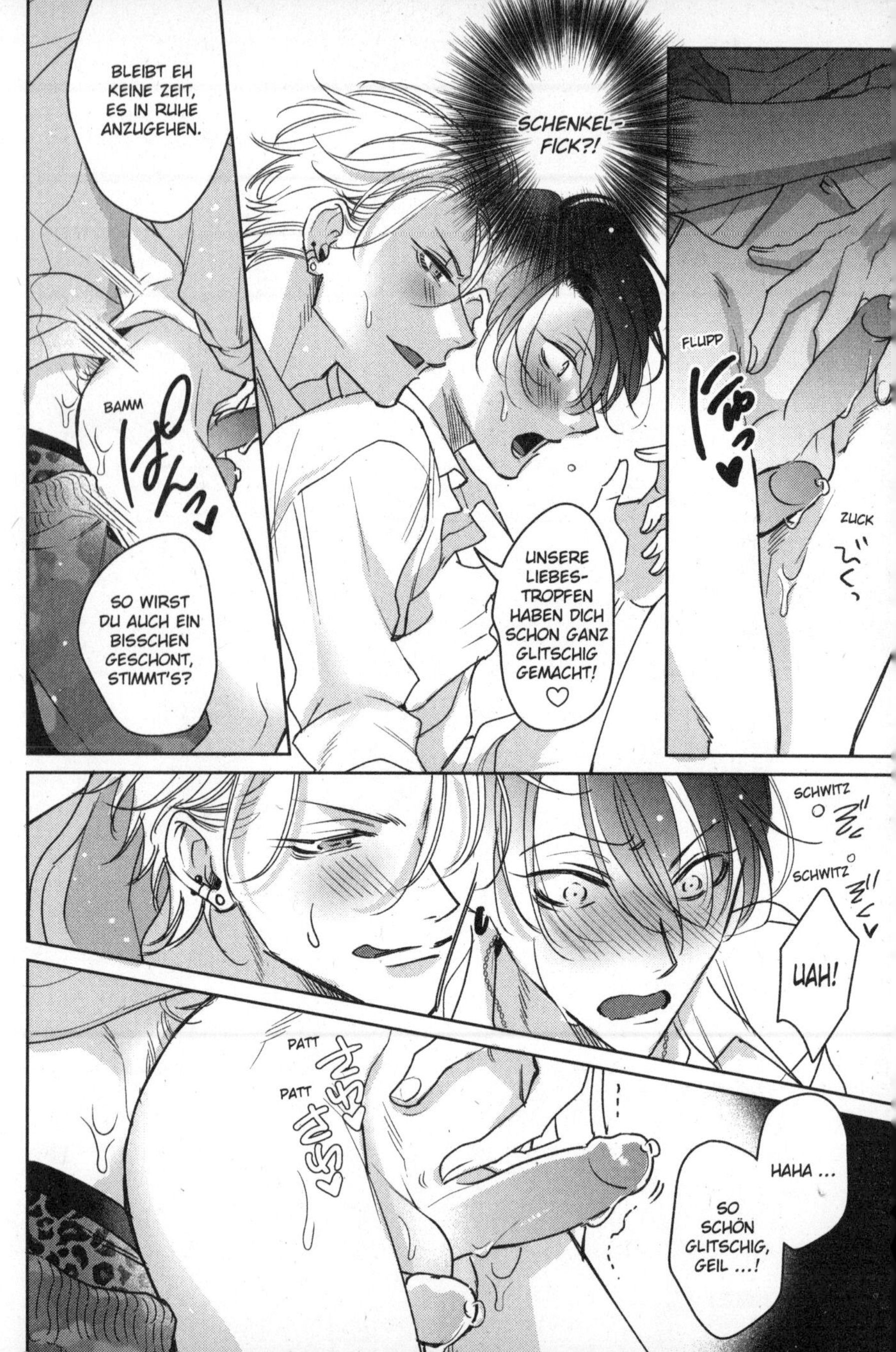
FLUPP
ZUCK
SCHENKEL-FICK?!
UNSERE LIEBES-TROPFEN HABEN DICH SCHON GANZ GLITSCHIG GEMACHT! ♡
BLEIBT EH KEINE ZEIT, ES IN RUHE ANZUGEHEN.
BAMM
SO WIRST DU AUCH EIN BISSCHEN GESCHONT, STIMMT'S?
SCHWITZ
SCHWITZ
UAH!
HAHA ...
SO SCHÖN GLITSCHIG, GEIL ...!
PATT
PATT

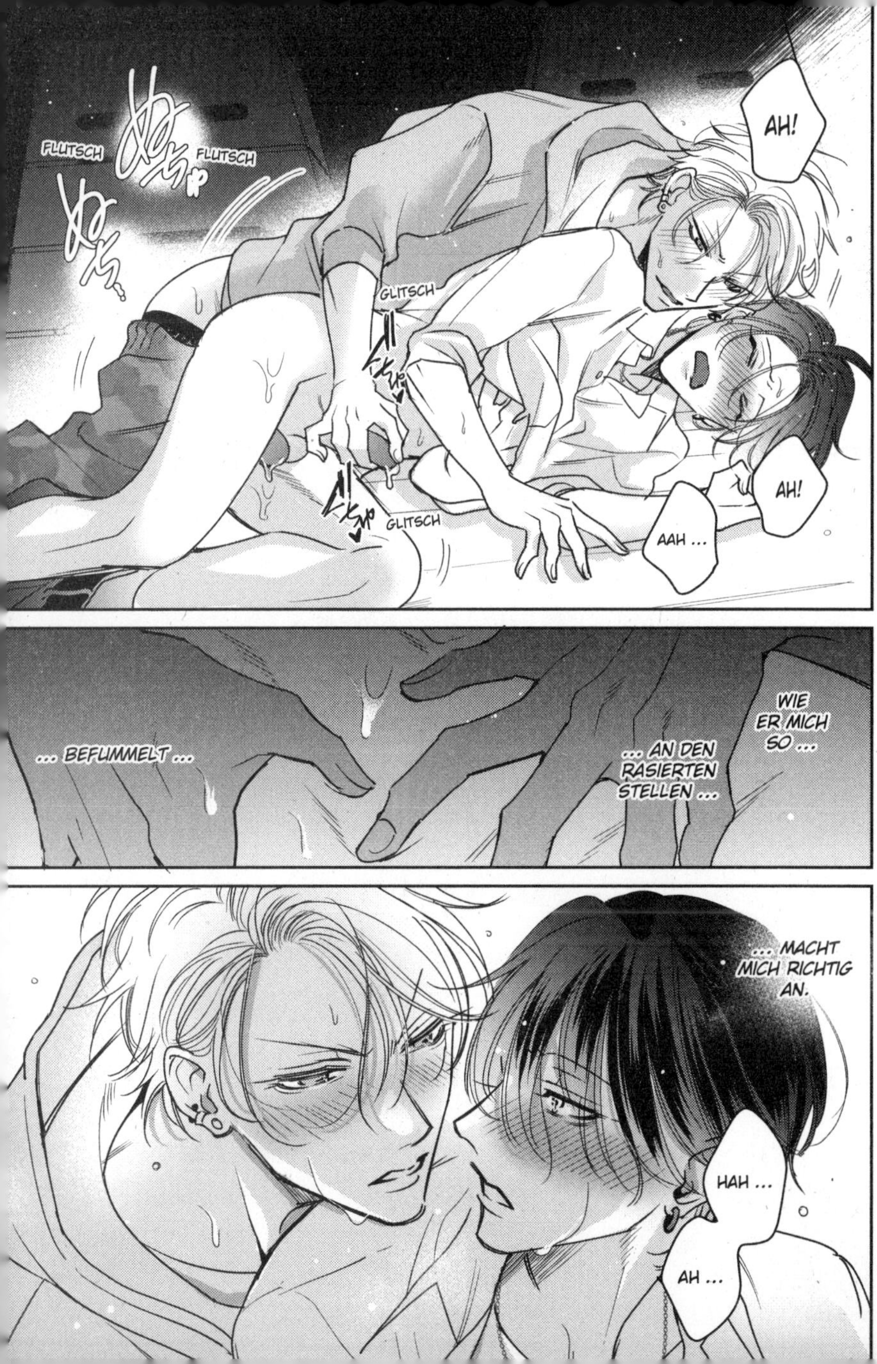

AH!
FLUTSCH
FLUTSCH
GLITSCH
GLITSCH
AH!
AAH …

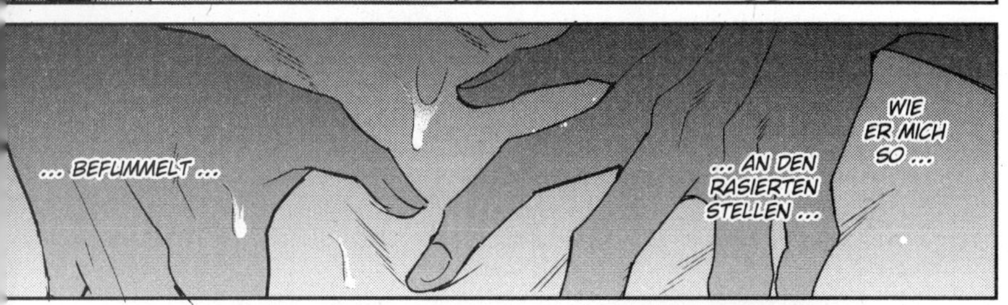

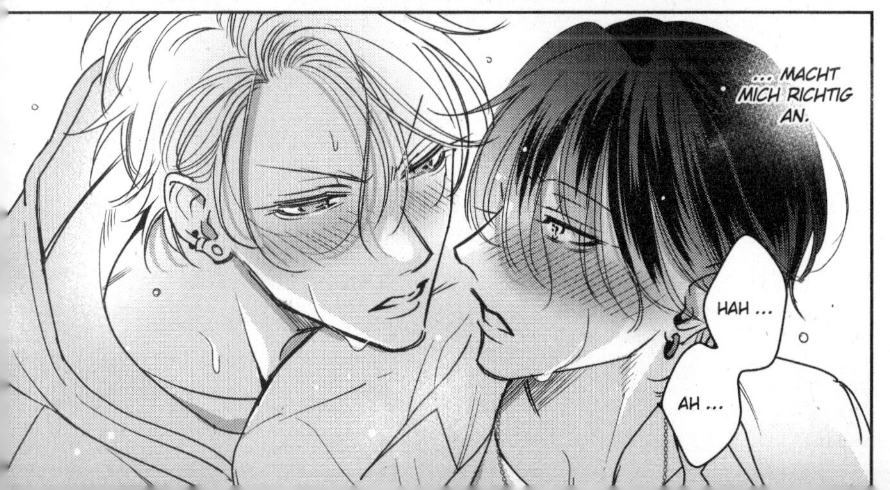

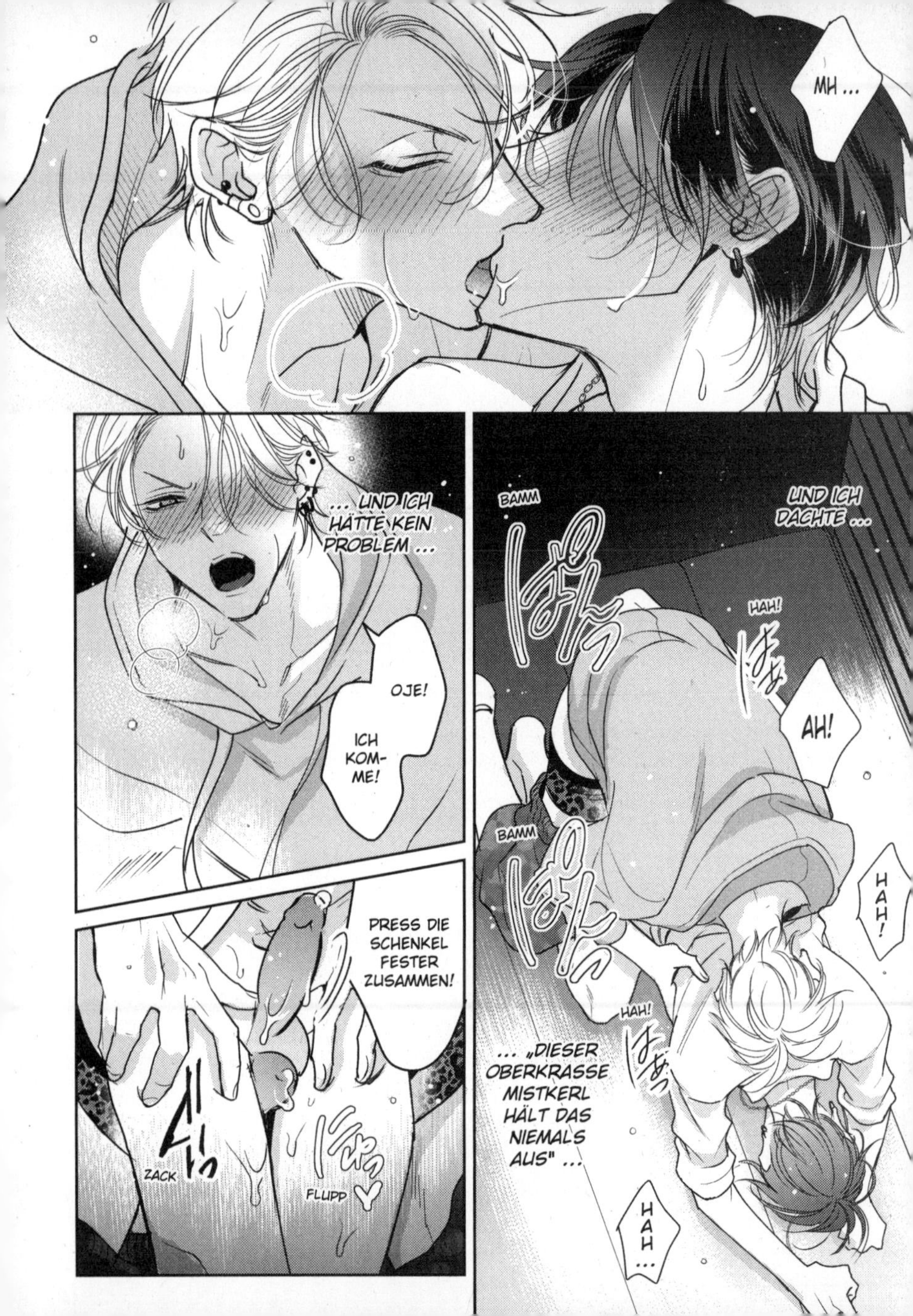
MH ...
... UND ICH HÄTTE KEIN PROBLEM ...
OJE!
ICH KOM-ME!
PRESS DIE SCHENKEL FESTER ZUSAMMEN!
ZACK
FLUPP
UND ICH DACHTE ...
BAMM
HAH!
AH!
BAMM
HAH!
HAH!
... „DIESER OBERKRASSE MISTKERL HÄLT DAS NIEMALS AUS" ...
HAH ...

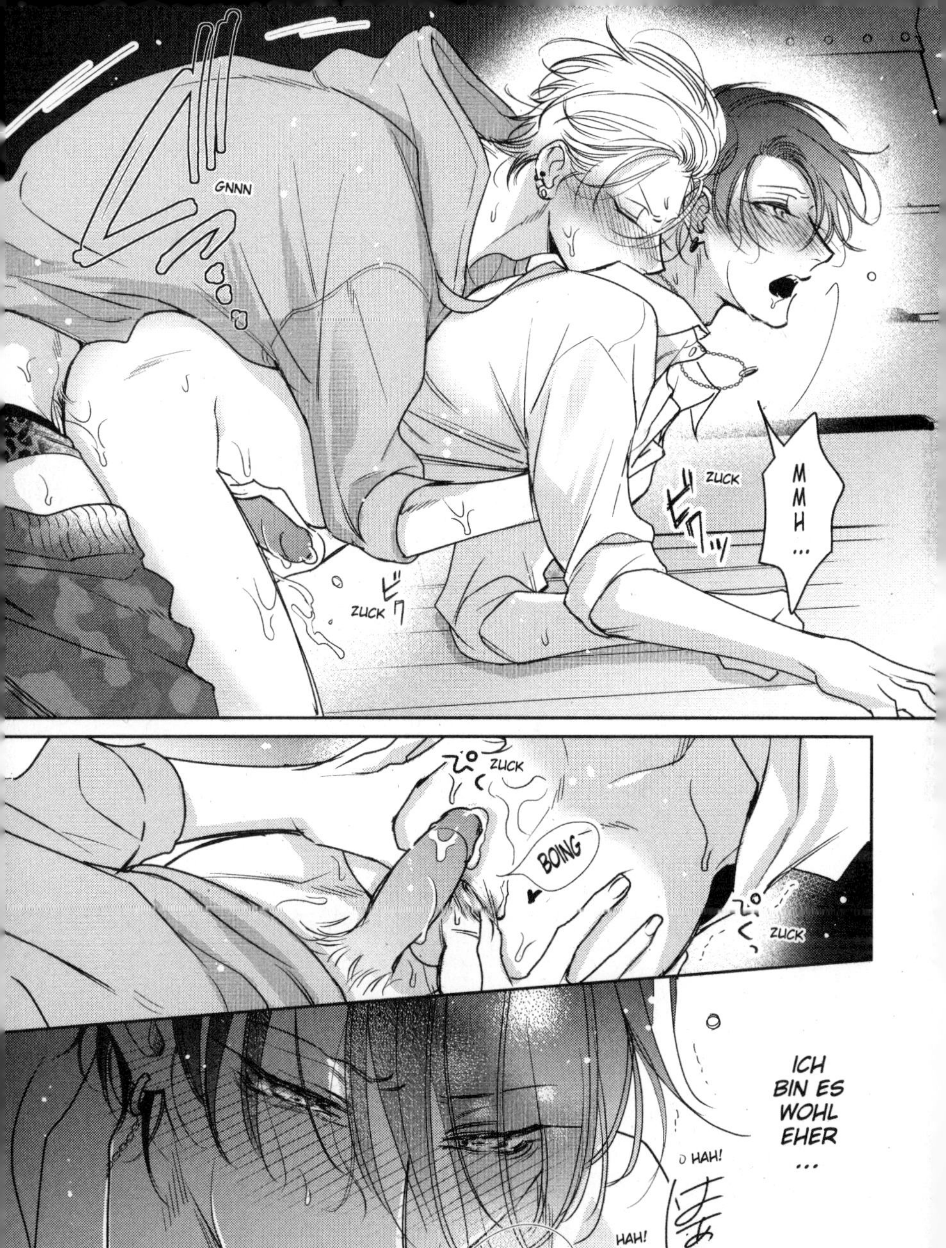
MMH ...
ZUCK
ZUCK
GNNN
ZUCK
BOING
ZUCK
ICH BIN ES WOHL EHER ...
HAH!
HAH!

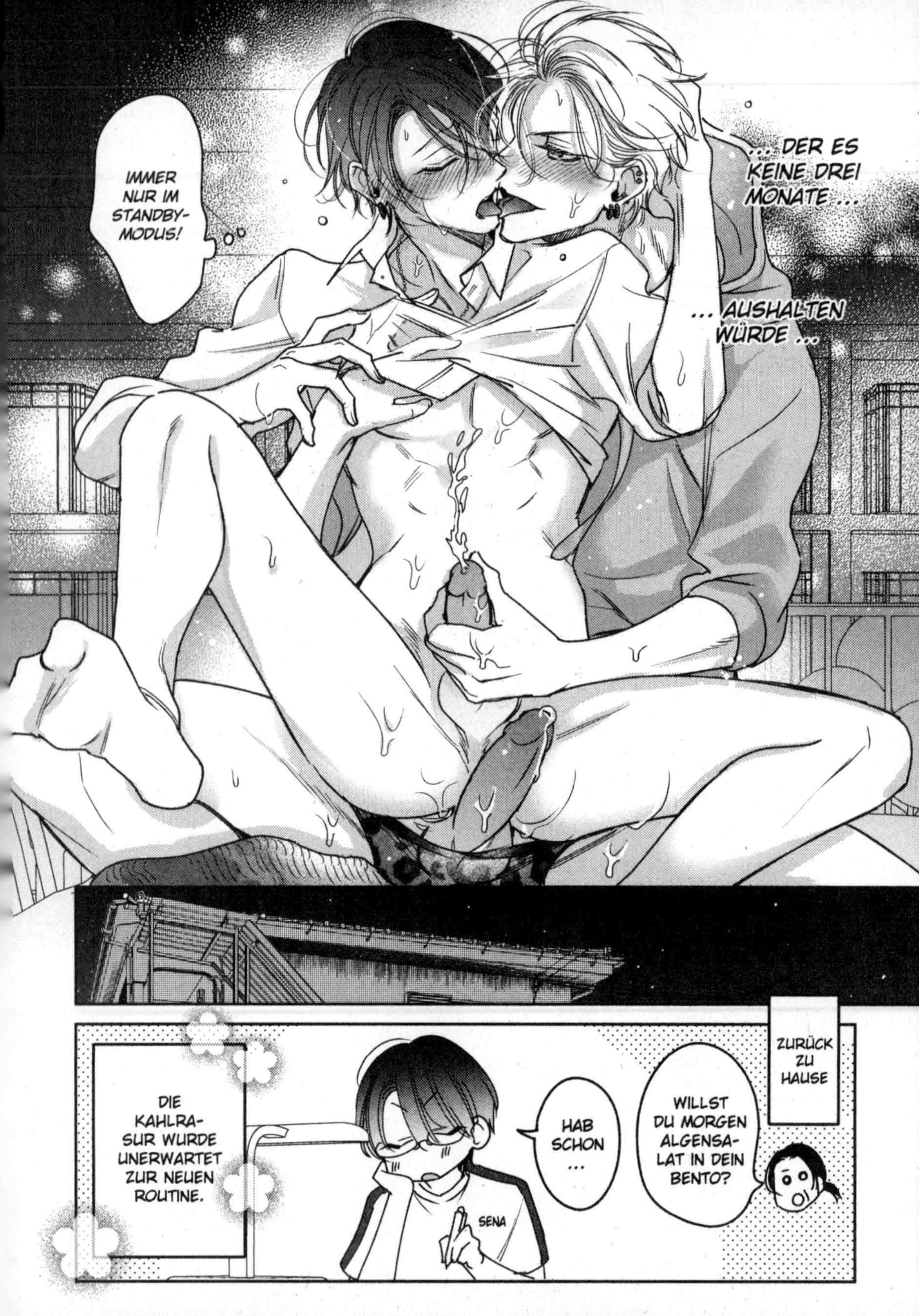

... DER ES KEINE DREI MONATE ...
... AUSHALTEN WÜRDE ...
IMMER NUR IM STANDBY-MODUS!
ZURÜCK ZU HAUSE
WILLST DU MORGEN ALGENSA-LAT IN DEIN BENTO?
HAB SCHON ...
SENA
DIE KAHLRA-SUR WURDE UNERWARTET ZUR NEUEN ROUTINE.

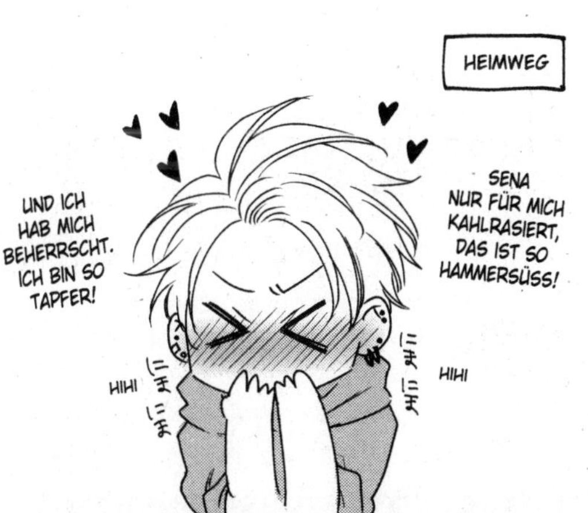
HEIMWEG
SENA NUR FÜR MICH KAHLRASIERT, DAS IST SO HAMMERSÜSS!
HIHI
UND ICH HAB MICH BEHERRSCHT. ICH BIN SO TAPFER!
HIHI

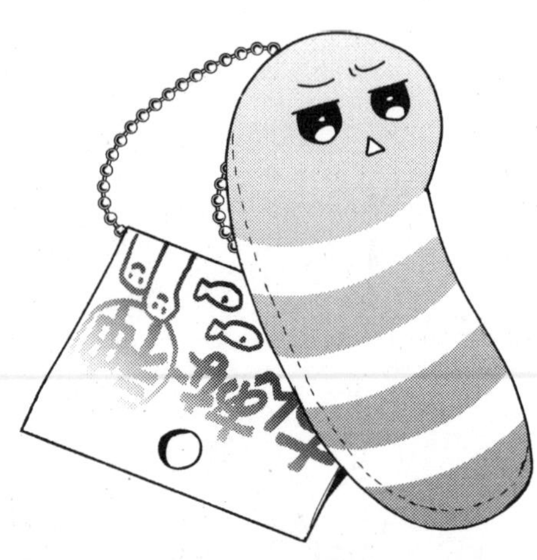

KAMPF DER VERFÜHRERGIGANTEN

PRESENTED BY TOTOFUMI

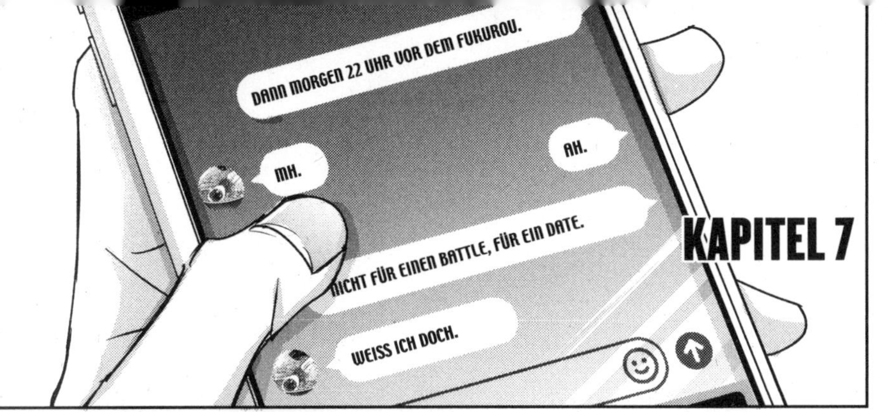
KAPITEL 7
DANN MORGEN 22 UHR VOR DEM FUKUROU.
AH.
MH.
NICHT FÜR EINEN BATTLE, FÜR EIN DATE.
WEISS ICH DOCH.

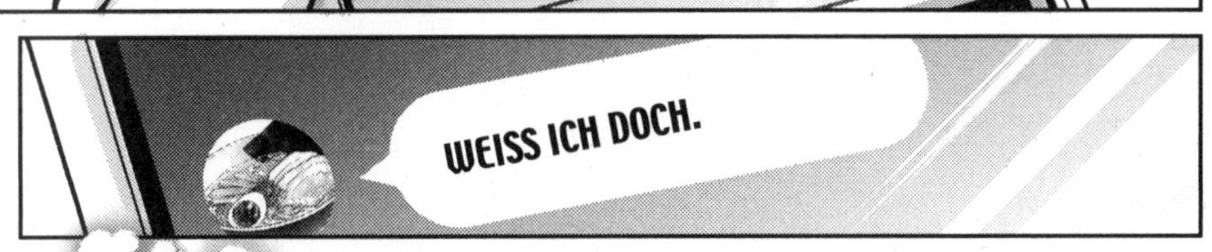
WEISS ICH DOCH.

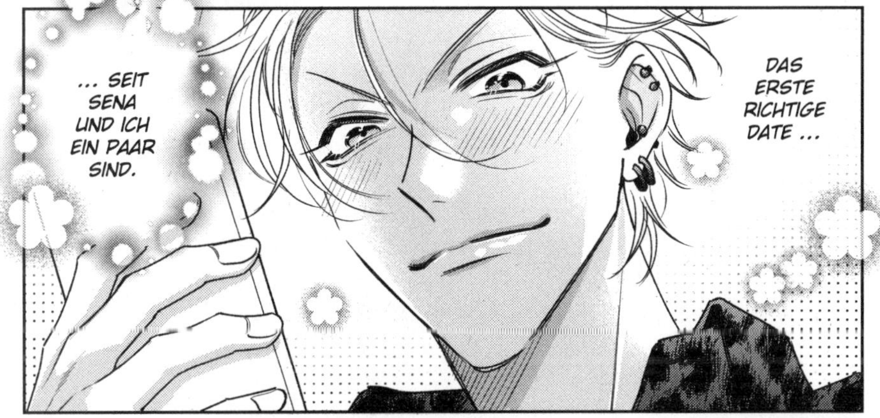
DAS ERSTE RICHTIGE DATE ...
... SEIT SENA UND ICH EIN PAAR SIND.

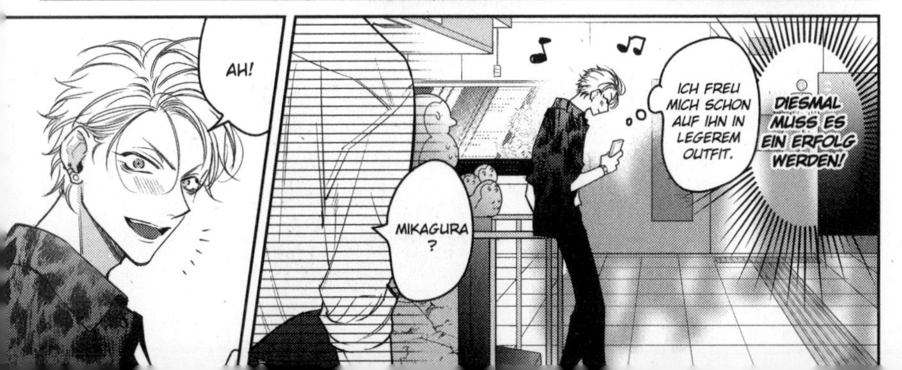
DIESMAL MUSS ES EIN ERFOLG WERDEN!
ICH FREU MICH SCHON AUF IHN IN LEGEREM OUTFIT.
MIKAGURA ?
AH!

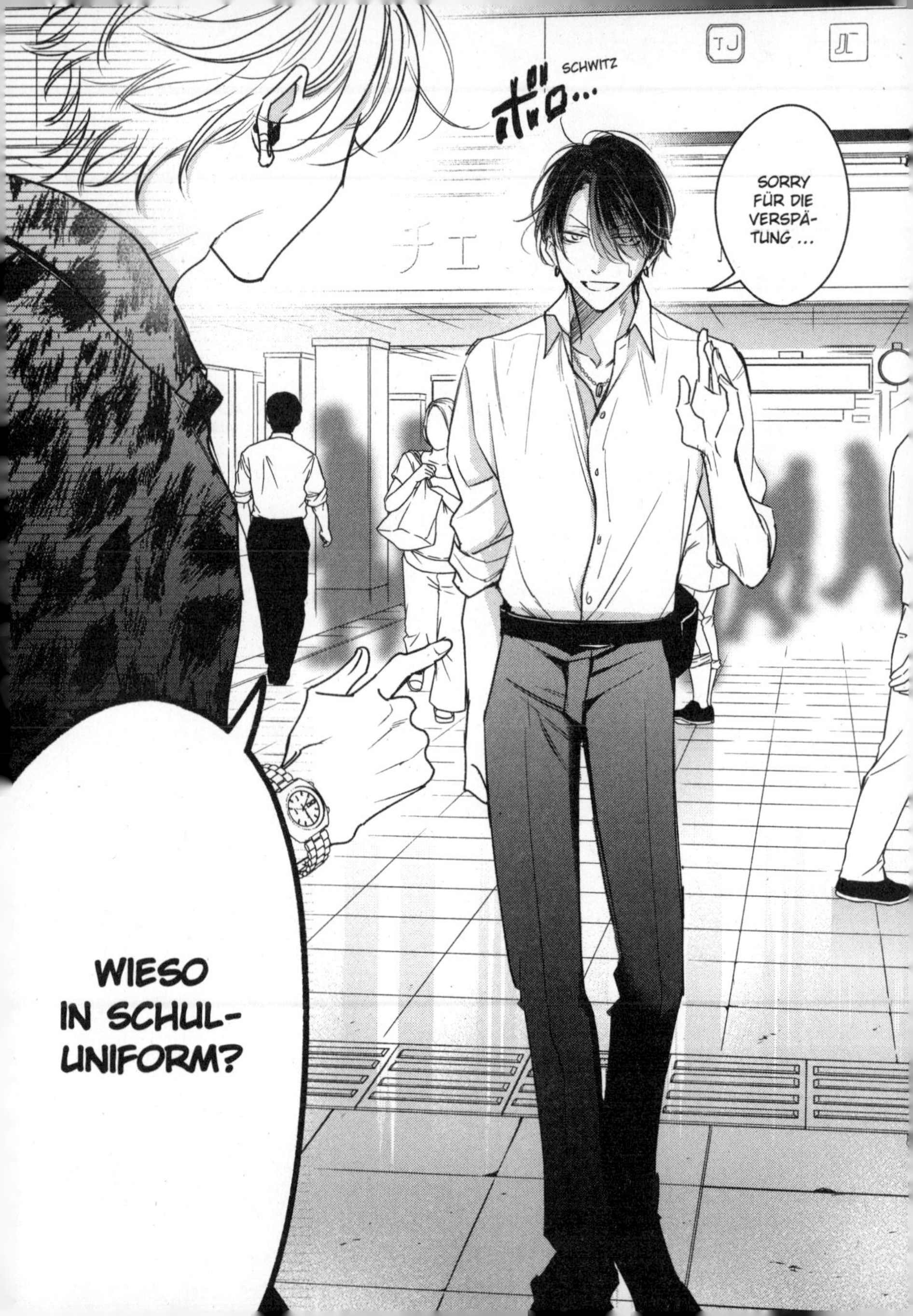
SCHWITZ
SORRY FÜR DIE VERSPÄ-TUNG …
WIESO IN SCHUL-UNIFORM?

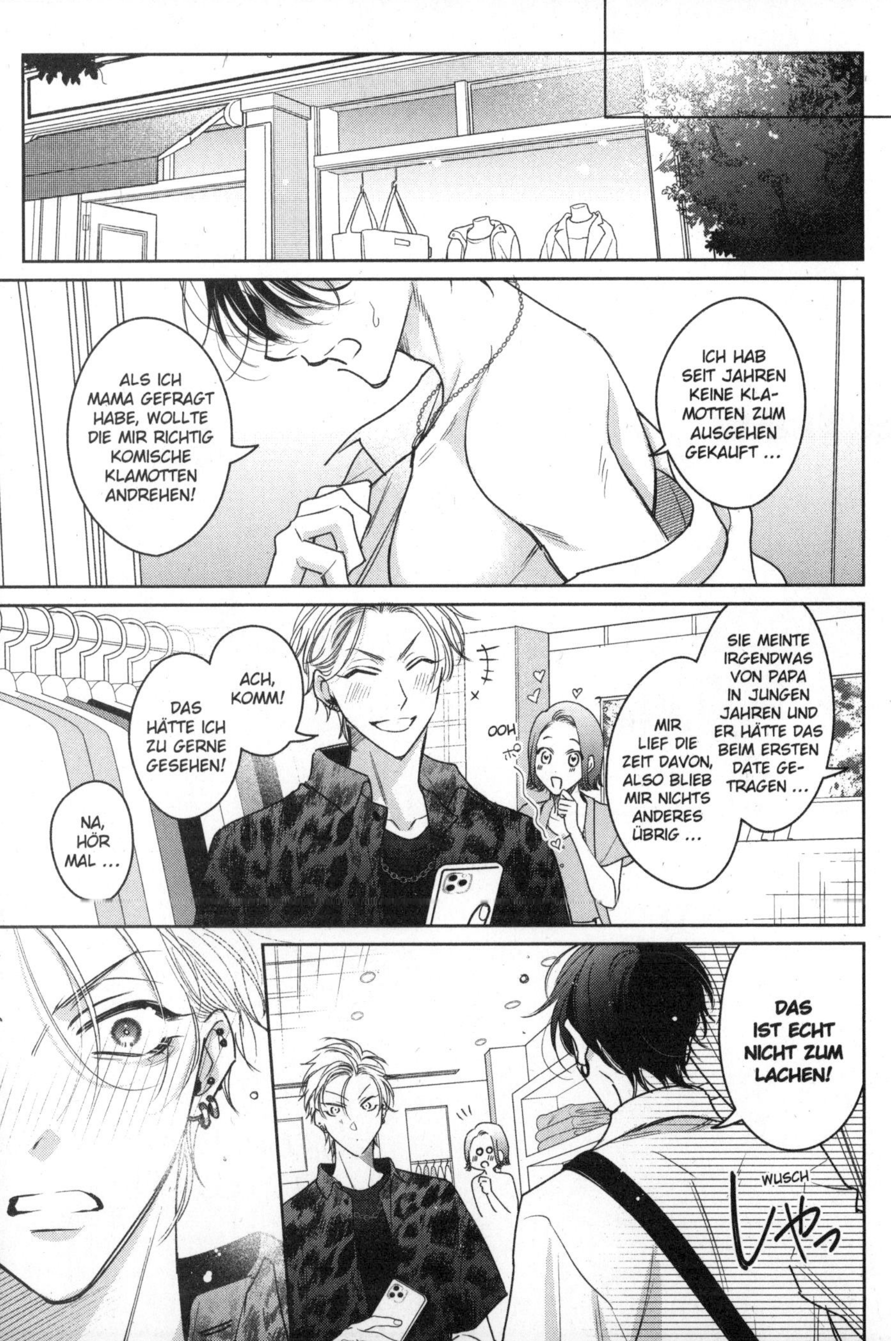

ICH HAB SEIT JAHREN KEINE KLAMOTTEN ZUM AUSGEHEN GEKAUFT …
ALS ICH MAMA GEFRAGT HABE, WOLLTE DIE MIR RICHTIG KOMISCHE KLAMOTTEN ANDREHEN!
SIE MEINTE IRGENDWAS VON PAPA IN JUNGEN JAHREN UND ER HÄTTE DAS BEIM ERSTEN DATE GETRAGEN …
MIR LIEF DIE ZEIT DAVON, ALSO BLIEB MIR NICHTS ANDERES ÜBRIG …
OOH
ACH, KOMM!
DAS HÄTTE ICH ZU GERNE GESEHEN!
NA, HÖR MAL …
DAS IST ECHT NICHT ZUM LACHEN!
WUSCH

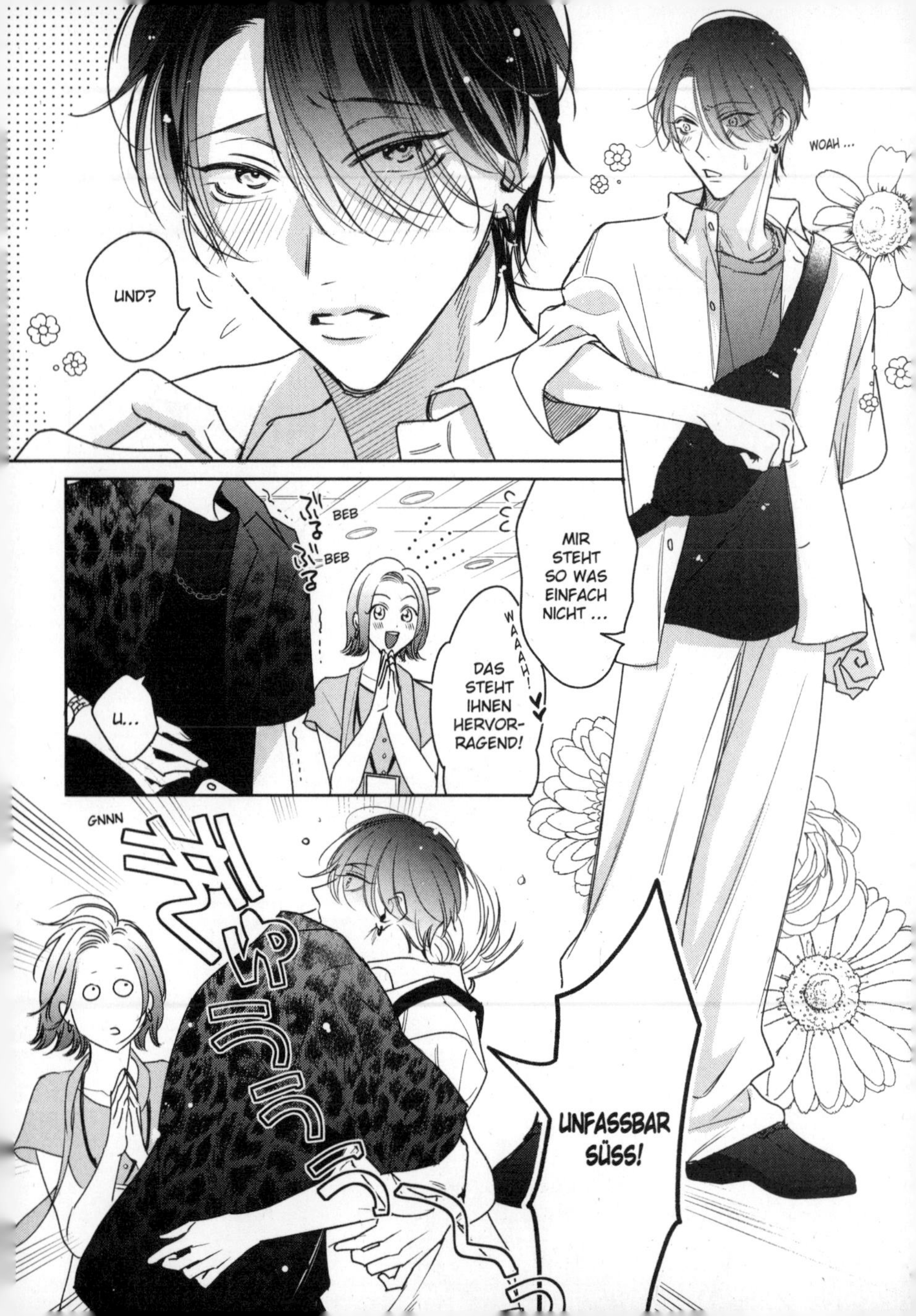
WOAH ...
UND?
MIR STEHT SO WAS EINFACH NICHT ...
BEB
BEB
WAAAH!
DAS STEHT IHNEN HERVORRAGEND!
U...
GNNN
UNFASSBAR SÜSS!

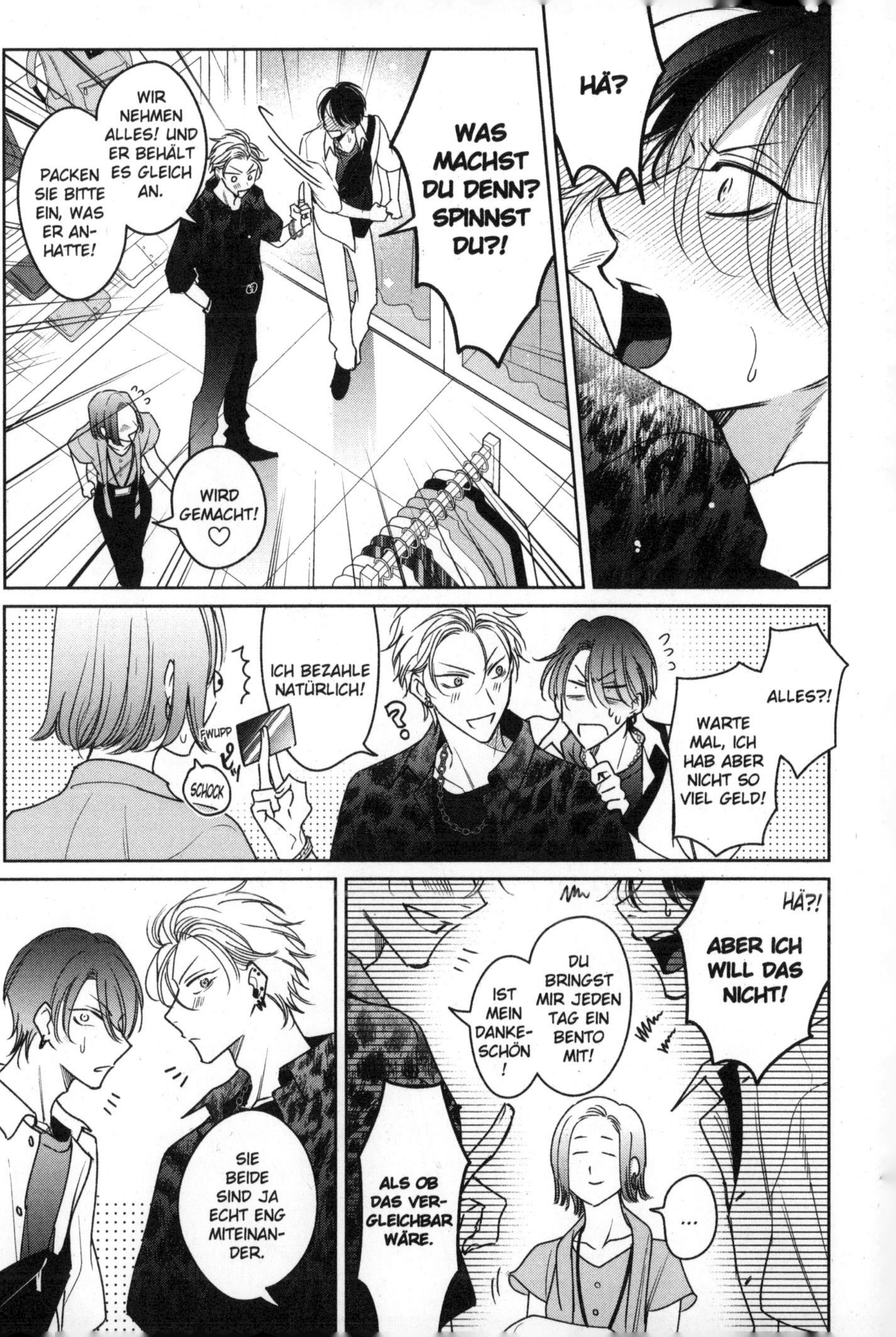

HÄ?
WAS MACHST DU DENN? SPINNST DU?!
WIR NEHMEN ALLES! UND ER BEHÄLT ES GLEICH AN.
PACKEN SIE BITTE EIN, WAS ER ANHATTE!
WIRD GEMACHT! ♡

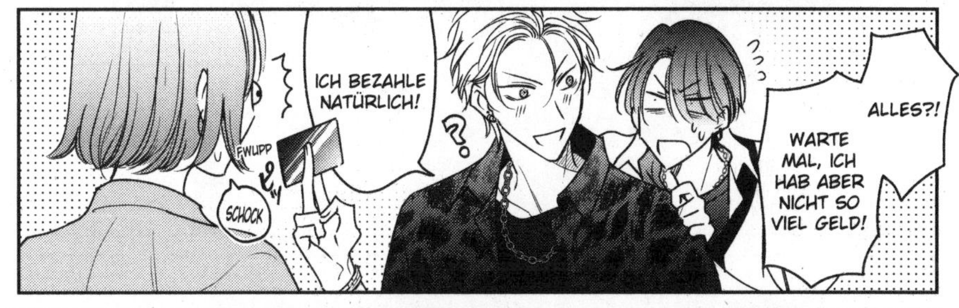

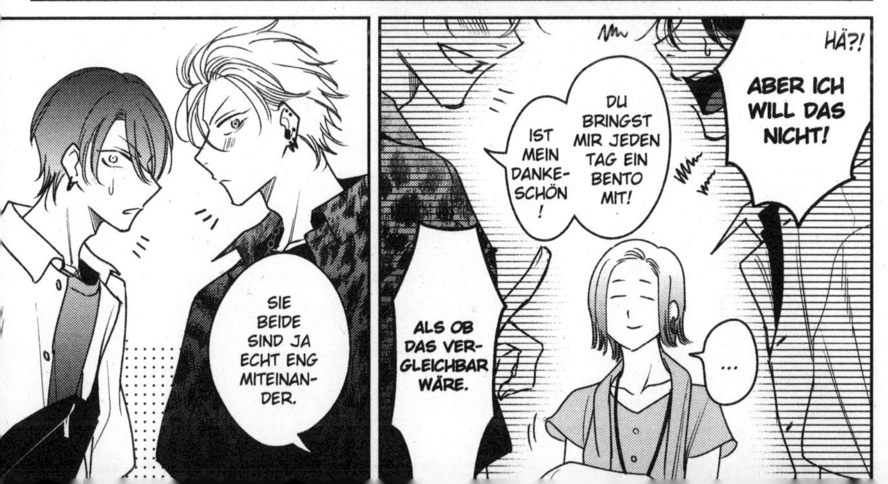

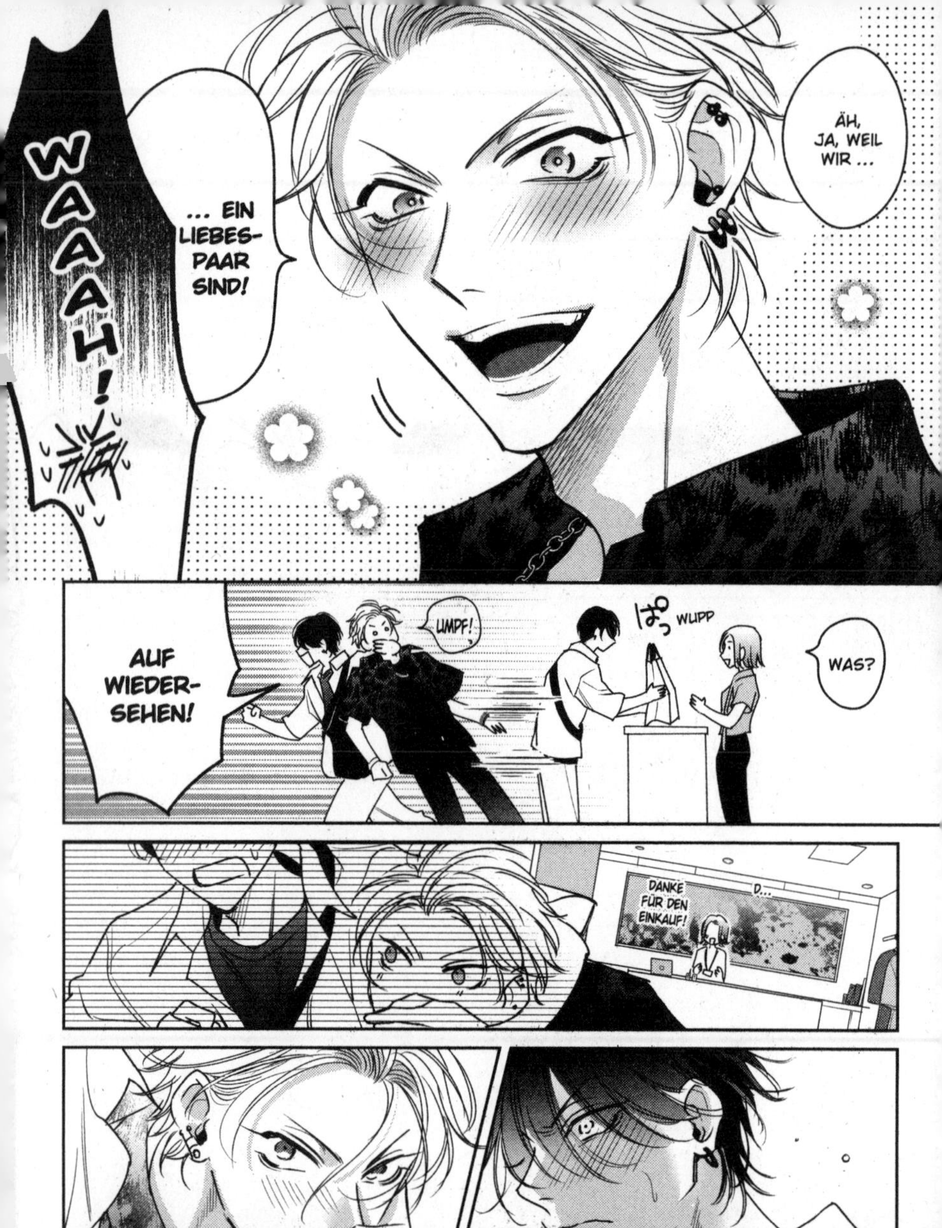
ÄH, JA, WEIL WIR …
… EIN LIEBES-PAAR SIND!
WAAAAH!
WAS?
ぱっ WUPP
UMPF!
AUF WIEDER-SEHEN!
D…
DANKE FÜR DEN EINKAUF!

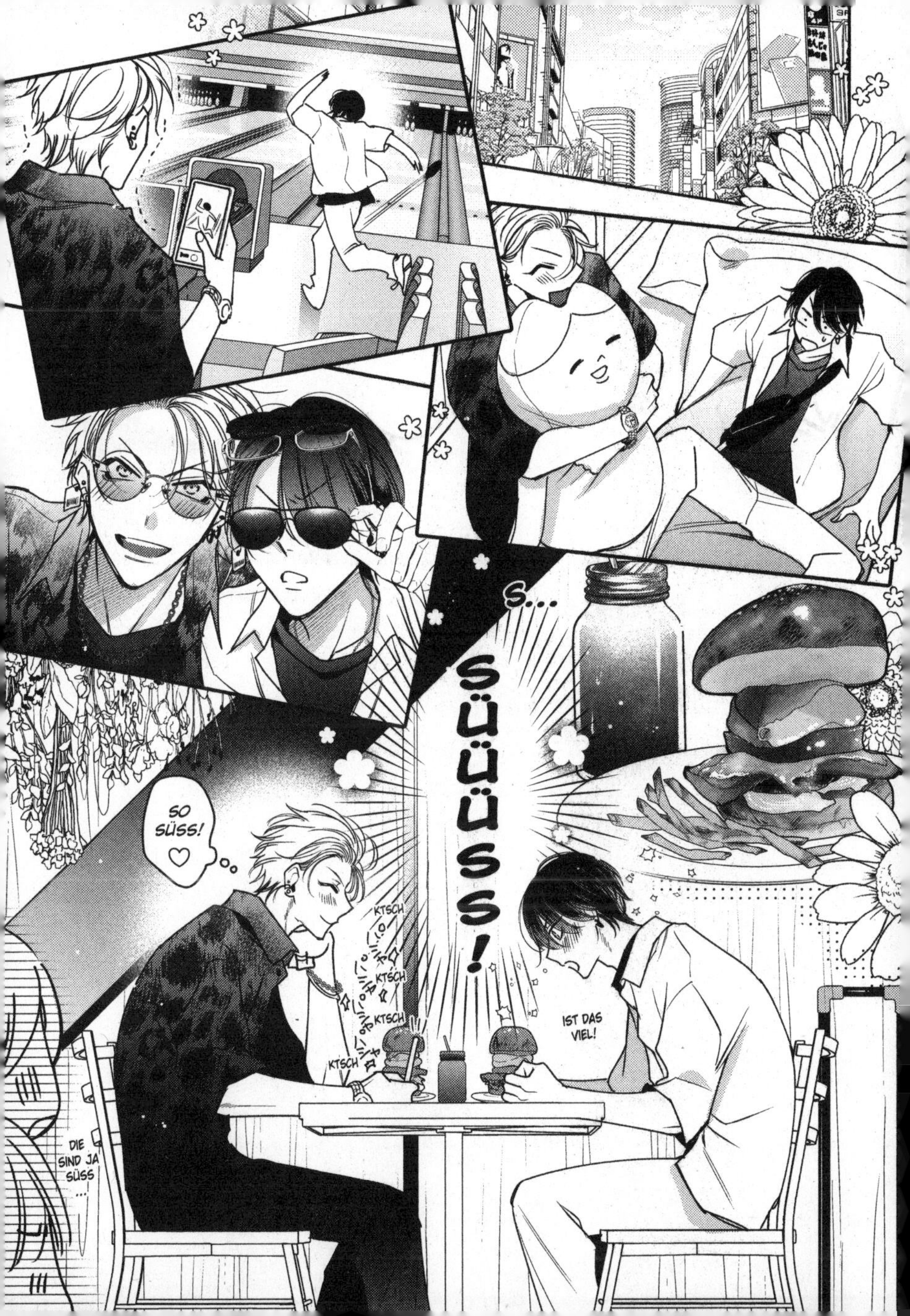
S...
SÜÜÜSS!
SO SÜSS! ♡
KTSCH
KTSCH
KTSCH
KTSCH
IST DAS VIEL!
DIE SIND JA SÜSS ...

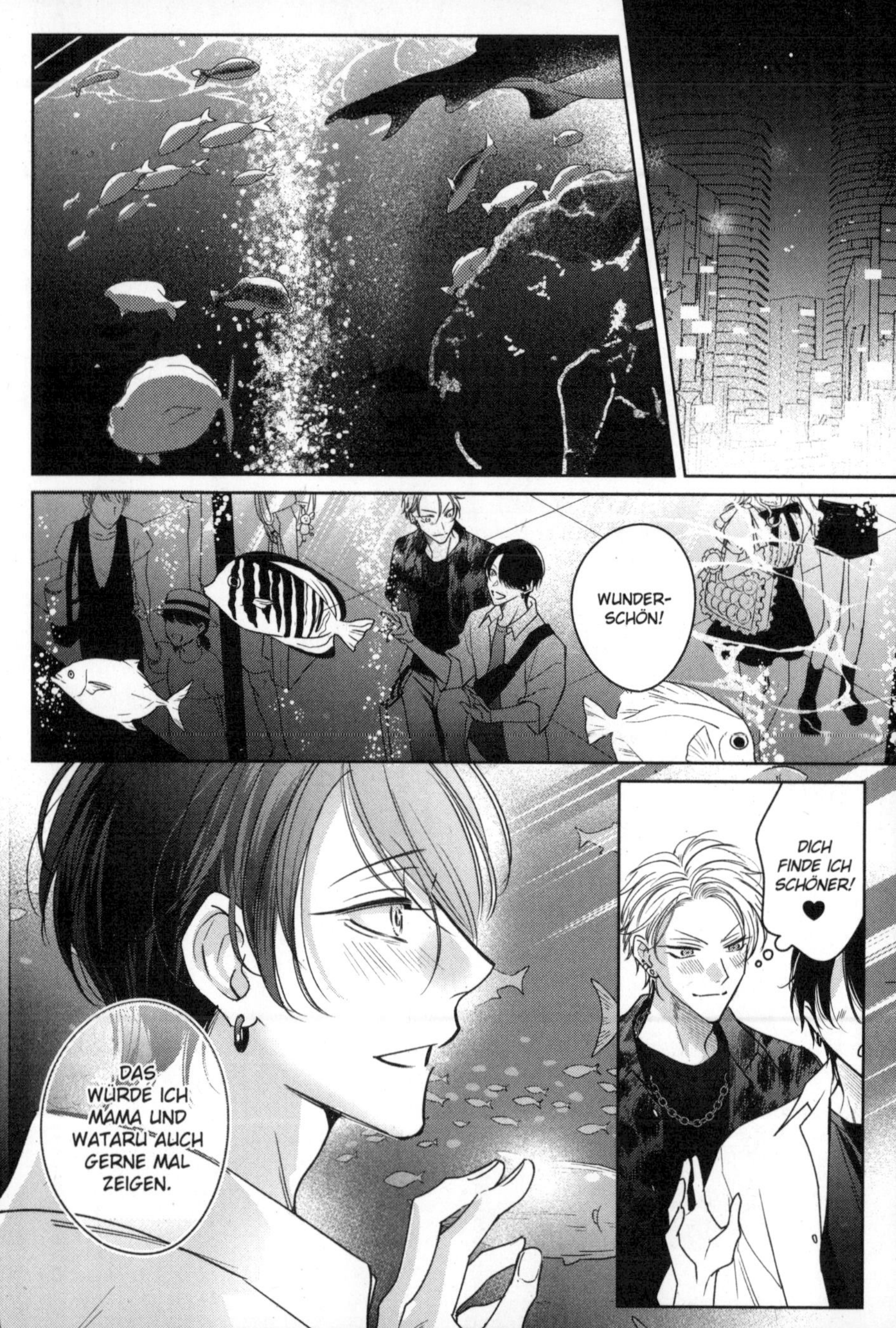
WUNDER-SCHÖN!
DICH FINDE ICH SCHÖNER! ♥
DAS WÜRDE ICH MAMA UND WATARU AUCH GERNE MAL ZEIGEN.

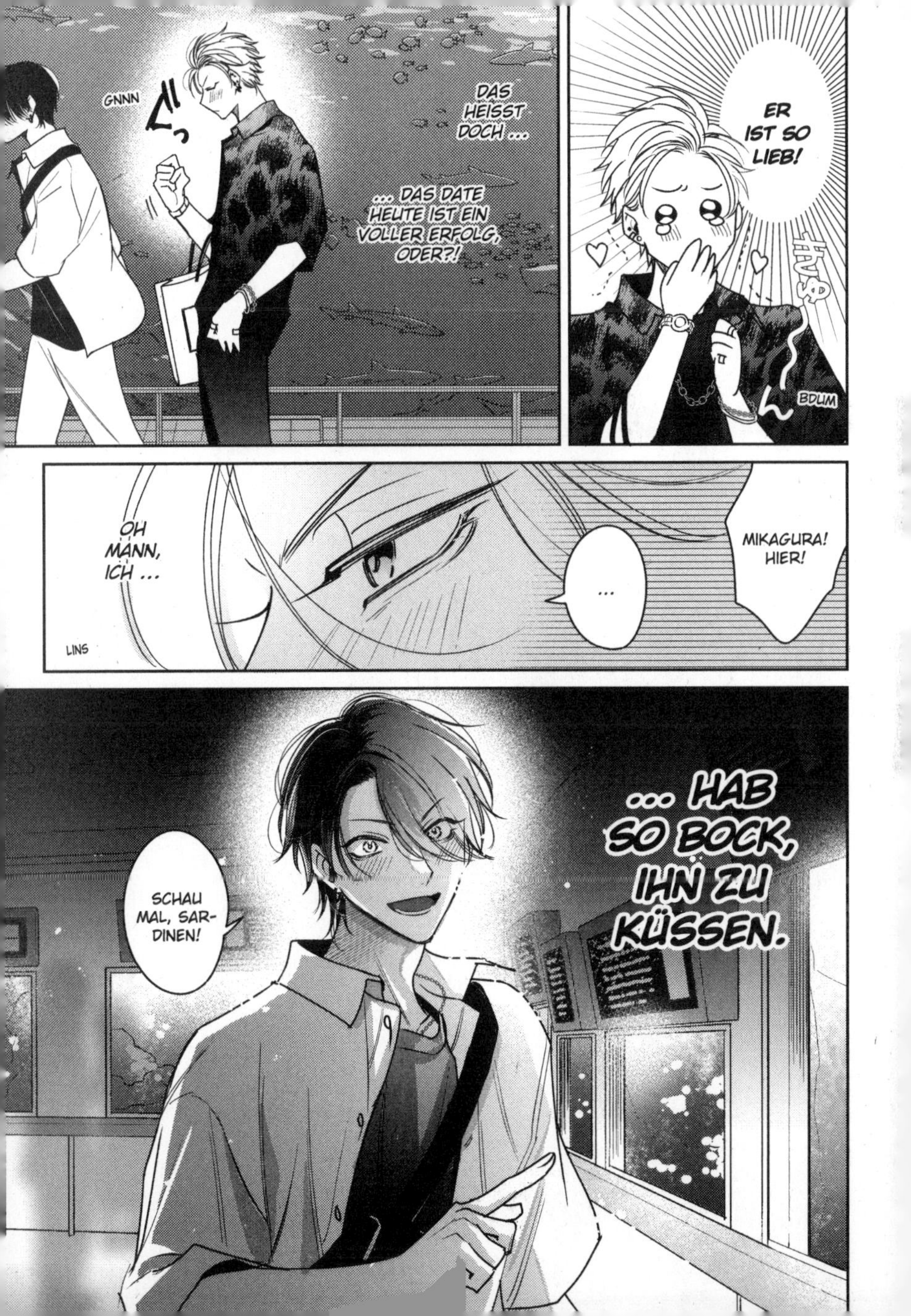

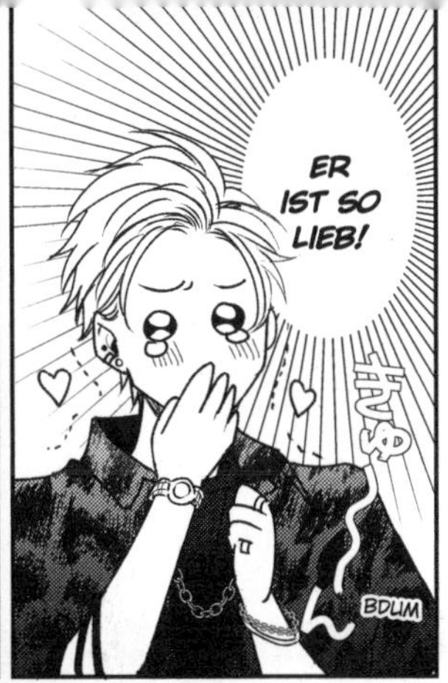

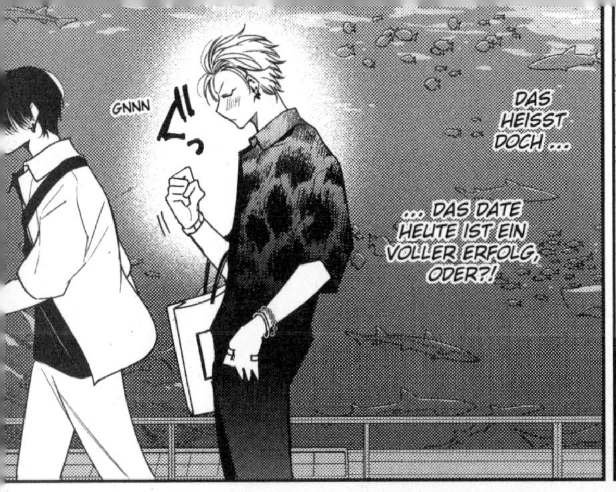

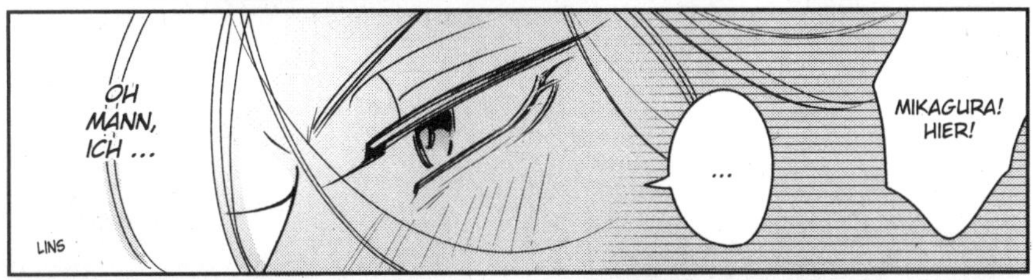

... HAB SO BOCK, IHN ZU KÜSSEN.

SCHAU MAL, SAR-DINEN!

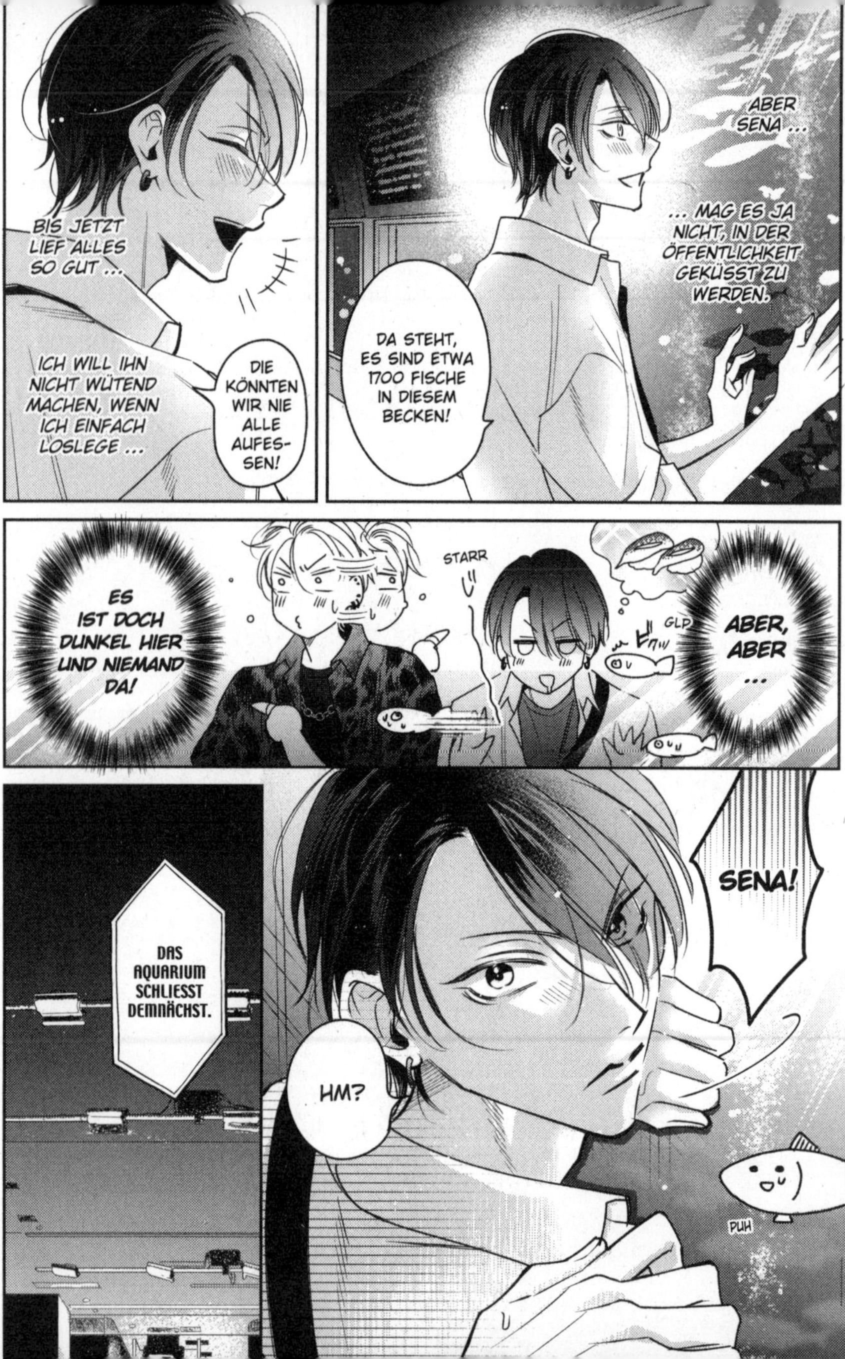

ABER SENA …
… MAG ES JA NICHT, IN DER ÖFFENTLICHKEIT GEKÜSST ZU WERDEN.
DA STEHT, ES SIND ETWA 1700 FISCHE IN DIESEM BECKEN!
DIE KÖNNTEN WIR NIE ALLE AUFES-SEN!
BIS JETZT LIEF ALLES SO GUT …
ICH WILL IHN NICHT WÜTEND MACHEN, WENN ICH EINFACH LOSLEGE …

ABER, ABER …
STARR
GLP
ES IST DOCH DUNKEL HIER UND NIEMAND DA!

SENA!
HM?
PUH
DAS AQUARIUM SCHLIESST DEMNÄCHST.

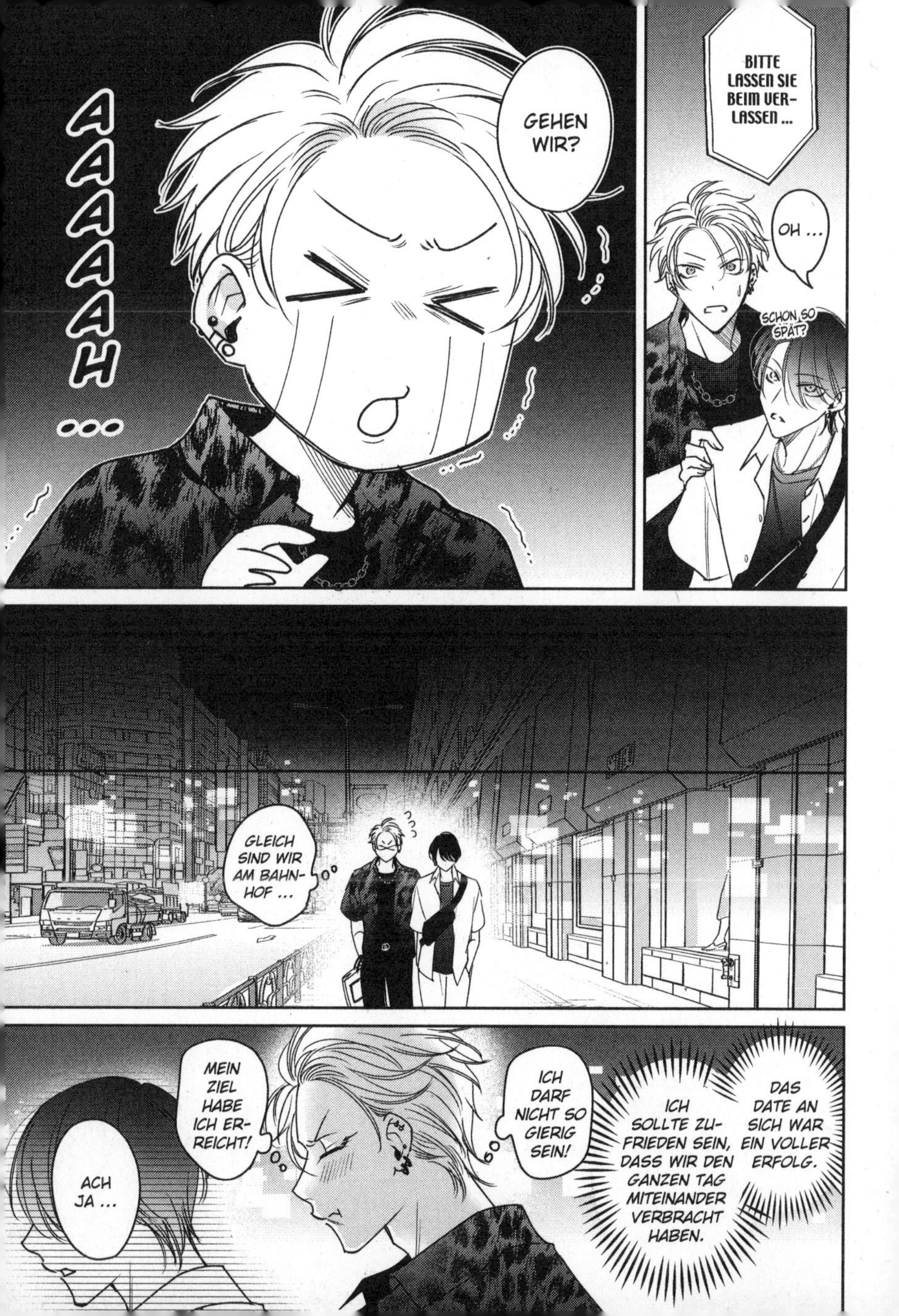

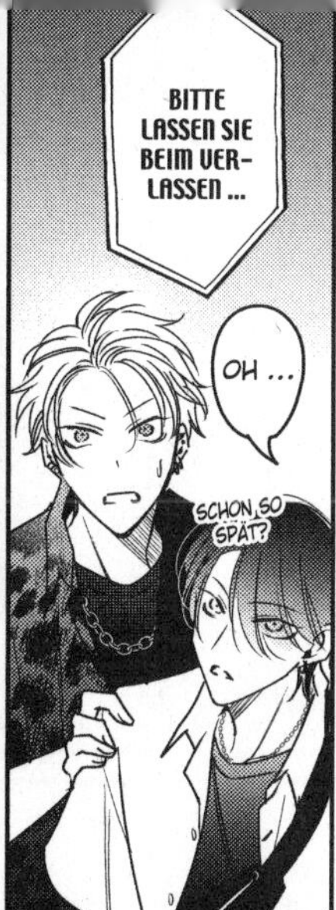
BITTE LASSEN SIE BEIM VERLASSEN ...
OH ...
SCHON, SO SPÄT?
GEHEN WIR?
AAAAAAH ...

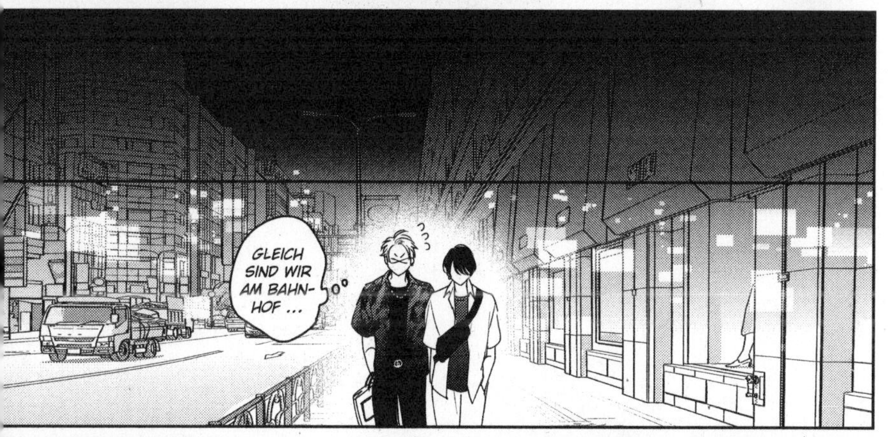
GLEICH SIND WIR AM BAHNHOF ...

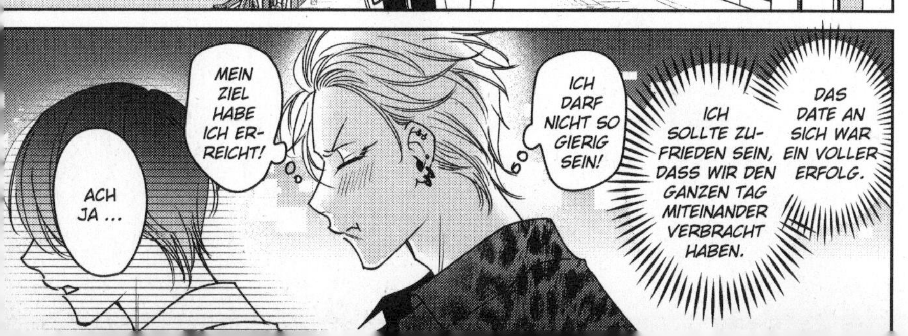
DAS DATE AN SICH WAR EIN VOLLER ERFOLG.
ICH SOLLTE ZUFRIEDEN SEIN, DASS WIR DEN GANZEN TAG MITEINANDER VERBRACHT HABEN.
ICH DARF NICHT SO GIERIG SEIN!
MEIN ZIEL HABE ICH ERREICHT!
ACH JA ...

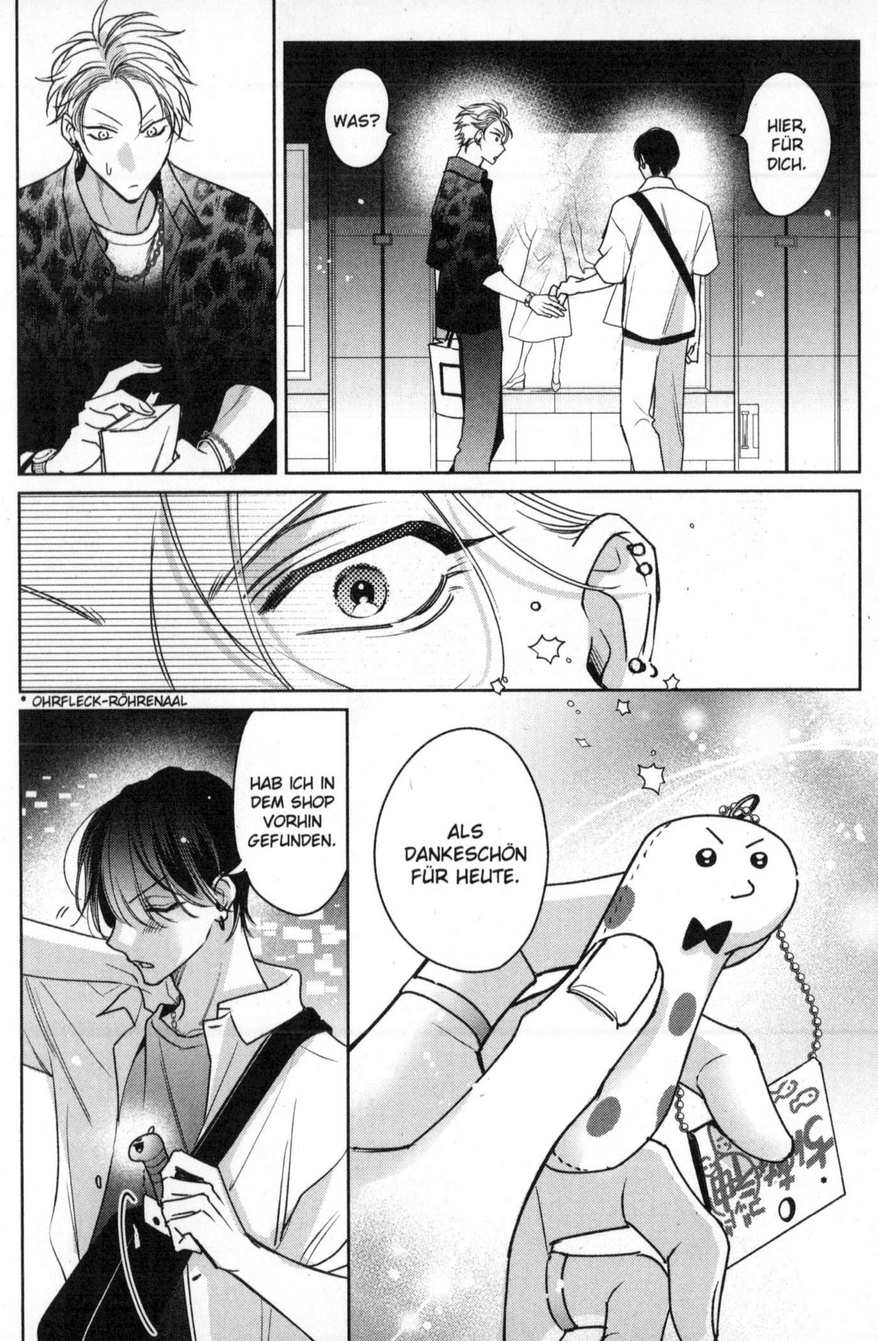
HIER, FÜR DICH.
WAS?
* OHRFLECK-RÖHRENAAL
ALS DANKESCHÖN FÜR HEUTE.
HAB ICH IN DEM SHOP VORHIN GEFUNDEN.

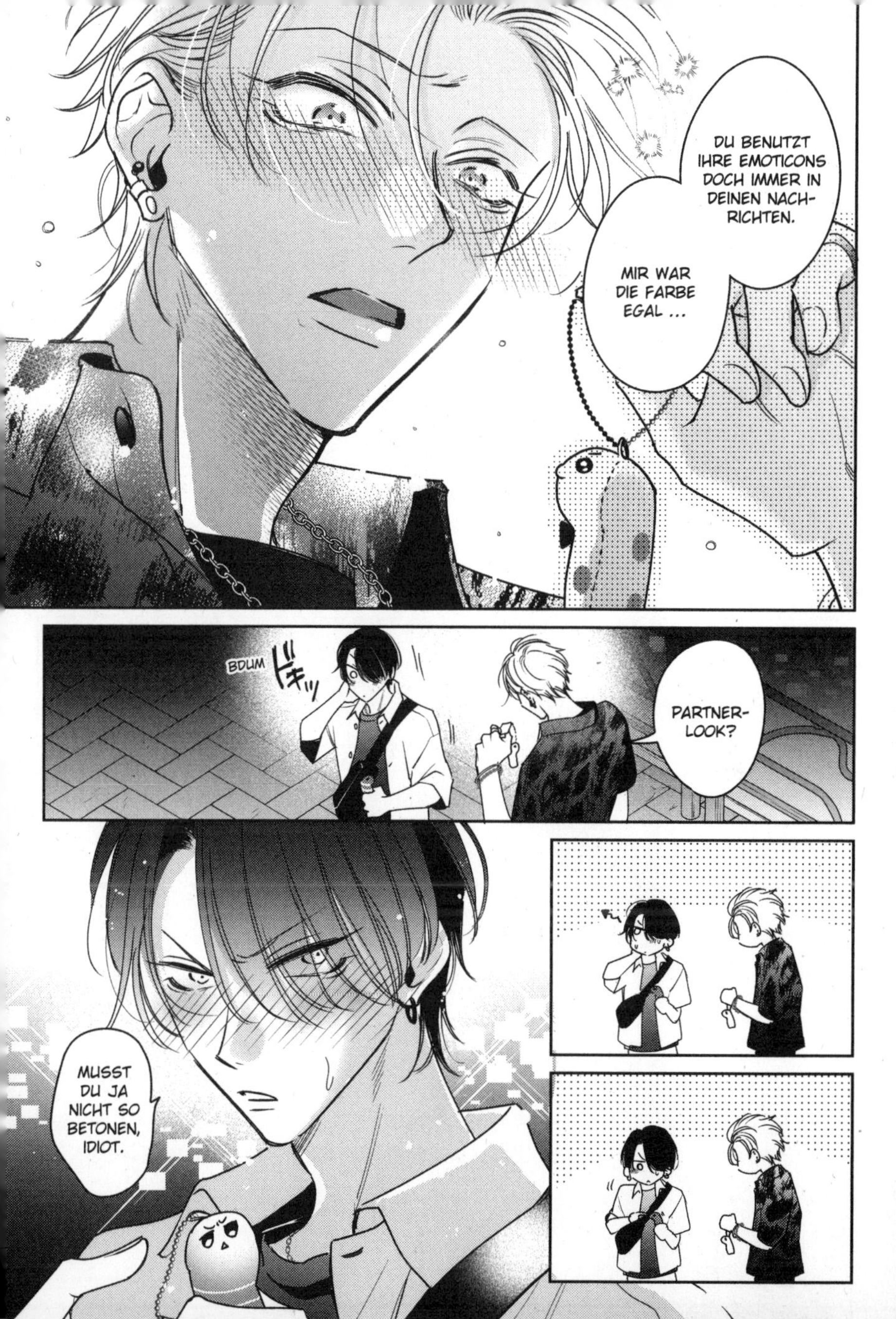
DU BENUTZT IHRE EMOTICONS DOCH IMMER IN DEINEN NACH-RICHTEN.
MIR WAR DIE FARBE EGAL …
BDUM
ドキッ
PARTNER-LOOK?
MUSST DU JA NICHT SO BETONEN, IDIOT.

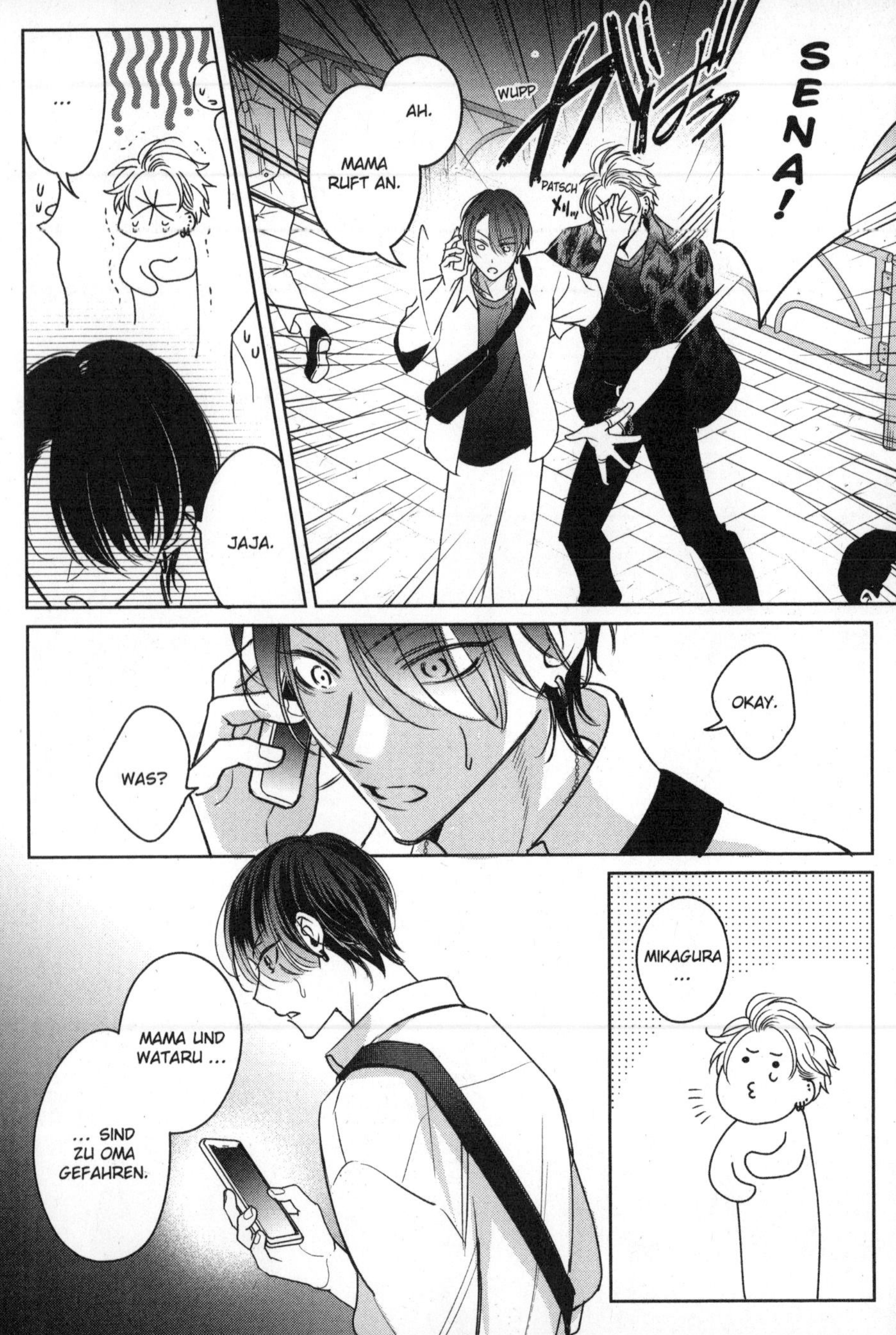
SENA!
WUPP
PATSCH
AH.
MAMA RUFT AN.
...
JAJA.
OKAY.
WAS?
MIKAGURA ...
MAMA UND WATARU ...
... SIND ZU OMA GEFAHREN.

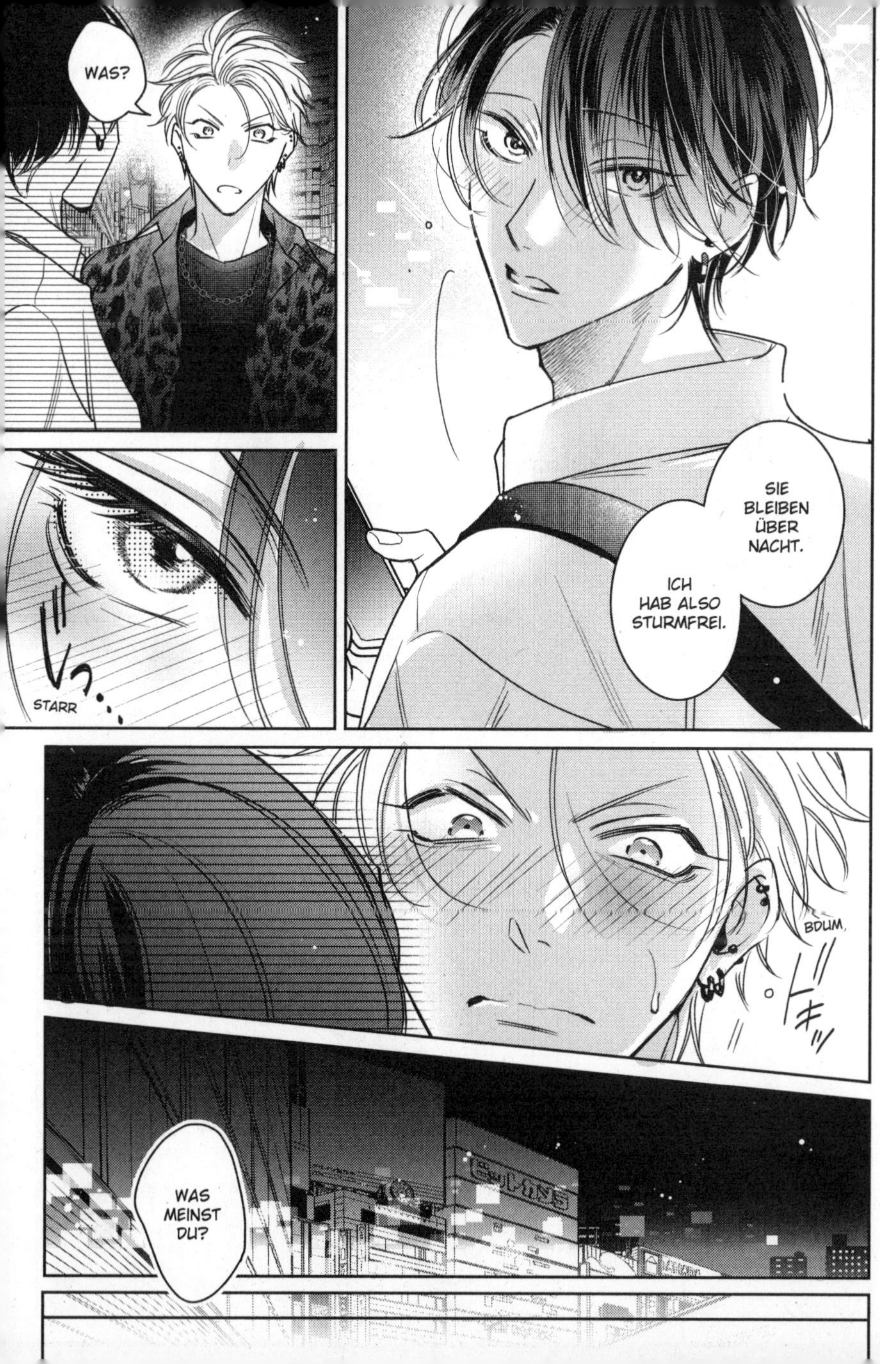

SIE BLEIBEN ÜBER NACHT.
ICH HAB ALSO STURMFREI.
WAS?
STARR
BDUM,
WAS MEINST DU?

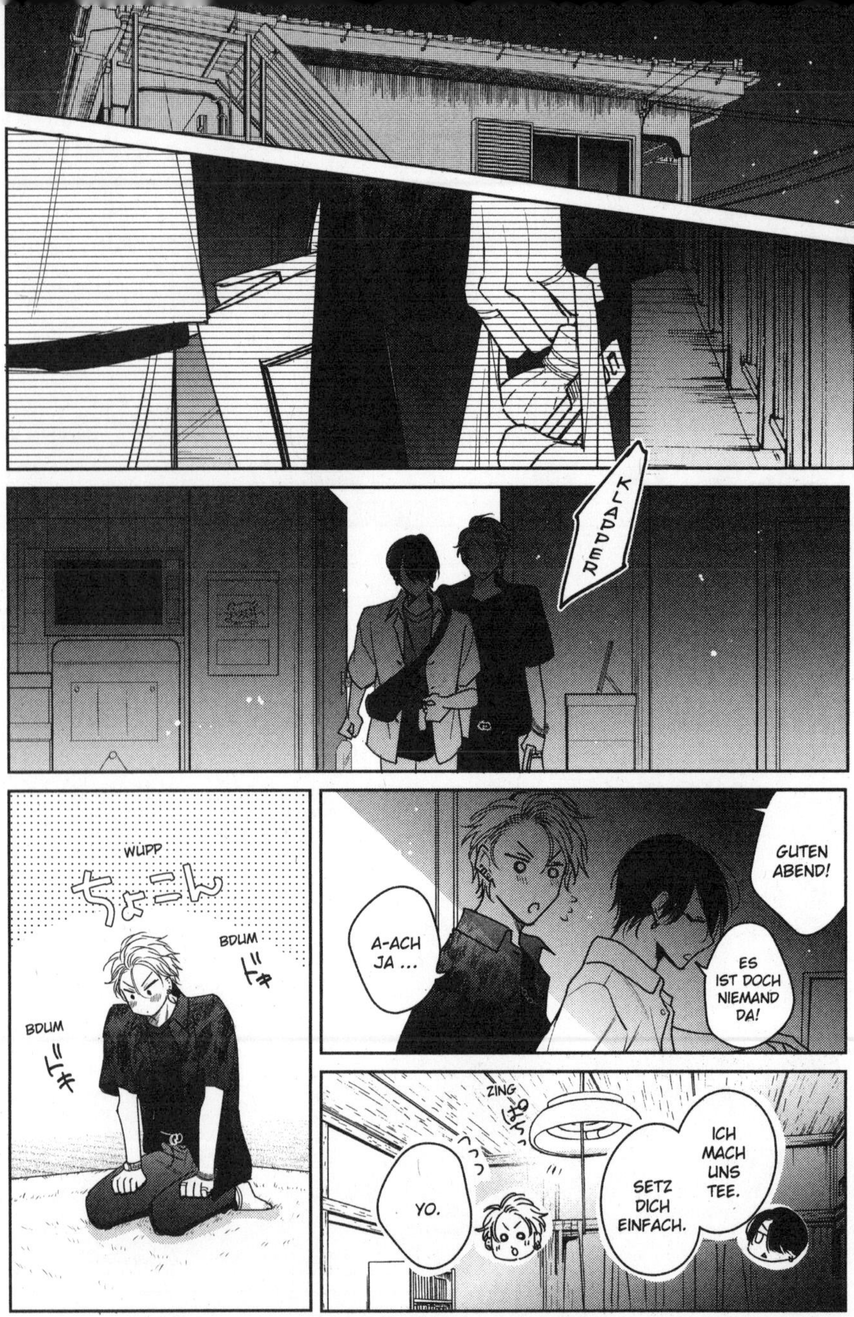

KLAPPER

GUTEN ABEND!

ES IST DOCH NIEMAND DA!

A-ACH JA ...

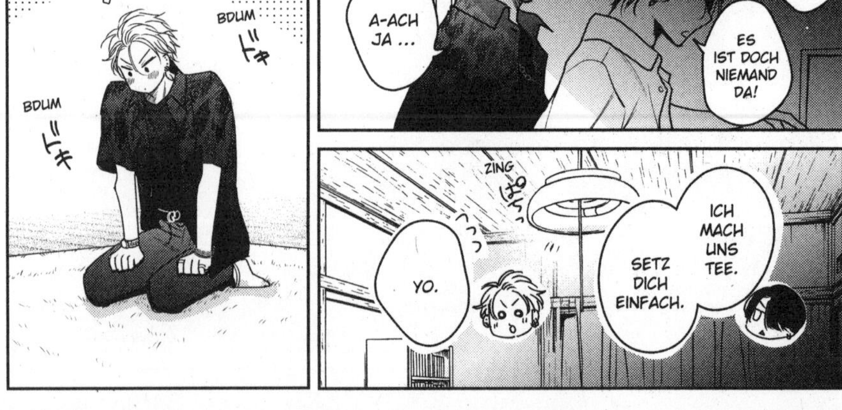

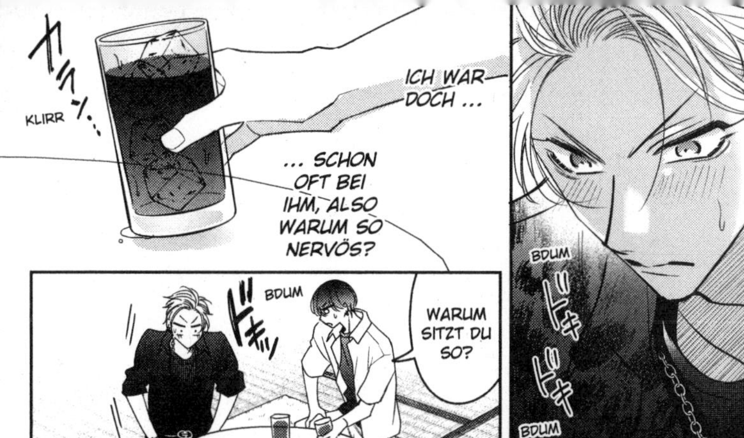

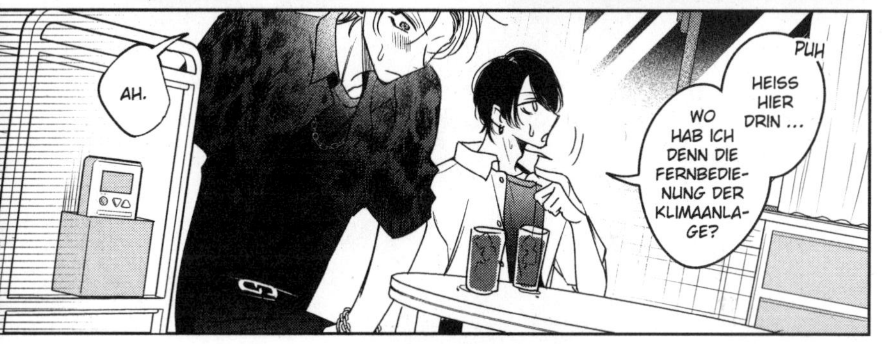

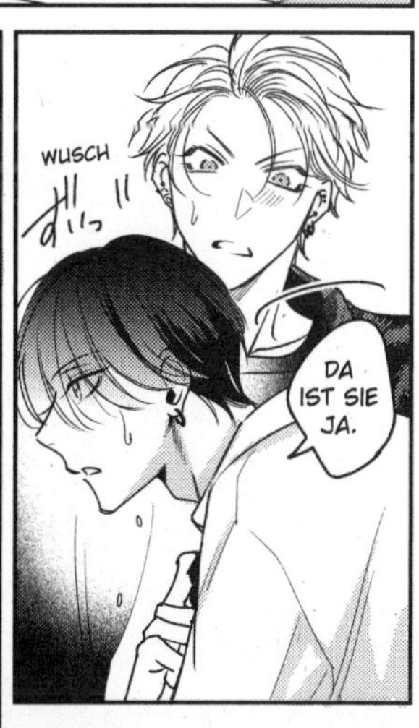

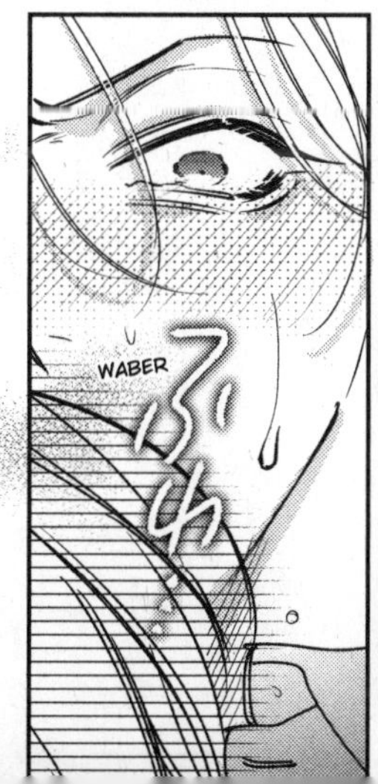

ES HEISST, EIN DATE DAUERT, BIS MAN DEN ANDEREN NACH HAUSE GE-BRACHT HAT …

ABER IN DEM FALL …

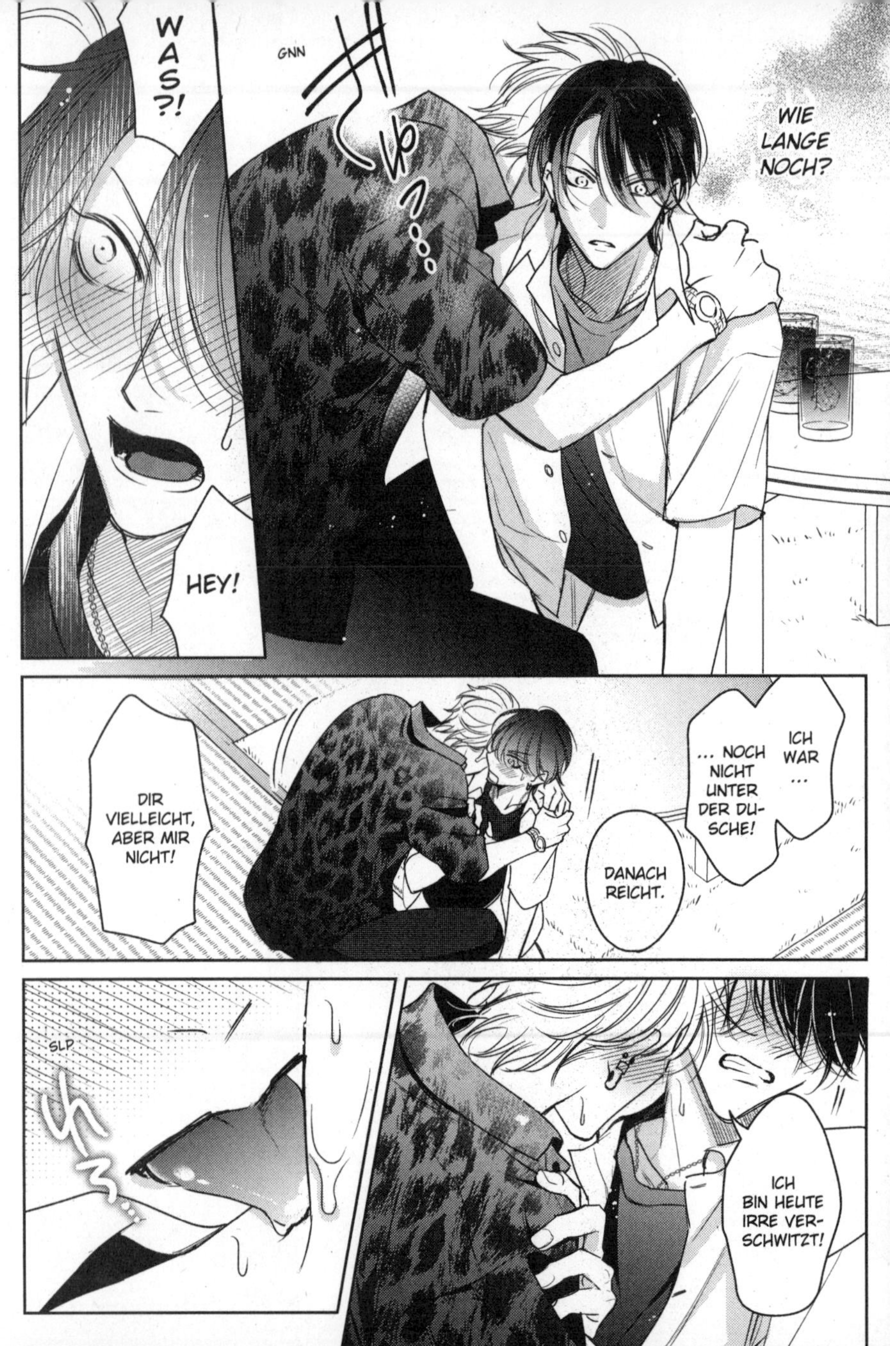
WIE LANGE NOCH?
GNN
WAS?!
HEY!
ICH WAR ...
... NOCH NICHT UNTER DER DUSCHE!
DANACH REICHT.
DIR VIELLEICHT, ABER MIR NICHT!
ICH BIN HEUTE IRRE VERSCHWITZT!
SLP

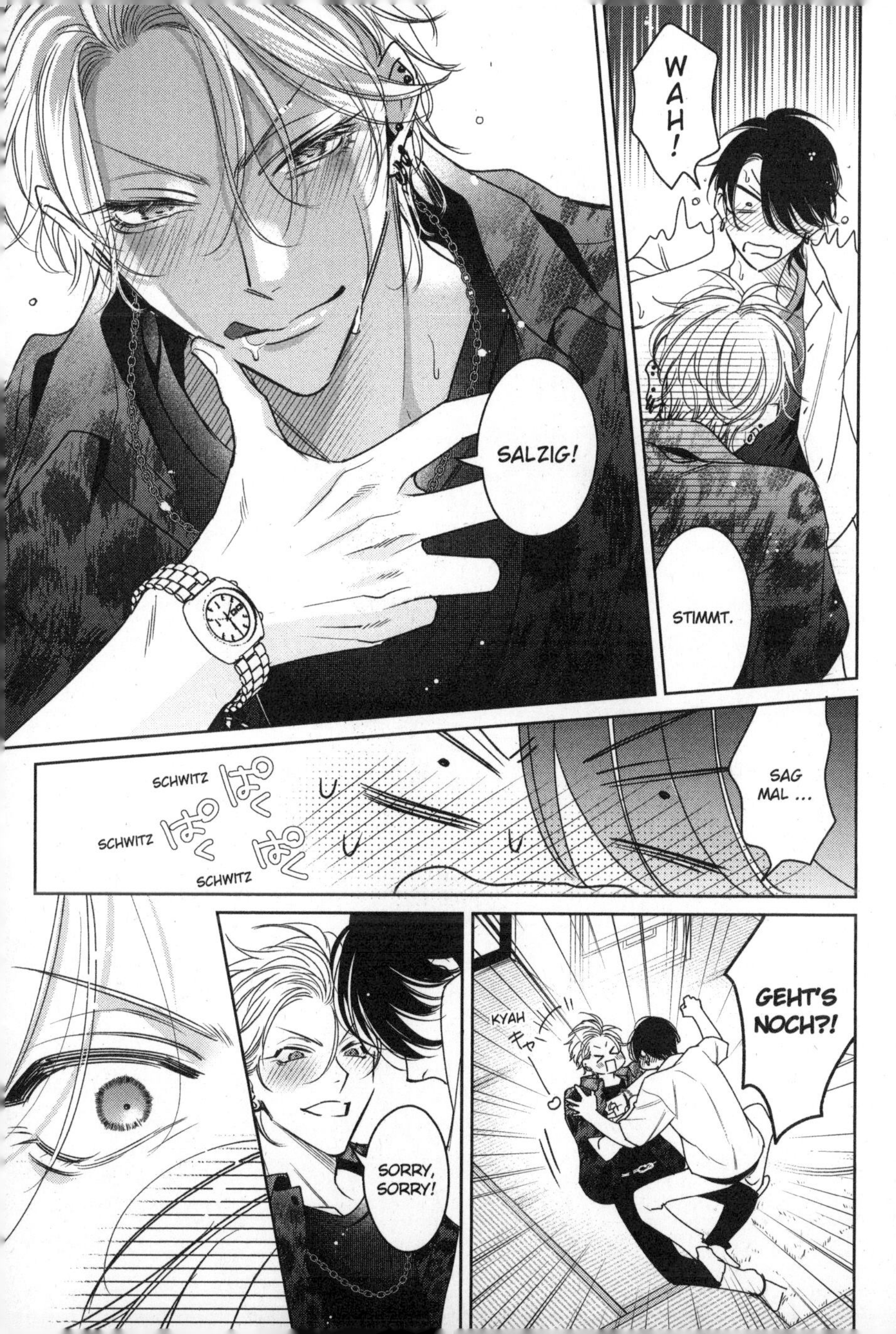
WAH!
STIMMT.
SALZIG!
SAG MAL ...
SCHWITZ
SCHWITZ
SCHWITZ
GEHT'S NOCH?!
KYAH
SORRY, SORRY!

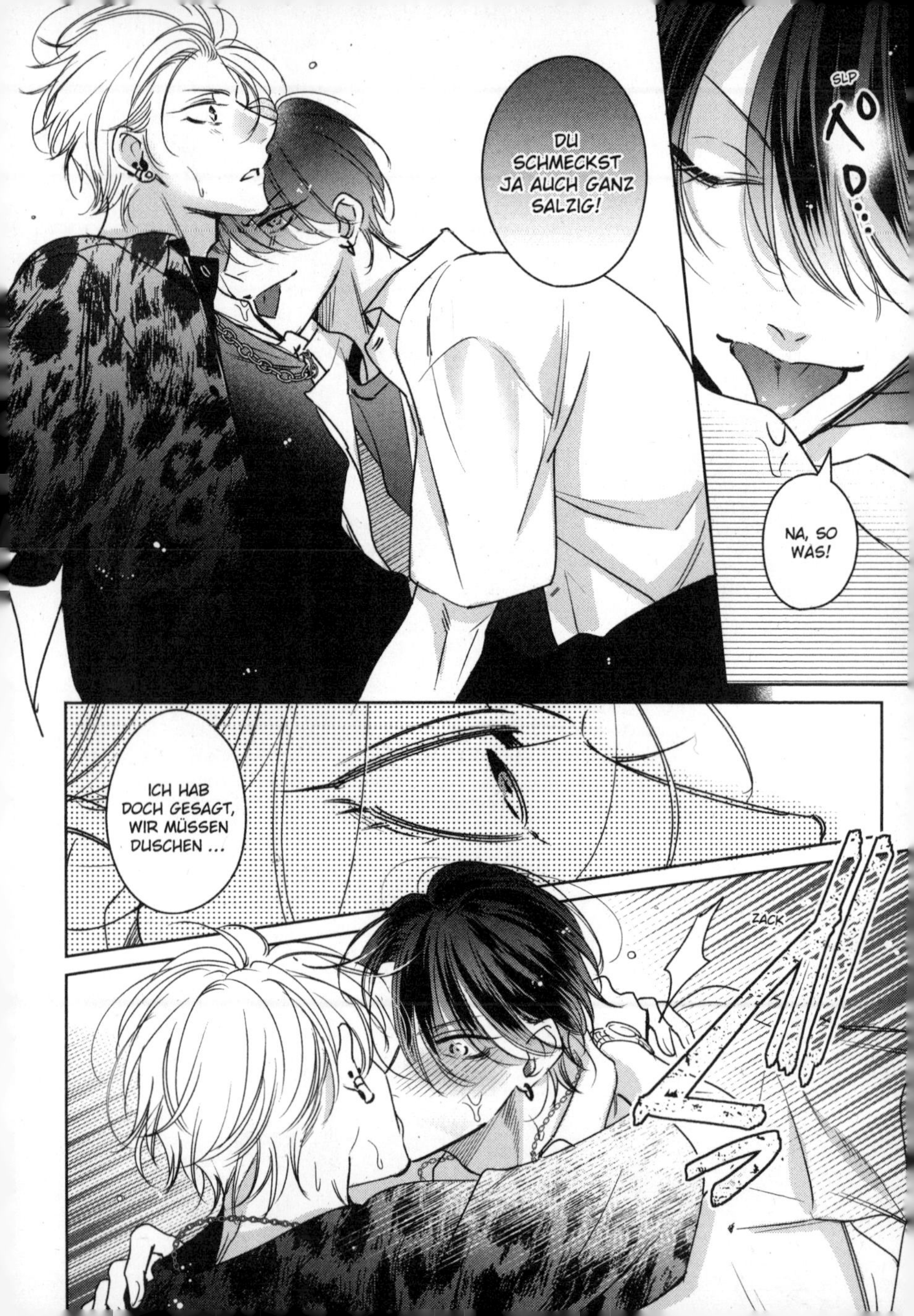
SLP
NA, SO WAS!
DU SCHMECKST JA AUCH GANZ SALZIG!
ICH HAB DOCH GESAGT, WIR MÜSSEN DUSCHEN …
ZACK

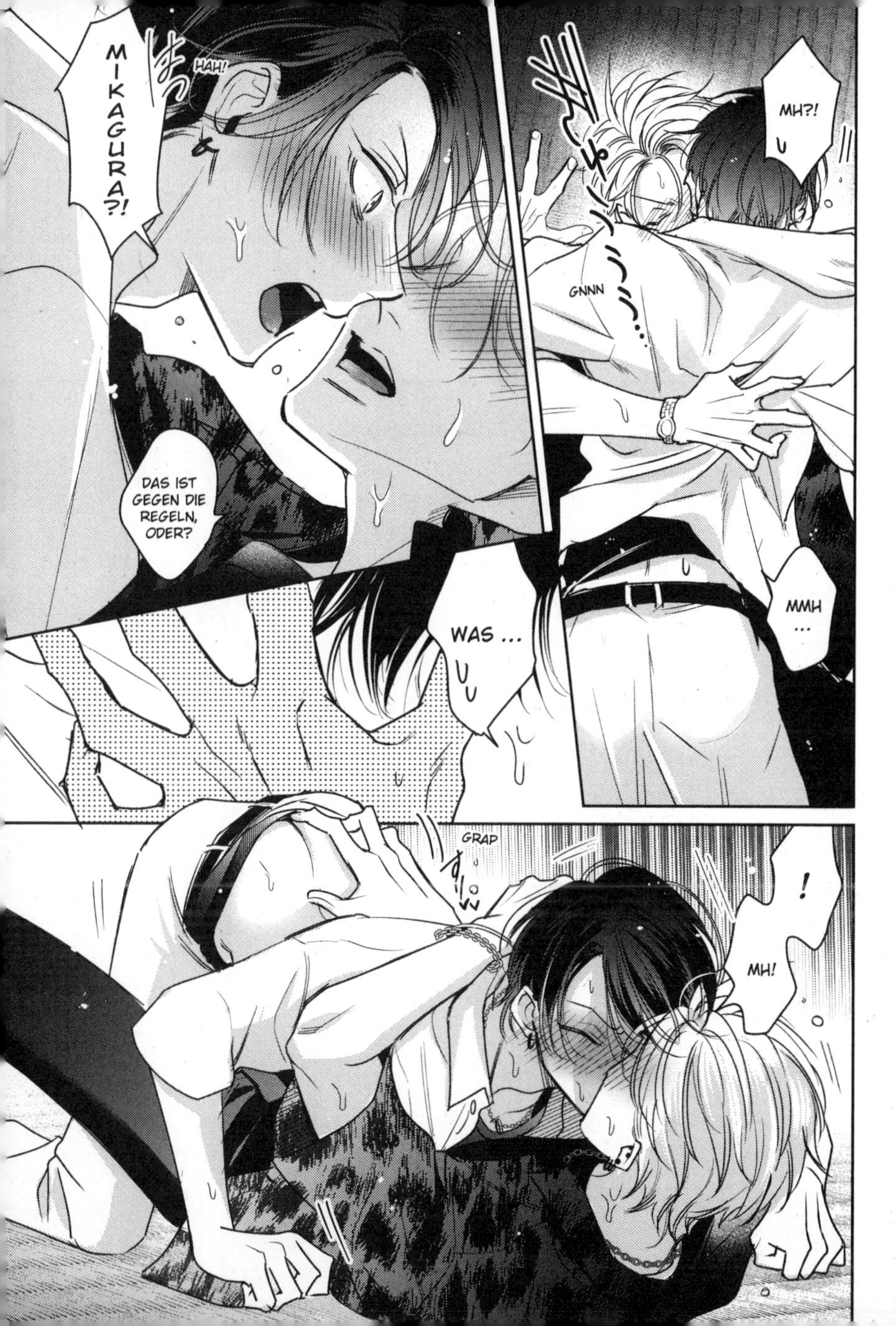
MH?!
GNNN
MMH ...
HAH!
MIKAGURA?!
DAS IST GEGEN DIE REGELN, ODER?
WAS ...
GRAP
!
MH!

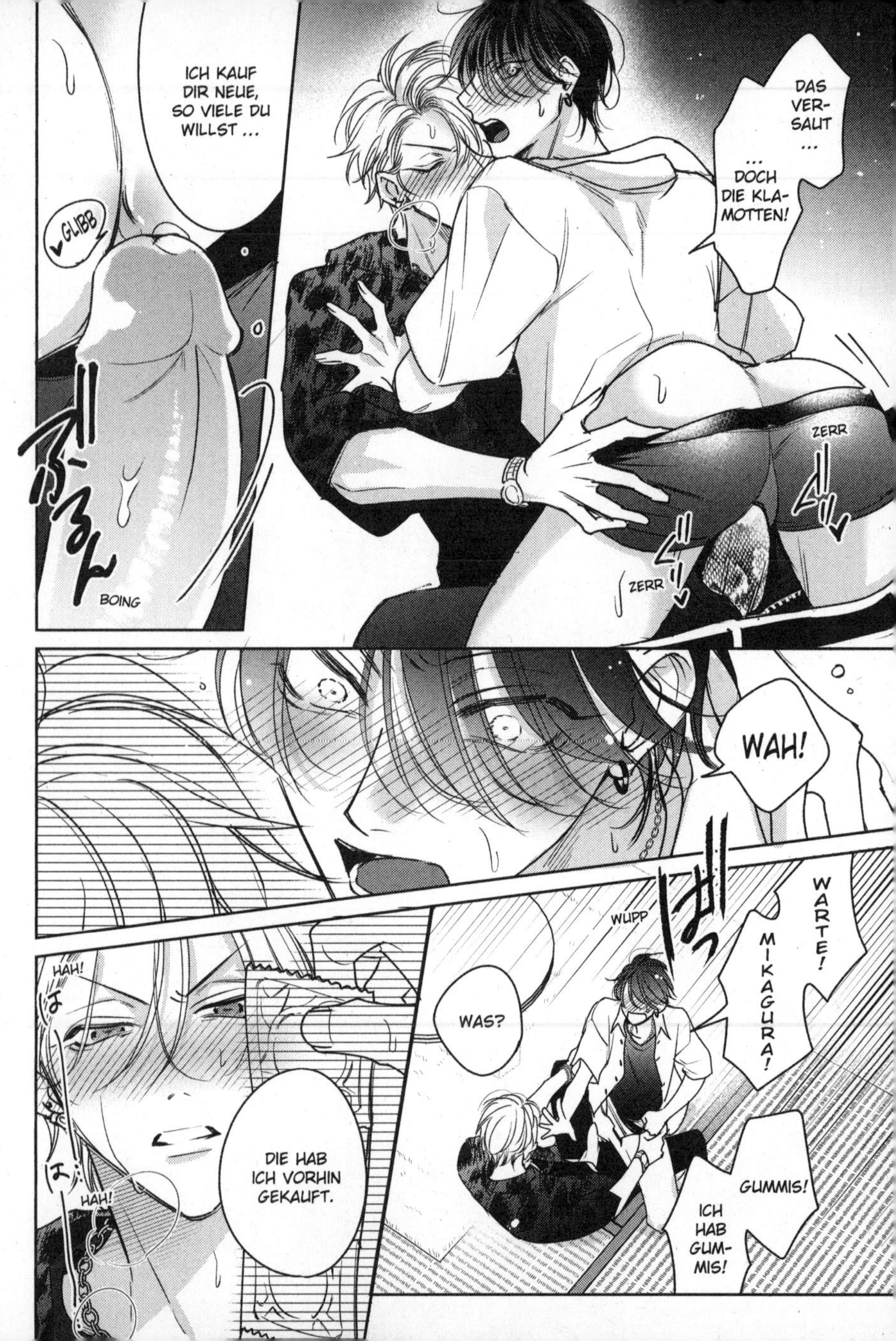
DAS VERSAUT … … DOCH DIE KLAMOTTEN!
ZERR
ZERR
ICH KAUF DIR NEUE, SO VIELE DU WILLST …
GLIBB
BOING
WAH!
WUPP
WARTE! MIKAGURA!
WAS?
GUMMIS!
ICH HAB GUMMIS!
DIE HAB ICH VORHIN GEKAUFT.
HAH!
HAH!

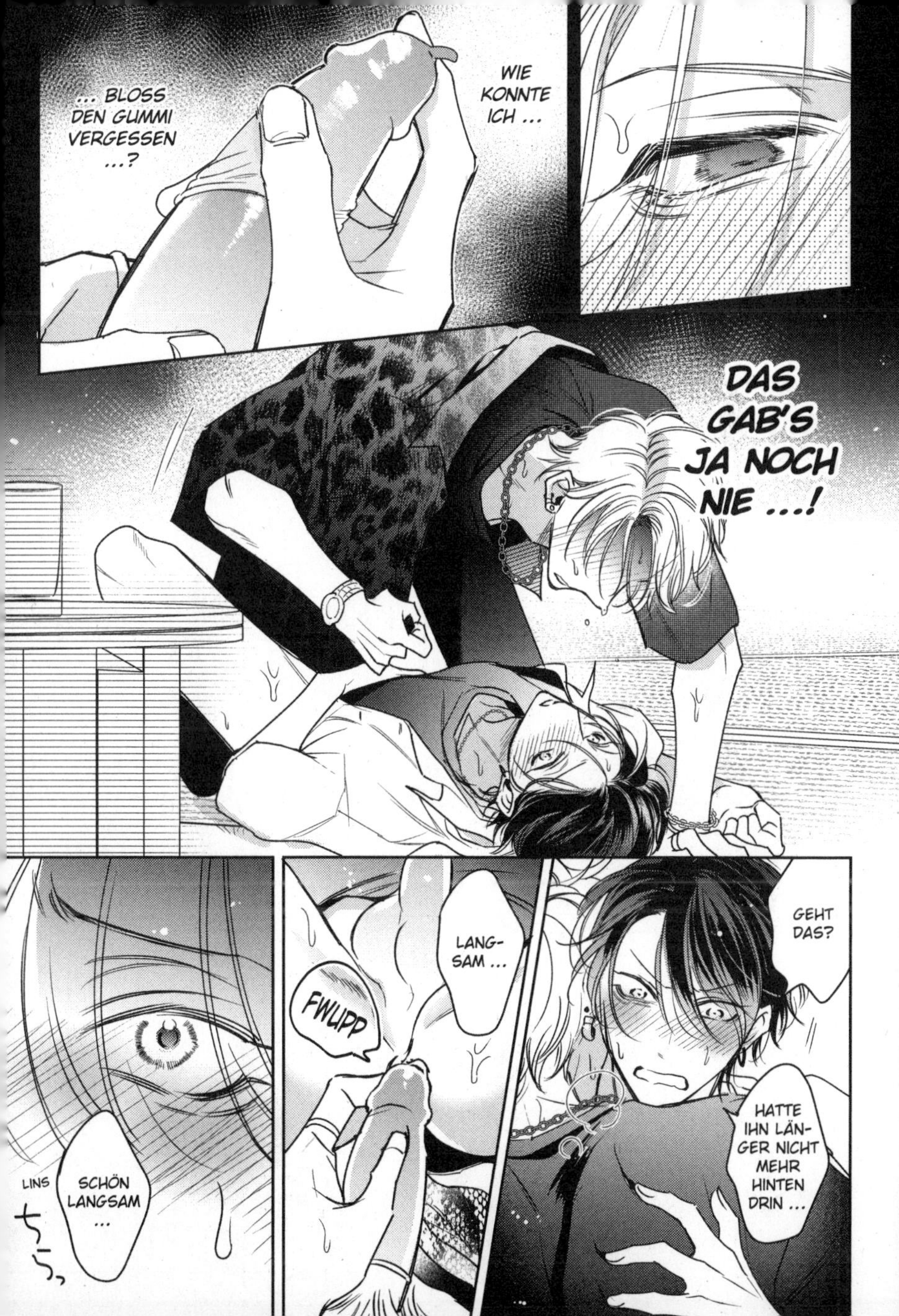
WIE KONNTE ICH ...
... BLOSS DEN GUMMI VERGESSEN ...?
DAS GAB'S JA NOCH NIE ...!
GEHT DAS?
HATTE IHN LÄNGER NICHT MEHR HINTEN DRIN ...
LANG-SAM ...
FWUPP
SCHÖN LANGSAM ...
LINS

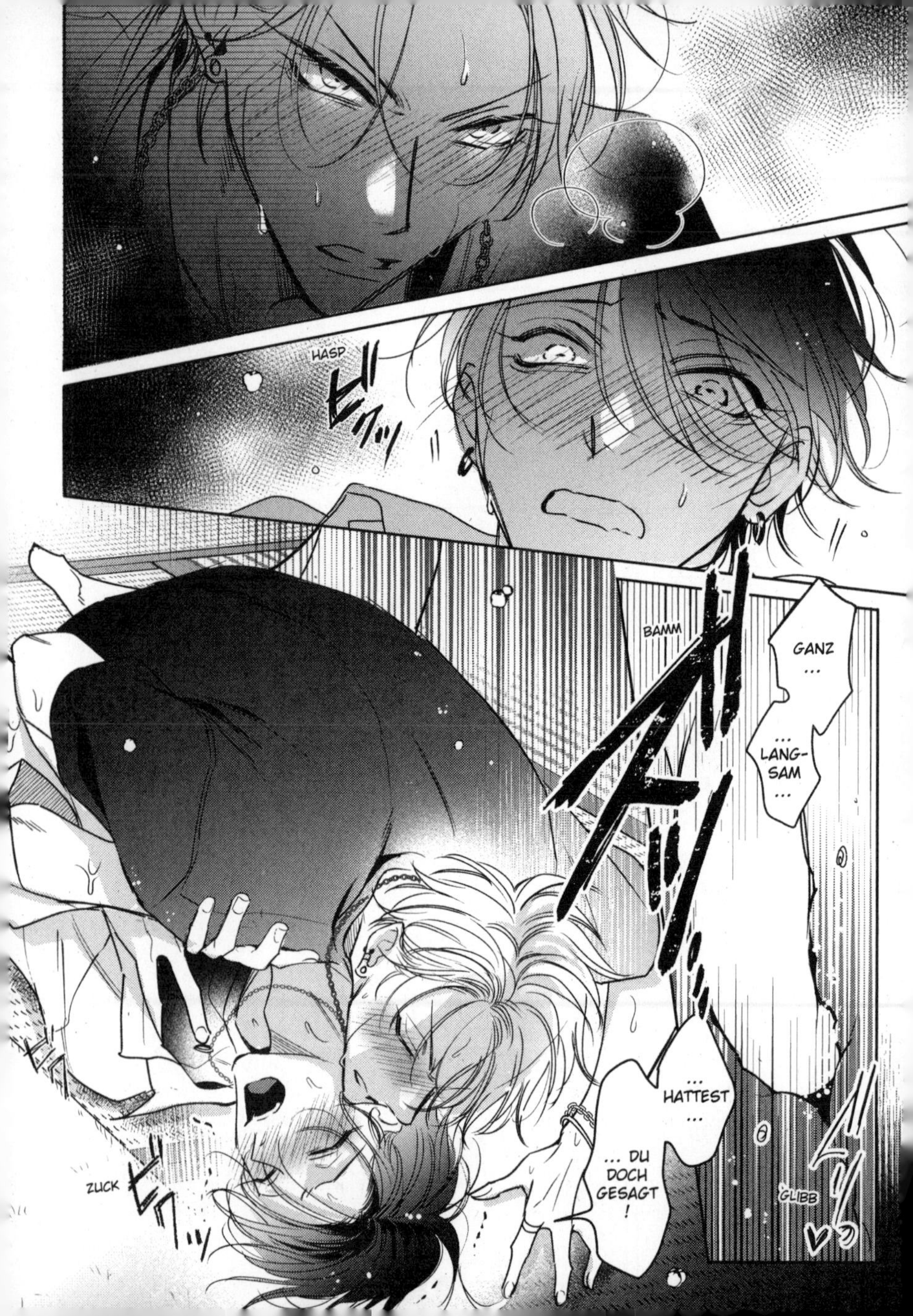
HASP
BAMM
GANZ …
… LANG-SAM …
… HATTEST …
… DU DOCH GESAGT!
GLIBB
ZUCK

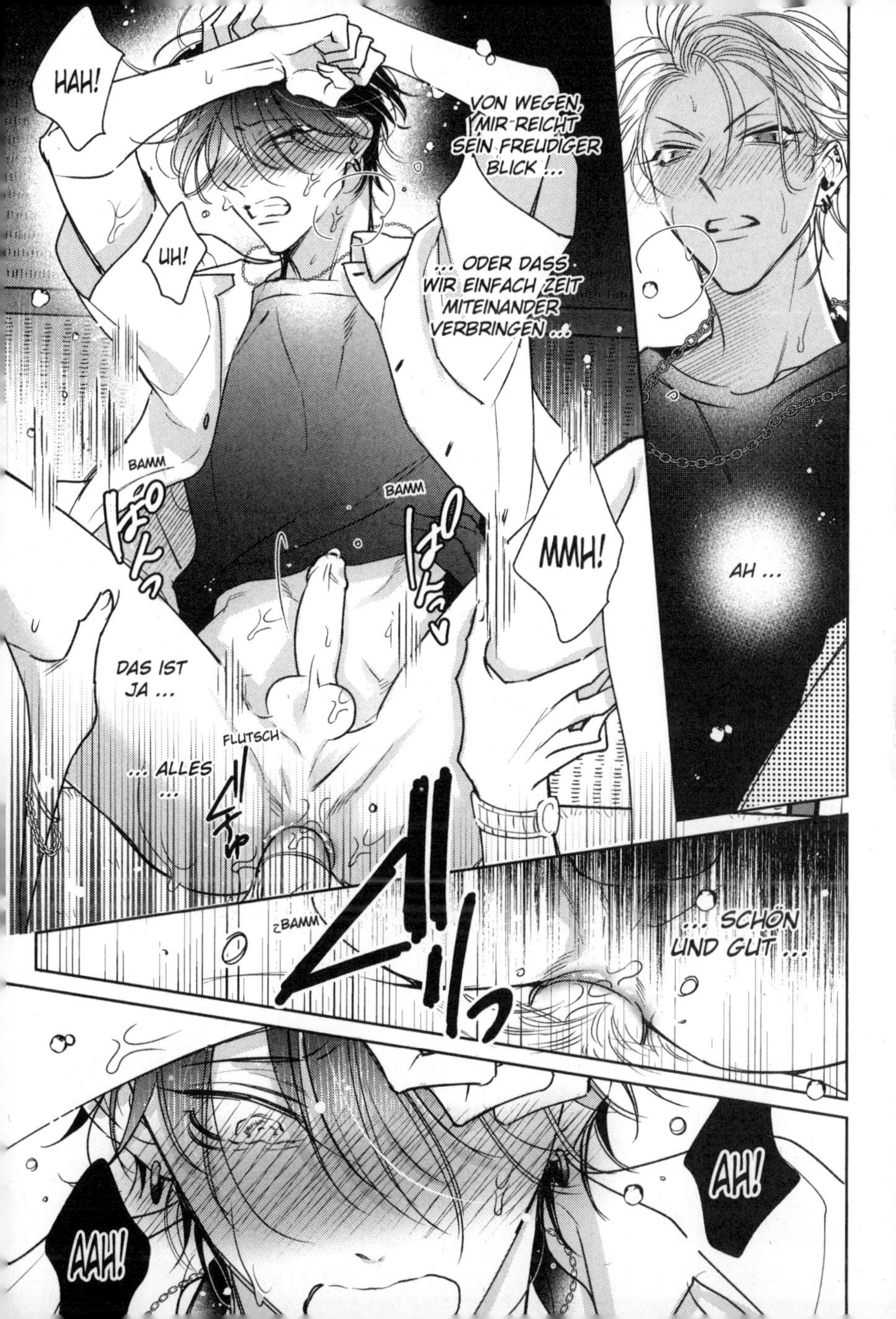

HAH!
VON WEGEN, MIR REICHT SEIN FREUDIGER BLICK ...
UH!
... ODER DASS WIR EINFACH ZEIT MITEINANDER VERBRINGEN ...
AH ...
MMH!
BAMM
BAMM
DAS IST JA ...
FLUTSCH
... ALLES ...
BAMM
... SCHÖN UND GUT ...
AH!
AAH!

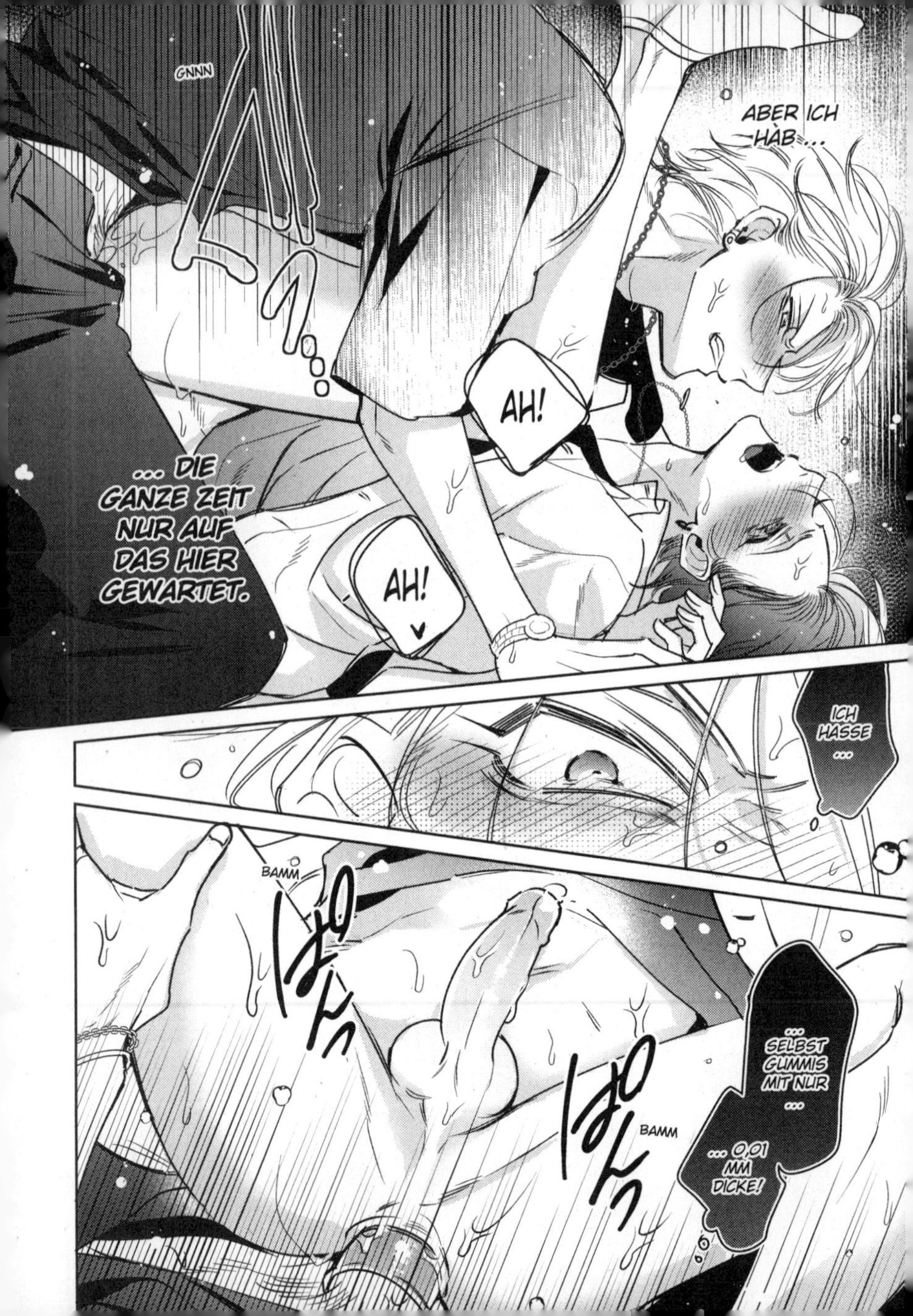

ABER ICH HAB ...
GNNN
AH!
... DIE GANZE ZEIT NUR AUF DAS HIER GEWARTET.
AH!
ICH HASSE ...
BAMM
... SELBST GUMMIS MIT NUR ...
... 0,01 MM DICKE!
BAMM

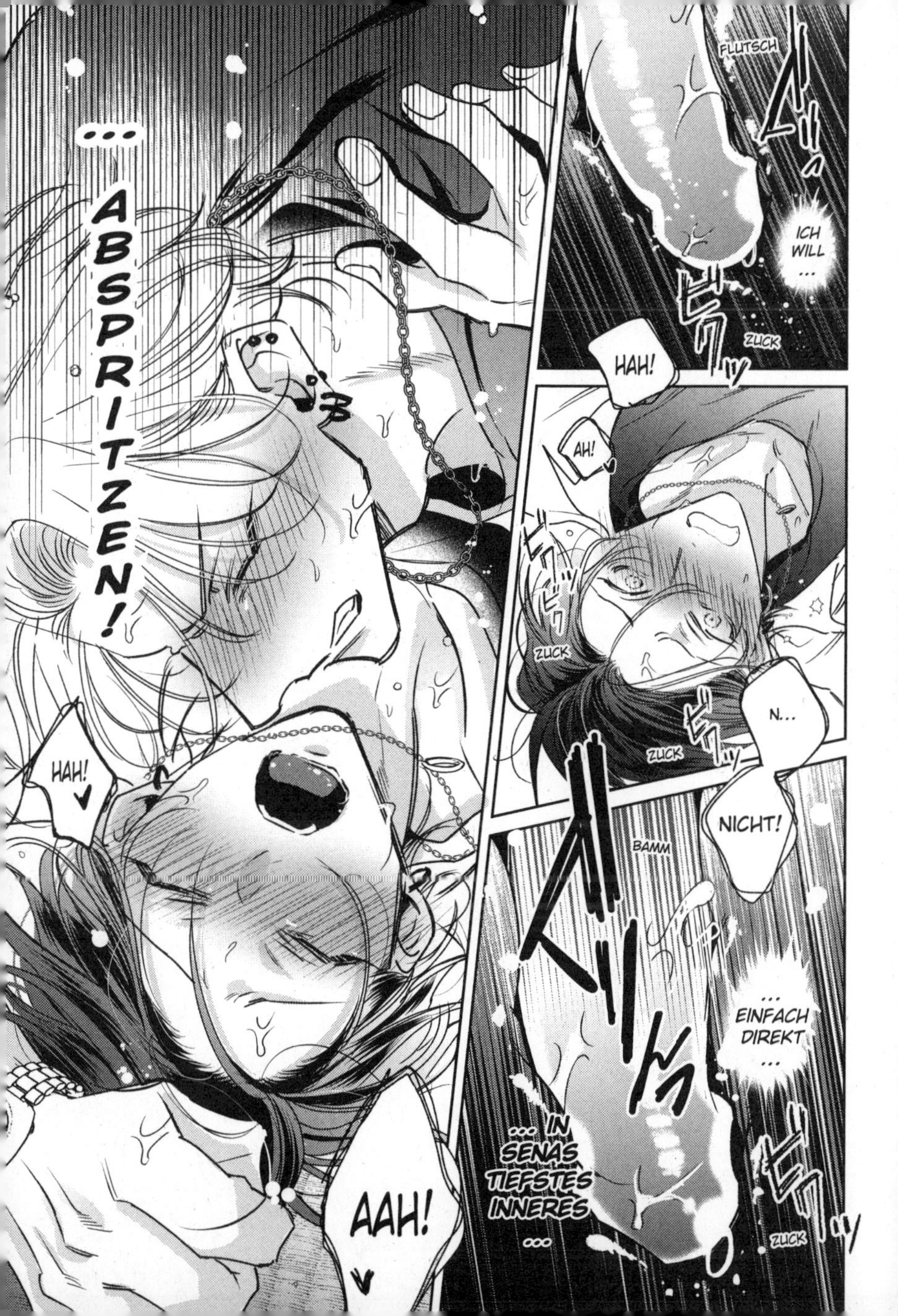
FLUTSCH
ICH WILL ...
ZUCK
HAH!
AH!
ZUCK
N...
ZUCK
NICHT!
BAMM
... EINFACH DIREKT ...
... IN SENAS TIEFSTES INNERES ...
ZUCK
... ABSPRITZEN!
HAH!
AAH!

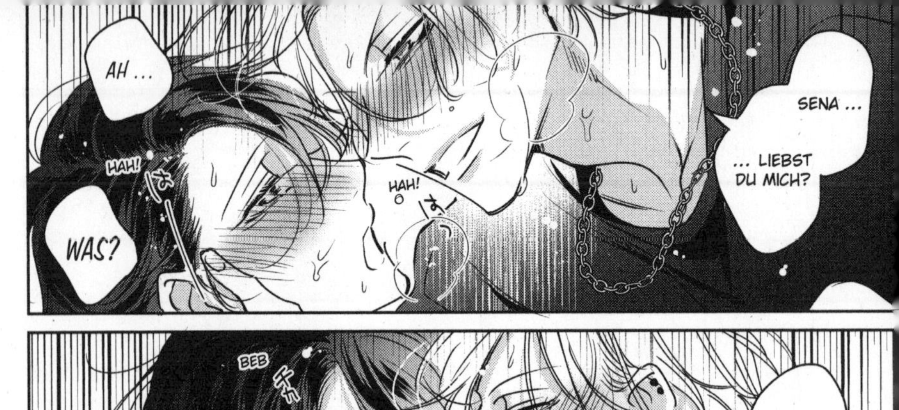
SENA …
… LIEBST DU MICH?
HAH!
HAH!
AH …
WAS?

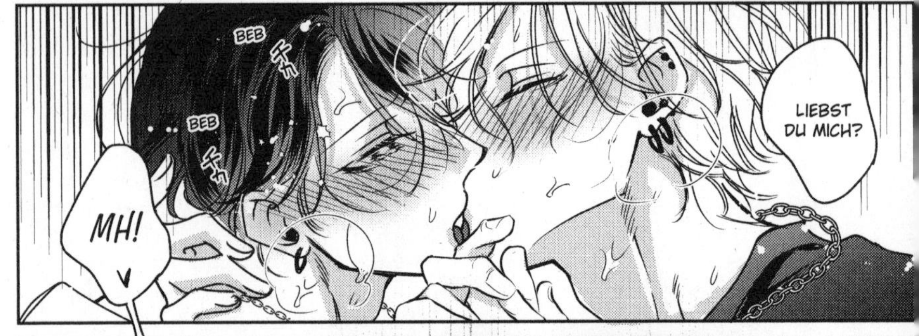
LIEBST DU MICH?
BEB
BEB
MH!

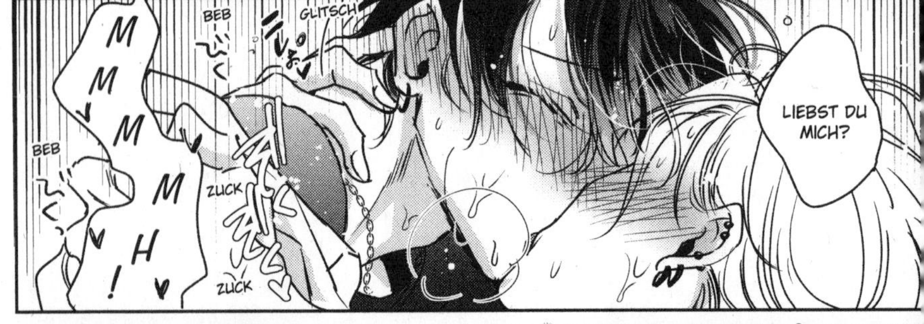
LIEBST DU MICH?
GLITSCH
BEB
ZUCK
ZUCK
MMMMMH!
BEB

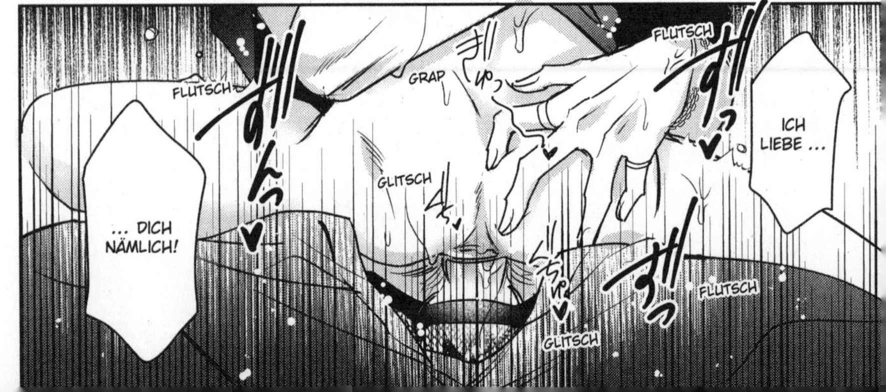
ICH LIEBE …
FLUTSCH
GRAP
GLITSCH
FLUTSCH
GLITSCH
FLUTSCH
… DICH NÄMLICH!

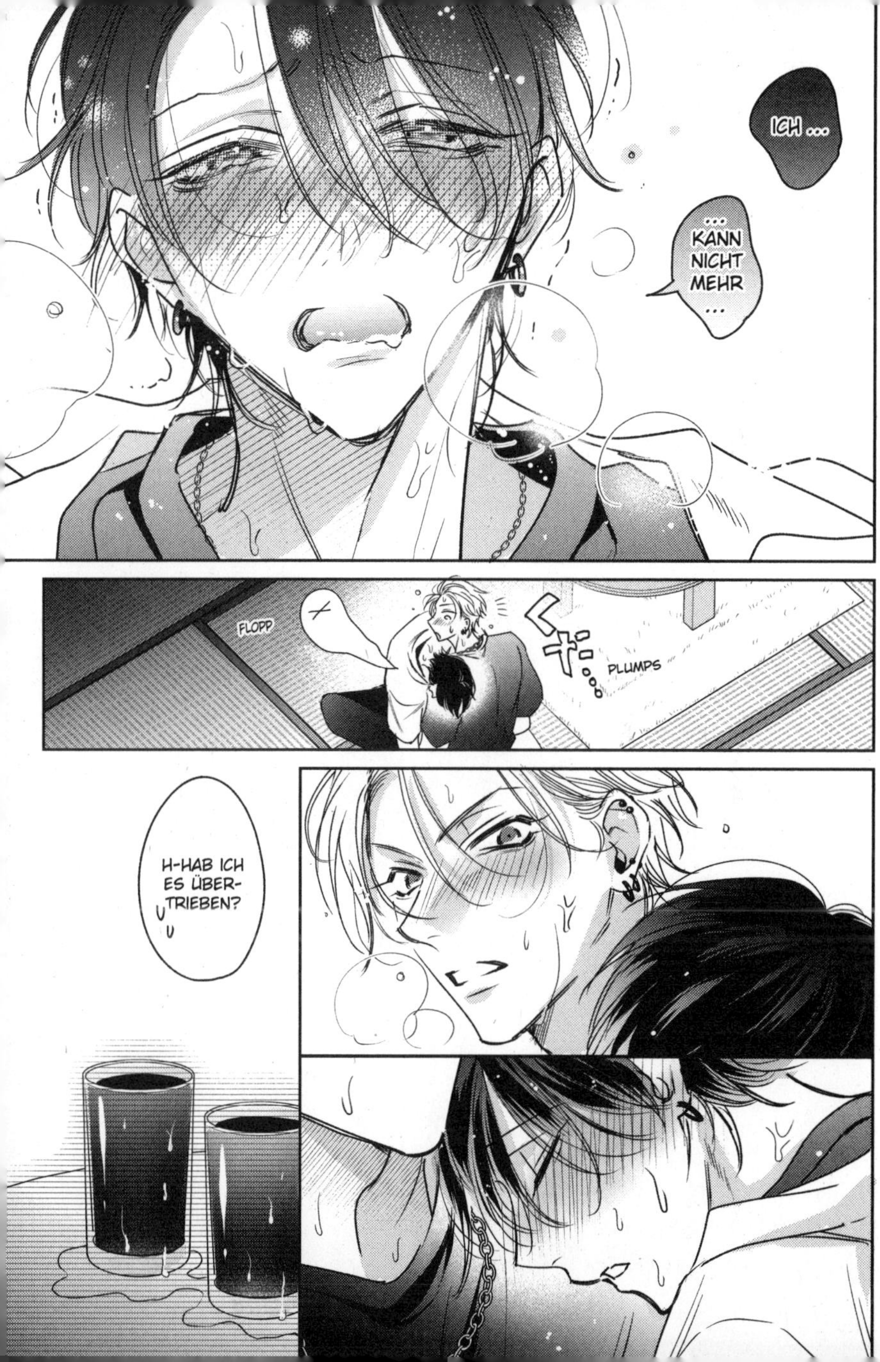

ICH ...

... KANN NICHT MEHR ...

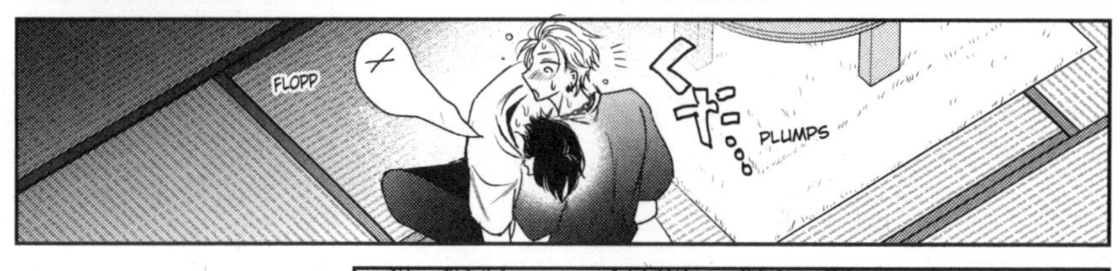

H-HAB ICH ES ÜBER-TRIEBEN?

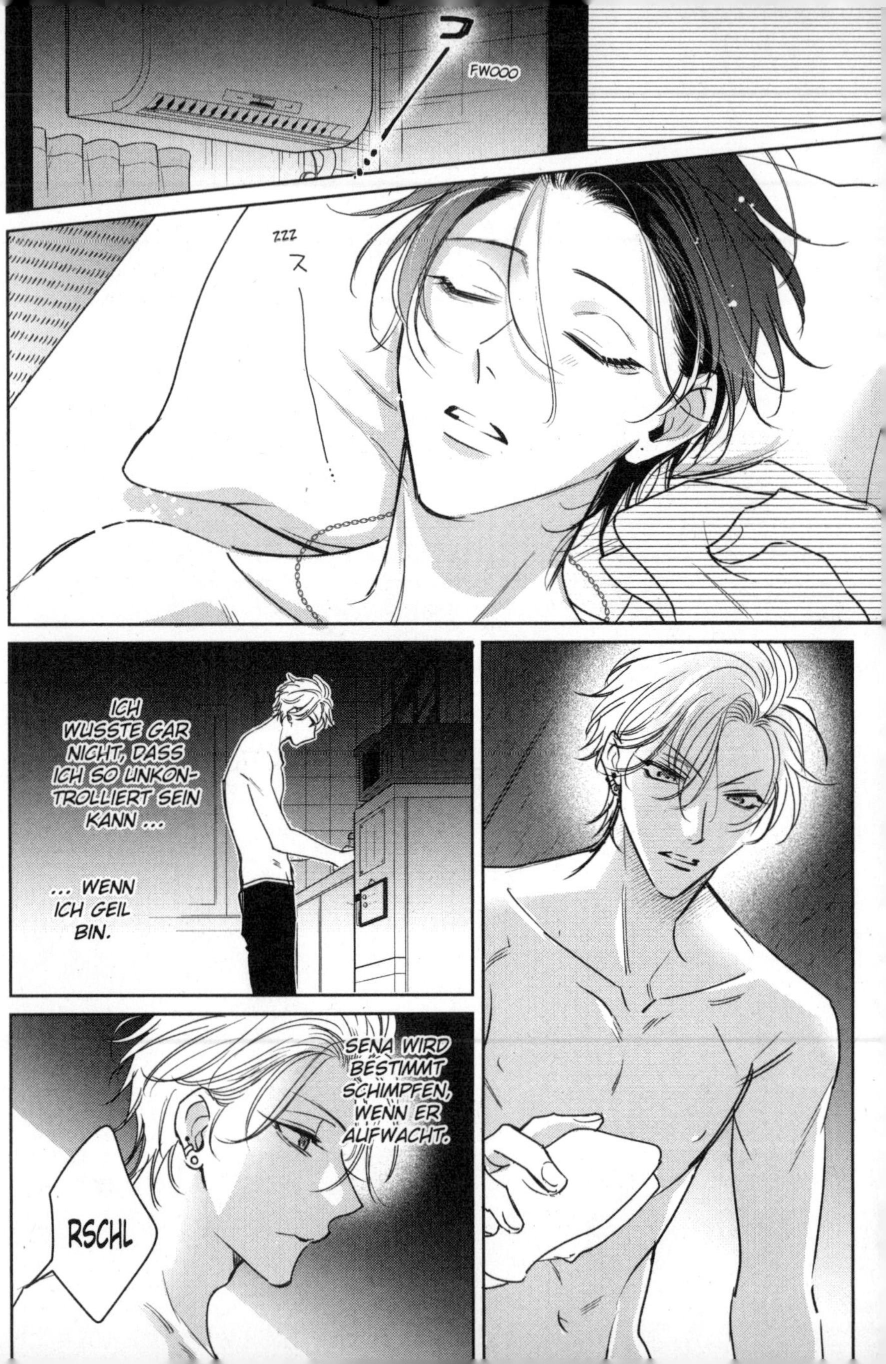

コ
FWOOO

ZZZ
ス

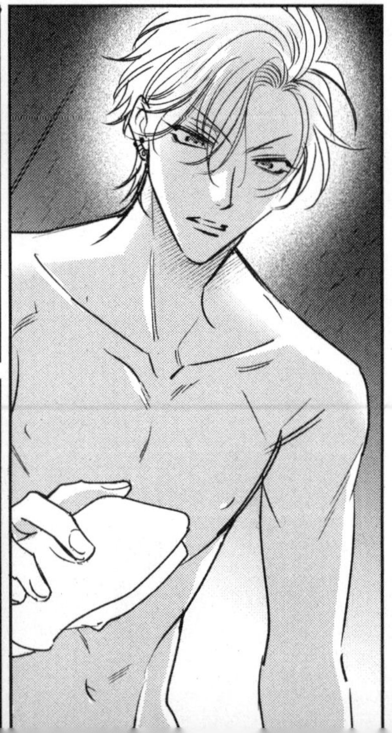

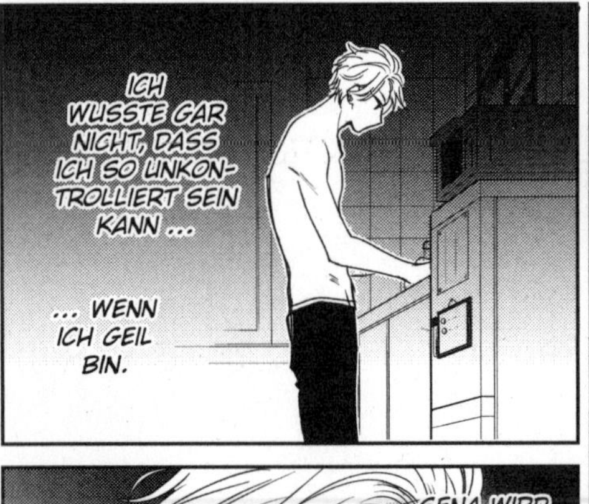
ICH WUSSTE GAR NICHT, DASS ICH SO UNKONTROLLIERT SEIN KANN ...
... WENN ICH GEIL BIN.

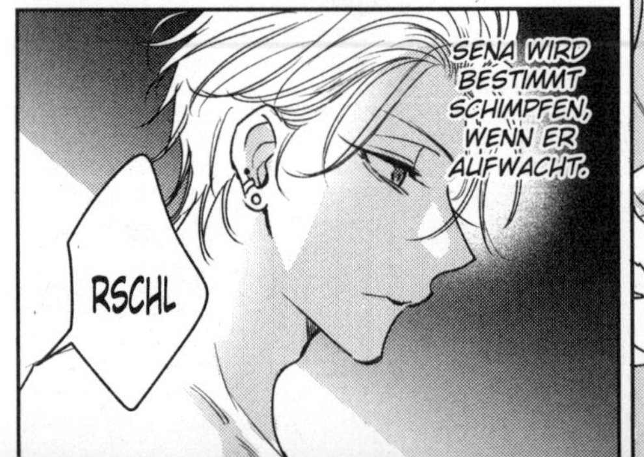
SENA WIRD BESTIMMT SCHIMPFEN, WENN ER AUFWACHT.
RSCHL

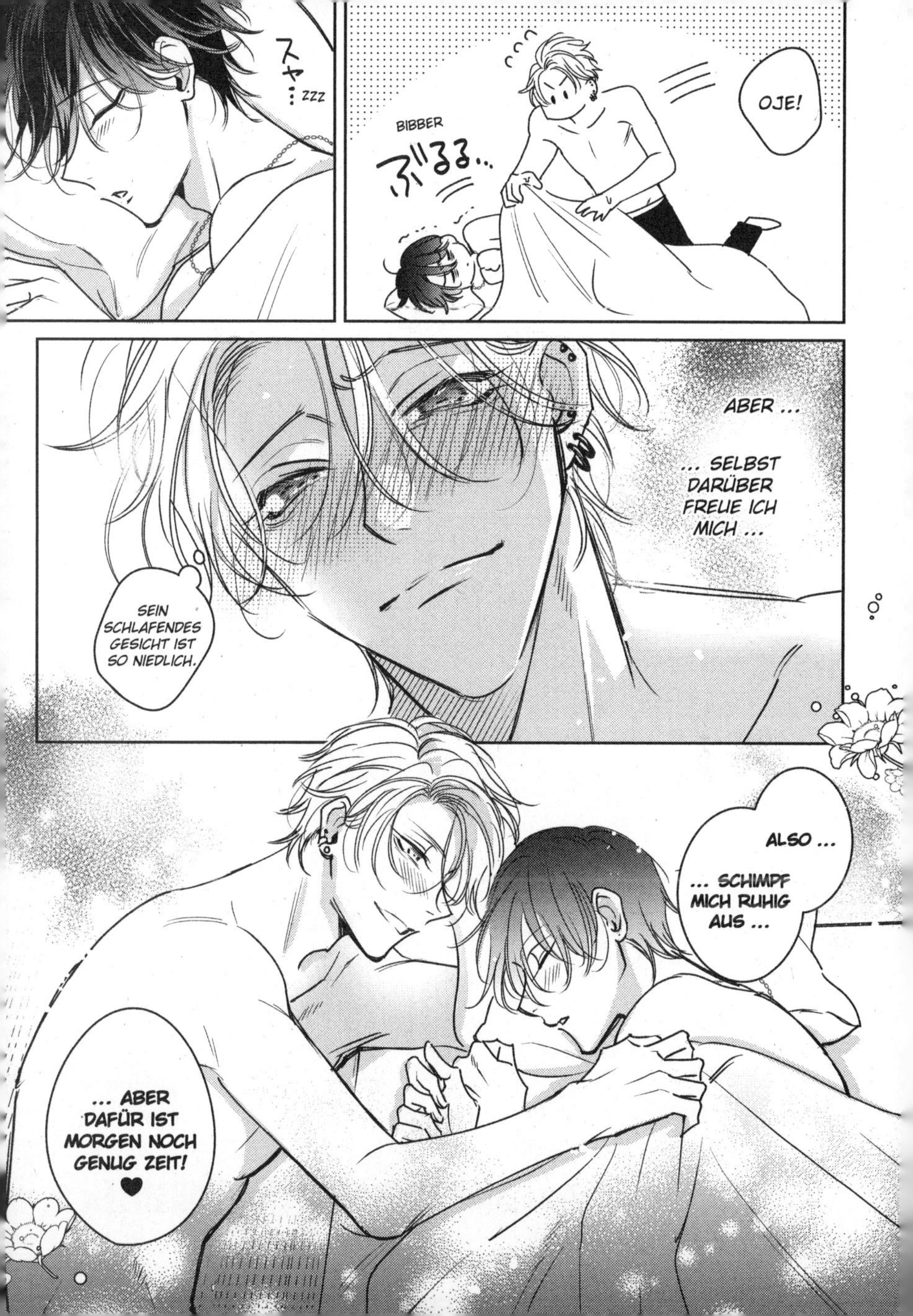
スヤ…zzz
OJE!
BIBBER
ぶるる…
ABER …
… SELBST DARÜBER FREUE ICH MICH …
SEIN SCHLAFENDES GESICHT IST SO NIEDLICH.
ALSO …
… SCHIMPF MICH RUHIG AUS …
… ABER DAFÜR IST MORGEN NOCH GENUG ZEIT! ♥

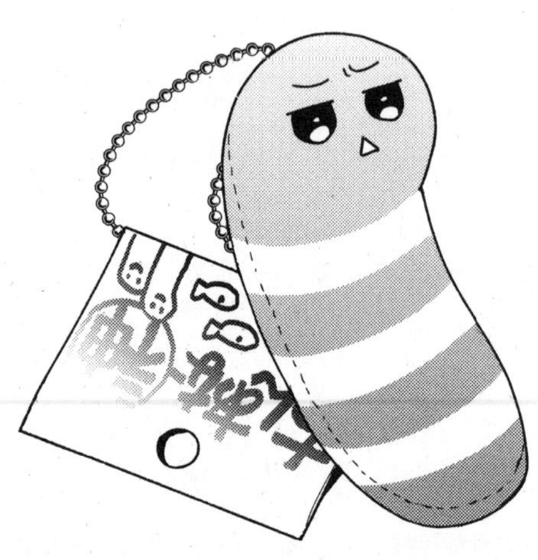

KAMPF DER VERFÜHRERGIGANTEN

PRESENTED BY TOTOFUMI

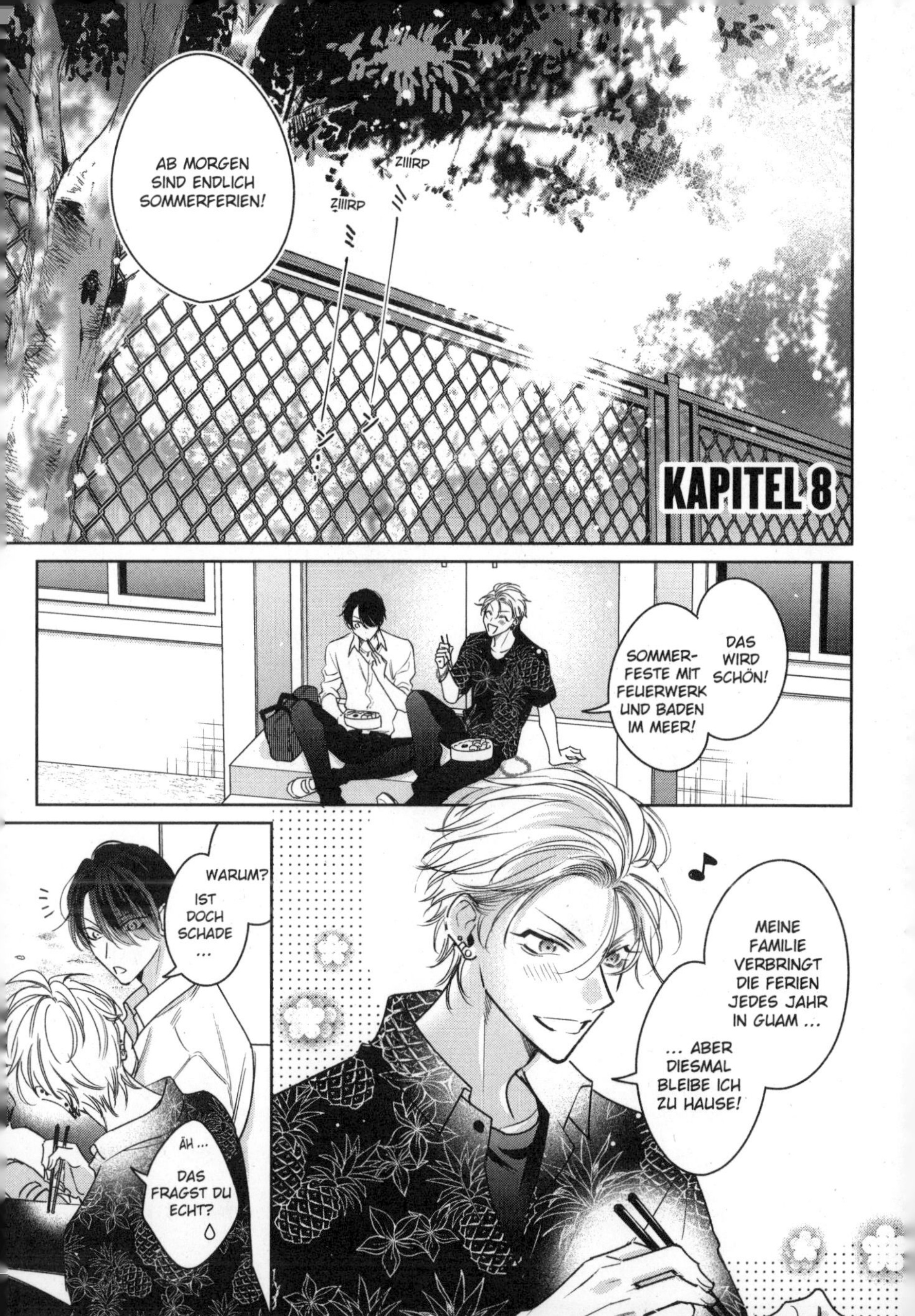
ZIIIRP
ZIIIRP
AB MORGEN SIND ENDLICH SOMMERFERIEN!
KAPITEL 8
DAS WIRD SCHÖN!
SOMMER-FESTE MIT FEUERWERK UND BADEN IM MEER!
MEINE FAMILIE VERBRINGT DIE FERIEN JEDES JAHR IN GUAM ...
... ABER DIESMAL BLEIBE ICH ZU HAUSE!
WARUM? IST DOCH SCHADE ...
ÄH ... DAS FRAGST DU ECHT?

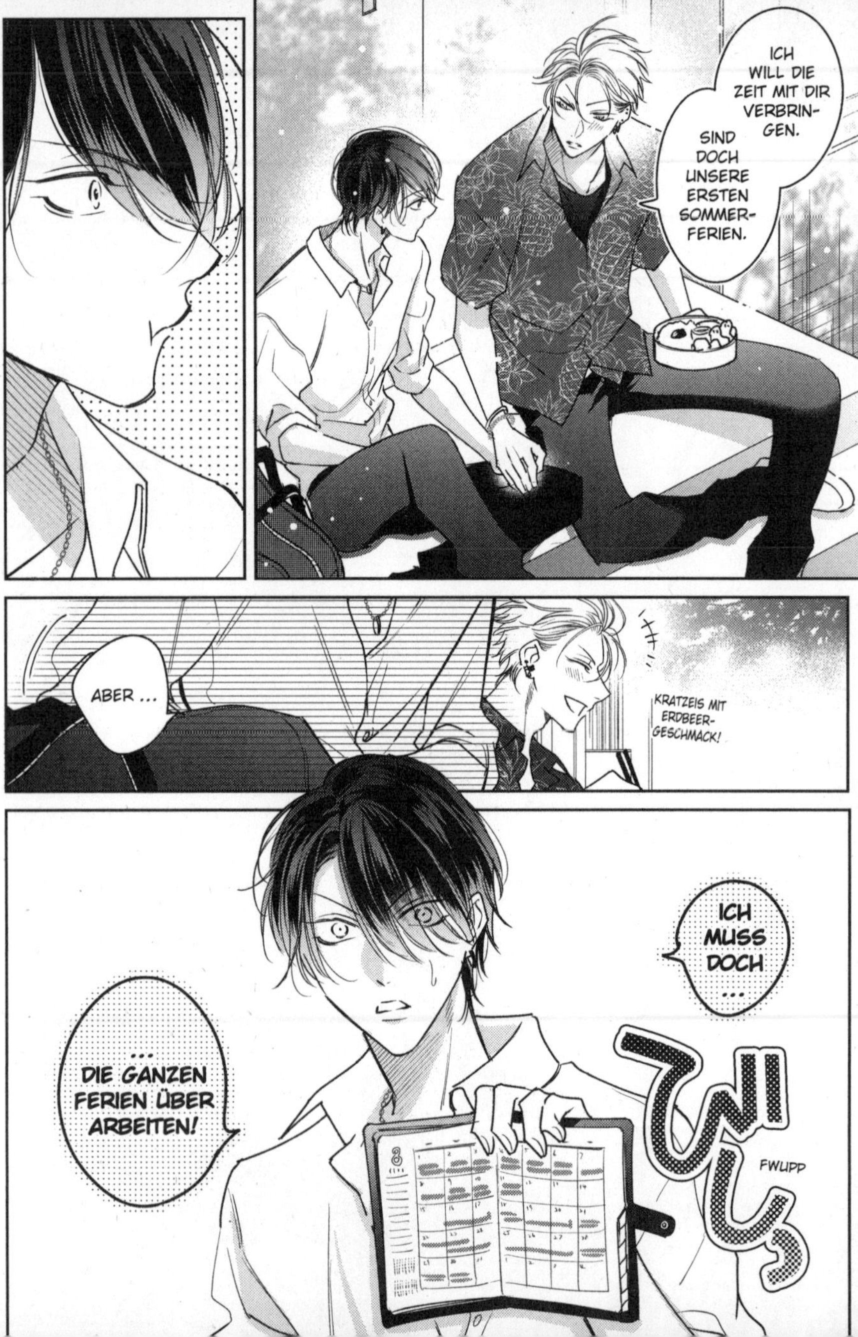

ICH WILL DIE ZEIT MIT DIR VERBRIN-GEN.
SIND DOCH UNSERE ERSTEN SOMMER-FERIEN.
KRATZEIS MIT ERDBEER-GESCHMACK!
ABER ...
ICH MUSS DOCH ...
... DIE GANZEN FERIEN ÜBER ARBEITEN!
FWUPP

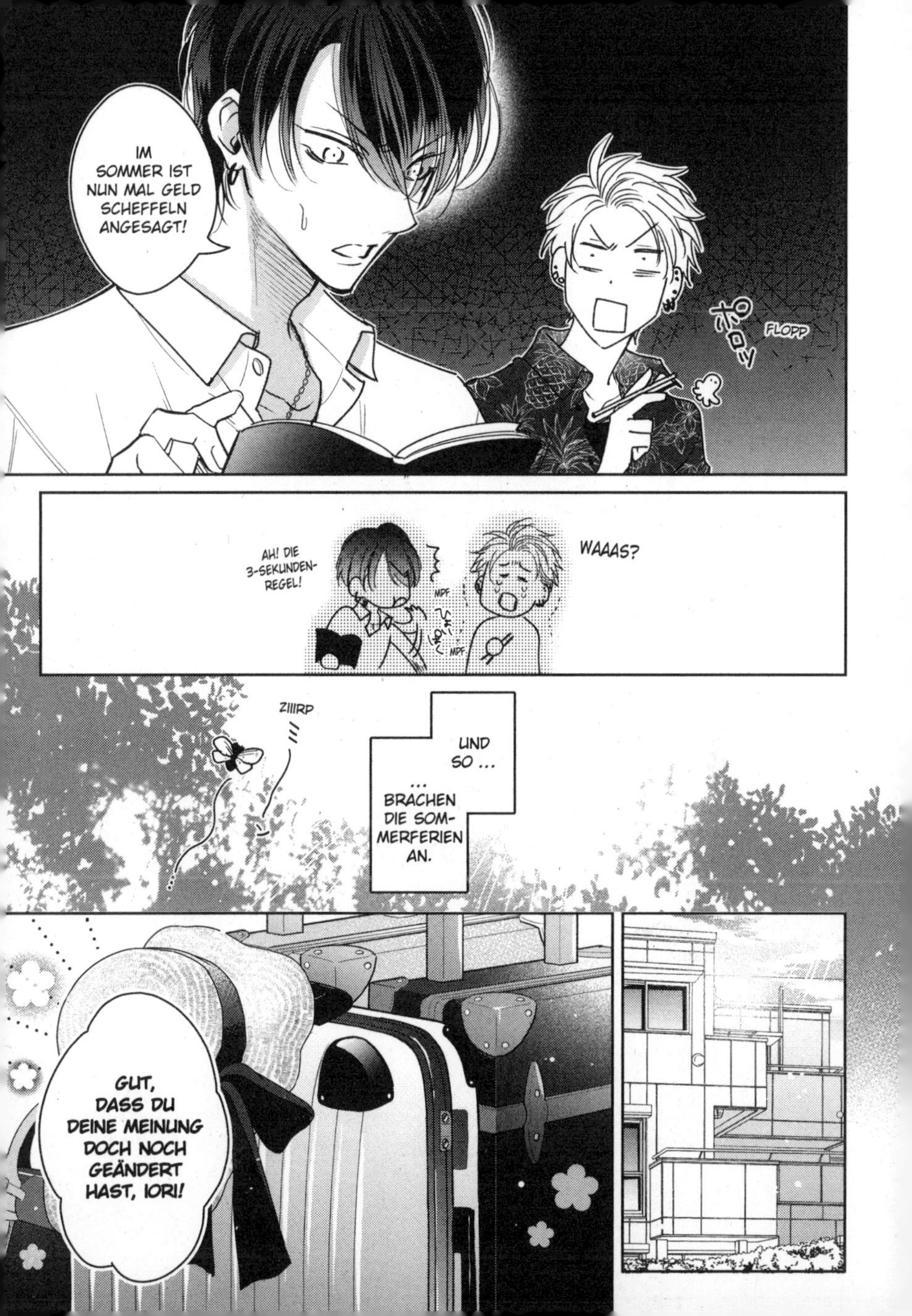

IM SOMMER IST NUN MAL GELD SCHEFFELN ANGESAGT!
FLOPP

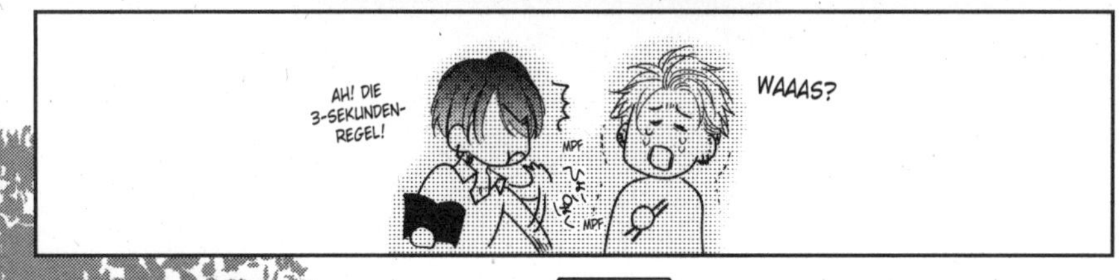

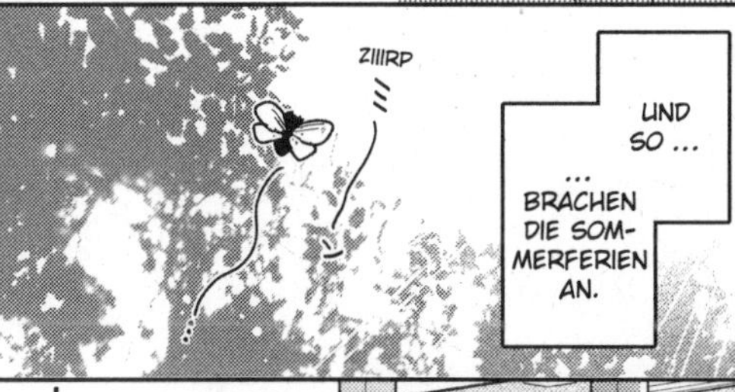

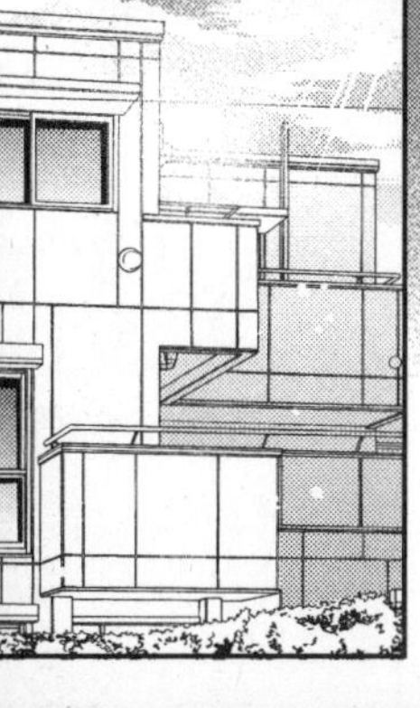

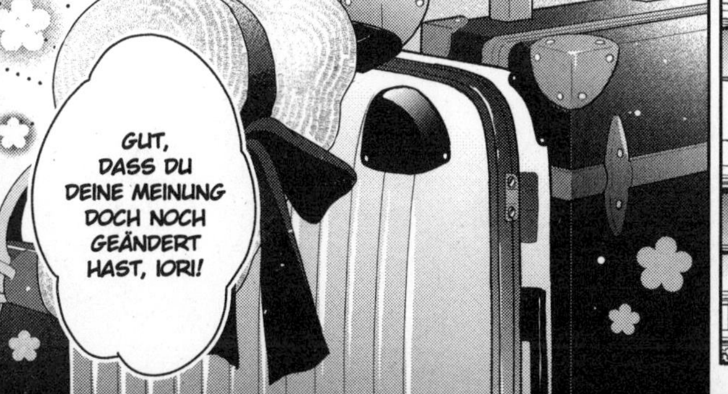

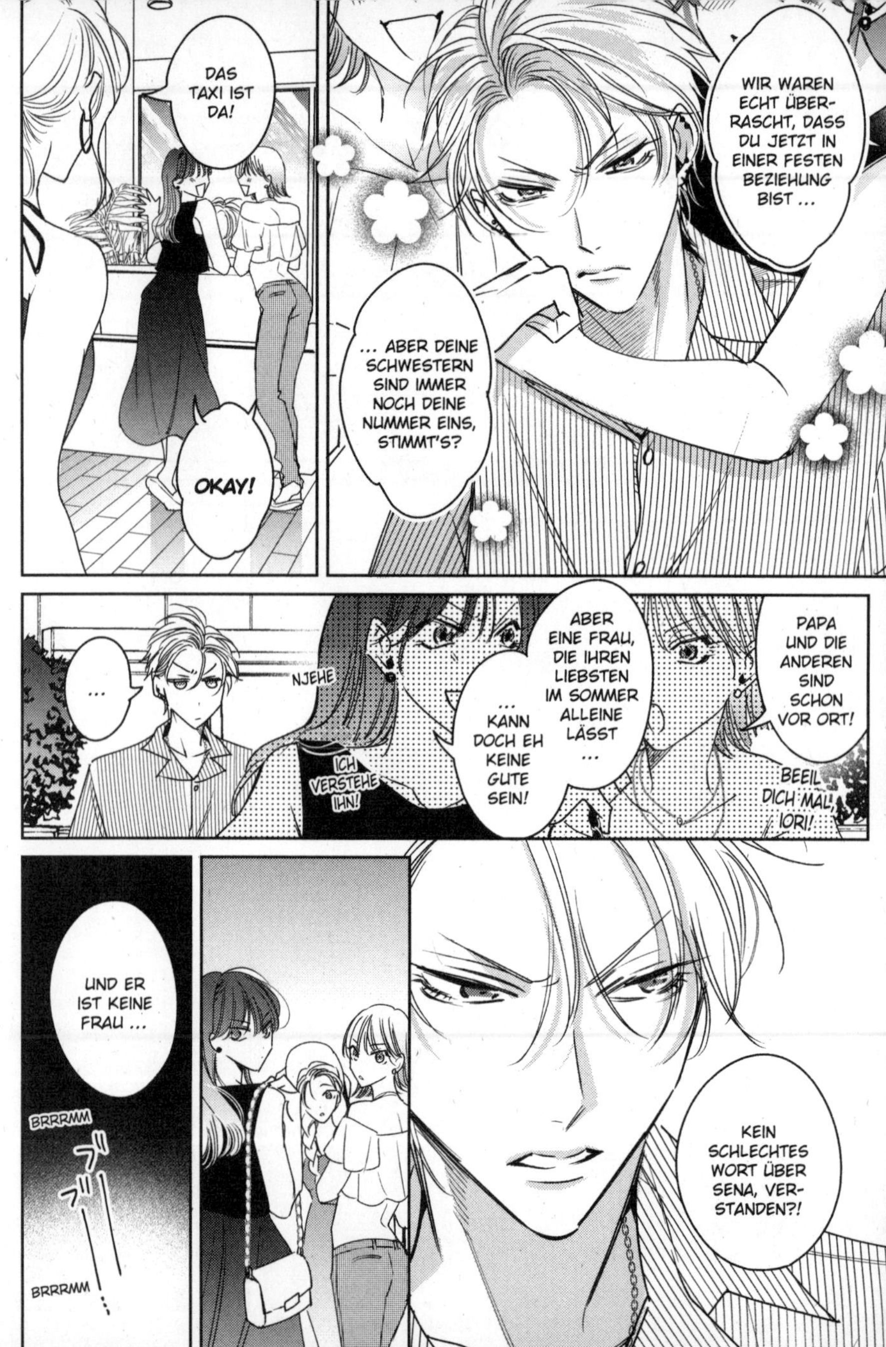
WIR WAREN ECHT ÜBER-RASCHT, DASS DU JETZT IN EINER FESTEN BEZIEHUNG BIST ...
DAS TAXI IST DA!
... ABER DEINE SCHWESTERN SIND IMMER NOCH DEINE NUMMER EINS, STIMMT'S?
OKAY!
PAPA UND DIE ANDEREN SIND SCHON VOR ORT!
BEEIL DICH MAL, IORI!
ABER EINE FRAU, DIE IHREN LIEBSTEN IM SOMMER ALLEINE LÄSST ...
... KANN DOCH EH KEINE GUTE SEIN!
ICH VERSTEHE IHN!
NJEHE
...
KEIN SCHLECHTES WORT ÜBER SENA, VER-STANDEN?!
UND ER IST KEINE FRAU ...
BRRRMM
ブ ブ
BRRRMM

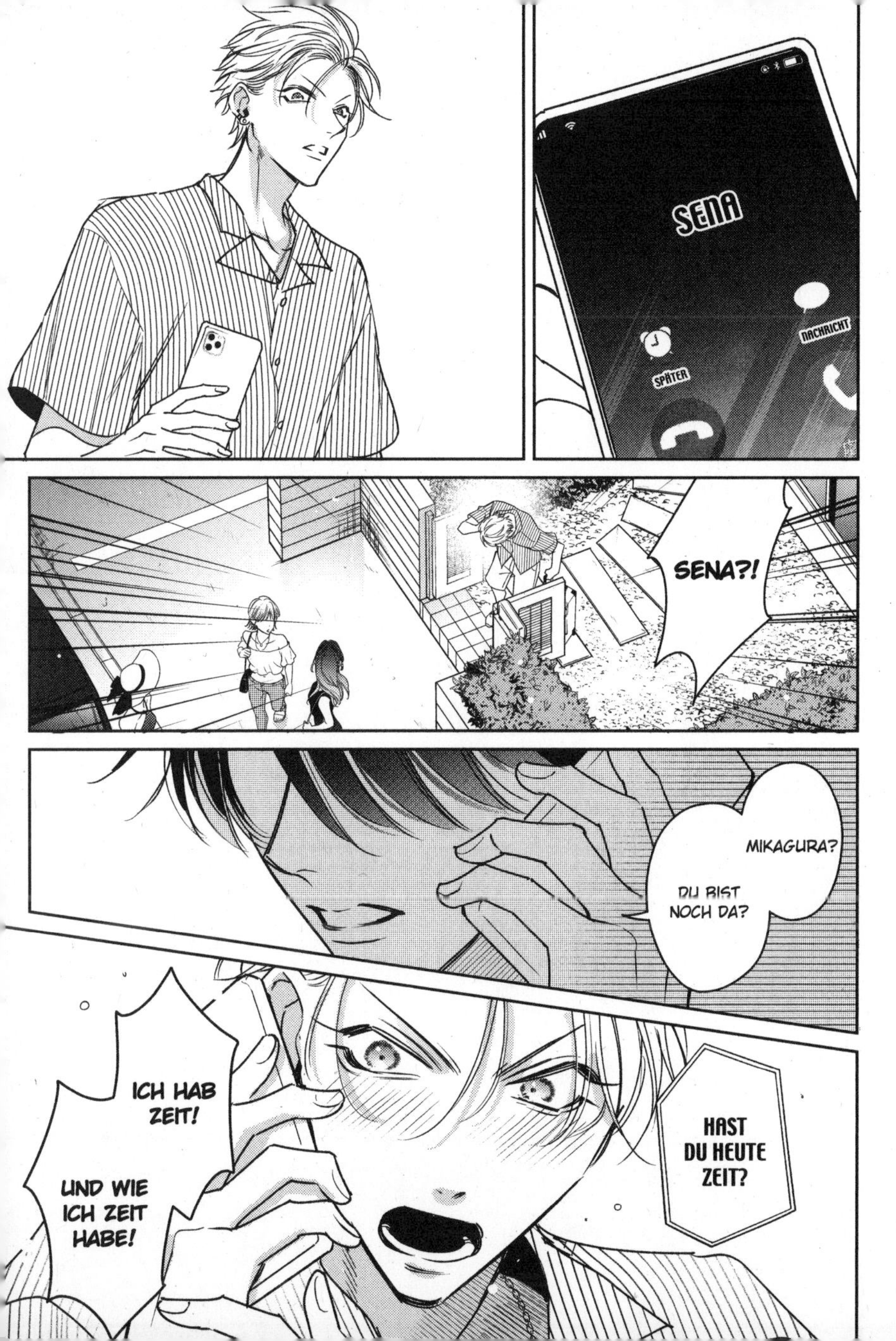
SENA
NACHRICHT
SPÄTER
SENA?!
MIKAGURA?
DU BIST NOCH DA?
HAST DU HEUTE ZEIT?
ICH HAB ZEIT!
UND WIE ICH ZEIT HABE!

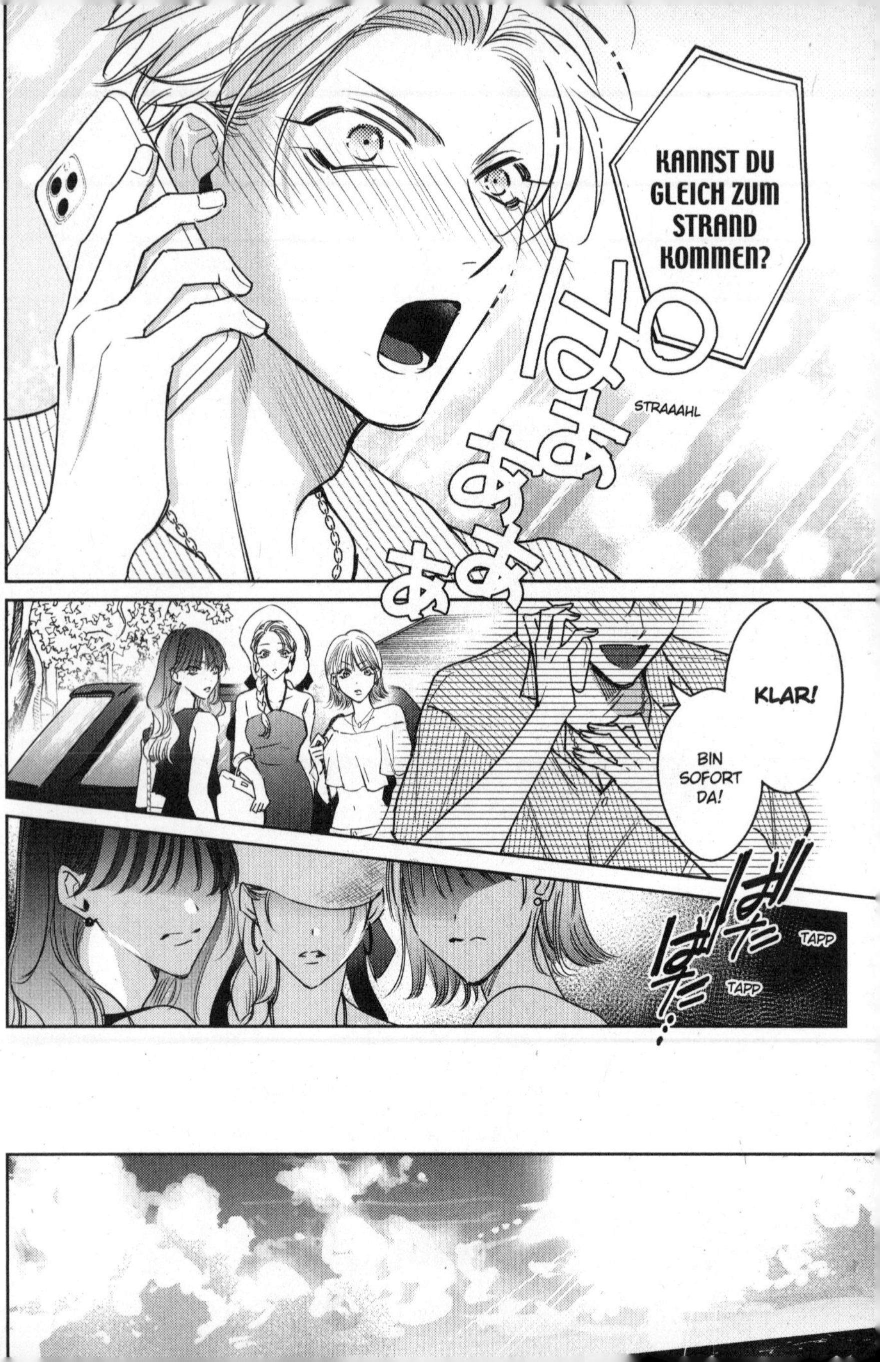

KANNST DU GLEICH ZUM STRAND KOMMEN?
ぱあああ
STRAAAHL
KLAR!
BIN SOFORT DA!
ぱた
TAPP
ぱた
TAPP

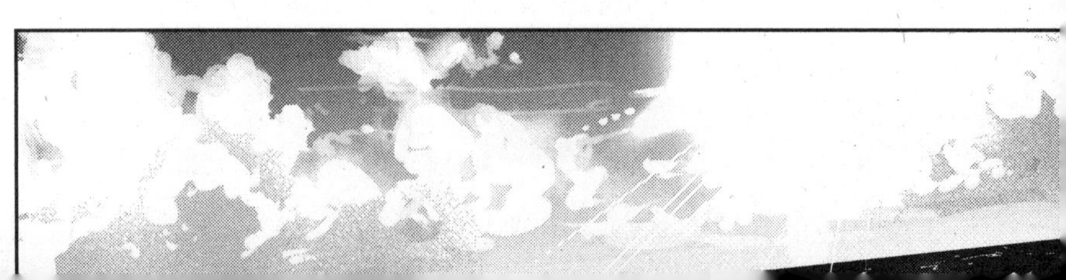

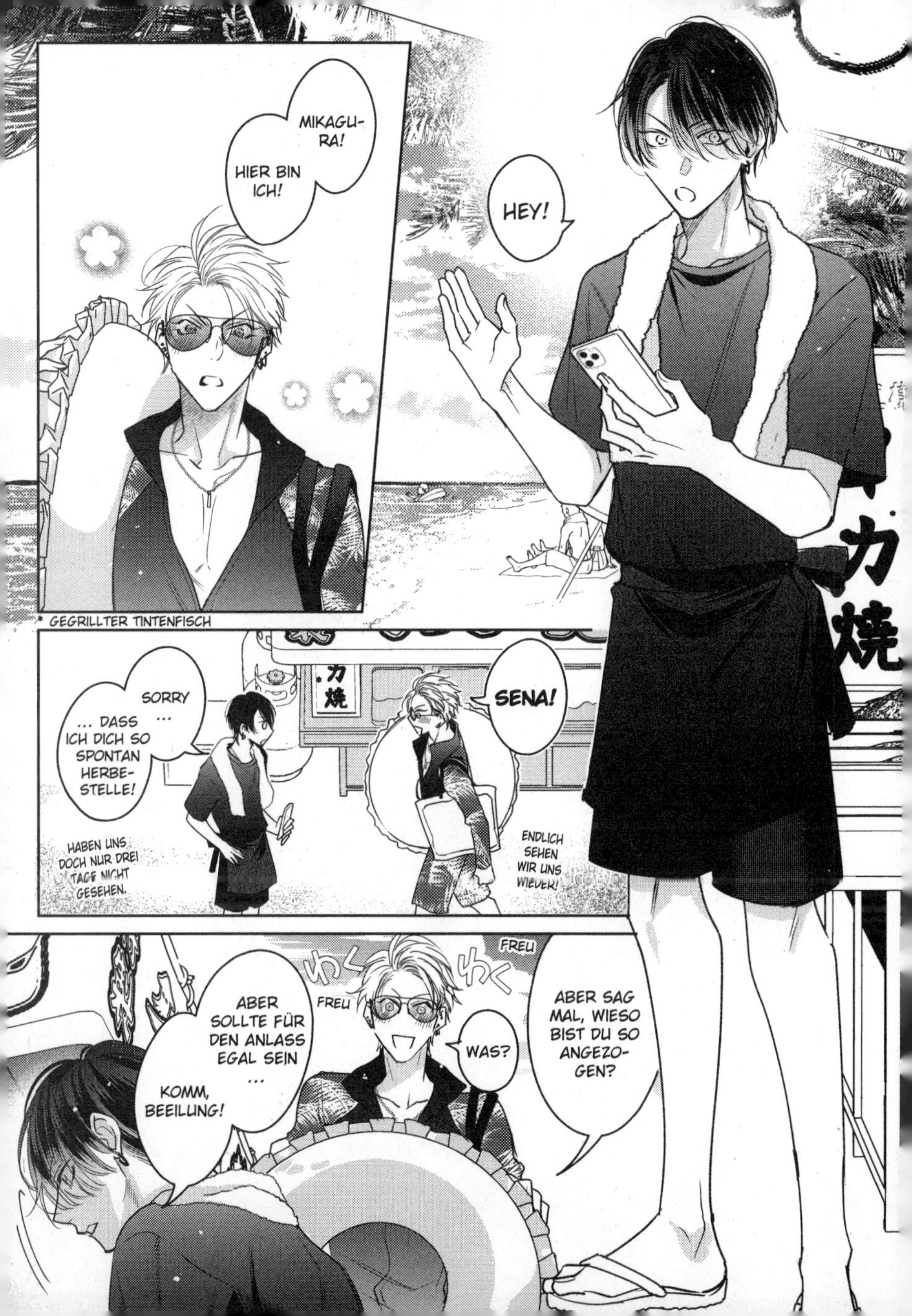
HEY!
MIKAGURA!
HIER BIN ICH!
* GEGRILLTER TINTENFISCH
SENA!
SORRY …
… DASS ICH DICH SO SPONTAN HERBESTELLE!
ENDLICH SEHEN WIR UNS WIEDER!
HABEN UNS DOCH NUR DREI TAGE NICHT GESEHEN.
FREU
わく
わく
FREU
ABER SAG MAL, WIESO BIST DU SO ANGEZOGEN?
WAS?
ABER SOLLTE FÜR DEN ANLASS EGAL SEIN …
KOMM, BEEILUNG!

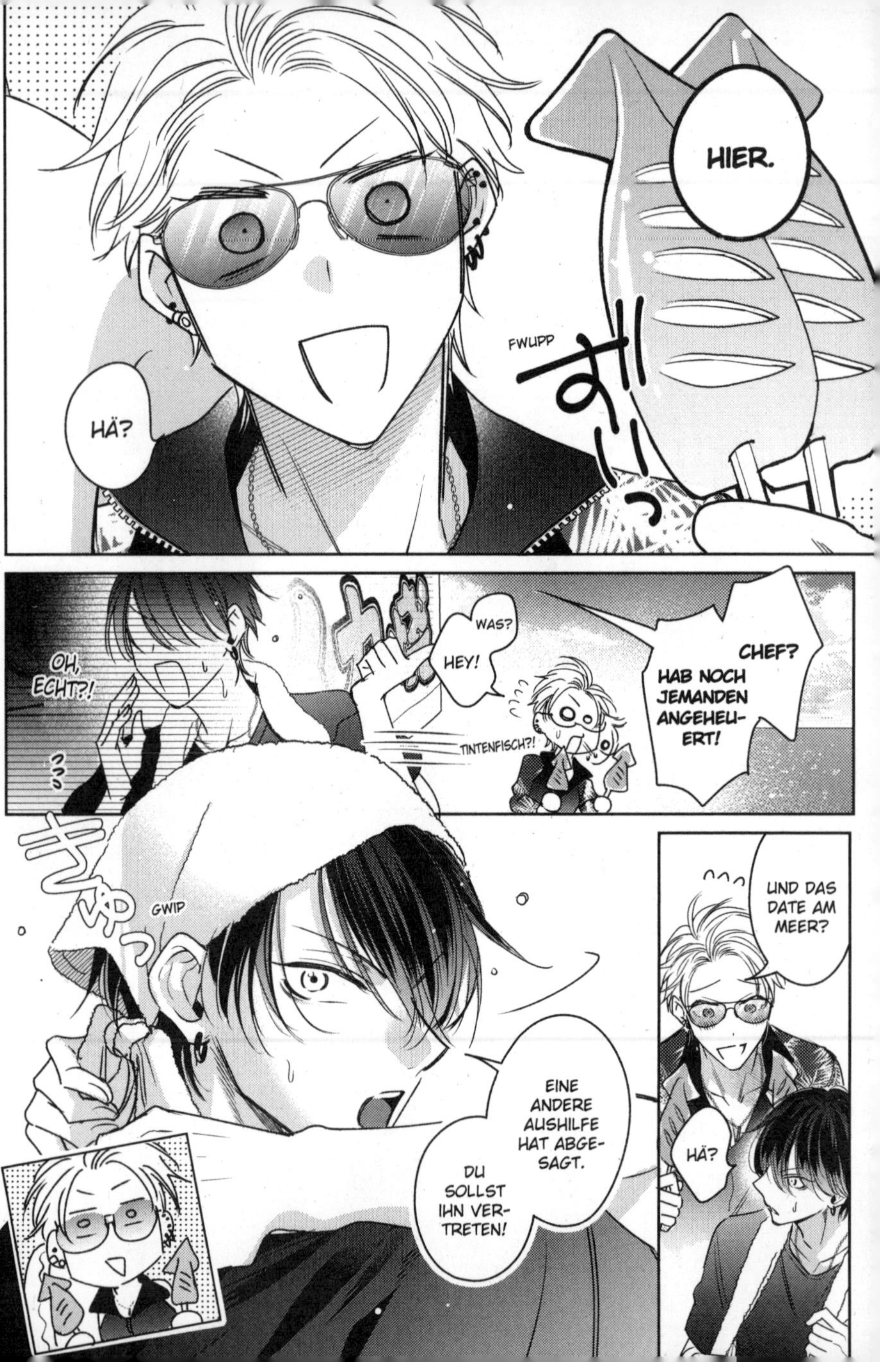

HIER.
FWUPP
HÄ?
CHEF? HAB NOCH JEMANDEN ANGEHEUERT!
WAS?
HEY!
TINTENFISCH?!
OH, ECHT?!
UND DAS DATE AM MEER?
HÄ?
GWIP
EINE ANDERE AUSHILFE HAT ABGESAGT.
DU SOLLST IHN VERTRETEN!

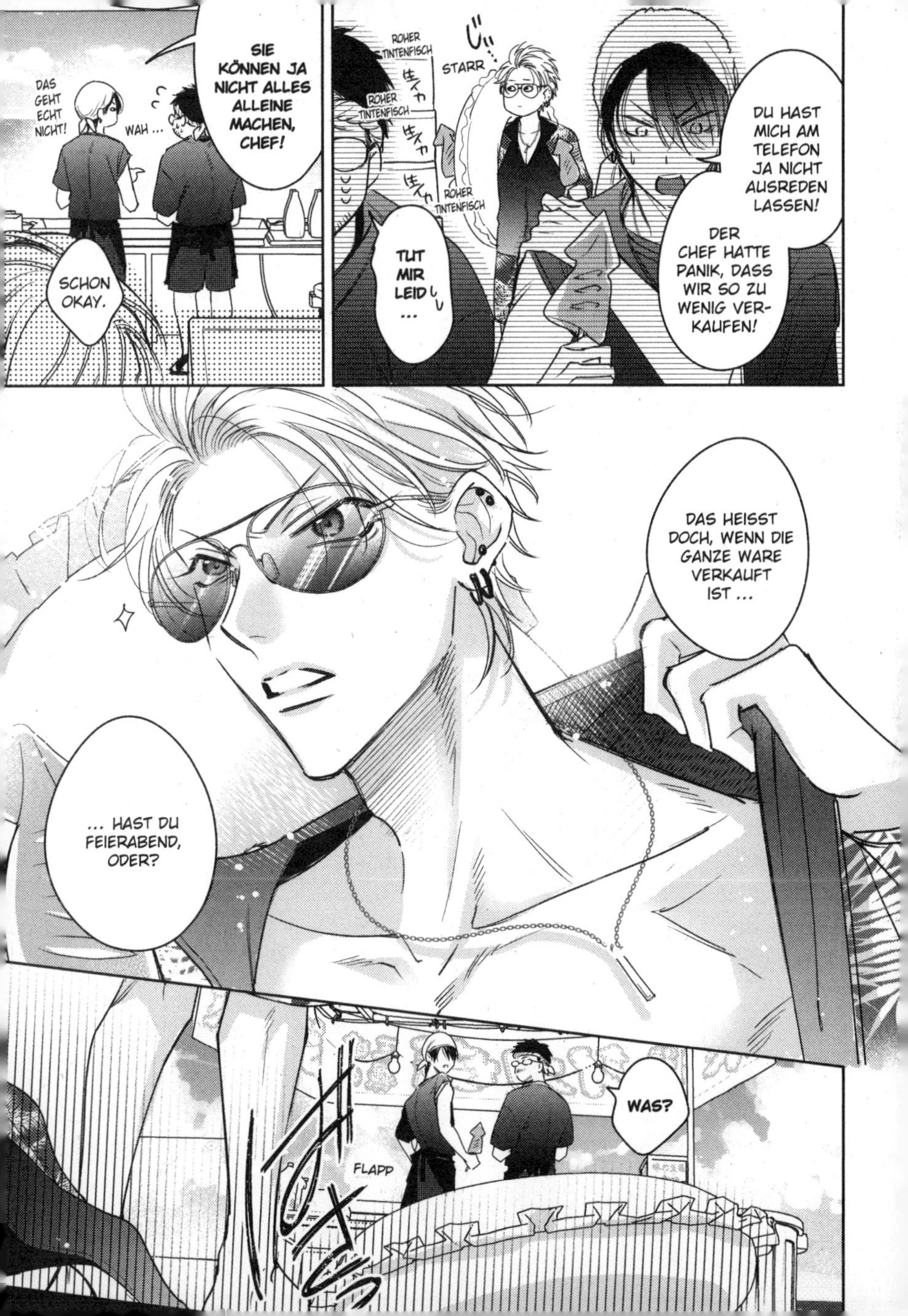
DU HAST MICH AM TELEFON JA NICHT AUSREDEN LASSEN!
DER CHEF HATTE PANIK, DASS WIR SO ZU WENIG VER-KAUFEN!
STARR
ROHER TINTENFISCH
ROHER TINTENFISCH
ROHER TINTENFISCH
TUT MIR LEID ...
SIE KÖNNEN JA NICHT ALLES ALLEINE MACHEN, CHEF!
DAS GEHT ECHT NICHT!
WAH ...
SCHON OKAY.
DAS HEISST DOCH, WENN DIE GANZE WARE VERKAUFT IST ...
... HAST DU FEIERABEND, ODER?
WAS?
FLAPP

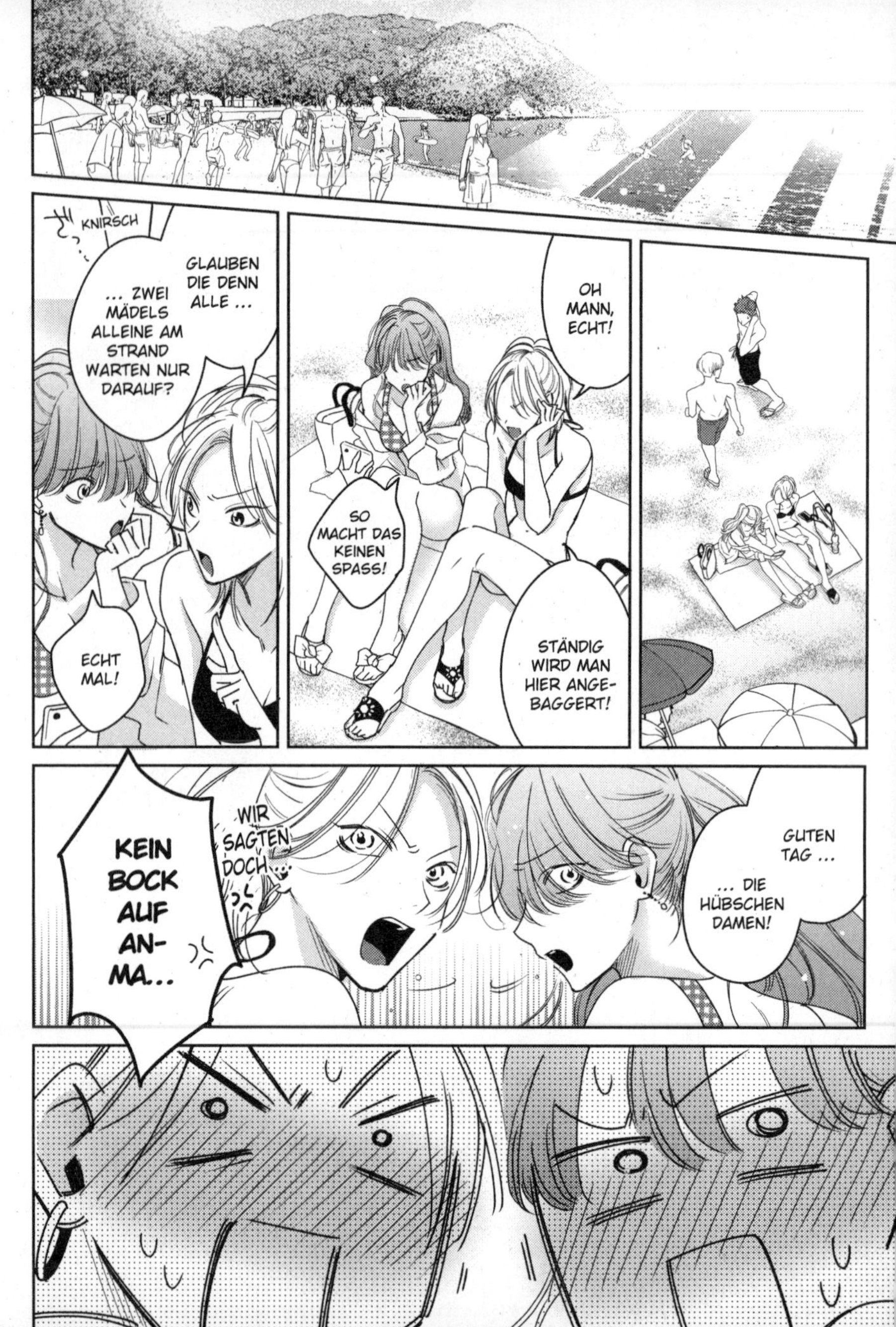
OH MANN, ECHT!
STÄNDIG WIRD MAN HIER ANGE-BAGGERT!
SO MACHT DAS KEINEN SPASS!
GLAUBEN DIE DENN ALLE …
… ZWEI MÄDELS ALLEINE AM STRAND WARTEN NUR DARAUF?
KNIRSCH
ECHT MAL!
GUTEN TAG …
… DIE HÜBSCHEN DAMEN!
WIR SAGTEN DOCH
KEIN BOCK AUF AN-MA…

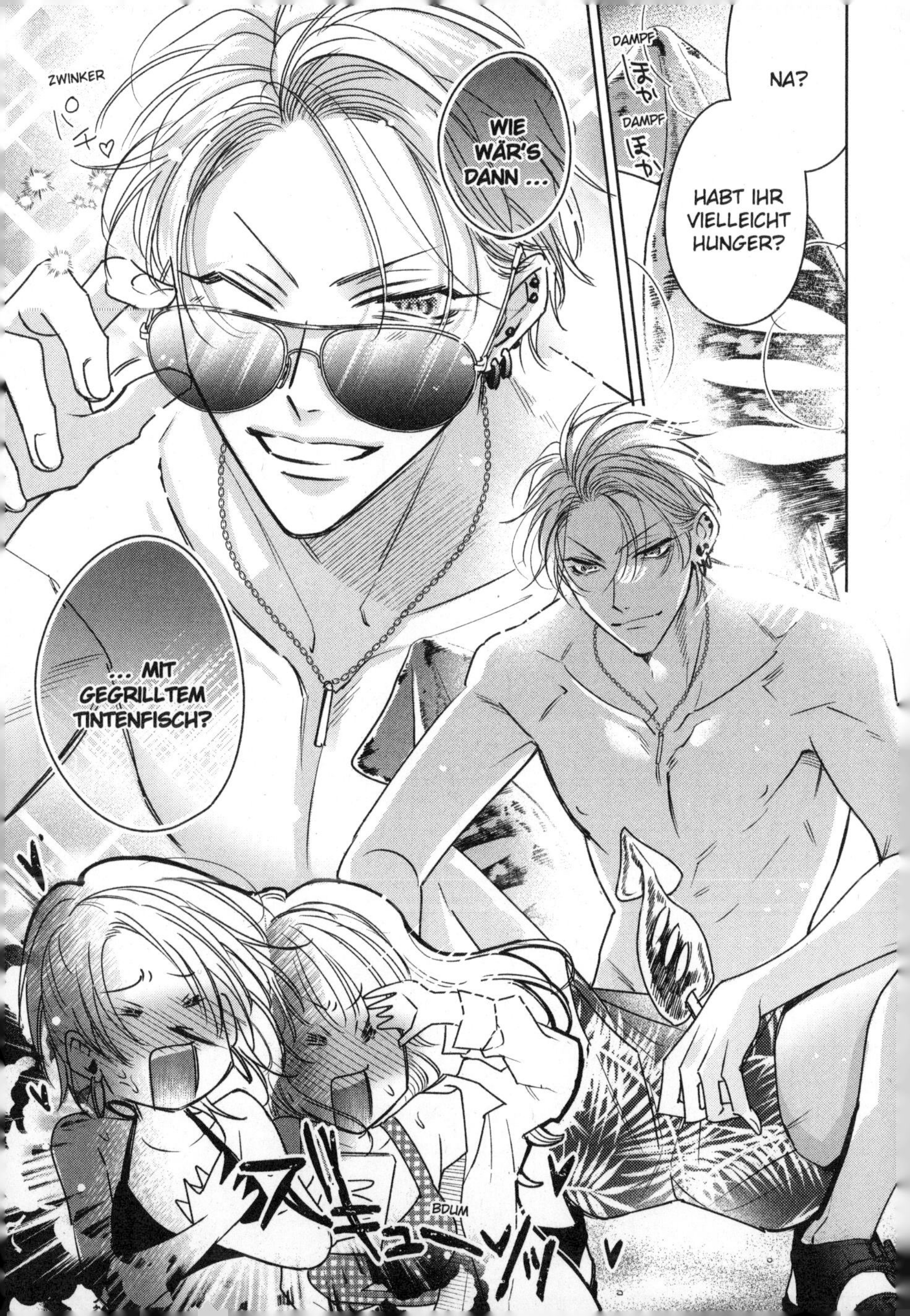
NA?
HABT IHR VIELLEICHT HUNGER?
DAMPF
DAMPF
WIE WÄR'S DANN ...
ZWINKER
... MIT GEGRILLTEM TINTENFISCH?
BDUM

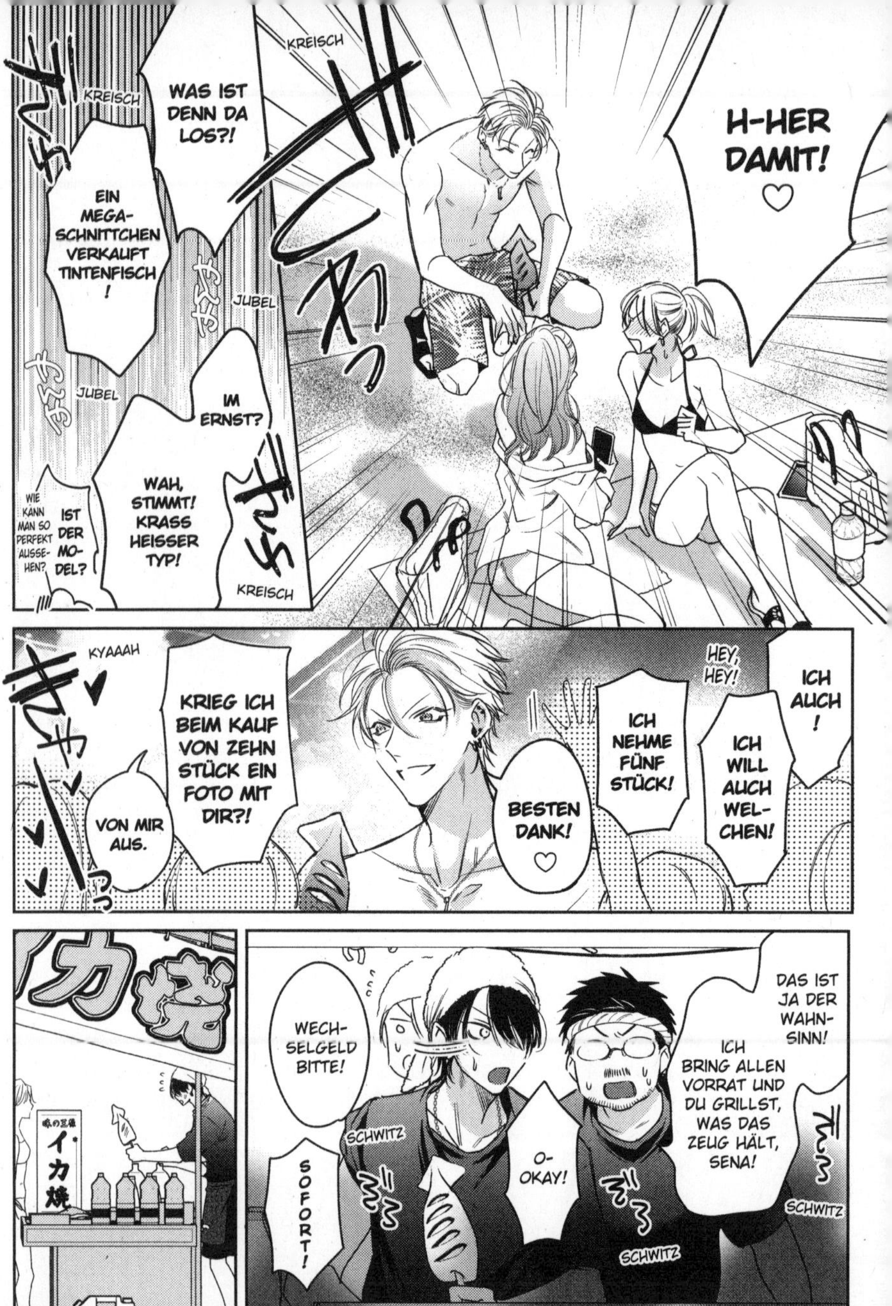

H-HER DAMIT! ♡

KREISCH

WAS IST DENN DA LOS?!

KREISCH

EIN MEGA-SCHNITTCHEN VERKAUFT TINTENFISCH!

JUBEL

IM ERNST?

JUBEL

WAH, STIMMT! KRASS HEISSER TYP!

KREISCH

IST DER MODEL?

WIE KANN MAN SO PERFEKT AUSSEHEN?

ICH AUCH!

HEY, HEY!

ICH WILL AUCH WELCHEN!

ICH NEHME FÜNF STÜCK!

BESTEN DANK! ♡

KRIEG ICH BEIM KAUF VON ZEHN STÜCK EIN FOTO MIT DIR?!

VON MIR AUS.

KYAAAH

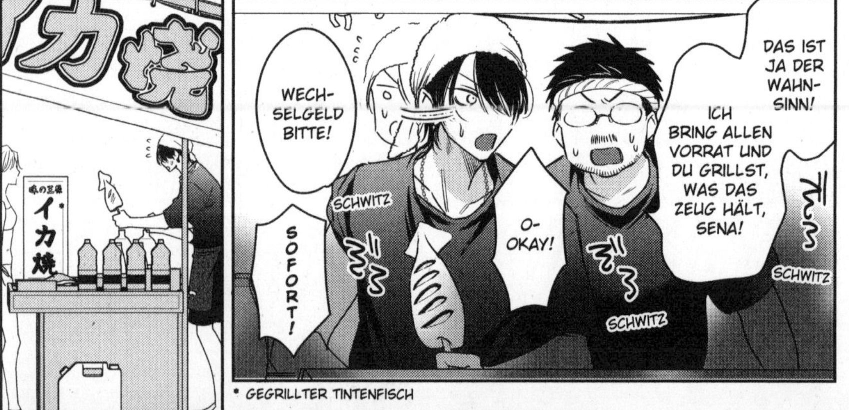

* GEGRILLTER TINTENFISCH

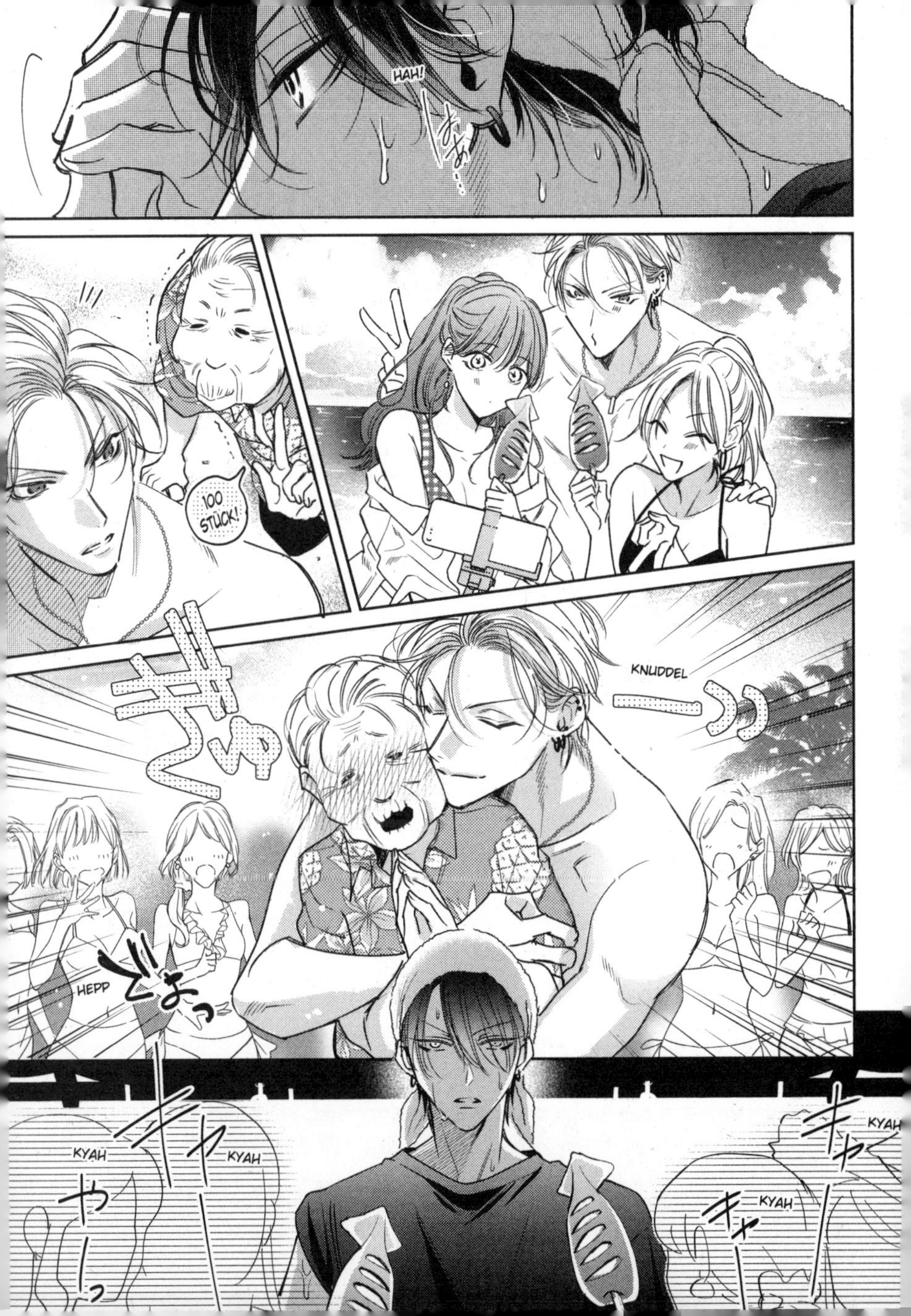
HAH!
100 STÜCK!
KNUDDEL
HEPP
KYAH
KYAH
KYAH
KYAH

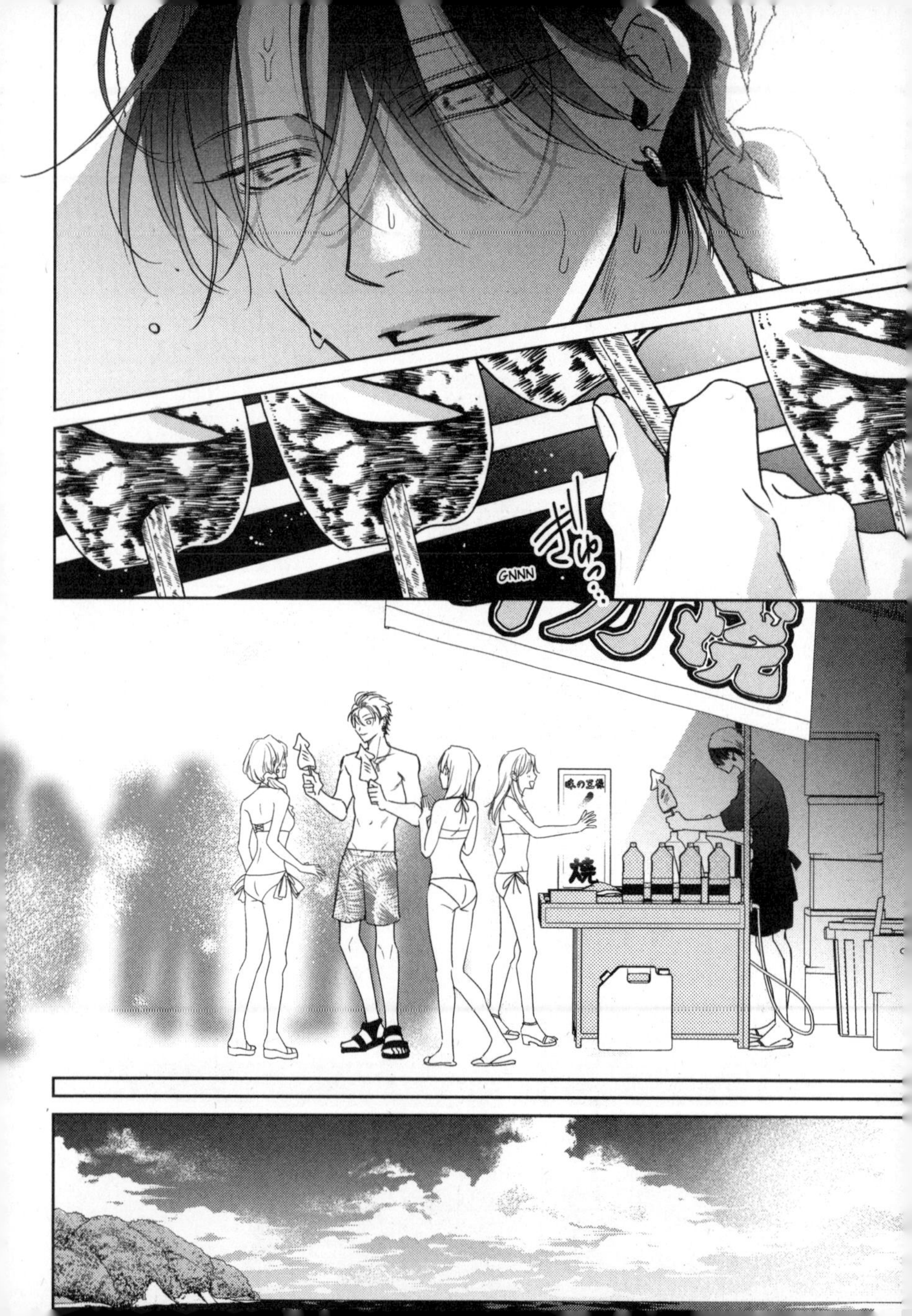
ぎゅっ…
GNNN
焼

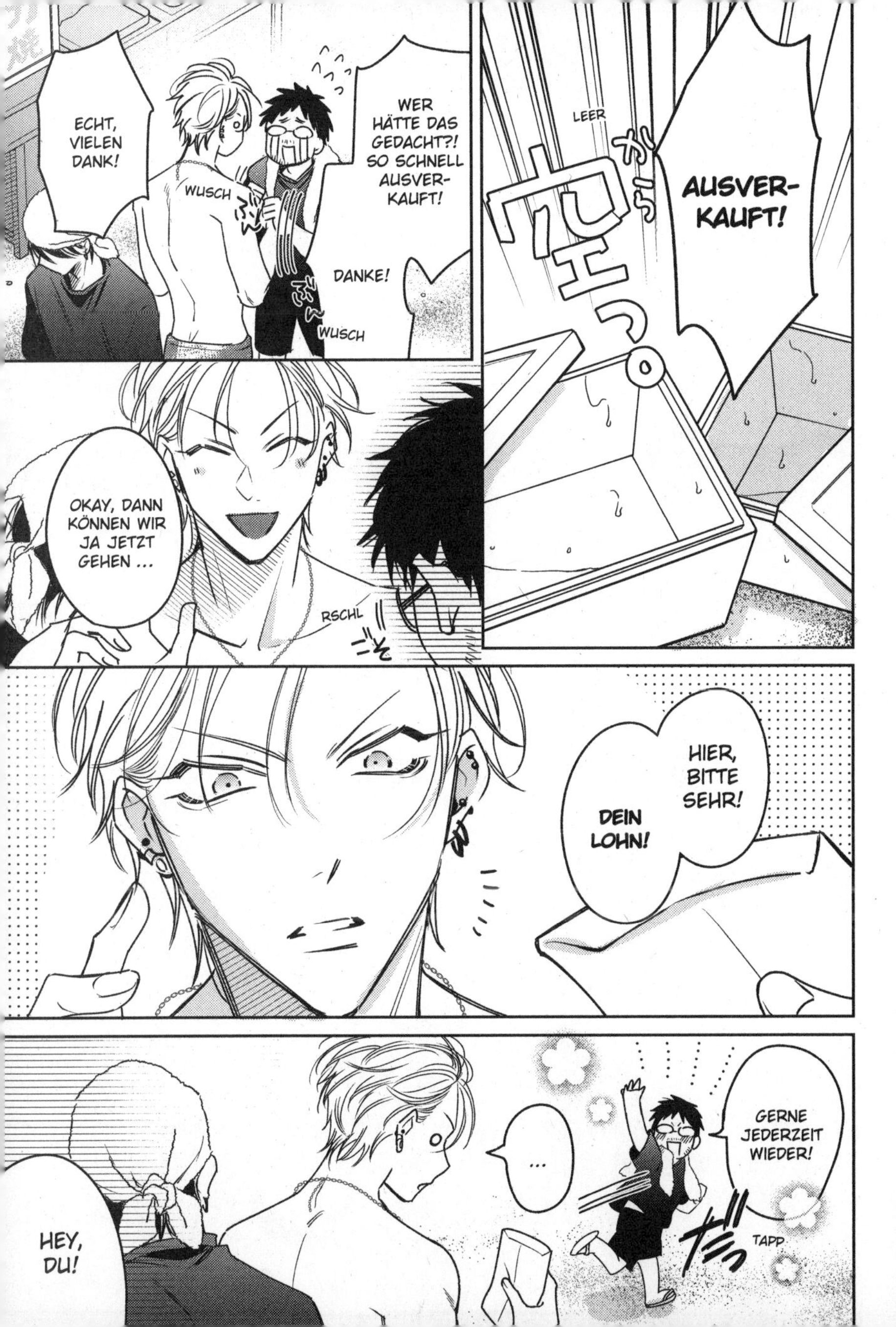
AUSVER-KAUFT!
LEER
WER HÄTTE DAS GEDACHT?! SO SCHNELL AUSVER-KAUFT!
ECHT, VIELEN DANK!
WUSCH
DANKE!
WUSCH
OKAY, DANN KÖNNEN WIR JA JETZT GEHEN …
RSCHL
HIER, BITTE SEHR!
DEIN LOHN!
GERNE JEDERZEIT WIEDER!
TAPP
…
HEY, DU!

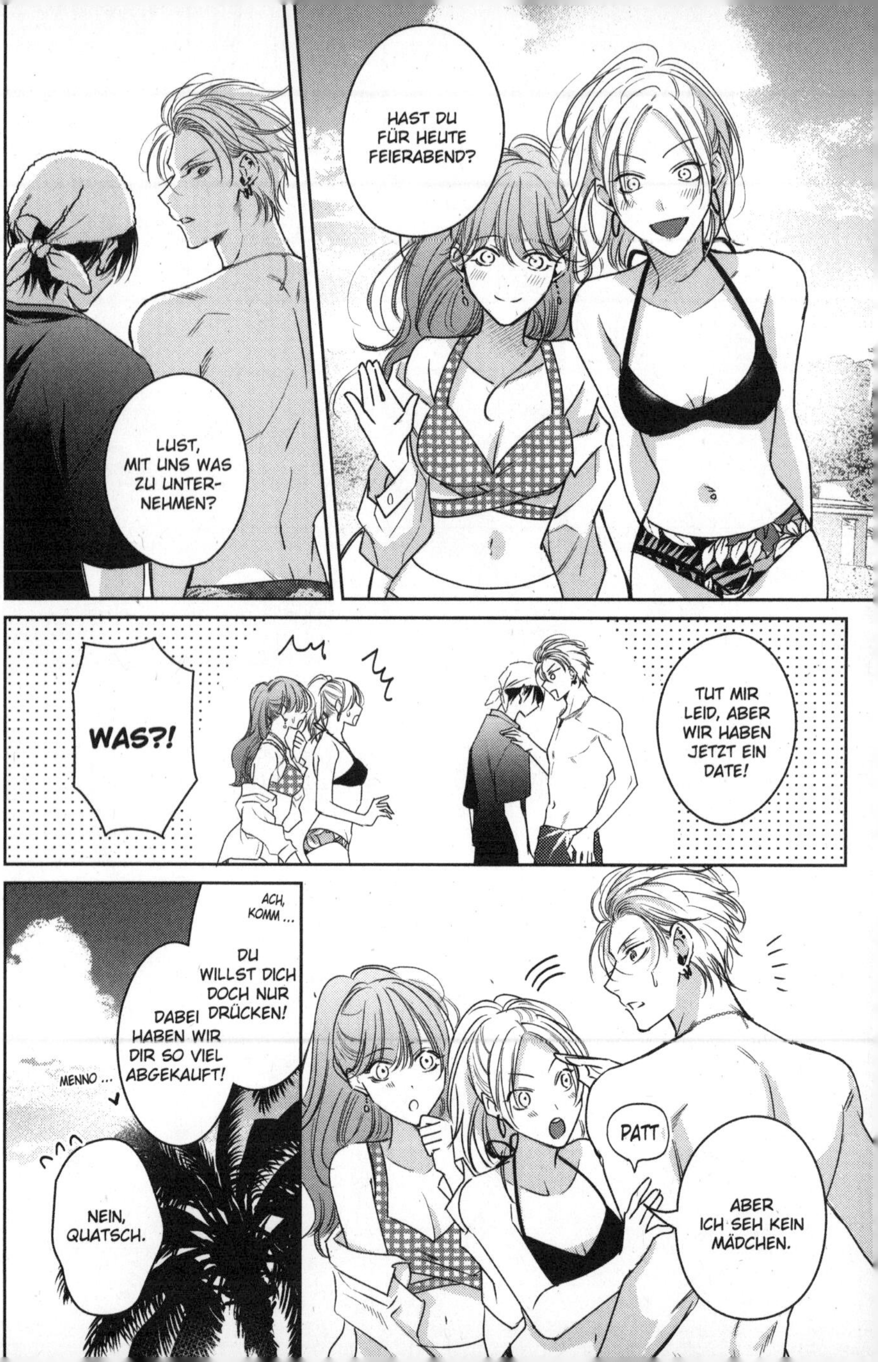

HAST DU FÜR HEUTE FEIERABEND?

LUST, MIT UNS WAS ZU UNTERNEHMEN?

TUT MIR LEID, ABER WIR HABEN JETZT EIN DATE!

WAS?!

PATT

ABER ICH SEH KEIN MÄDCHEN.

NEIN, QUATSCH.

DU WILLST DICH DOCH NUR DRÜCKEN!

ACH, KOMM ...

DABEI HABEN WIR DIR SO VIEL ABGEKAUFT!

MENNO ...

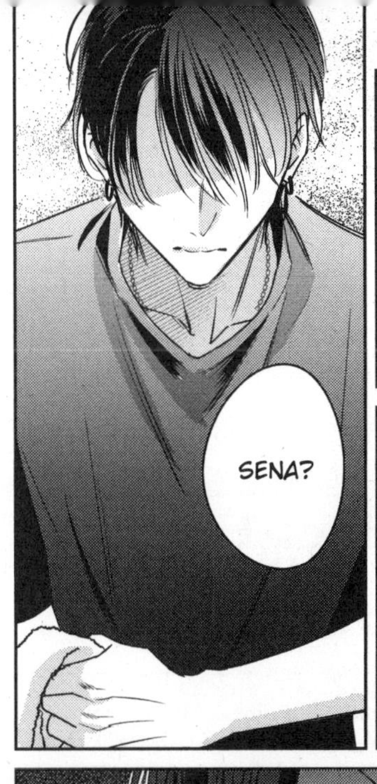
SENA?

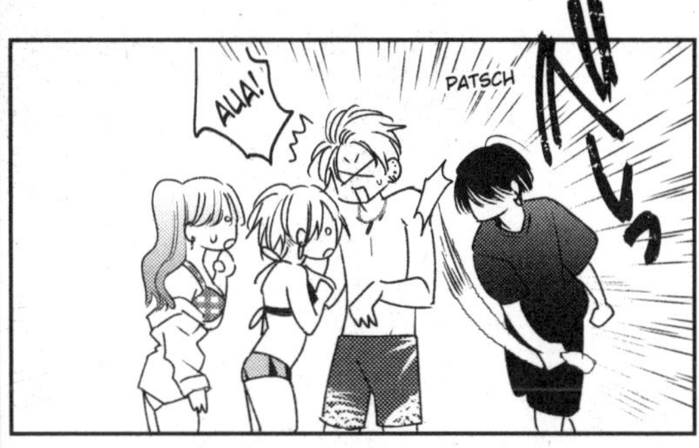
PATSCH
AUA!

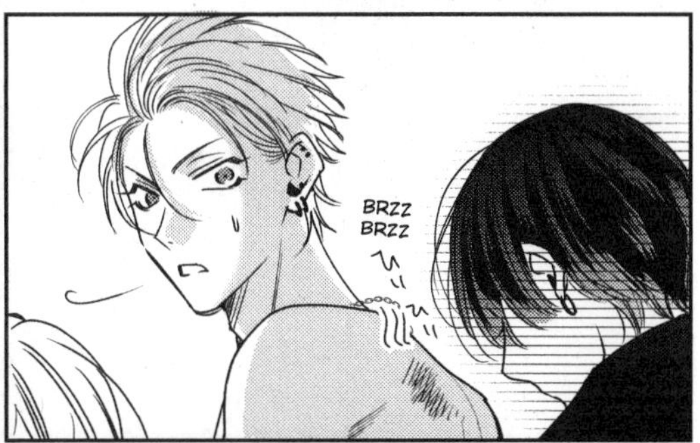
BRZZ
BRZZ

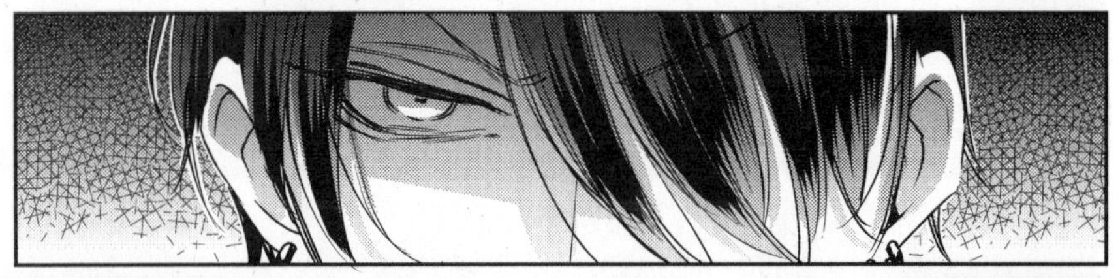

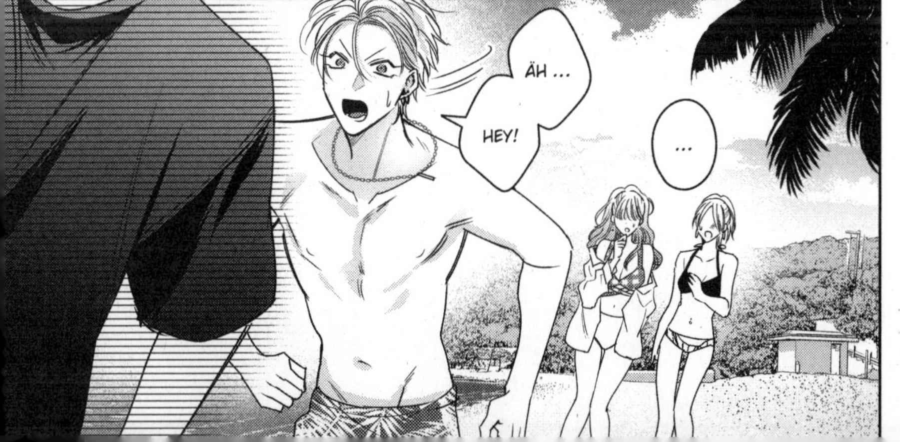
ÄH …
HEY!
…

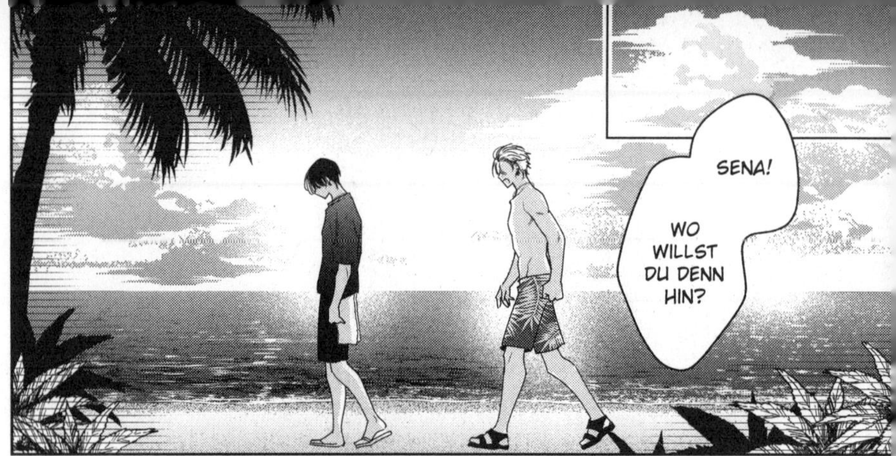
SENA!
WO WILLST DU DENN HIN?

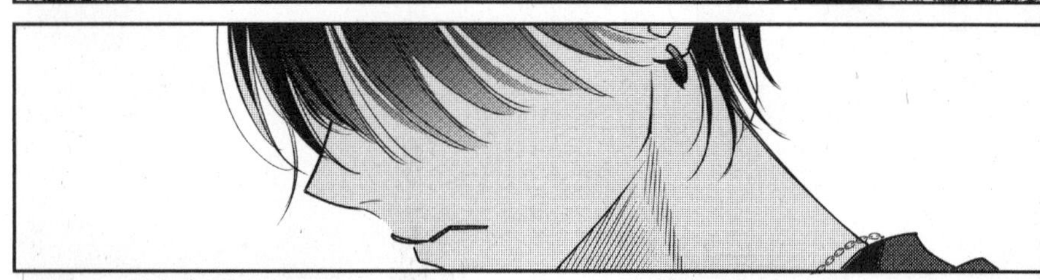
ICH BIN UNMÖGLICH.

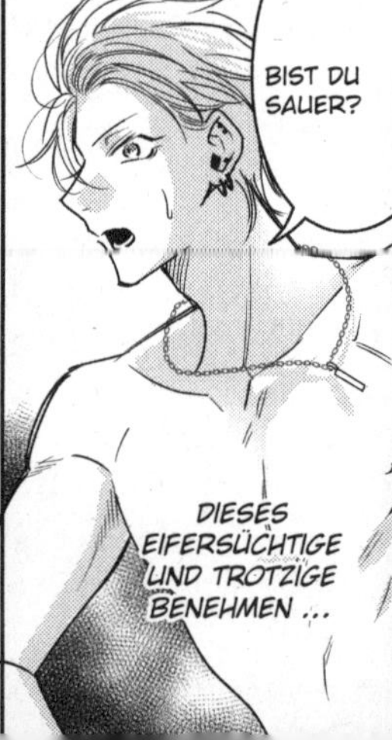
BIST DU SAUER?
DIESES EIFERSÜCHTIGE UND TROTZIGE BENEHMEN ...

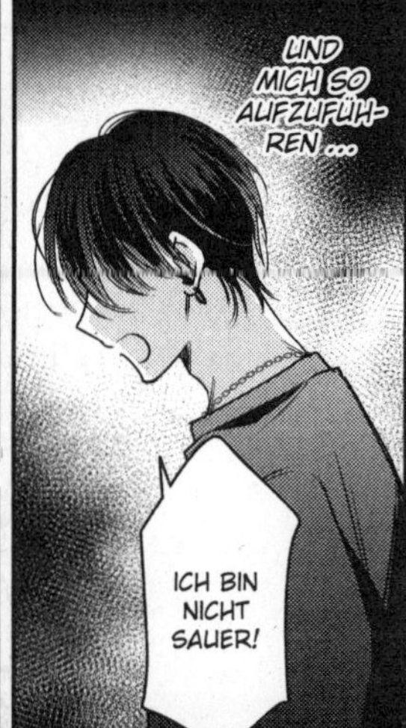
UND MICH SO AUFZUFÜH-REN ...
ICH BIN NICHT SAUER!

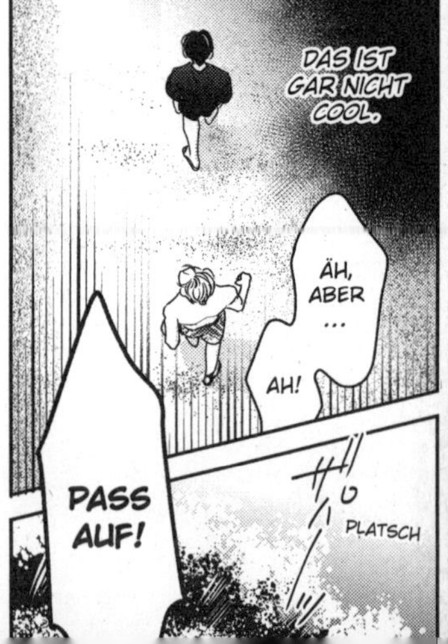
DAS IST GAR NICHT COOL.
ÄH, ABER ...
AH!
PASS AUF!
PLATSCH

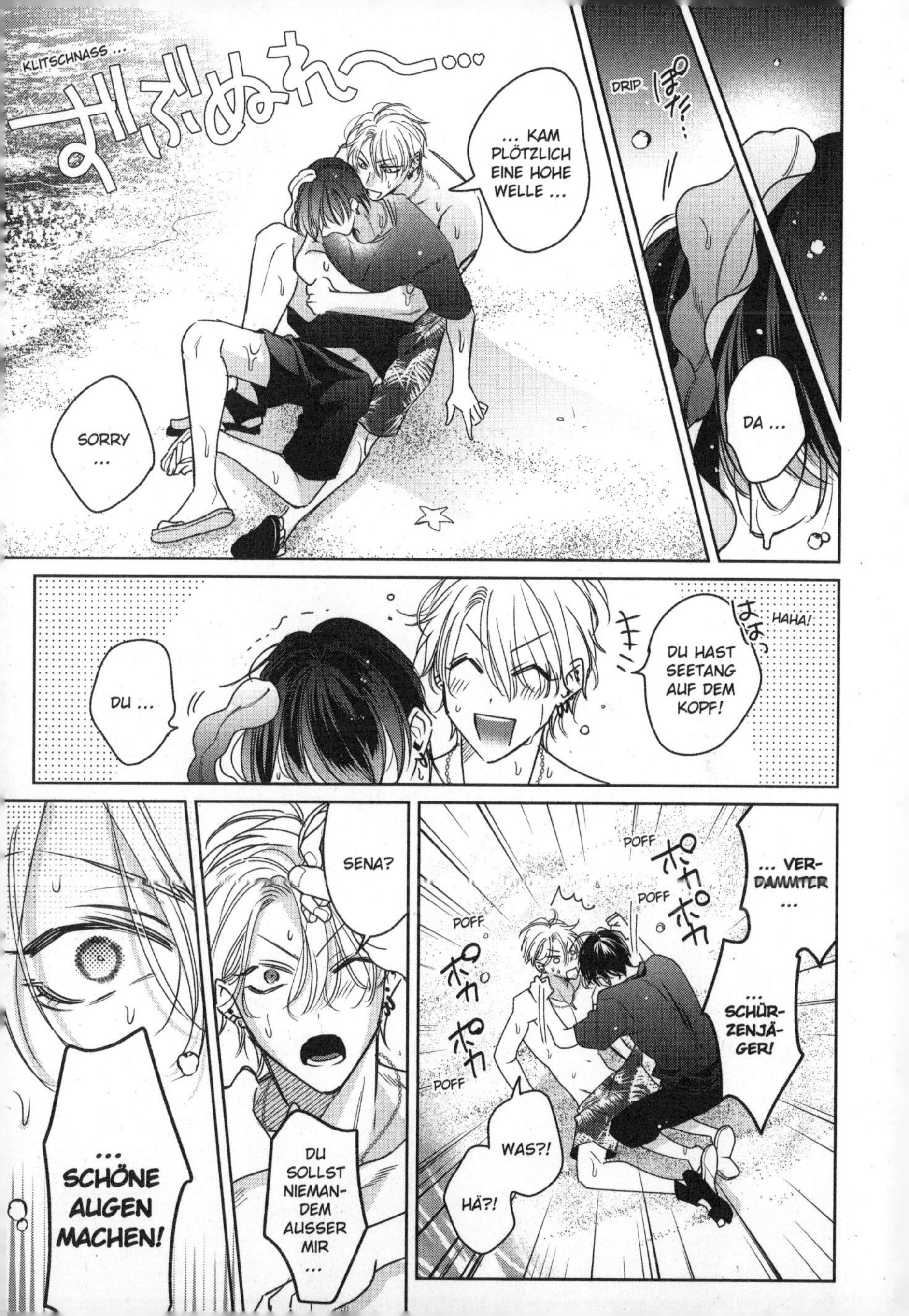

DRIP
ぽた…
DA …
KLITSCHNASS …
ずぶぬれ～…
… KAM PLÖTZLICH EINE HOHE WELLE …
SORRY …

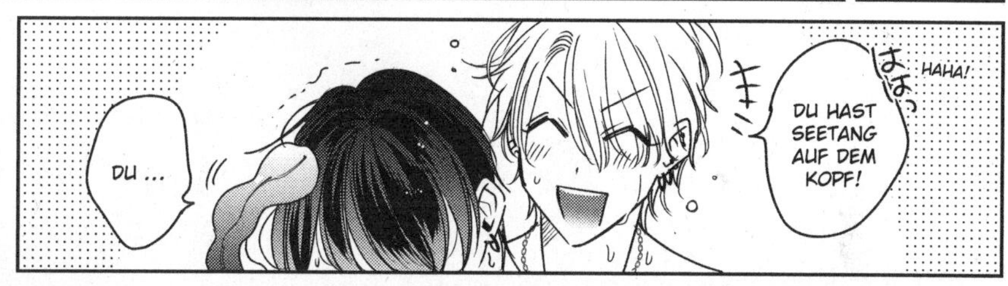

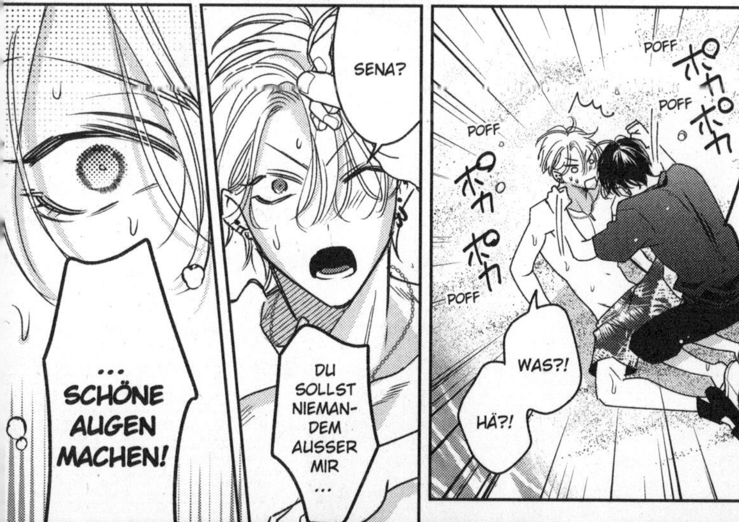

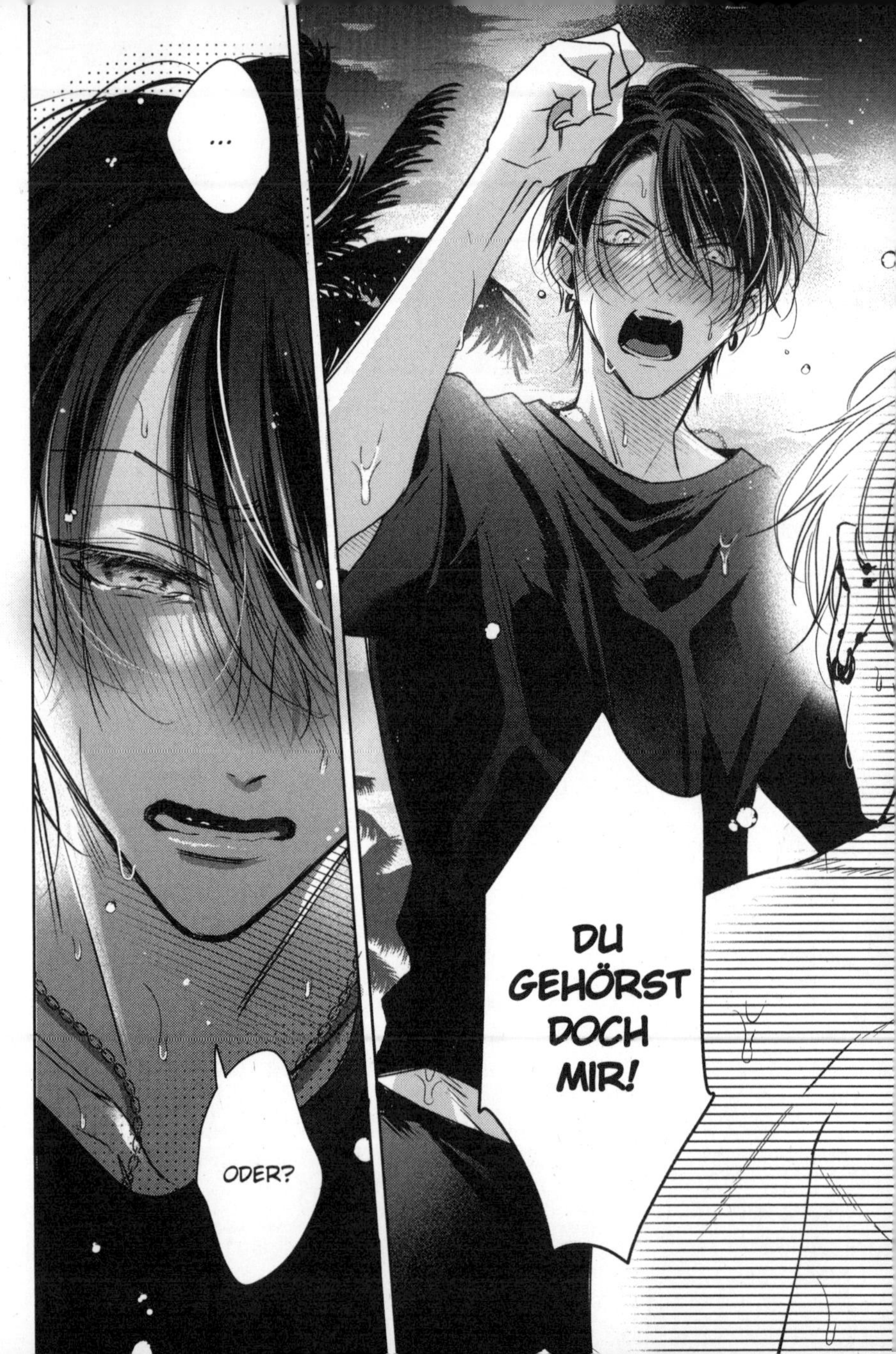
DU GEHÖRST DOCH MIR!
...
ODER?

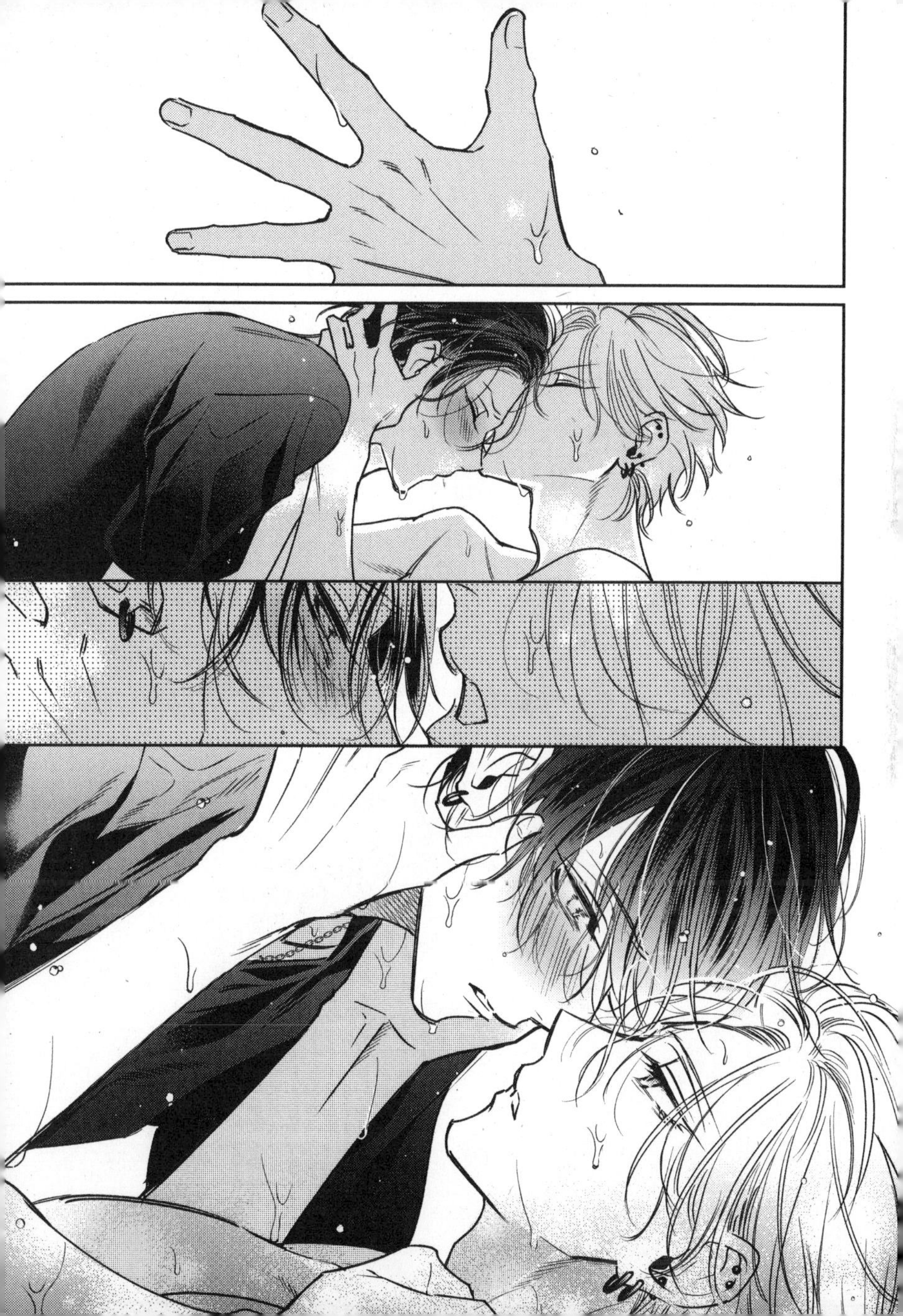

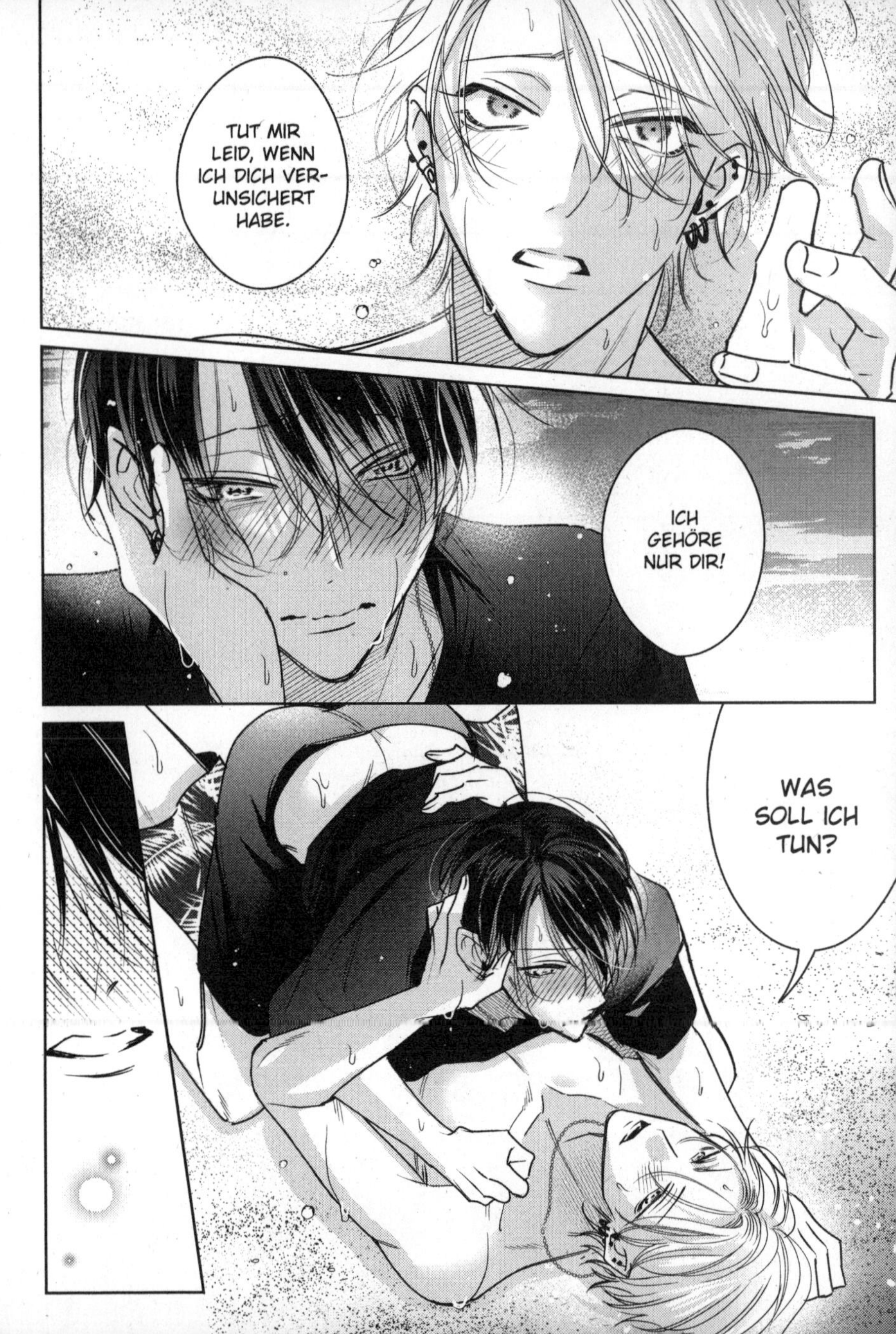
TUT MIR LEID, WENN ICH DICH VER- UNSICHERT HABE.
ICH GEHÖRE NUR DIR!
WAS SOLL ICH TUN?

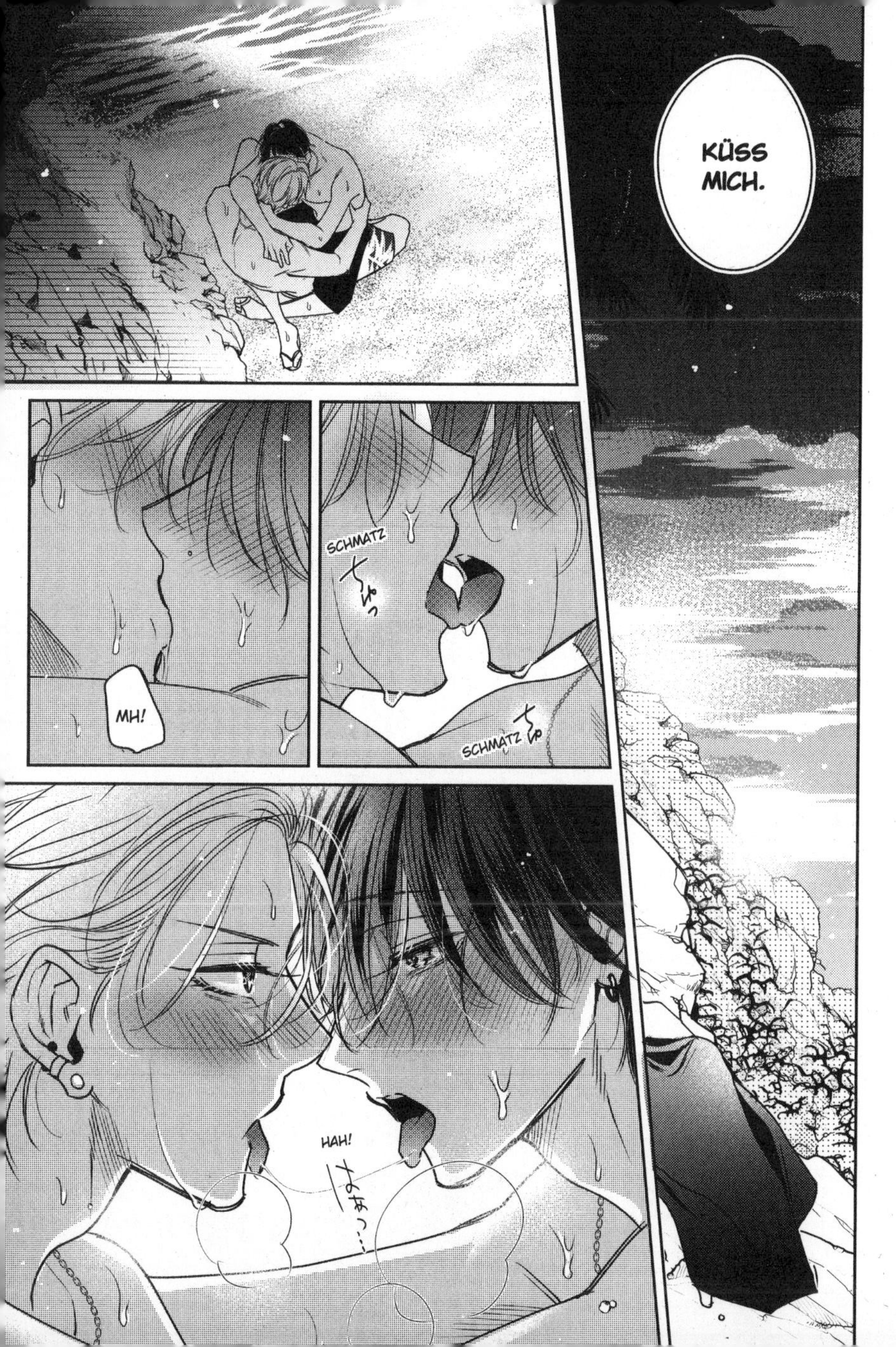
KÜSS MICH.
SCHMATZ
ちゅっ
SCHMATZ
ちゅ
MH!
HAH!
はあっ…

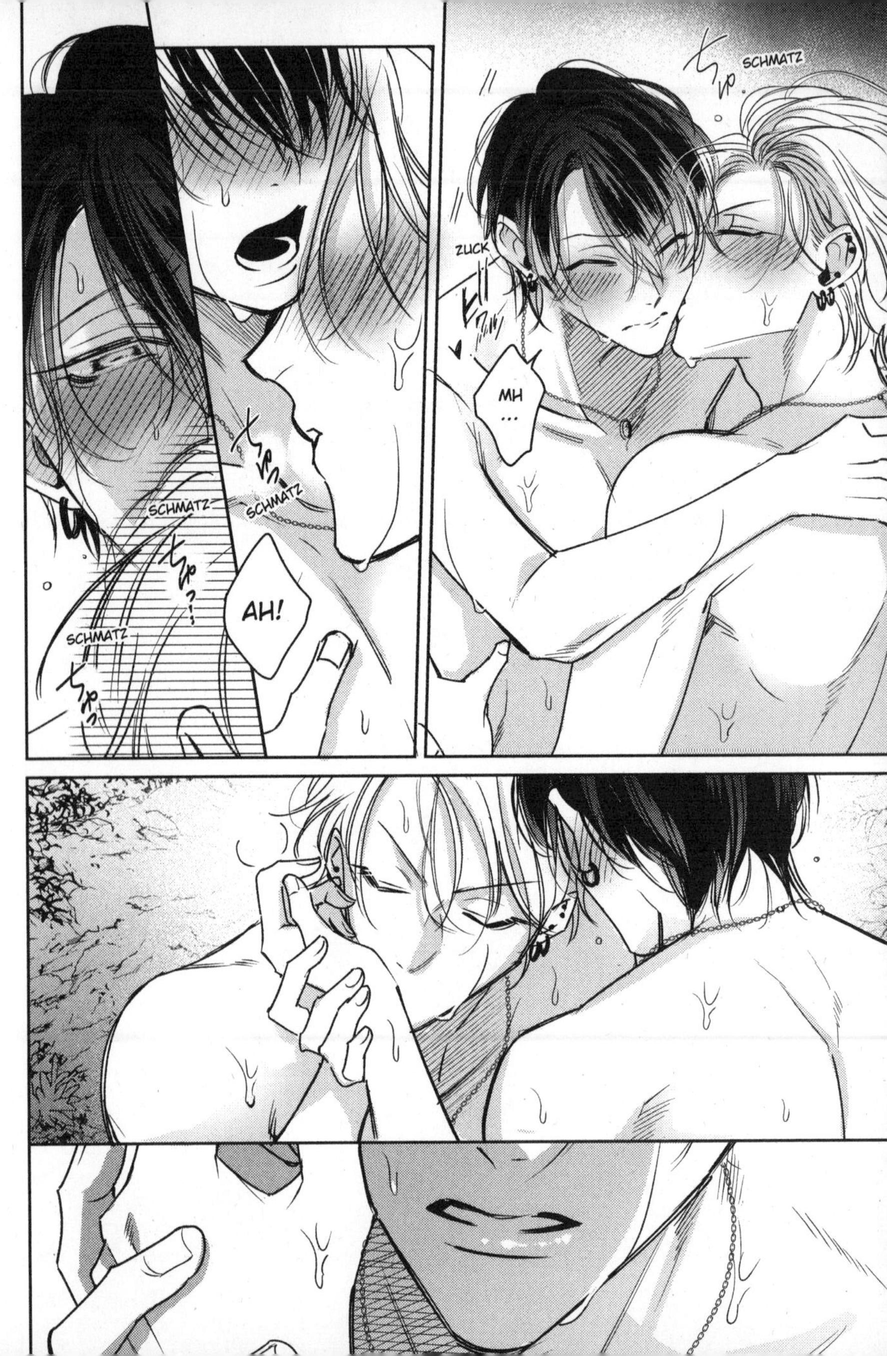
SCHMATZ
ZUCK
MH ...
SCHMATZ
SCHMATZ
AH!
SCHMATZ

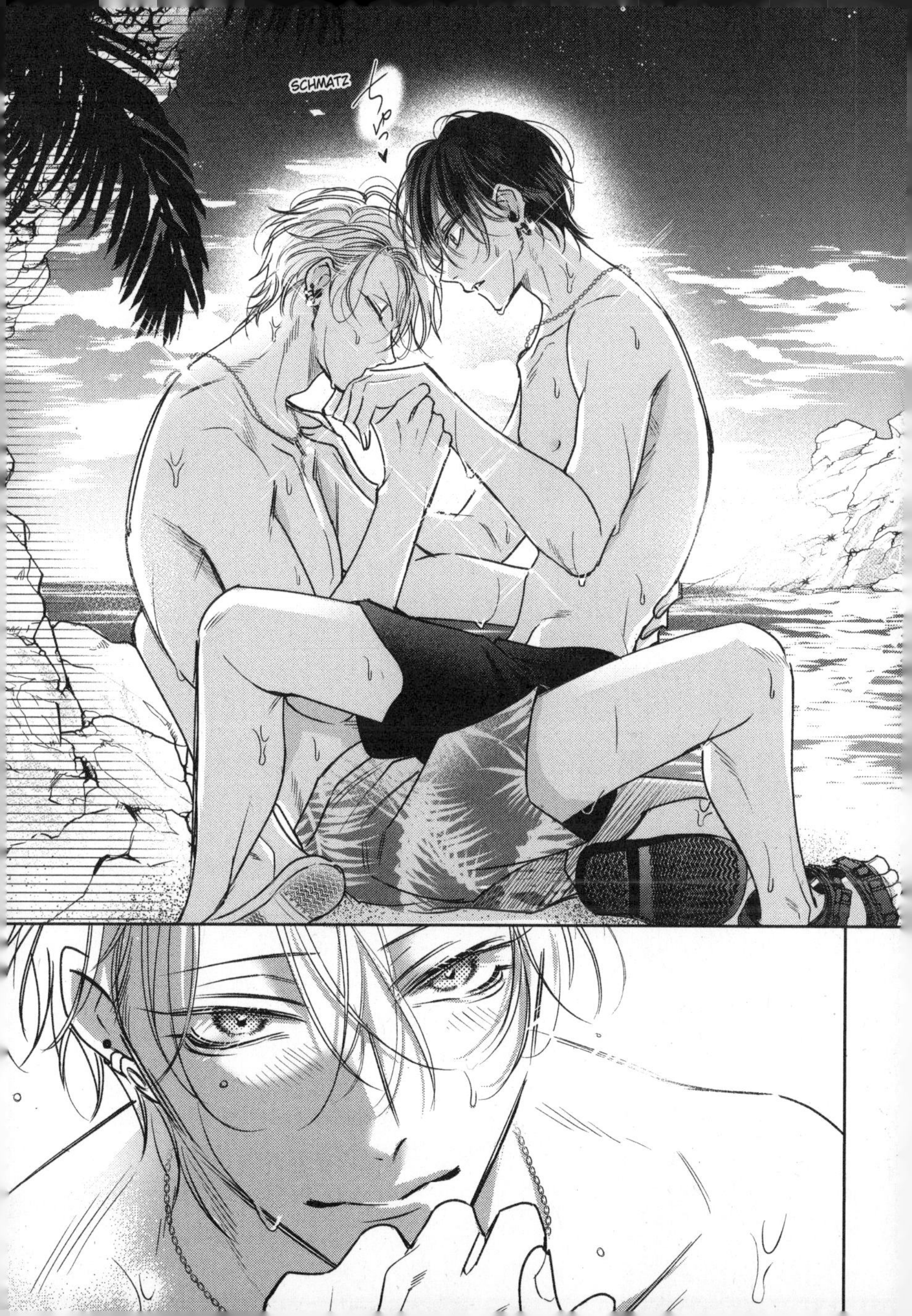
SCHMATZ
ちゅっ♥

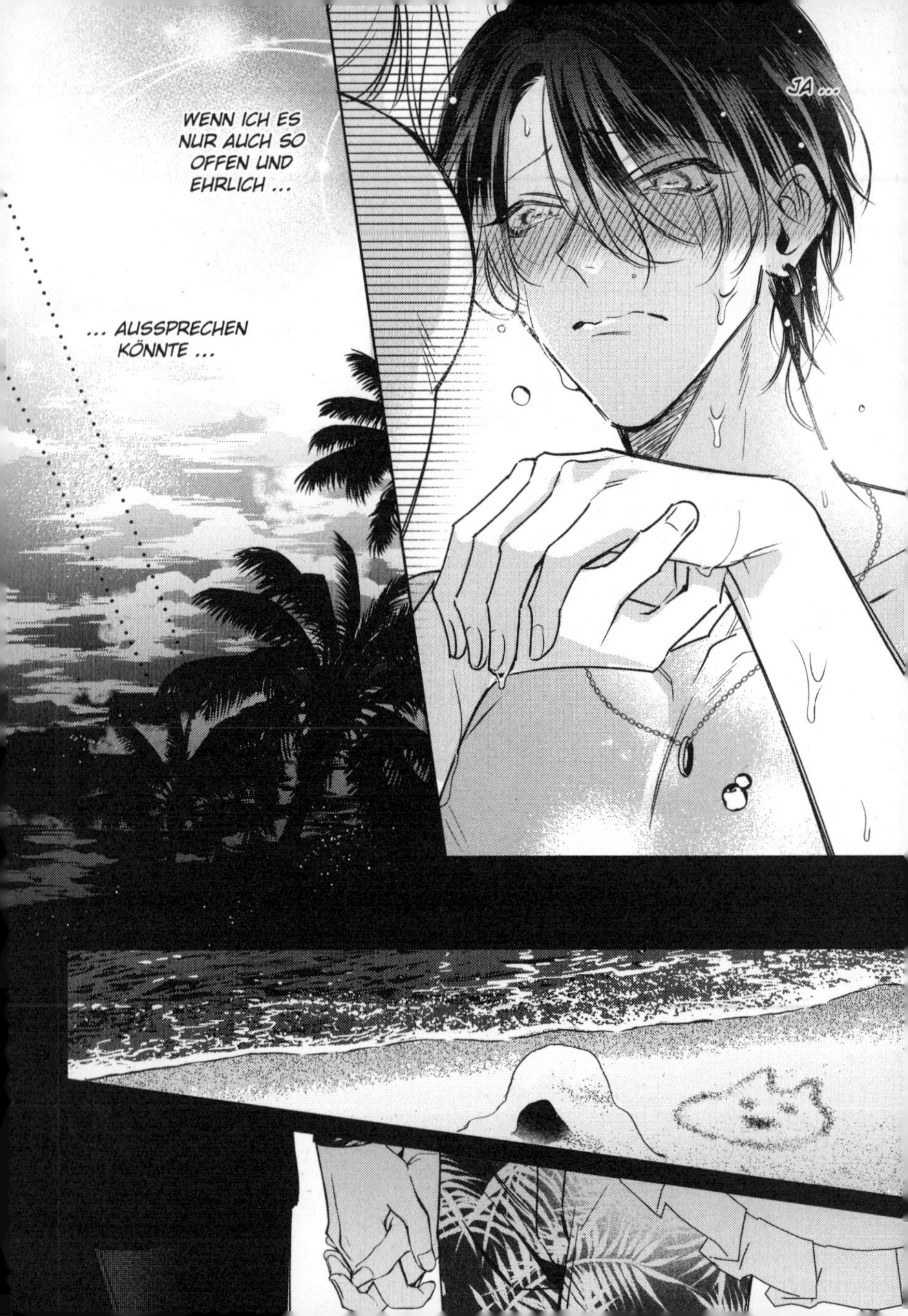
JA ...
WENN ICH ES NUR AUCH SO OFFEN UND EHRLICH ...
... AUSSPRECHEN KÖNNTE ...

DANKE ...
... MIKAGURA ...

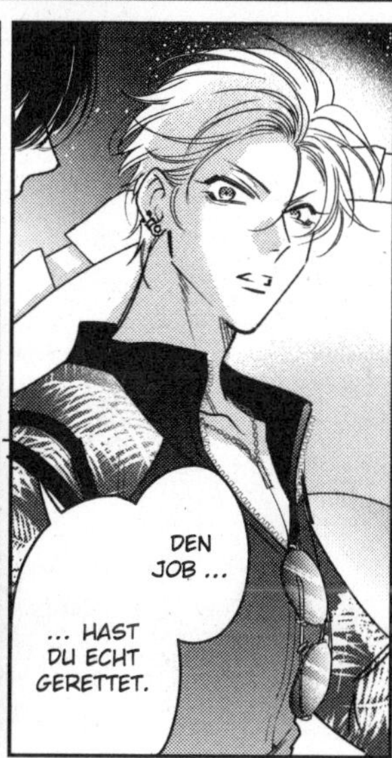
DEN JOB ...
... HAST DU ECHT GERETTET.

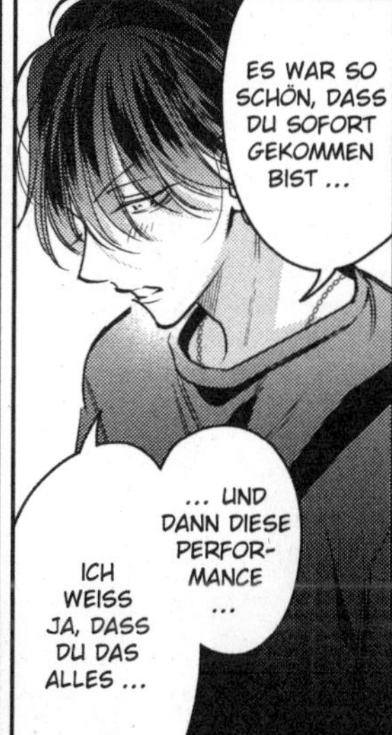
ES WAR SO SCHÖN, DASS DU SOFORT GEKOMMEN BIST ...
... UND DANN DIESE PERFORMANCE ...
ICH WEISS JA, DASS DU DAS ALLES ...

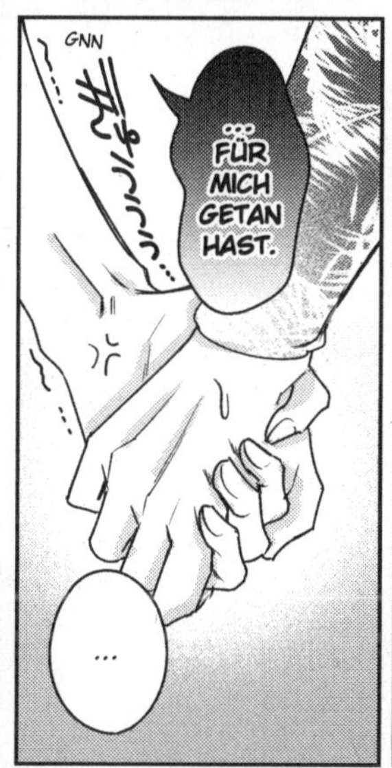
... FÜR MICH GETAN HAST.
GNN
...

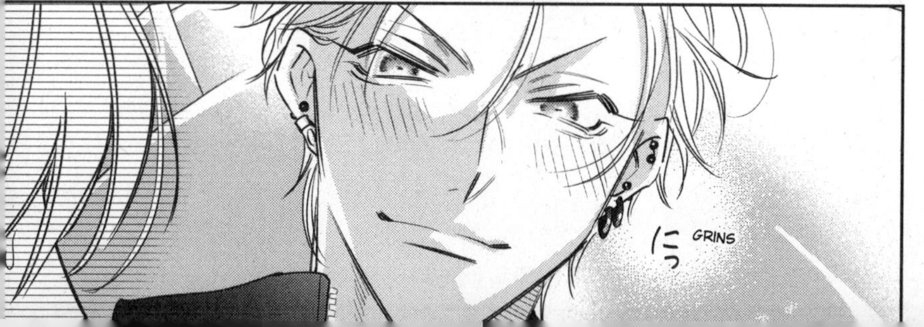
GRINS

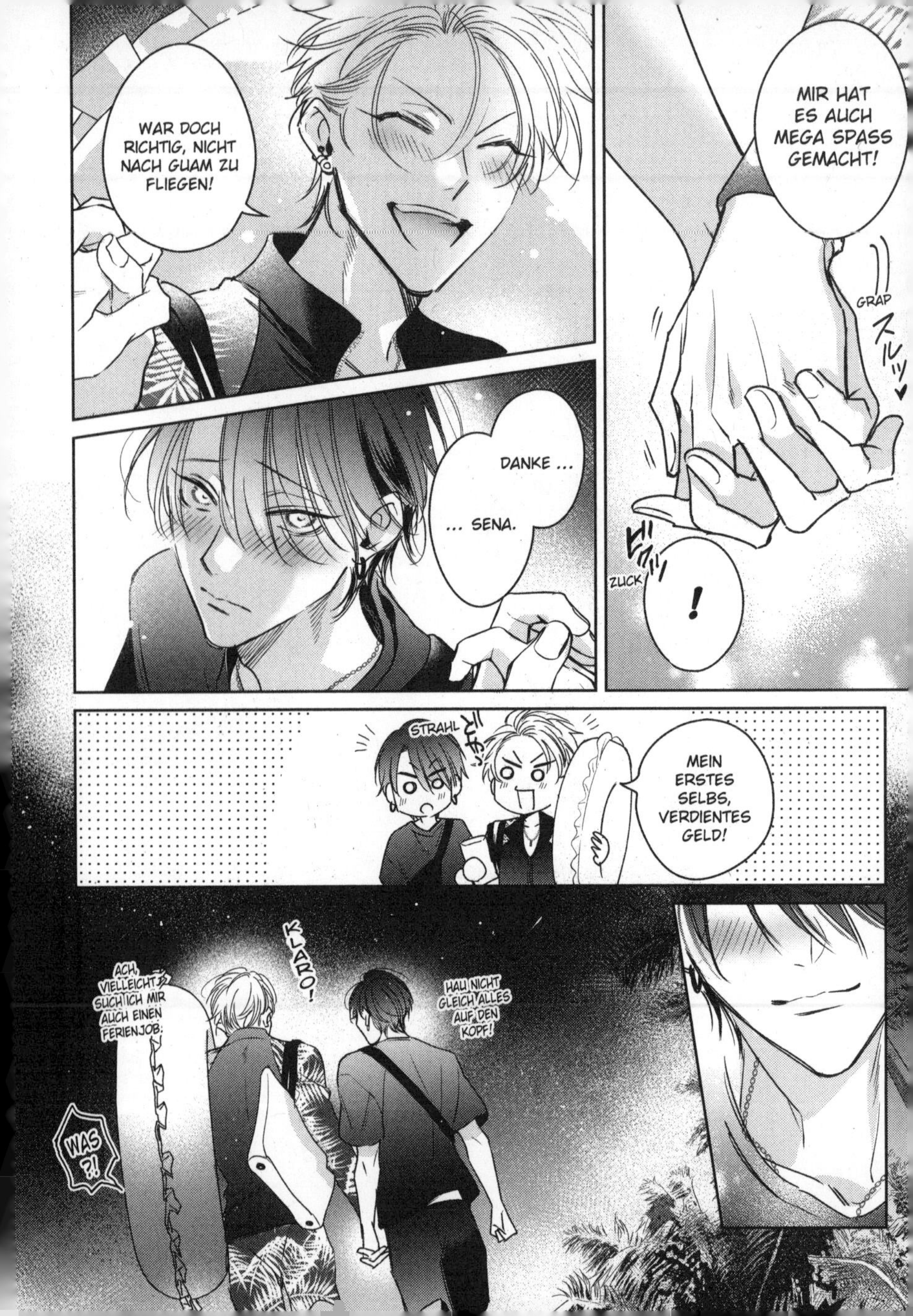

MIR HAT ES AUCH MEGA SPASS GEMACHT!

GRAP

スルッ

ZUCK

!

WAR DOCH RICHTIG, NICHT NACH GUAM ZU FLIEGEN!

DANKE ...

... SENA.

MEIN ERSTES SELBS, VERDIENTES GELD!

STRAHL

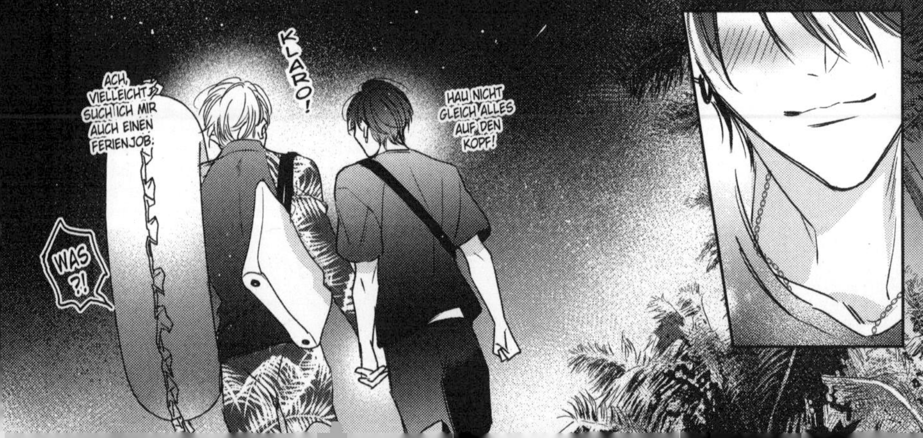

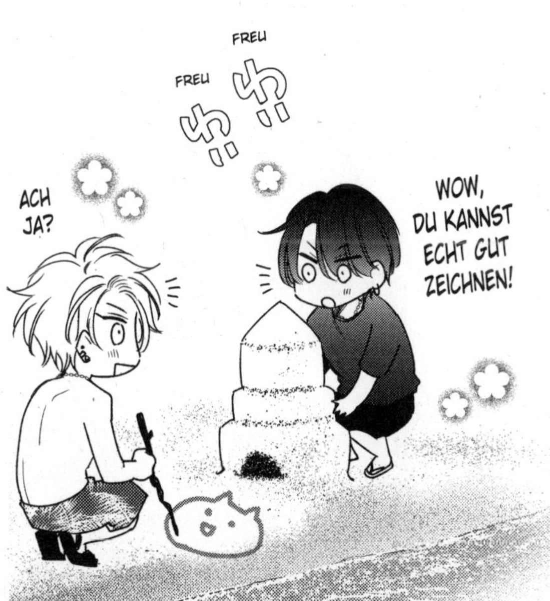
WOW, DU KANNST ECHT GUT ZEICHNEN!
FREU
FREU
ACH JA?

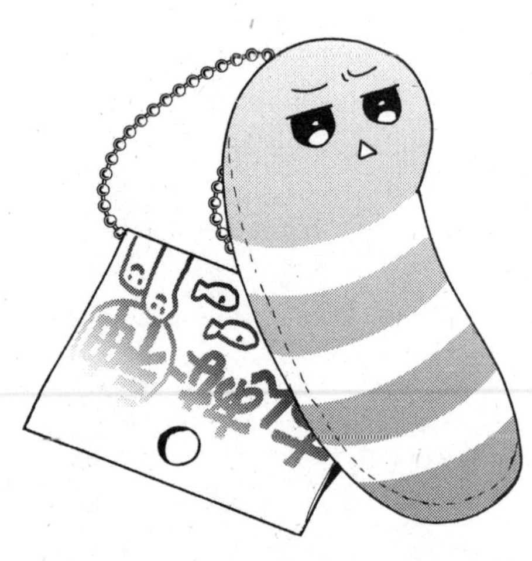

KAMPF DER VERFÜHRERGIGANTEN

PRESENTED BY TOTOFUMI

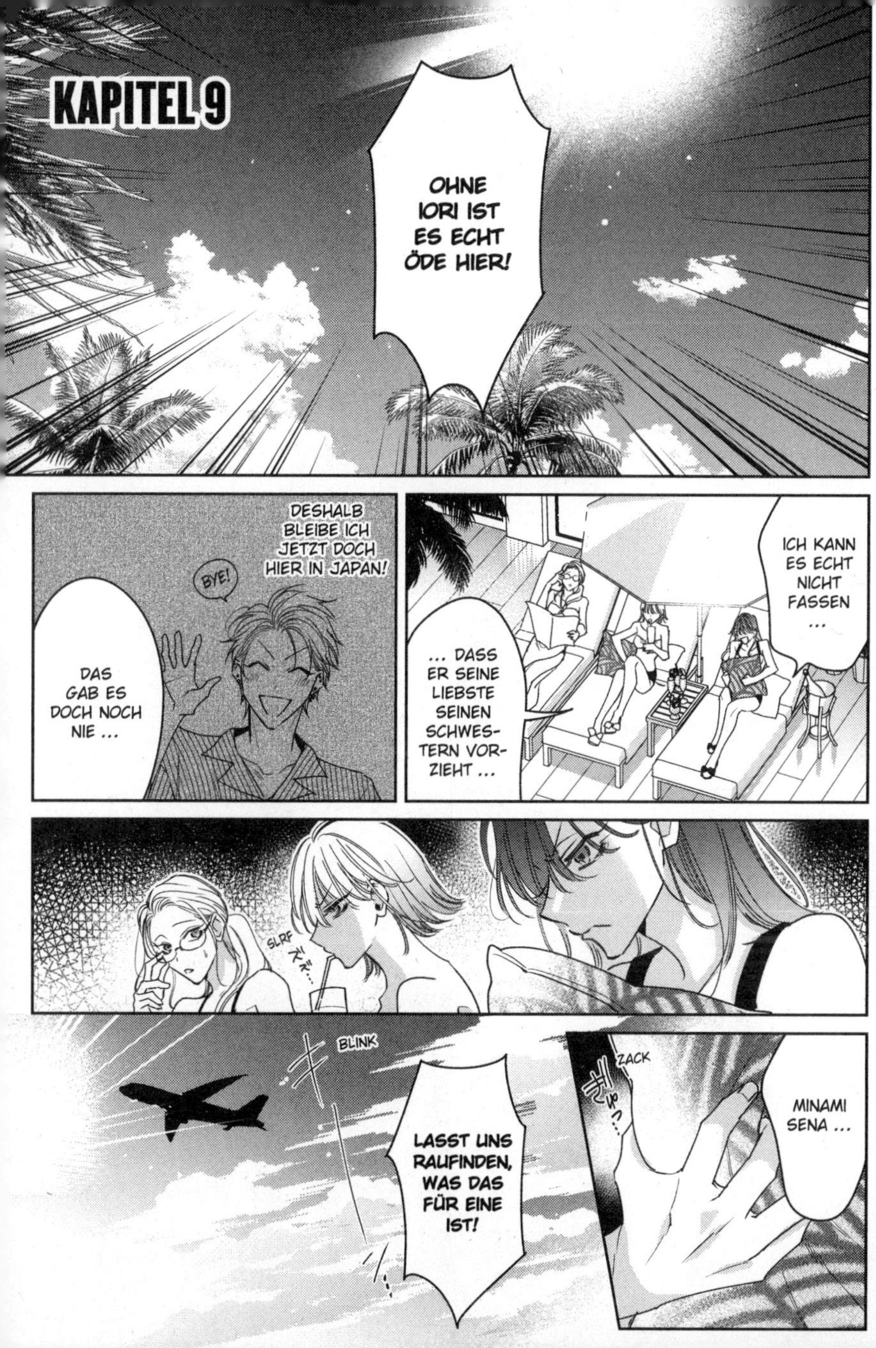

KAPITEL 9

OHNE IORI IST ES ECHT ÖDE HIER!

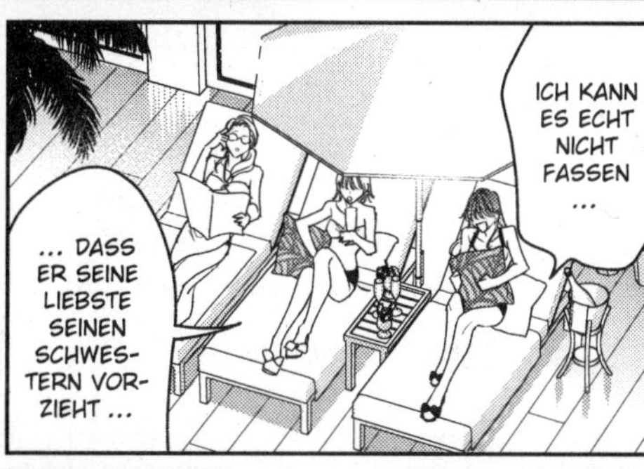

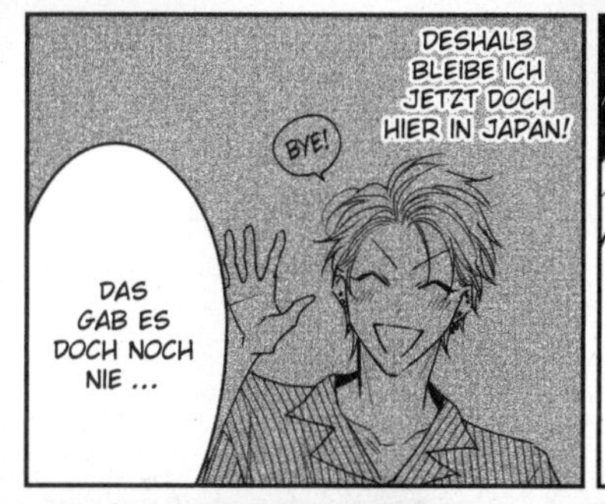

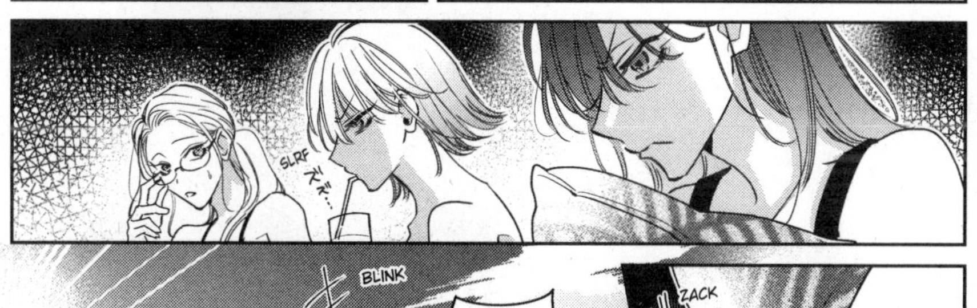

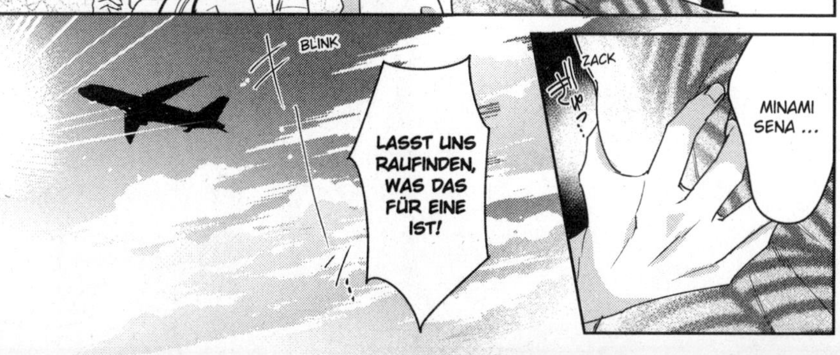

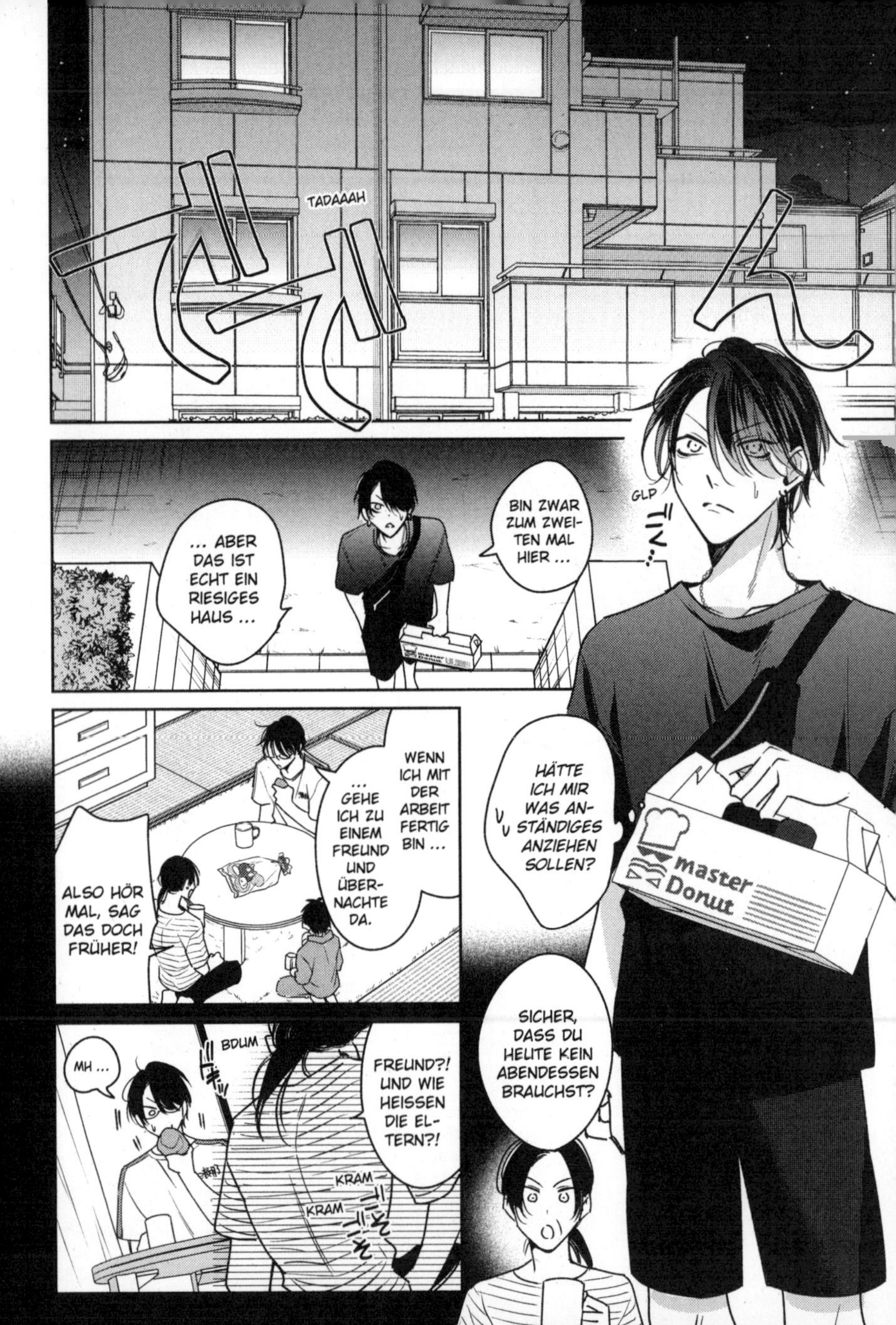

TADAAAH
GLP
BIN ZWAR ZUM ZWEI-TEN MAL HIER ...
... ABER DAS IST ECHT EIN RIESIGES HAUS ...
HÄTTE ICH MIR WAS AN-STÄNDIGES ANZIEHEN SOLLEN?
master Donut
WENN ICH MIT DER ARBEIT FERTIG BIN ...
... GEHE ICH ZU EINEM FREUND UND ÜBER-NACHTE DA.
ALSO HÖR MAL, SAG DAS DOCH FRÜHER!
SICHER, DASS DU HEUTE KEIN ABENDESSEN BRAUCHST?
BDUM
FREUND?! UND WIE HEISSEN DIE EL-TERN?!
KRAM
KRAM
MH ...

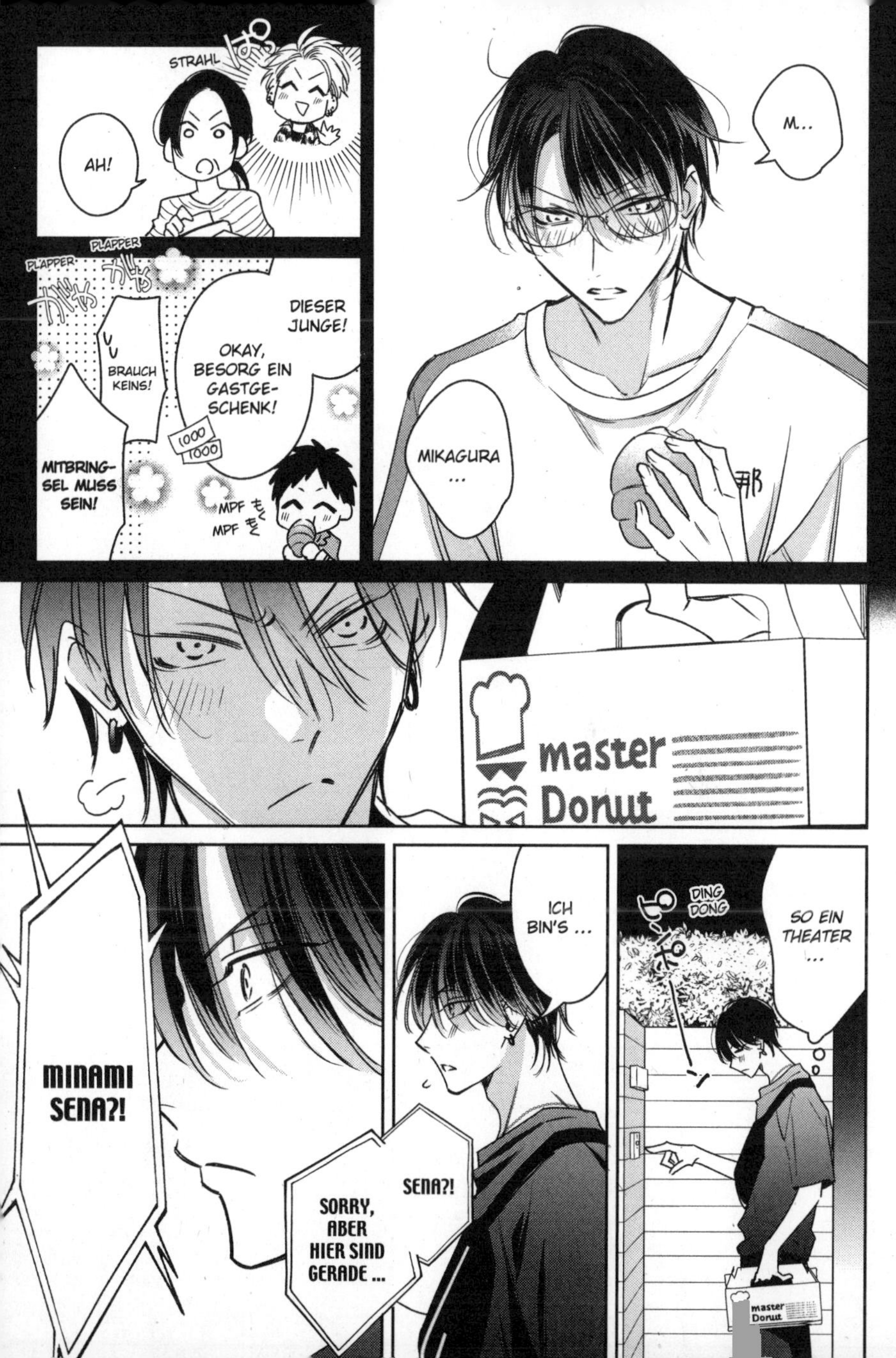
M...
MIKAGURA ...
STRAHL
AH!
PLAPPER PLAPPER
DIESER JUNGE!
OKAY, BESORG EIN GASTGE-SCHENK!
BRAUCH KEINS!
MITBRING-SEL MUSS SEIN!
MPF MPF
master Donut
SO EIN THEATER ...
DING DONG
ICH BIN'S ...
SENA?!
SORRY, ABER HIER SIND GERADE ...
MINAMI SENA?!

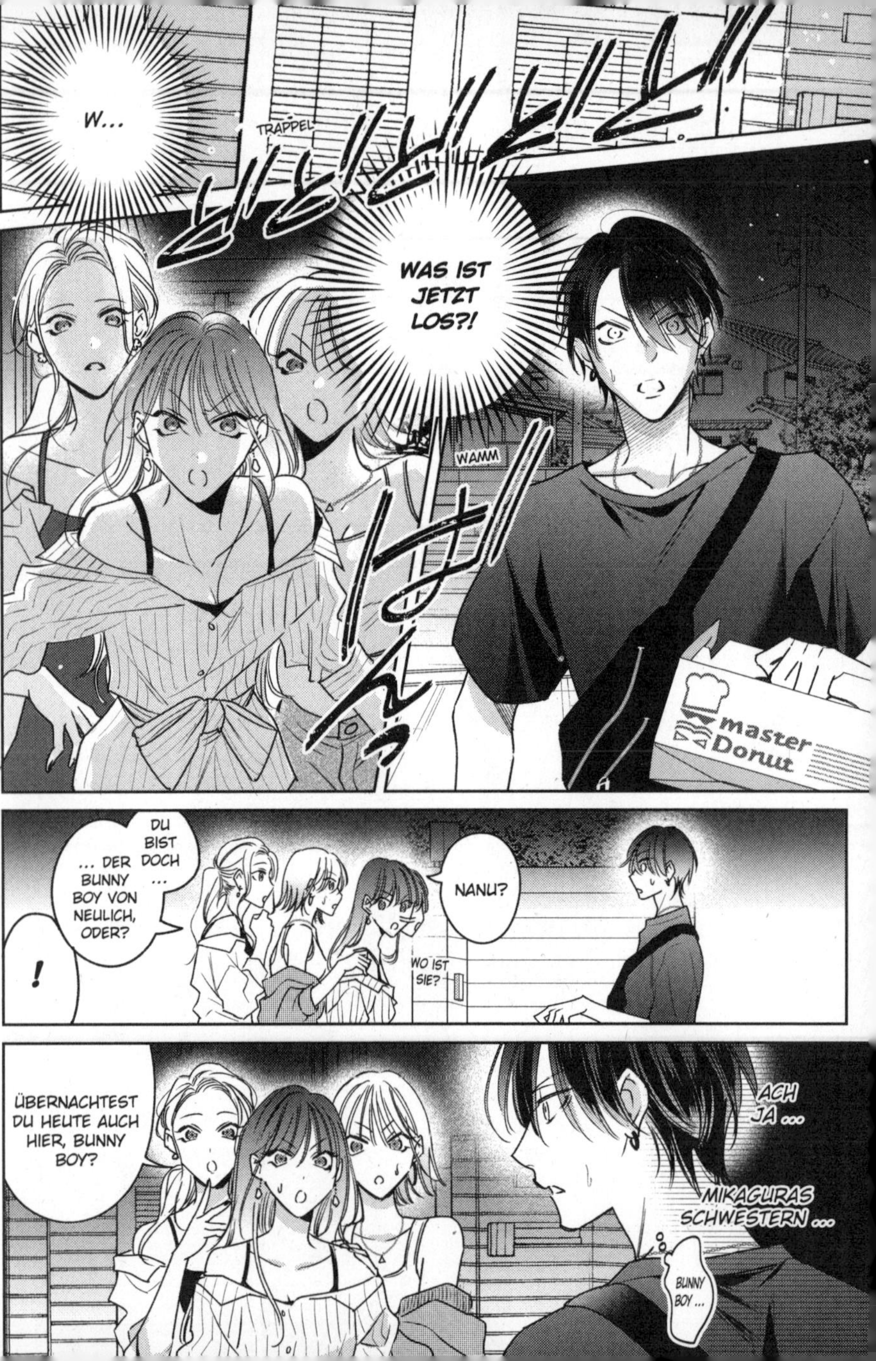

TRAPPEL

W...

WAS IST JETZT LOS?!

WAMM

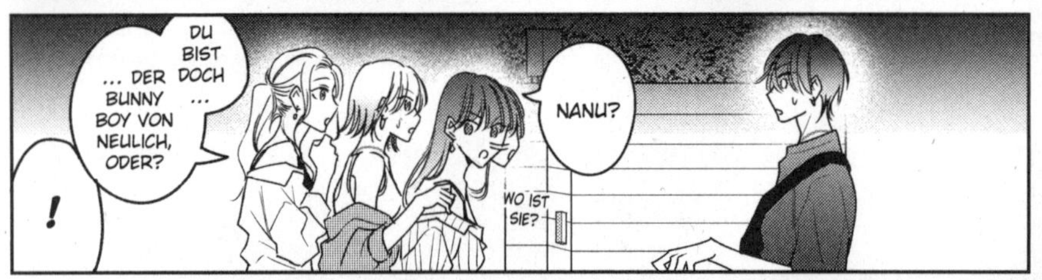

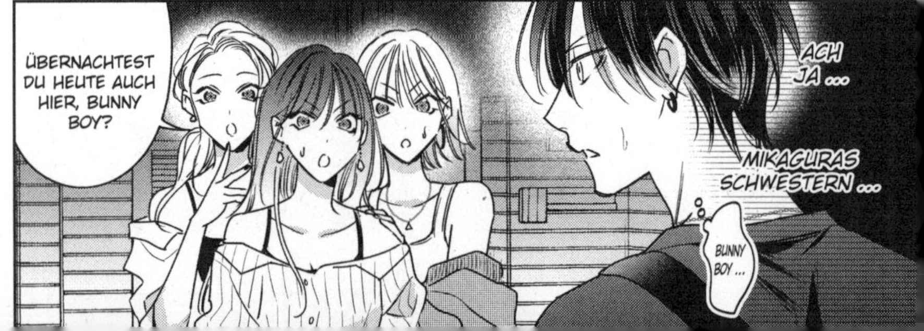

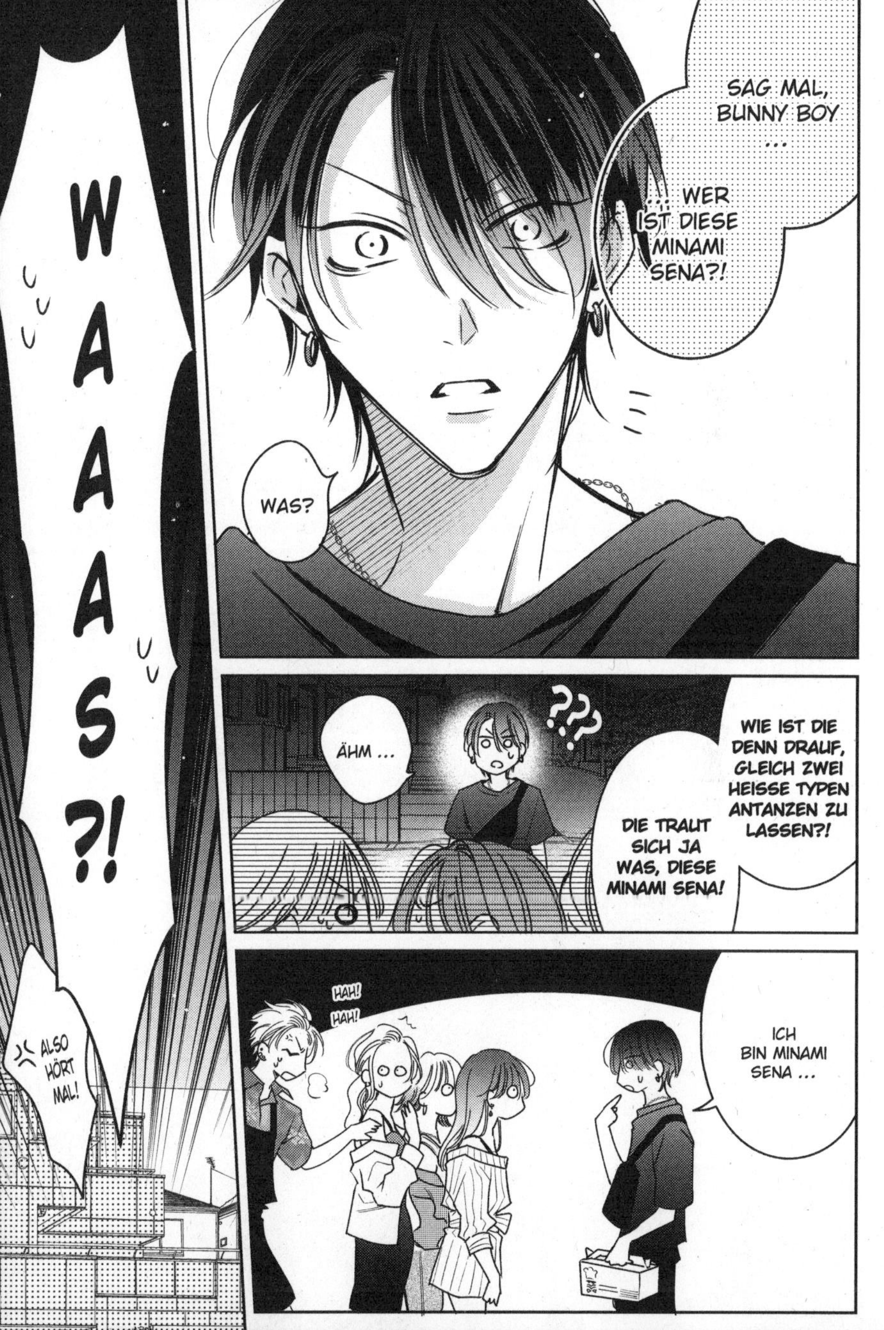
SAG MAL, BUNNY BOY …
… WER IST DIESE MINAMI SENA?!
WAS?
WIE IST DIE DENN DRAUF, GLEICH ZWEI HEISSE TYPEN ANTANZEN ZU LASSEN?!
DIE TRAUT SICH JA WAS, DIESE MINAMI SENA!
ÄHM …
ICH BIN MINAMI SENA …
HAH! HAH!
WAAAS?!
ALSO HÖRT MAL!

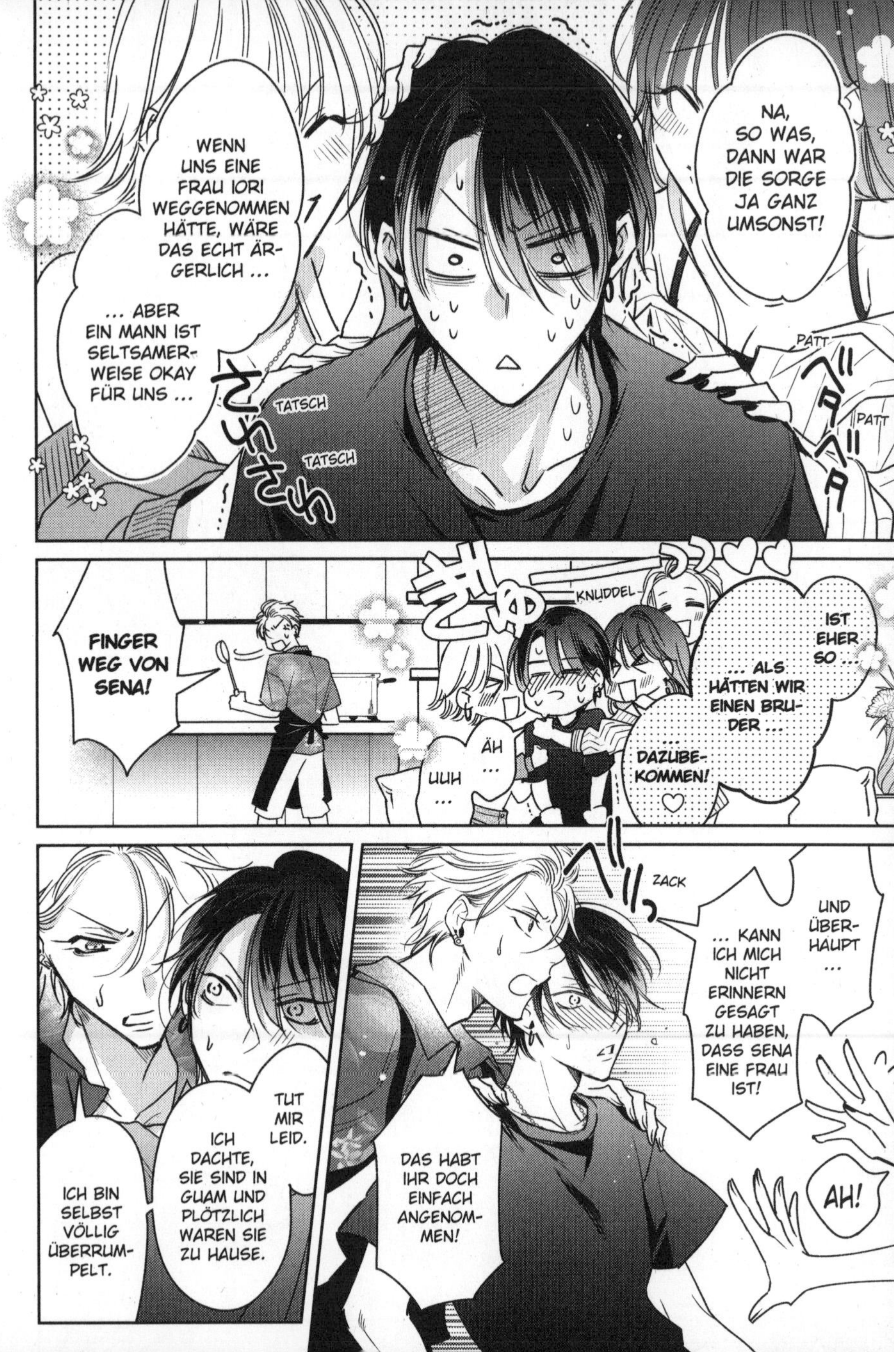
NA, SO WAS, DANN WAR DIE SORGE JA GANZ UMSONST!
PATT
PATT
WENN UNS EINE FRAU IORI WEGGENOMMEN HÄTTE, WÄRE DAS ECHT ÄRGERLICH …
… ABER EIN MANN IST SELTSAMERWEISE OKAY FÜR UNS …
TATSCH
TATSCH
KNUDDEL
IST EHER SO …
… ALS HÄTTEN WIR EINEN BRUDER …
… DAZUBEKOMMEN!
ÄH …
UUH …
FINGER WEG VON SENA!
ZACK
UND ÜBERHAUPT …
… KANN ICH MICH NICHT ERINNERN GESAGT ZU HABEN, DASS SENA EINE FRAU IST!
AH!
DAS HABT IHR DOCH EINFACH ANGENOMMEN!
TUT MIR LEID.
ICH DACHTE, SIE SIND IN GUAM UND PLÖTZLICH WAREN SIE ZU HAUSE.
ICH BIN SELBST VÖLLIG ÜBERRUMPELT.

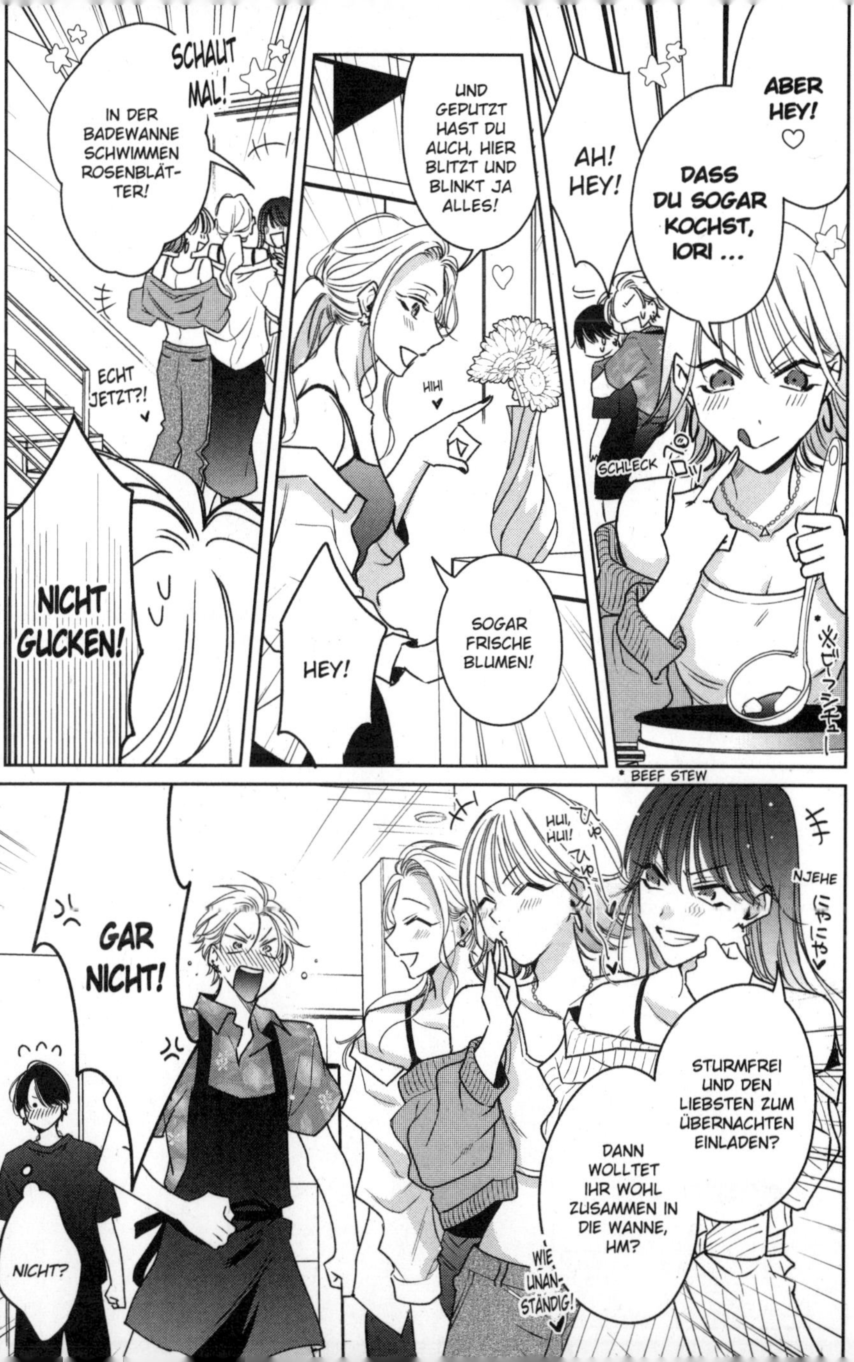

ABER HEY! ♡

DASS DU SOGAR KOCHST, IORI ...

AH! HEY!

SCHLECK

* BEEF STEW

UND GEPUTZT HAST DU AUCH, HIER BLITZT UND BLINKT JA ALLES!

HIHI ♥

SOGAR FRISCHE BLUMEN!

HEY!

SCHAUT MAL!

IN DER BADEWANNE SCHWIMMEN ROSENBLÄTTER!

ECHT JETZT?! ♥

NICHT GUCKEN!

STURMFREI UND DEN LIEBSTEN ZUM ÜBERNACHTEN EINLADEN?

DANN WOLLTET IHR WOHL ZUSAMMEN IN DIE WANNE, HM?

NJEHE

HUI, HUI!

WIE UNANSTÄNDIG! ♥

GAR NICHT!

NICHT?

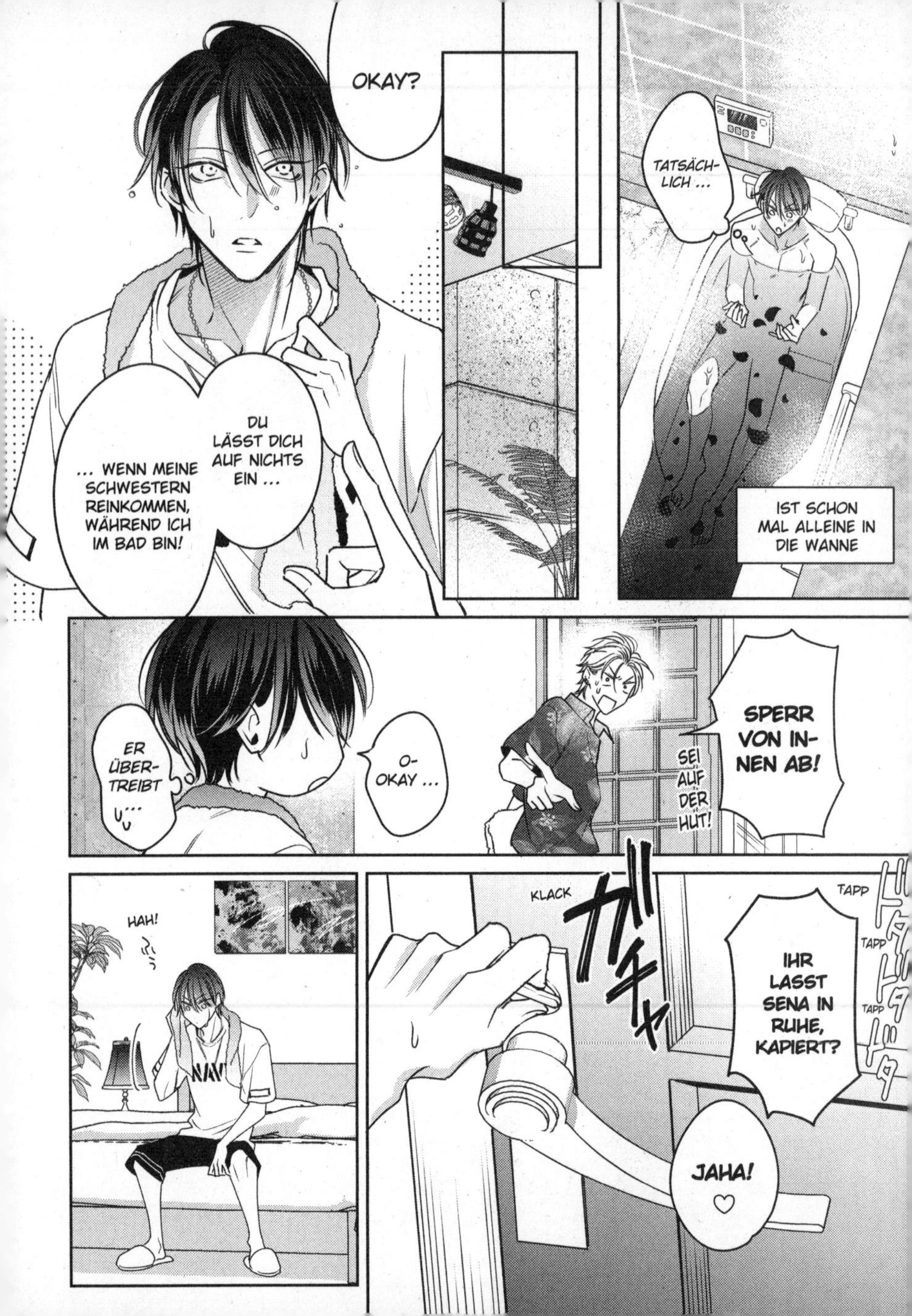
TATSÄCH-
LICH …
IST SCHON MAL ALLEINE IN DIE WANNE
OKAY?
DU LÄSST DICH AUF NICHTS EIN …
… WENN MEINE SCHWESTERN REINKOMMEN, WÄHREND ICH IM BAD BIN!
SPERR VON IN-
NEN AB!
SEI AUF DER HUT!
O-
OKAY …
ER ÜBER-
TREIBT …
TAPP
TAPP
TAPP
IHR LASST SENA IN RUHE, KAPIERT?
JAHA! ♡
KLACK
HAH!

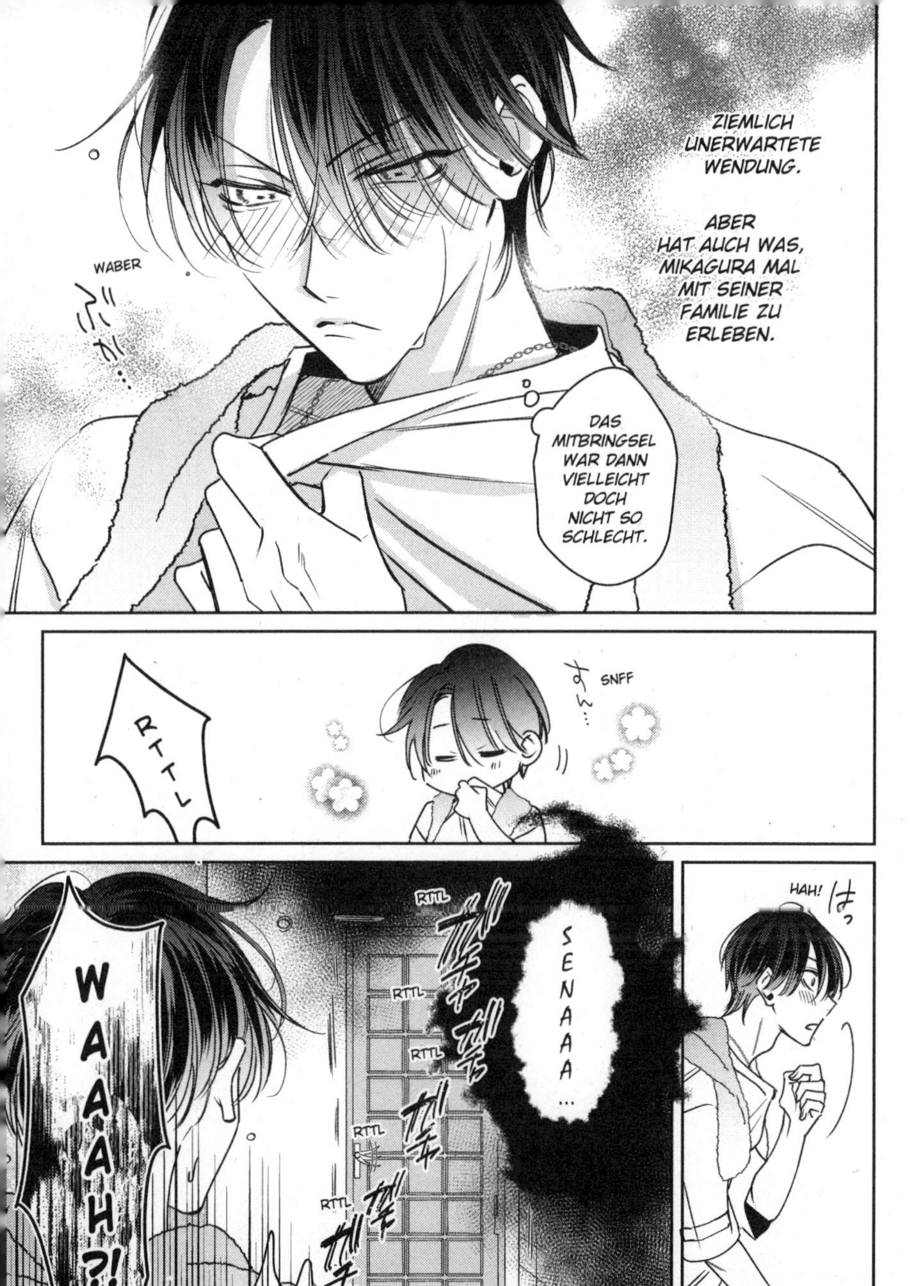
ZIEMLICH UNERWARTETE WENDUNG.
ABER HAT AUCH WAS, MIKAGURA MAL MIT SEINER FAMILIE ZU ERLEBEN.
WABER
DAS MITBRINGSEL WAR DANN VIELLEICHT DOCH NICHT SO SCHLECHT.
SNFF
RTTL
HAH!
SENAAAA ...
RTTL
RTTL
RTTL
RTTL
RTTL
WAAAAH?!

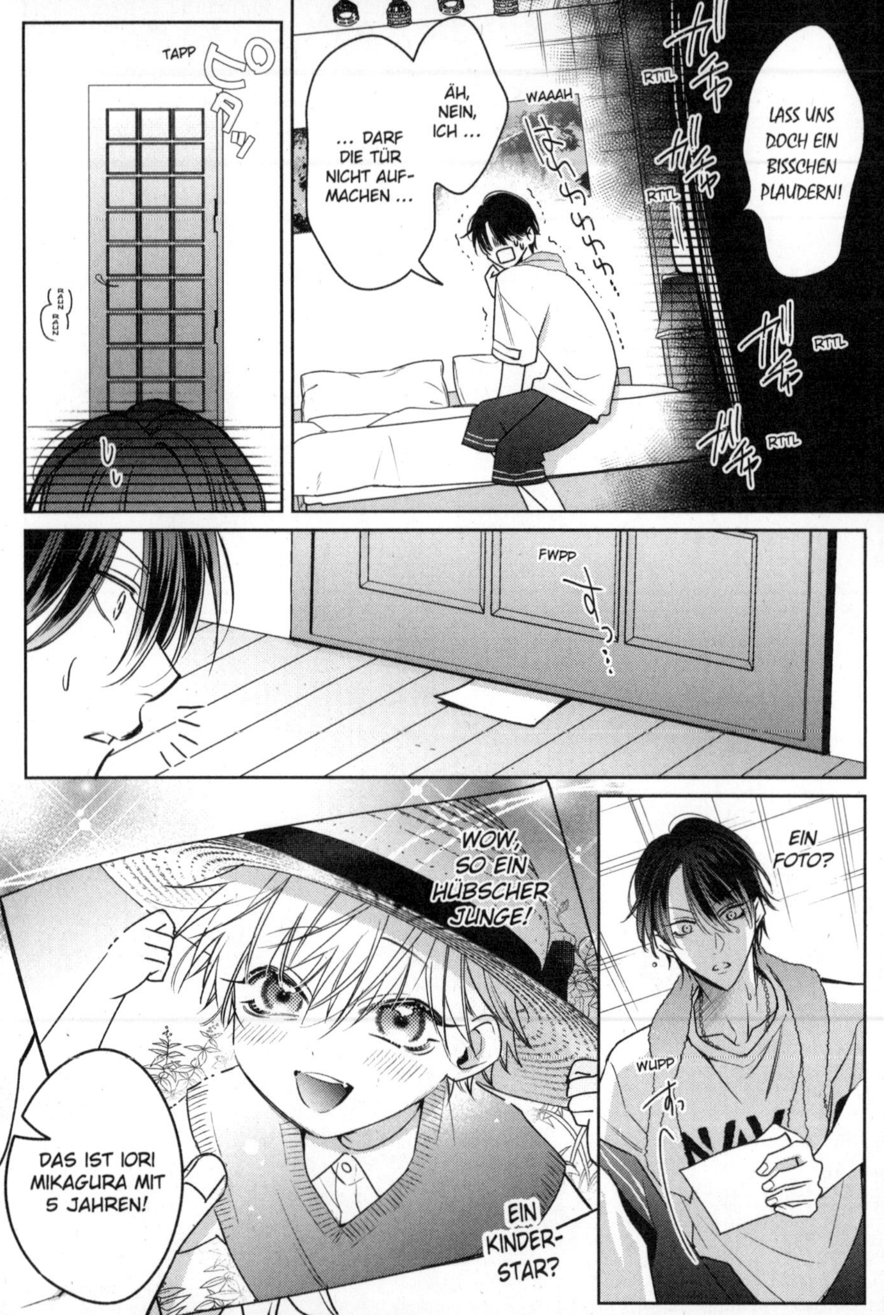

RTTL
RTTL
LASS UNS DOCH EIN BISSCHEN PLAUDERN!
RTTL
RTTL
WAAAH
ÄH, NEIN, ICH …
… DARF DIE TÜR NICHT AUF-MACHEN …
TAPP
RAUN RAUN
FWPP
EIN FOTO?
WOW, SO EIN HÜBSCHER JUNGE!
WUPP
DAS IST IORI MIKAGURA MIT 5 JAHREN!
EIN KINDER-STAR?

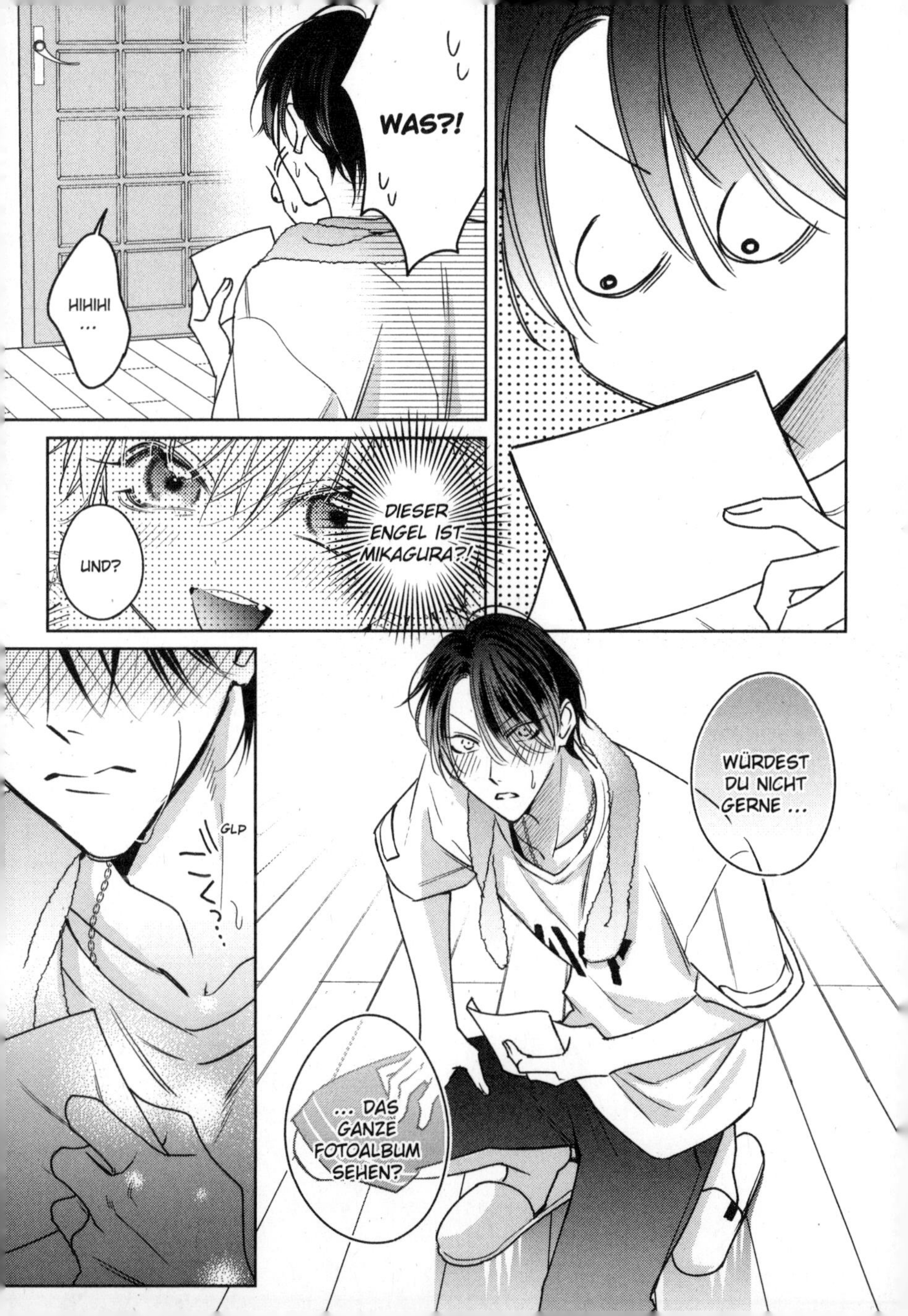
WAS?!
HIHIHI …
DIESER ENGEL IST MIKAGURA?!
UND?
WÜRDEST DU NICHT GERNE …
GLP
… DAS GANZE FOTOALBUM SEHEN?

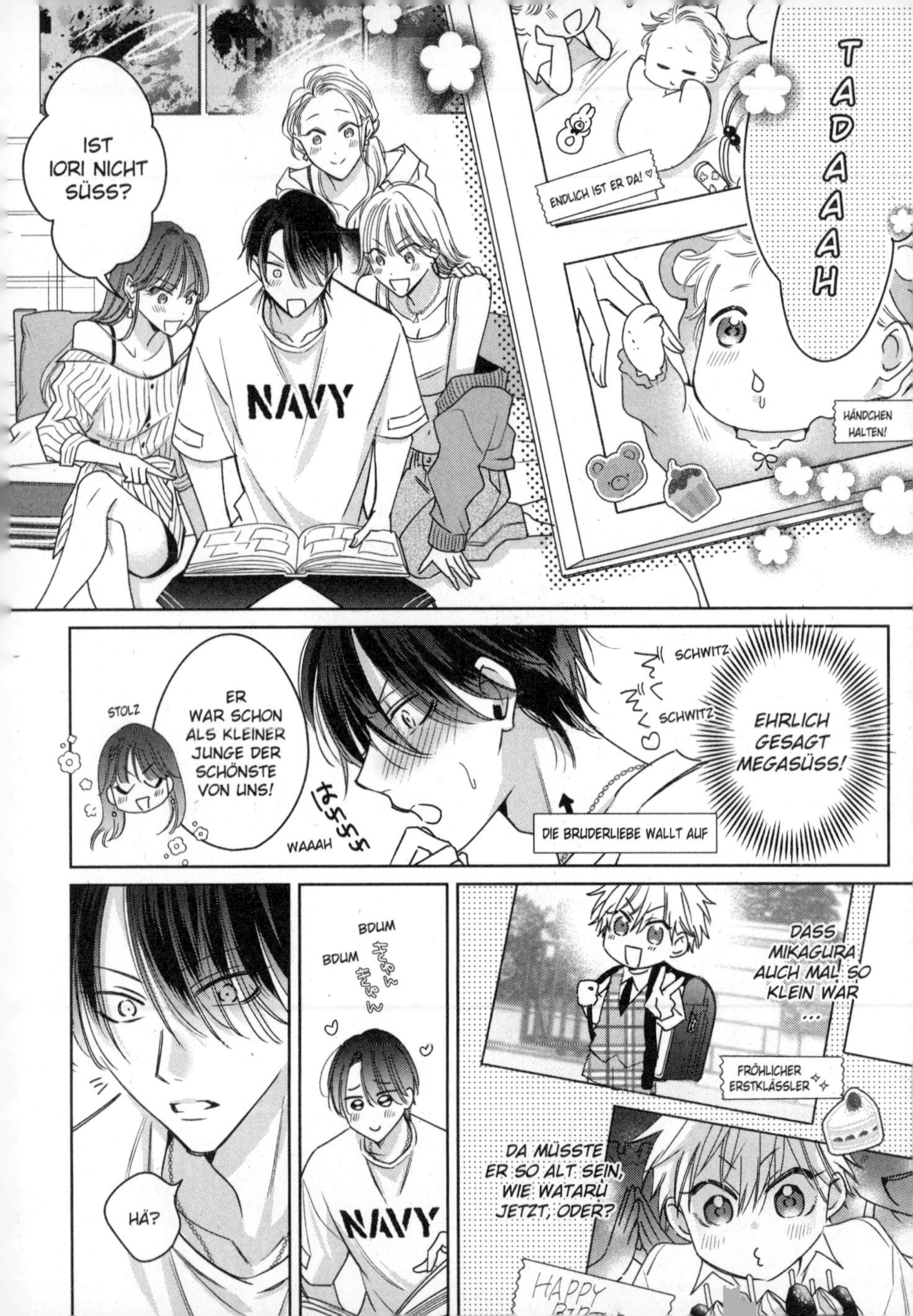
TADAAAAH
ENDLICH IST ER DA! ♡
HÄNDCHEN HALTEN!
IST IORI NICHT SÜSS?
EHRLICH GESAGT MEGASÜSS!
SCHWITZ
SCHWITZ
DIE BRUDERLIEBE WALLT AUF
WAAAH
はううう
ER WAR SCHON ALS KLEINER JUNGE DER SCHÖNSTE VON UNS!
STOLZ
DASS MIKAGURA AUCH MAL SO KLEIN WAR …
FRÖHLICHER ERSTKLÄSSLER
DA MÜSSTE ER SO ALT SEIN, WIE WATARU JETZT, ODER?
BDUM
BDUM
HÄ?
NAVY
HAPPY

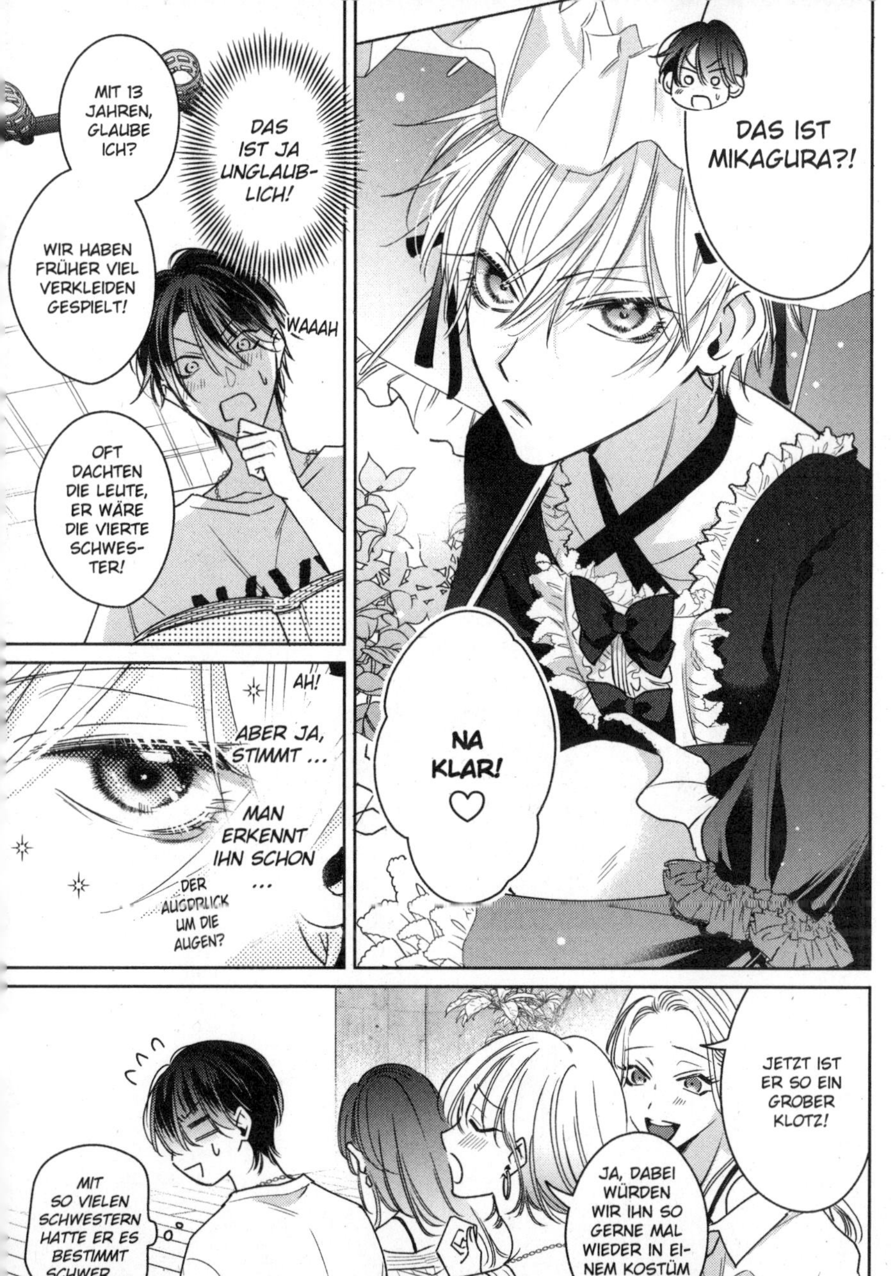
DAS IST MIKAGURA?!
NA KLAR! ♡
DAS IST JA UNGLAUB-LICH!
MIT 13 JAHREN, GLAUBE ICH?
WIR HABEN FRÜHER VIEL VERKLEIDEN GESPIELT!
WAAAH
OFT DACHTEN DIE LEUTE, ER WÄRE DIE VIERTE SCHWES-TER!
AH!
ABER JA, STIMMT ...
MAN ERKENNT IHN SCHON ...
DER AUSDRUCK UM DIE AUGEN?
JETZT IST ER SO EIN GROBER KLOTZ!
JA, DABEI WÜRDEN WIR IHN SO GERNE MAL WIEDER IN EI-NEM KOSTÜM SEHEN!
MIT SO VIELEN SCHWESTERN HATTE ER ES BESTIMMT SCHWER ...

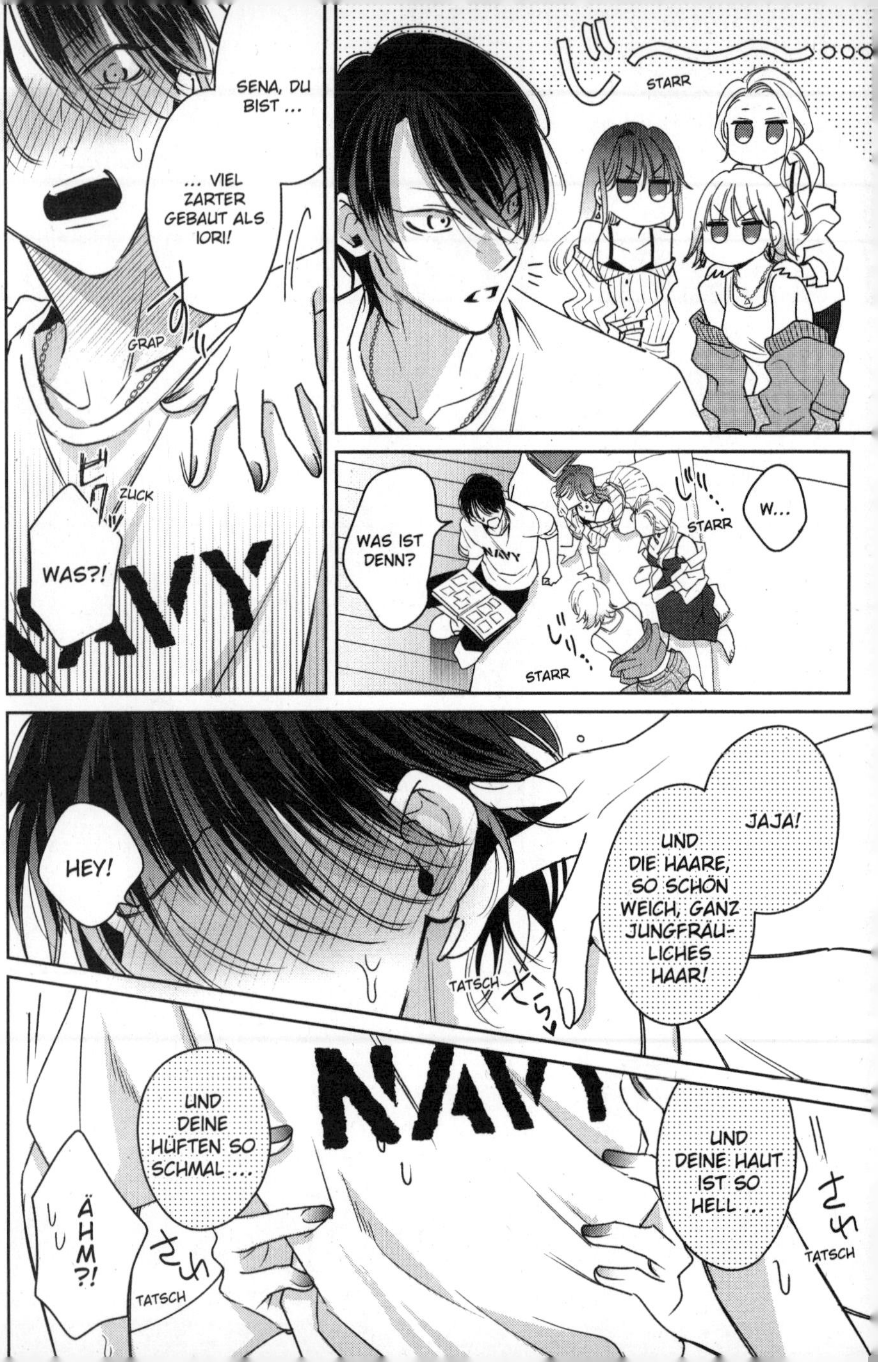

STARR

W...

STARR

WAS IST DENN?

STARR

SENA, DU BIST ...

... VIEL ZARTER GEBAUT ALS IORI!

GRAP

ZUCK

WAS?!

JAJA!

UND DIE HAARE, SO SCHÖN WEICH, GANZ JUNGFRÄULICHES HAAR!

HEY!

TATSCH

UND DEINE HAUT IST SO HELL ...

TATSCH

UND DEINE HÜFTEN SO SCHMAL ...

ÄHM?!

TATSCH

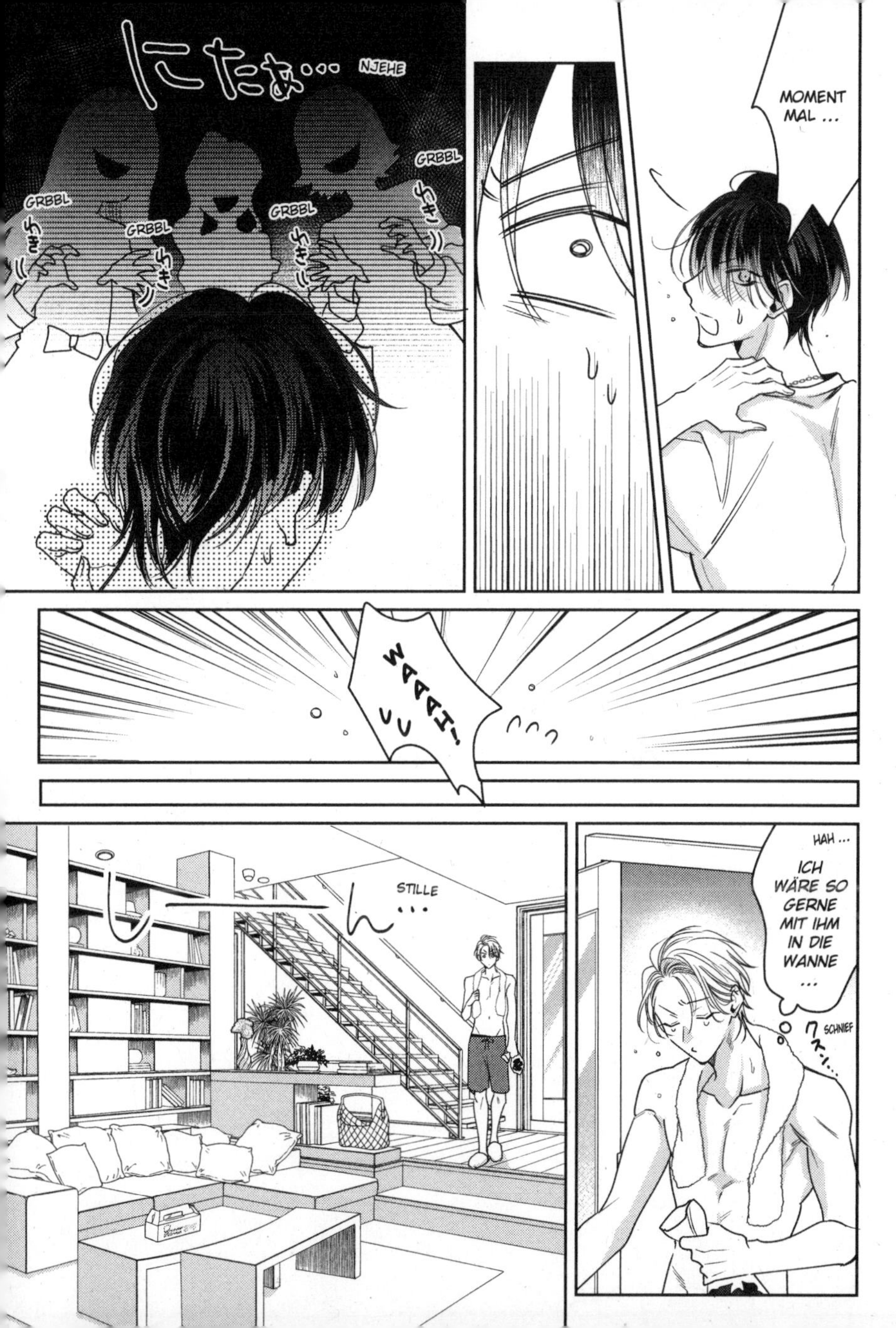

にたぁ…
NJEHE
GRBBL
わき
GRBBL
わき
GRBBL
わき
GRBBL
わき
MOMENT MAL …
WAAAAI!
しーーーん…
STILLE …
HAH …
ICH WÄRE SO GERNE MIT IHM IN DIE WANNE …
SCHNIEF

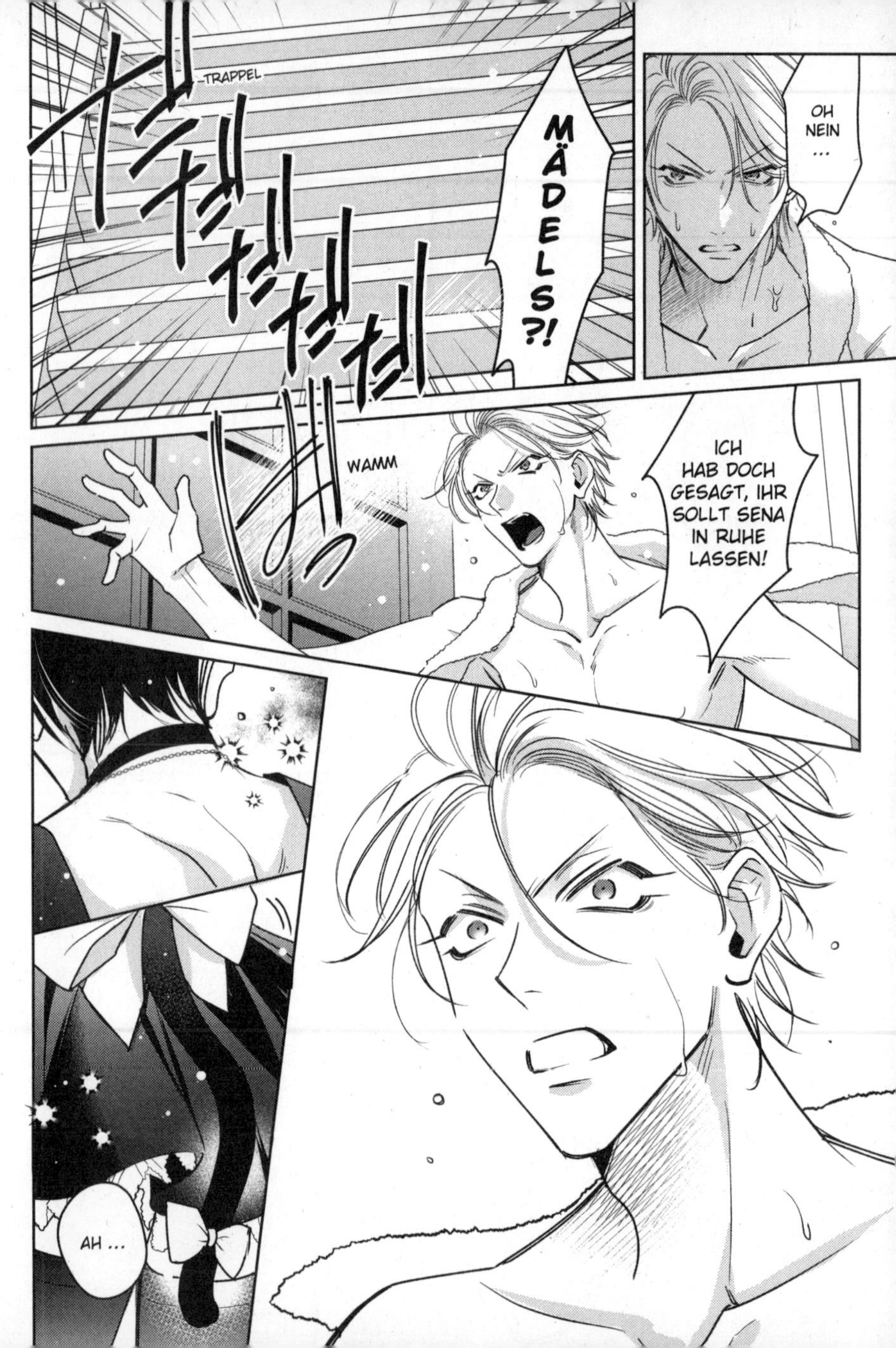
OH NEIN …
MÄDELS?!
TRAPPEL
ICH HAB DOCH GESAGT, IHR SOLLT SENA IN RUHE LASSEN!
WAMM
AH …

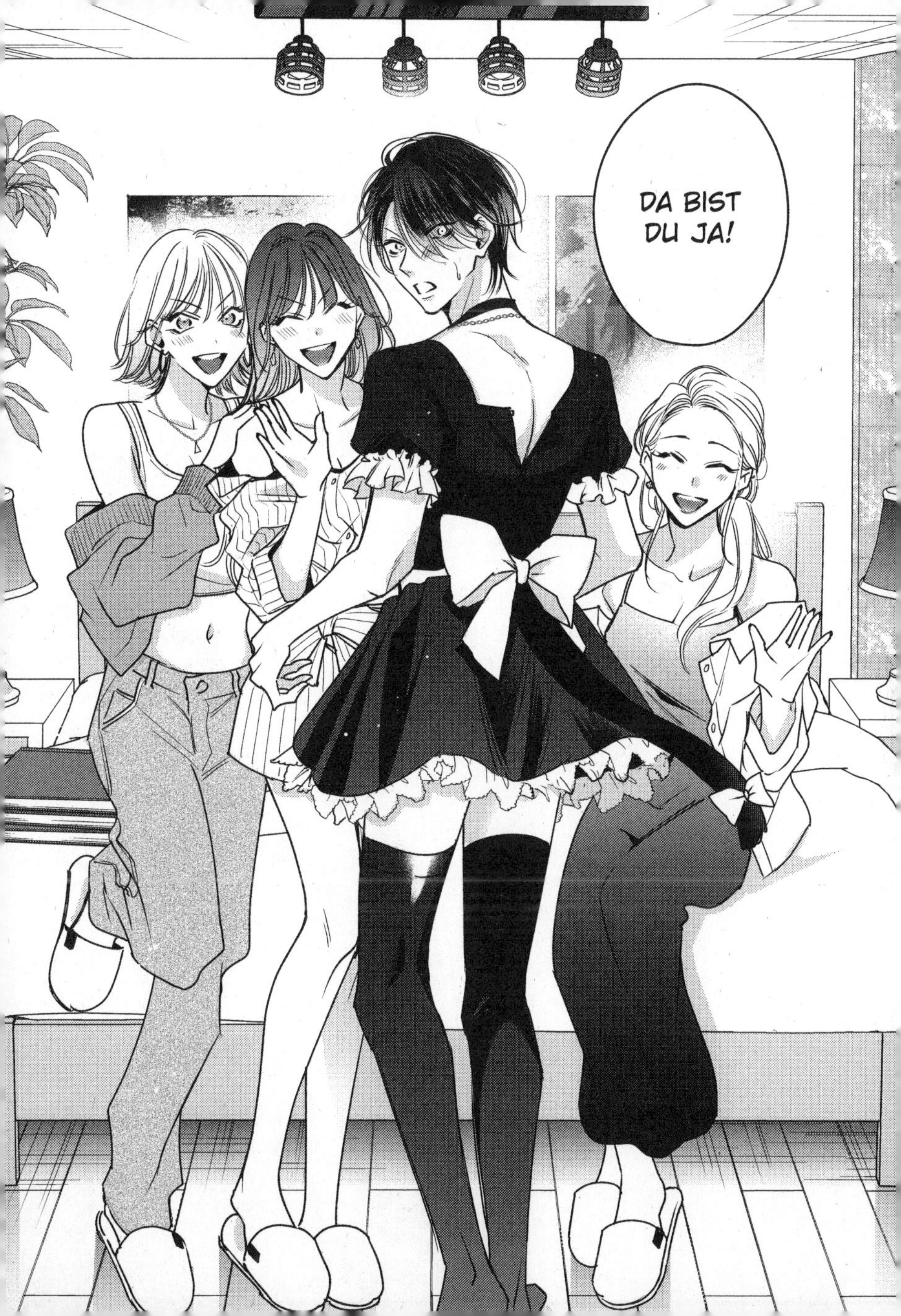
DA BIST DU JA!

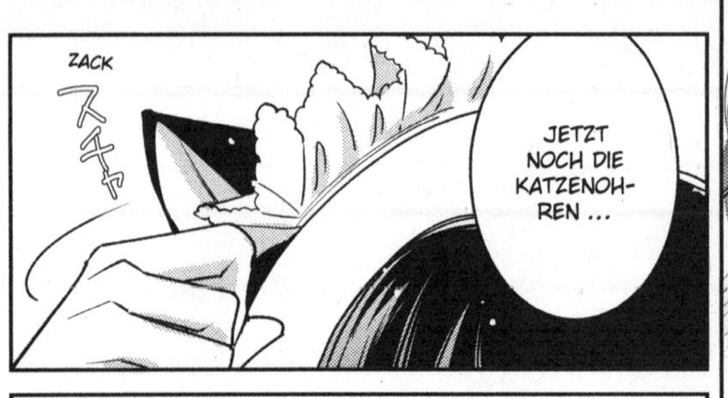
ZACK
スチャ
JETZT NOCH DIE KATZENOHREN …

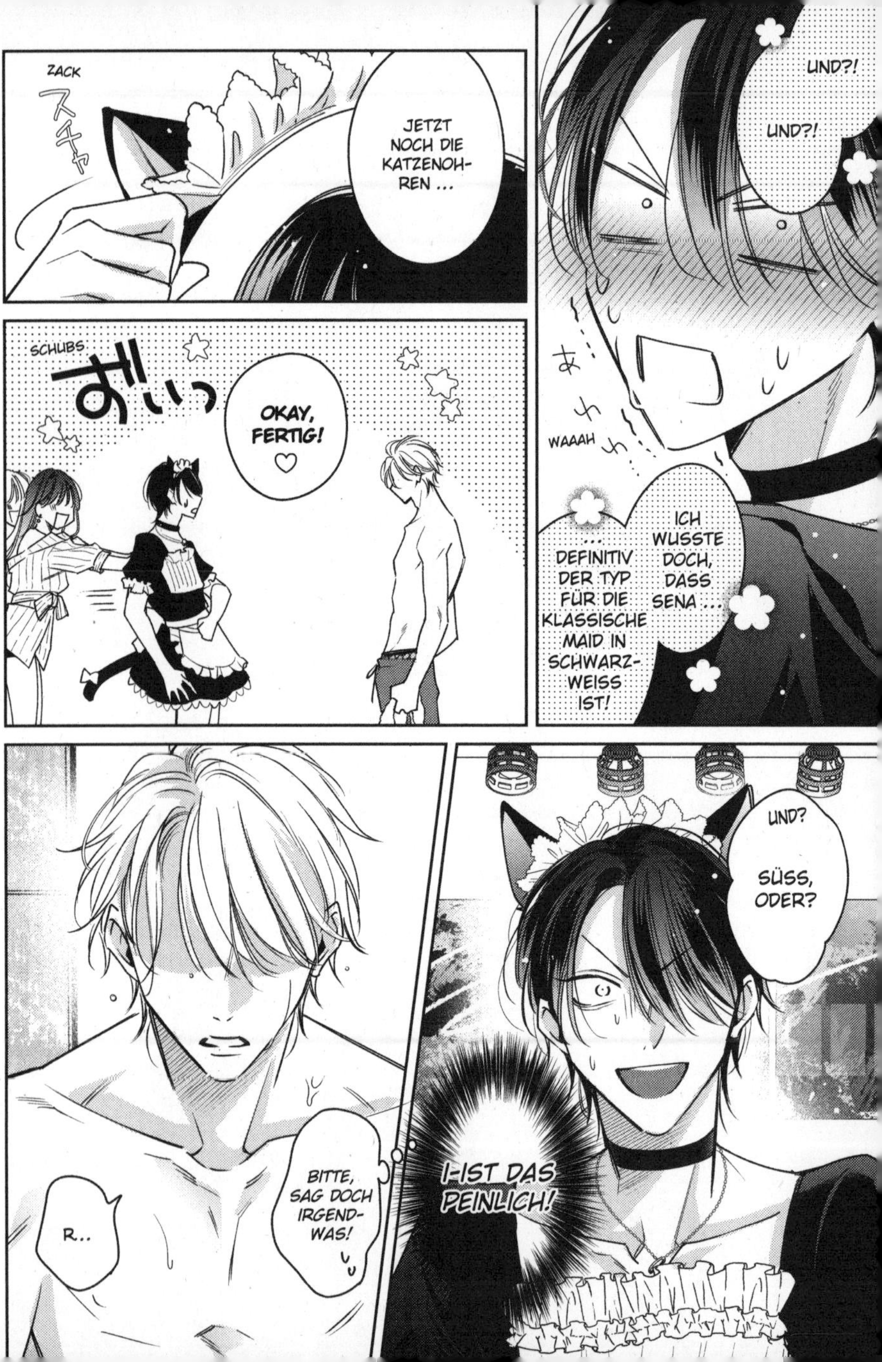

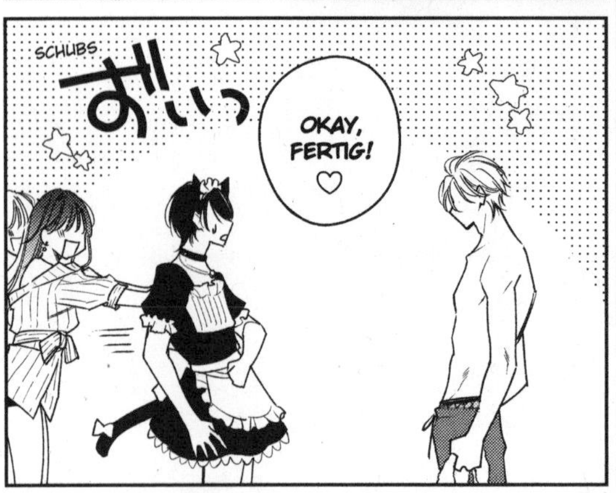
SCHUBS
ずいっ
OKAY, FERTIG! ♡

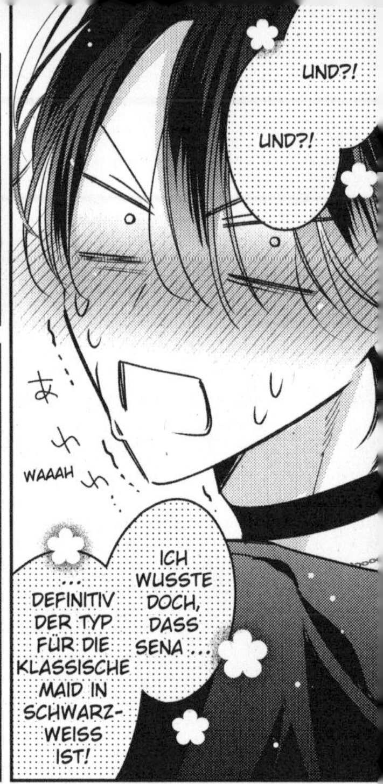
UND?!
UND?!
あわわ
WAAAH
ICH WUSSTE DOCH, DASS SENA …
… DEFINITIV DER TYP FÜR DIE KLASSISCHE MAID IN SCHWARZ-WEISS IST!
UND?
SÜSS, ODER?
I-IST DAS PEINLICH!
BITTE, SAG DOCH IRGENDWAS!
R..

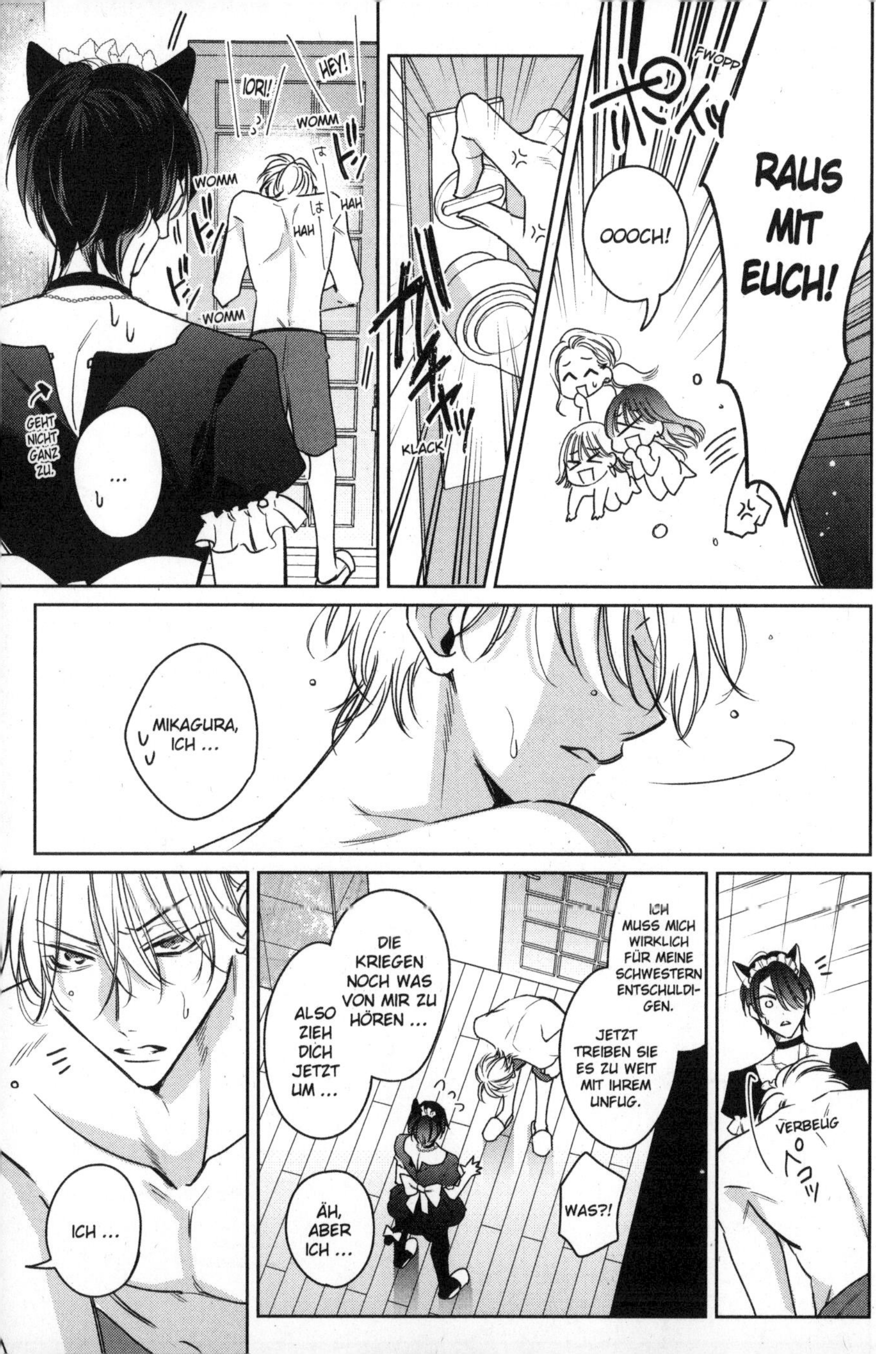

RAUS MIT EUCH!
FWOPP
OOOCH!
KLACK
HEY!
IORI!
WOMM
HAH
HAH
WOMM
WOMM
GEHT NICHT GANZ ZU.
…

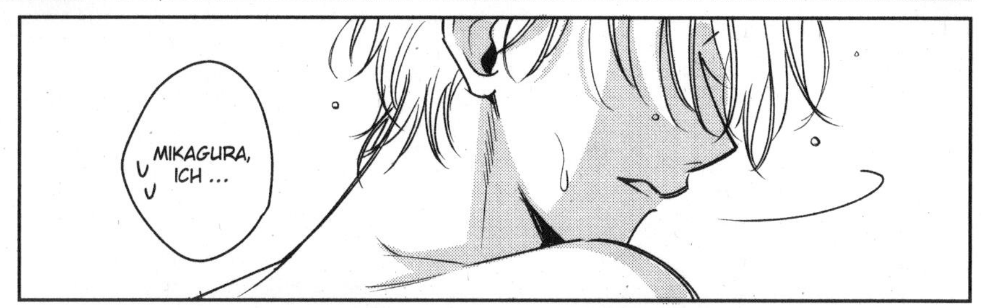

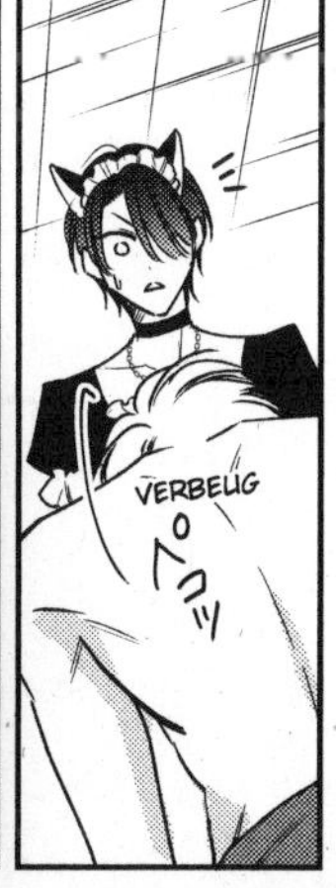

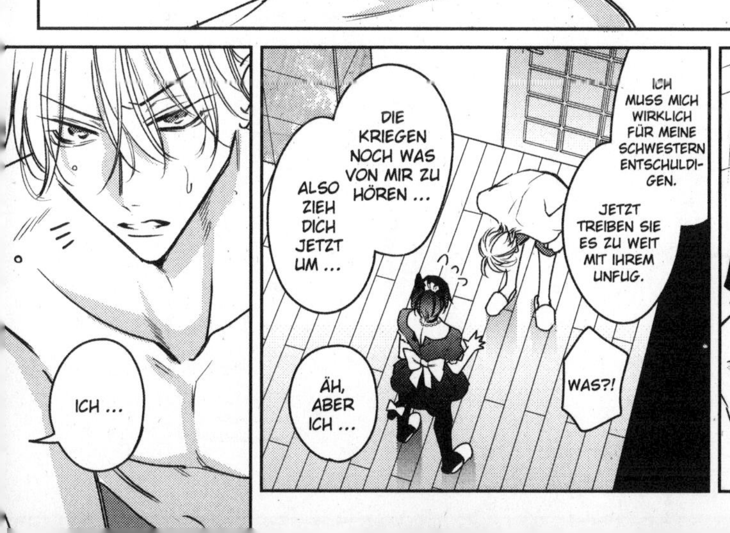

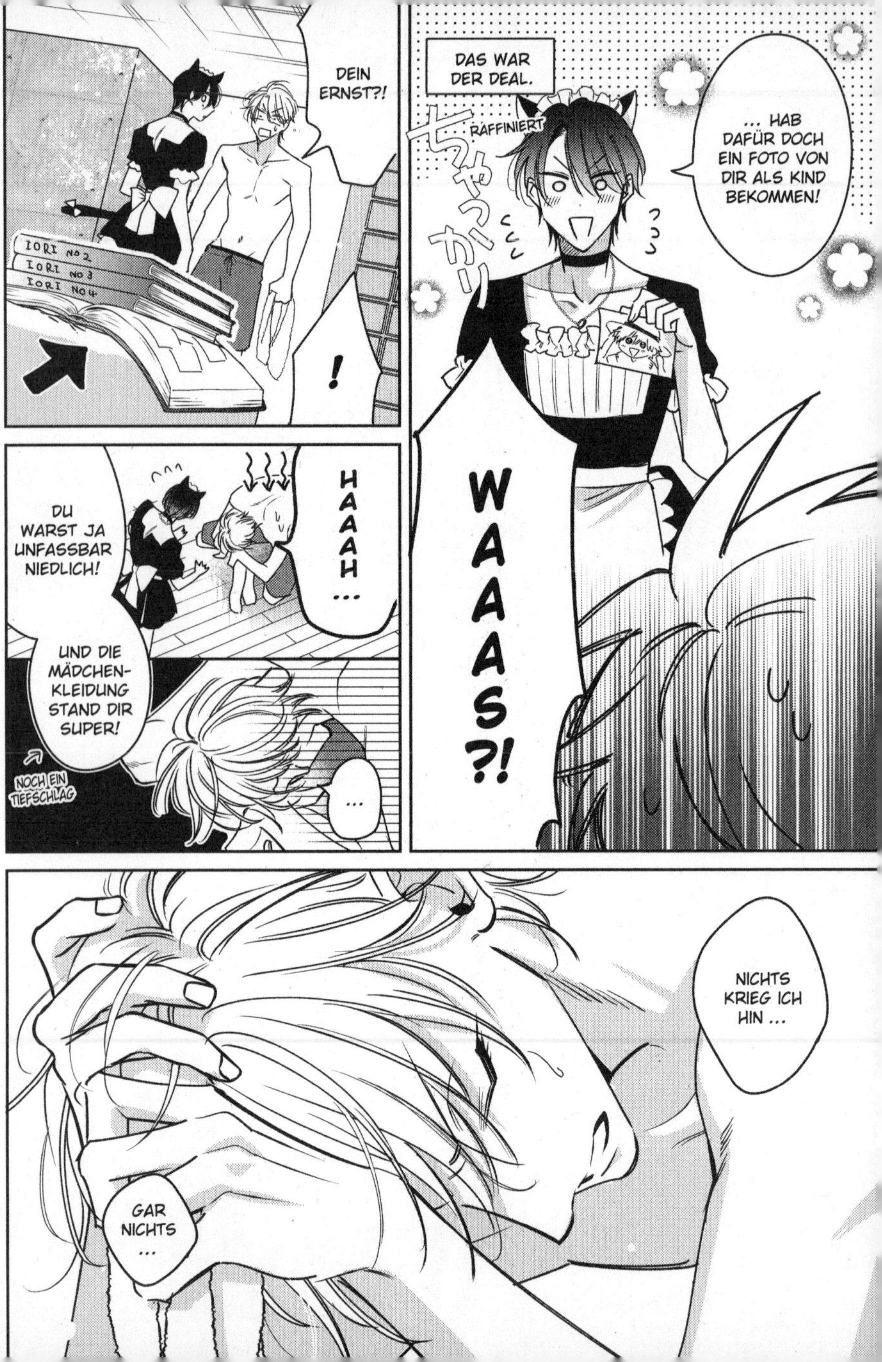

... HAB DAFÜR DOCH EIN FOTO VON DIR ALS KIND BEKOMMEN!

DAS WAR DER DEAL.

ちゃっかり

RAFFINIERT

WAAAAS?!

DEIN ERNST?!

!

HAAAAH ...

DU WARST JA UNFASSBAR NIEDLICH!

UND DIE MÄDCHEN-KLEIDUNG STAND DIR SUPER!

NOCH EIN TIEFSCHLAG

...

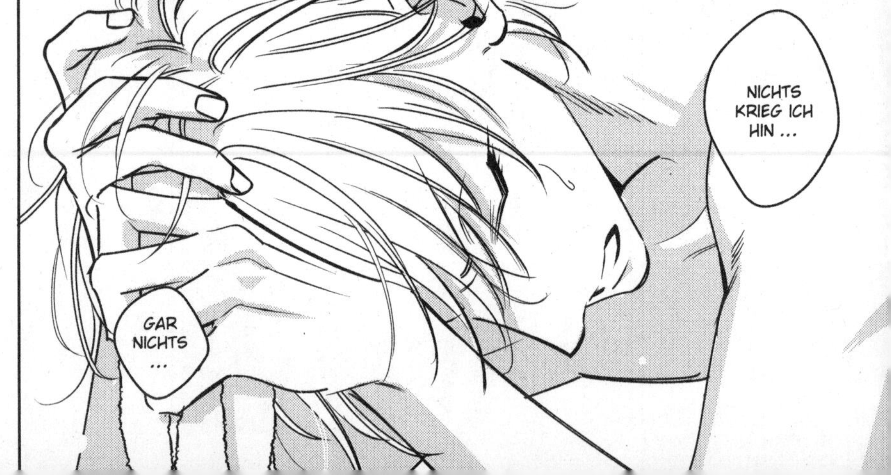

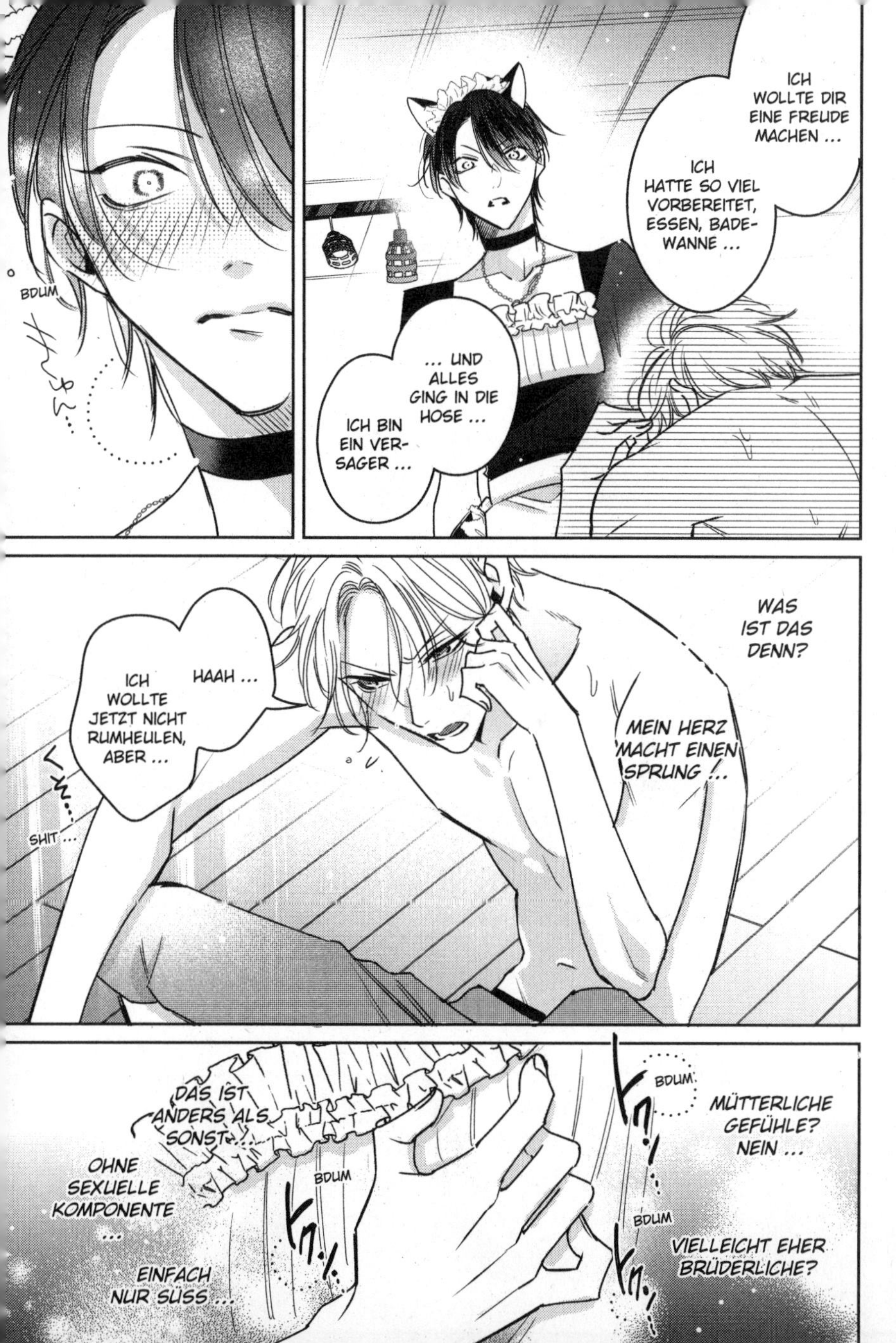
ICH WOLLTE DIR EINE FREUDE MACHEN …
ICH HATTE SO VIEL VORBEREITET, ESSEN, BADE-WANNE …
BDUM
… UND ALLES GING IN DIE HOSE …
ICH BIN EIN VER-SAGER …
WAS IST DAS DENN?
MEIN HERZ MACHT EINEN SPRUNG …
HAAH …
ICH WOLLTE JETZT NICHT RUMHEULEN, ABER …
SHIT …
MÜTTERLICHE GEFÜHLE? NEIN …
BDUM
DAS IST ANDERS ALS SONST …
OHNE SEXUELLE KOMPONENTE …
BDUM
BDUM
VIELLEICHT EHER BRÜDERLICHE?
EINFACH NUR SÜSS …

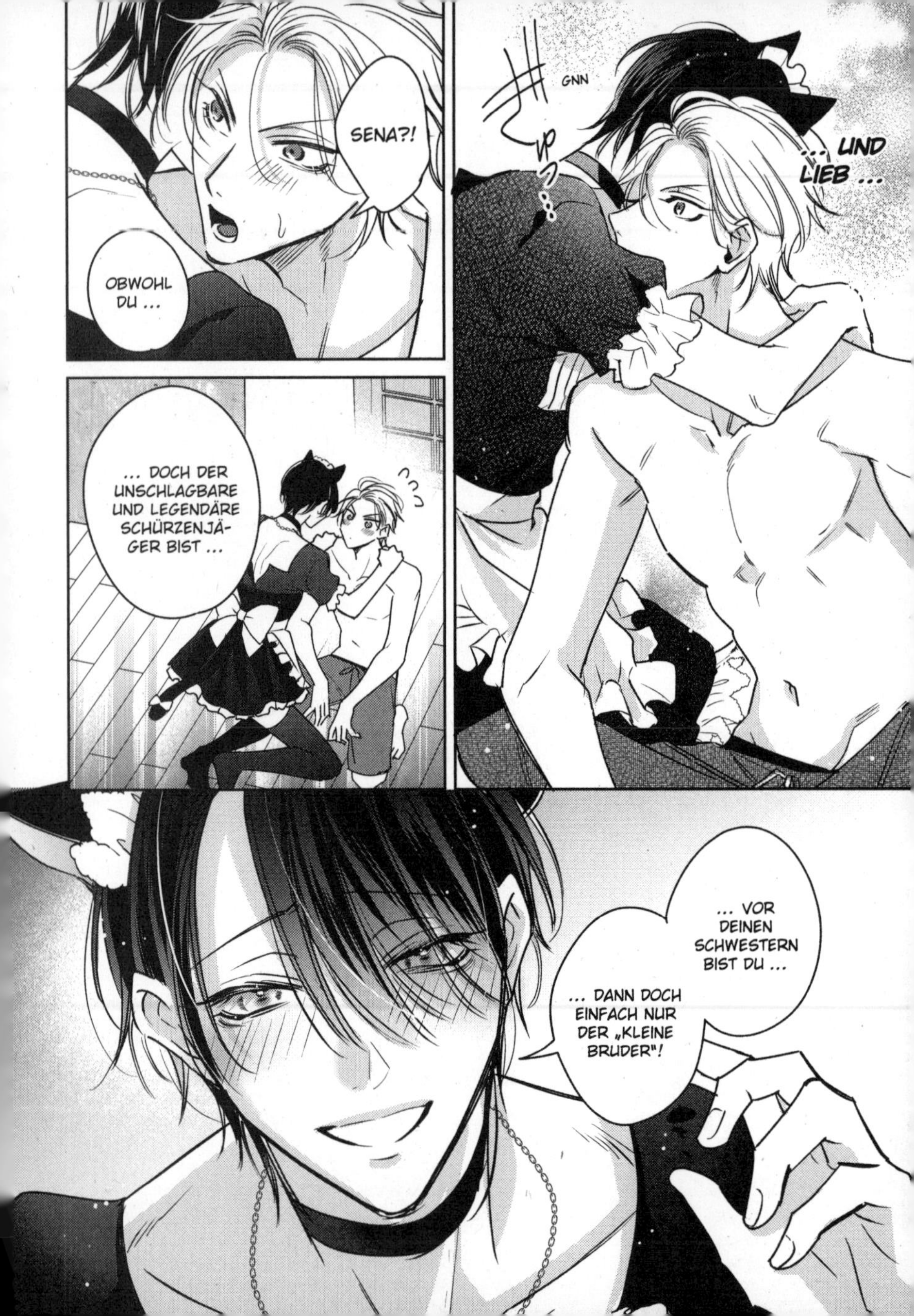
GNN
... UND LIEB ...
SENA?!
OBWOHL DU ...
... DOCH DER UNSCHLAGBARE UND LEGENDÄRE SCHÜRZENJÄGER BIST ...
... VOR DEINEN SCHWESTERN BIST DU ...
... DANN DOCH EINFACH NUR DER „KLEINE BRUDER"!

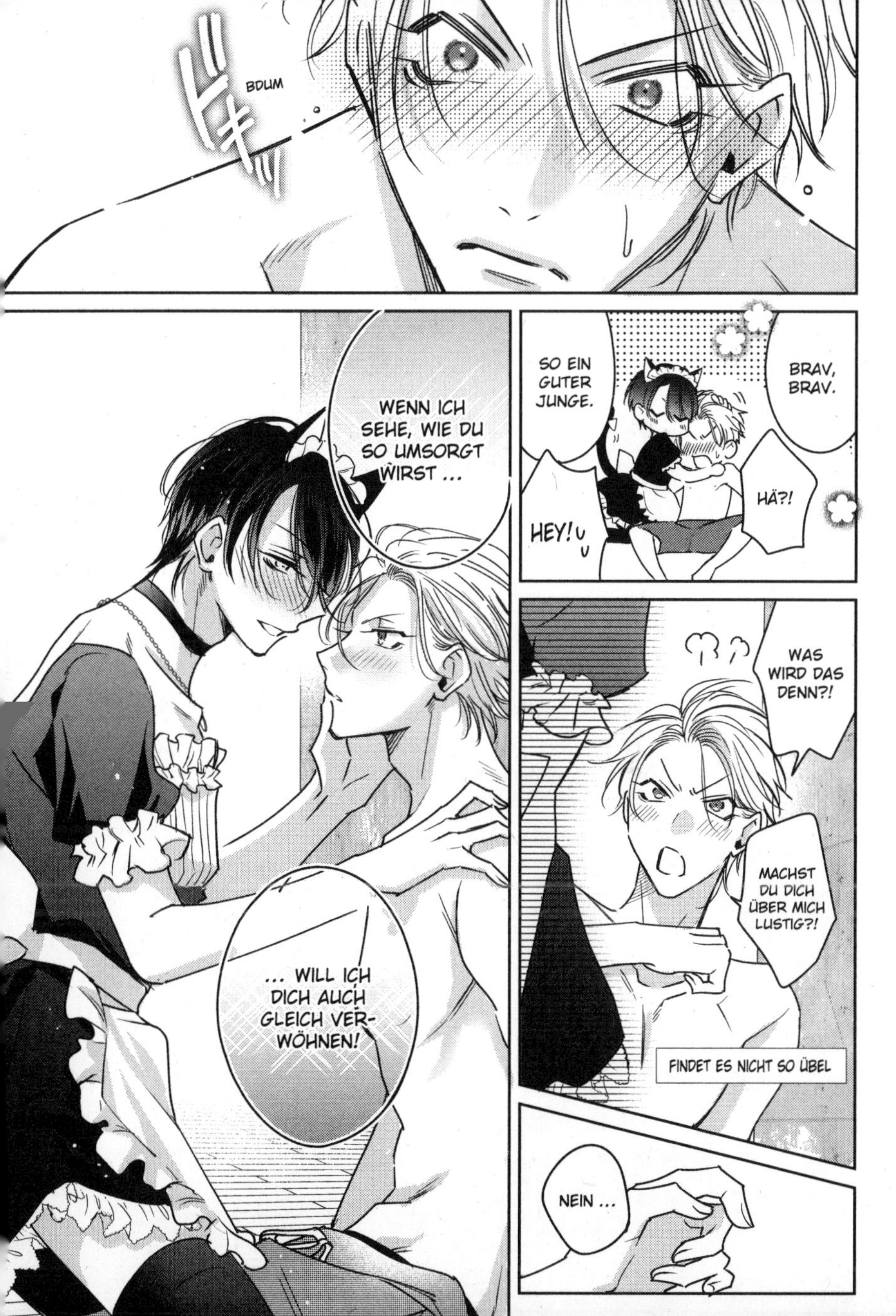
BDUM
SO EIN GUTER JUNGE.
BRAV, BRAV.
HÄ?!
HEY!
WENN ICH SEHE, WIE DU SO UMSORGT WIRST …
… WILL ICH DICH AUCH GLEICH VERWÖHNEN!
WAS WIRD DAS DENN?!
MACHST DU DICH ÜBER MICH LUSTIG?!
FINDET ES NICHT SO ÜBEL
NEIN …

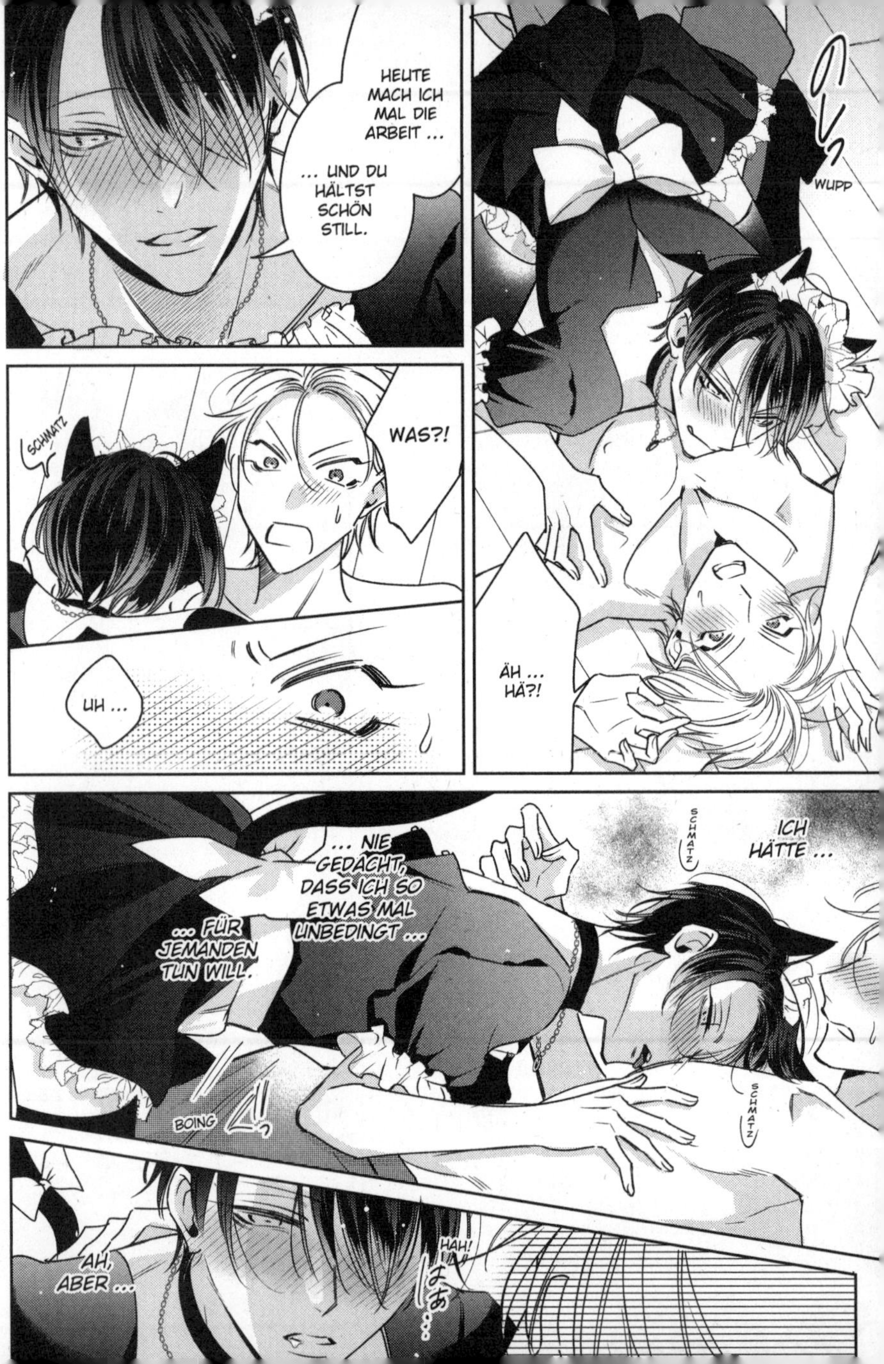

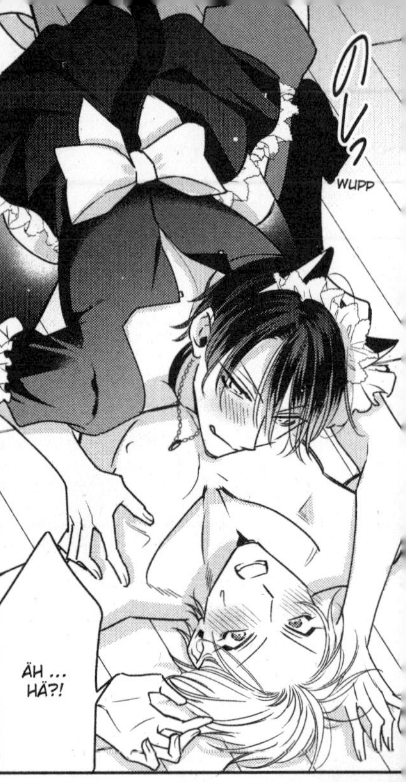

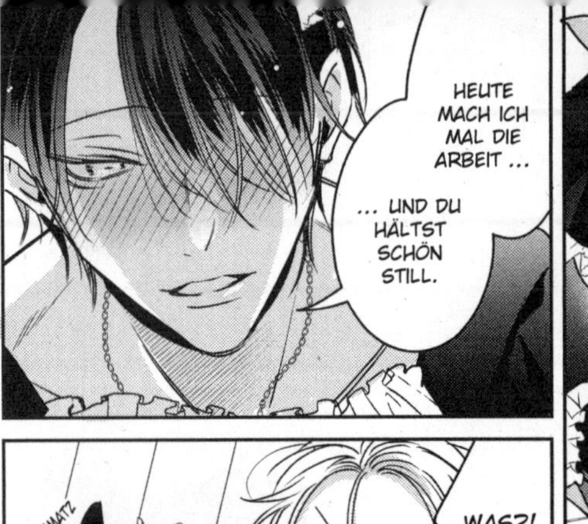

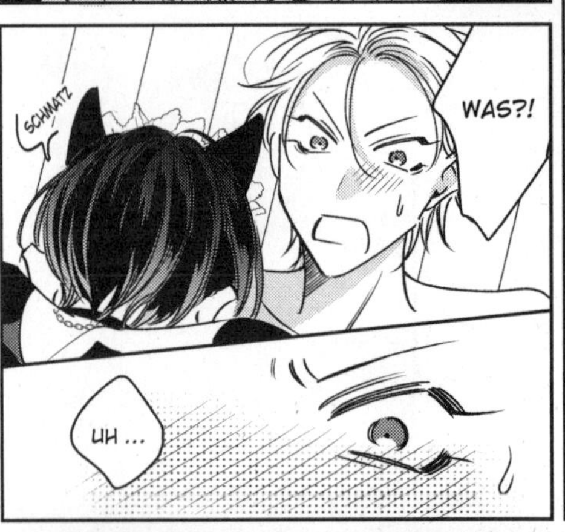

SCHMATZ

ICH HÄTTE ...

... NIE GEDACHT, DASS ICH SO ETWAS MAL UNBEDINGT ...

... FÜR JEMANDEN TUN WILL.

SCHMATZ

BOING

HAH!

AH, ABER ...

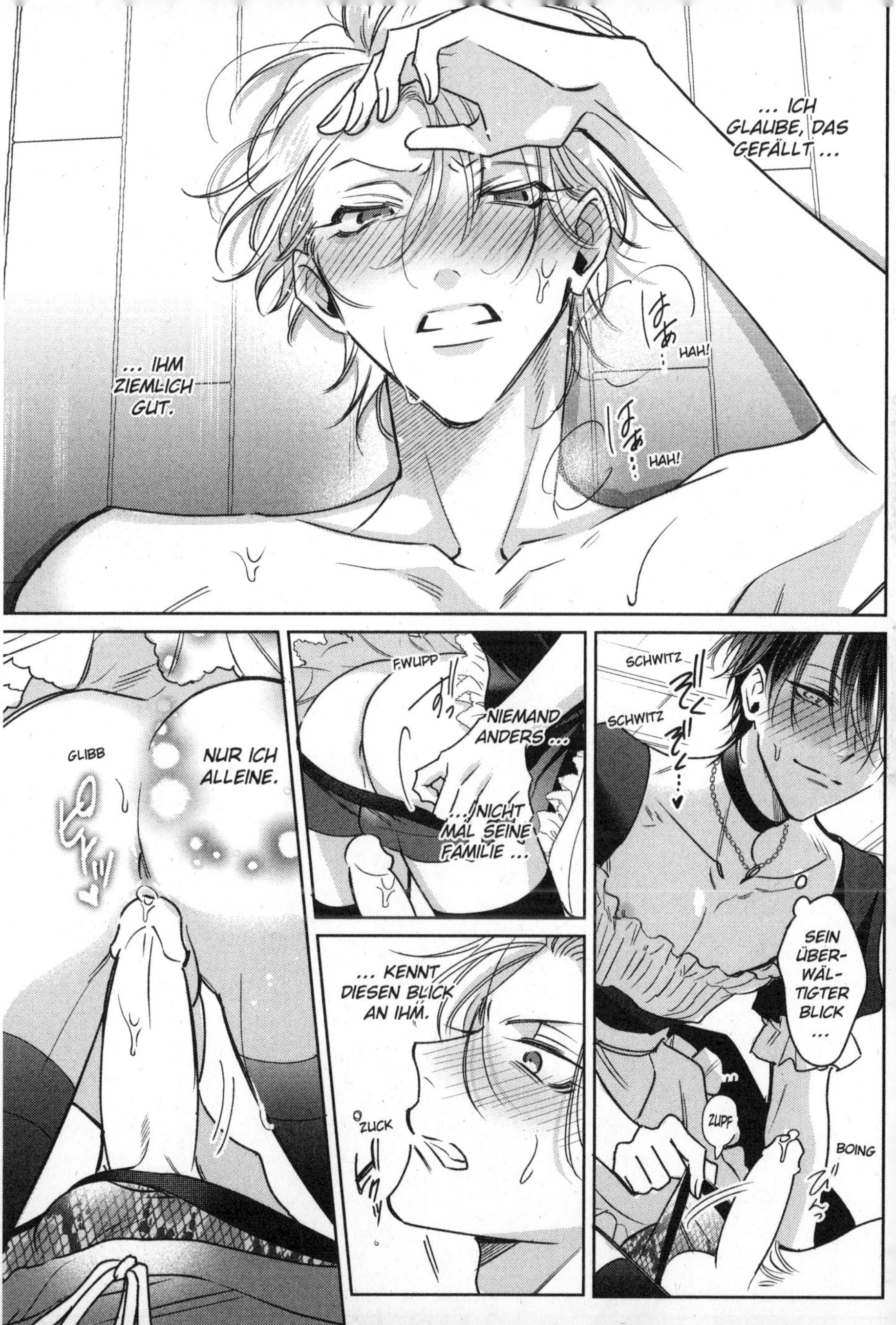

... ICH GLAUBE, DAS GEFÄLLT ...
HAH!
HAH!
... IHM ZIEMLICH GUT.
SCHWITZ
SCHWITZ
SEIN ÜBERWÄLTIGTER BLICK ...
ZUPF
BOING
FWUPP
NIEMAND ANDERS ...
... NICHT MAL SEINE FAMILIE ...
... KENNT DIESEN BLICK AN IHM.
ZUCK
NUR ICH ALLEINE.
GLIBB

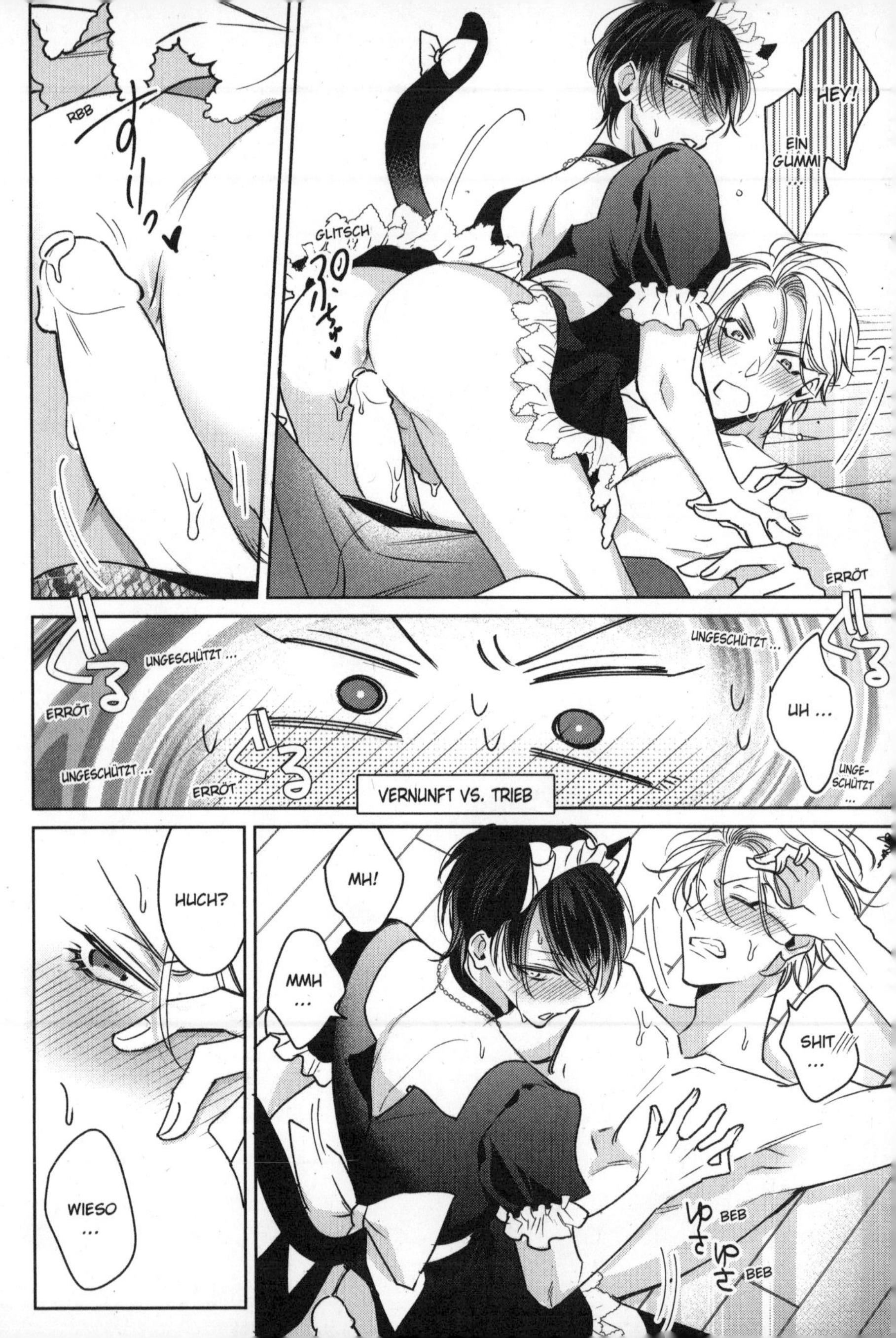
HEY!
EIN GUMMI ...
GLITSCH
RBB
UNGESCHÜTZT ...
ERRÖT
UH ...
UNGE-SCHÜTZT ...
UNGESCHÜTZT ...
ERRÖT
UNGESCHÜTZT ...
ERRÖT
VERNUNFT VS. TRIEB
MH!
MMH ...
SHIT ...
BEB
BEB
HUCH?
WIESO ...

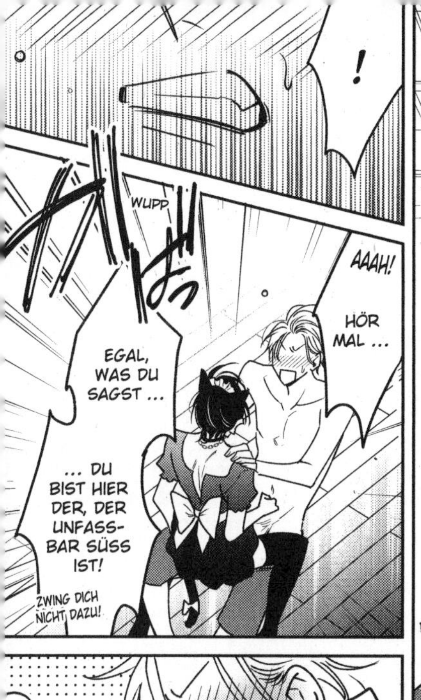

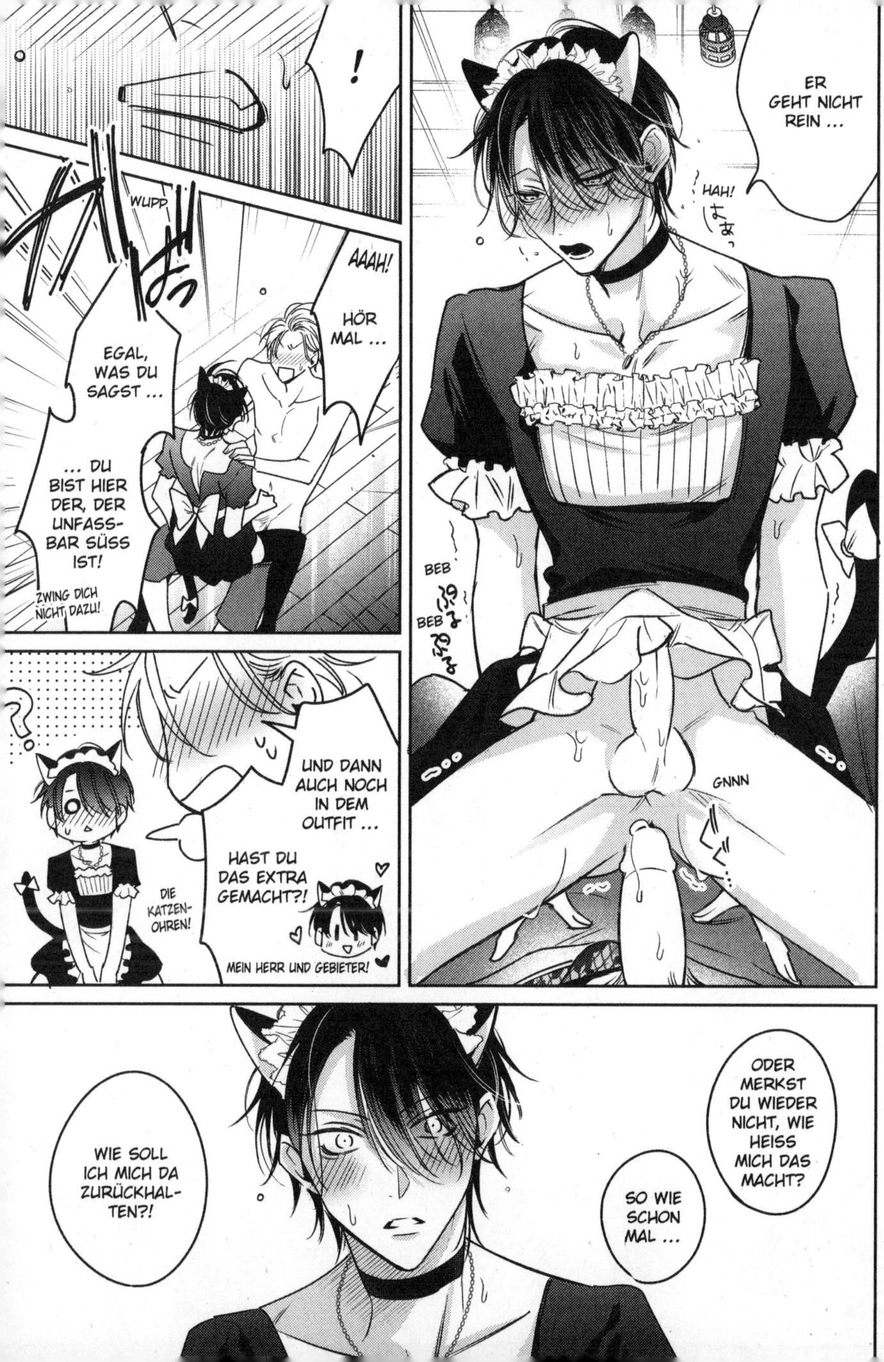

ER GEHT NICHT REIN ...
HAH!
BEB
BEB
GNNN
WUPP
AAAH!
HÖR MAL ...
EGAL, WAS DU SAGST ...
... DU BIST HIER DER, DER UNFASSBAR SÜSS IST!
ZWING DICH NICHT DAZU!

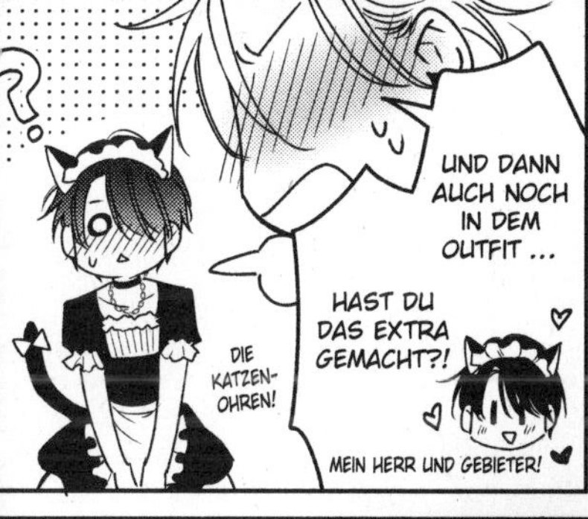

?
UND DANN AUCH NOCH IN DEM OUTFIT ...
HAST DU DAS EXTRA GEMACHT?!
DIE KATZENOHREN!
MEIN HERR UND GEBIETER!

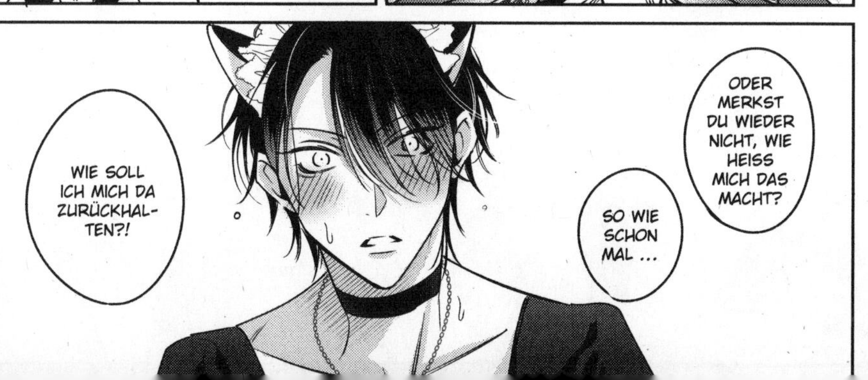

ODER MERKST DU WIEDER NICHT, WIE HEISS MICH DAS MACHT?
SO WIE SCHON MAL ...
WIE SOLL ICH MICH DA ZURÜCKHALTEN?!

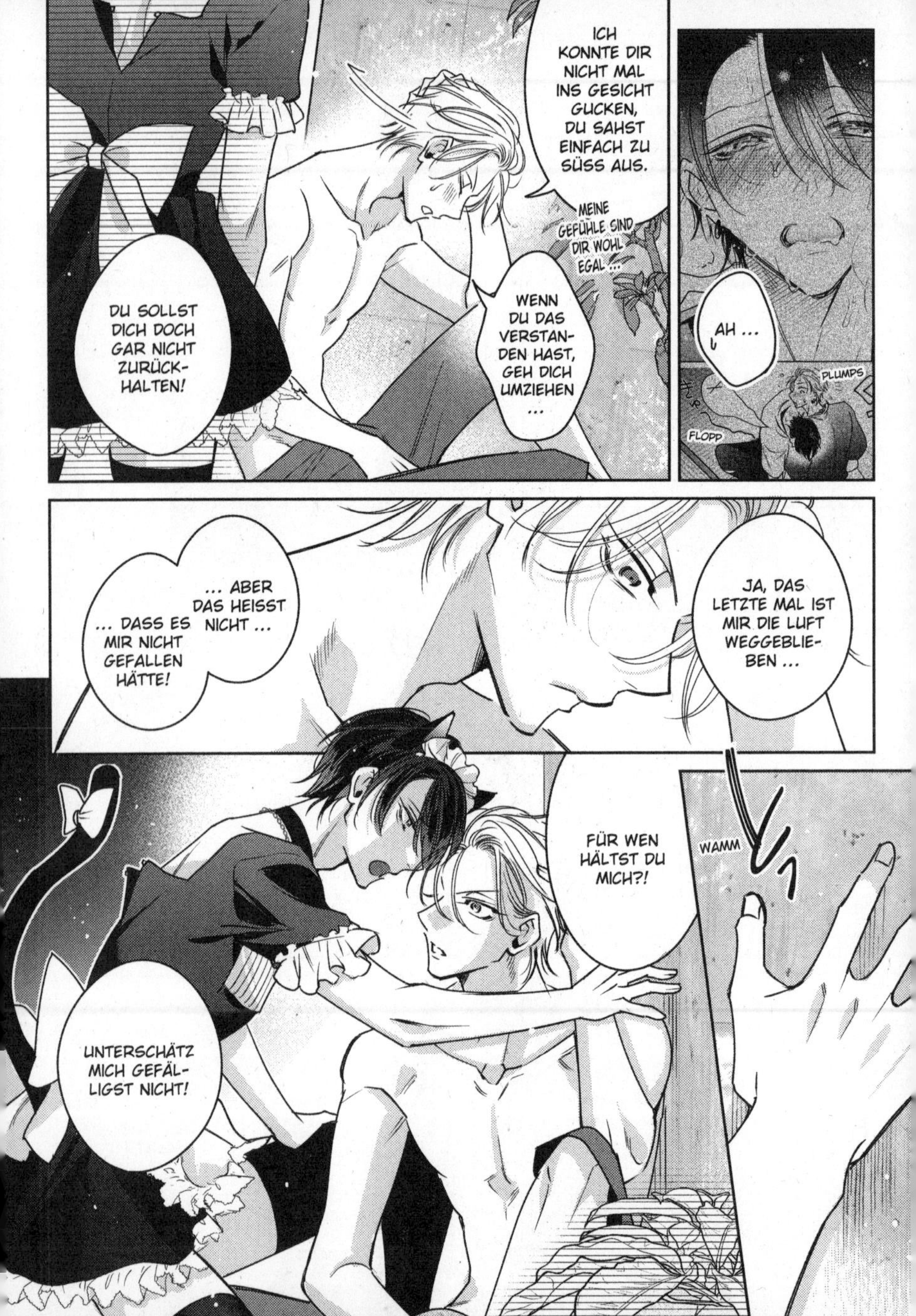
ICH KONNTE DIR NICHT MAL INS GESICHT GUCKEN, DU SAHST EINFACH ZU SÜSS AUS.
MEINE GEFÜHLE SIND DIR WOHL EGAL ...
WENN DU DAS VERSTANDEN HAST, GEH DICH UMZIEHEN ...
DU SOLLST DICH DOCH GAR NICHT ZURÜCKHALTEN!
AH ...
PLUMPS
FLOPP
JA, DAS LETZTE MAL IST MIR DIE LUFT WEGGEBLIEBEN ...
... ABER DAS HEISST NICHT ...
... DASS ES MIR NICHT GEFALLEN HÄTTE!
WAMM
FÜR WEN HÄLTST DU MICH?!
UNTERSCHÄTZ MICH GEFÄLLIGST NICHT!

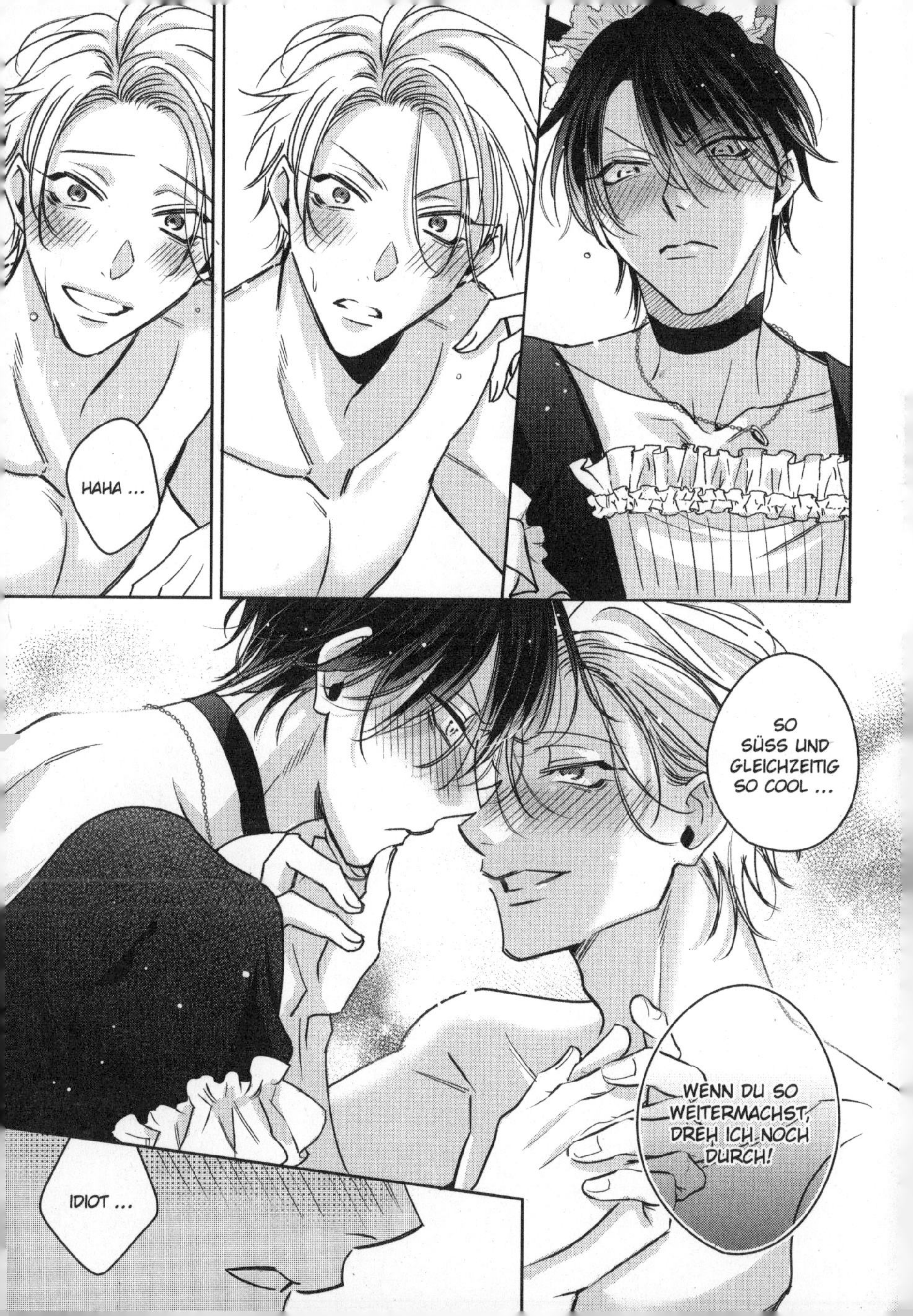
HAHA …
SO SÜSS UND GLEICHZEITIG SO COOL …
WENN DU SO WEITERMACHST, DREH ICH NOCH DURCH!
IDIOT …

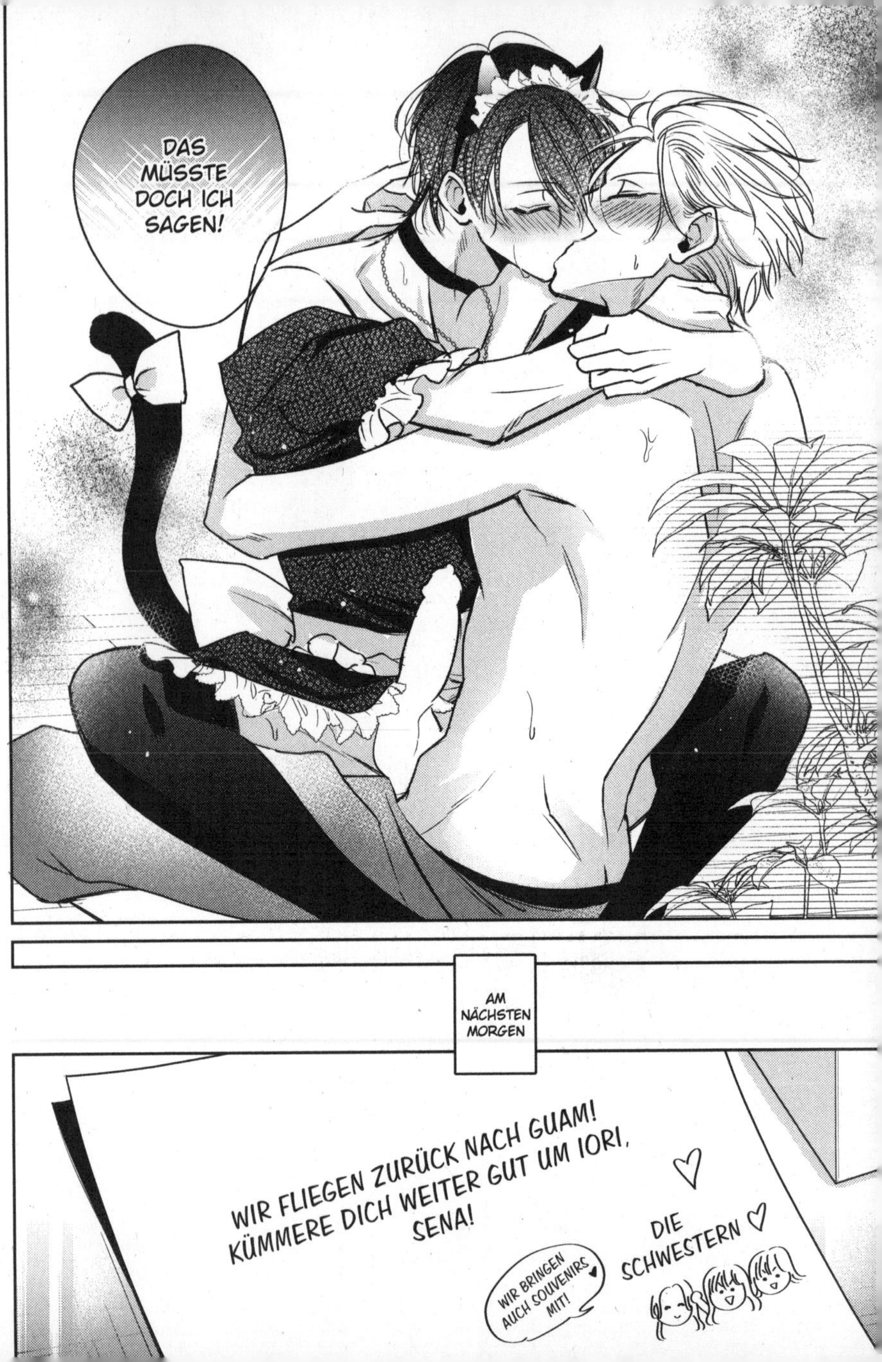

DAS MÜSSTE DOCH ICH SAGEN!

AM NÄCHSTEN MORGEN

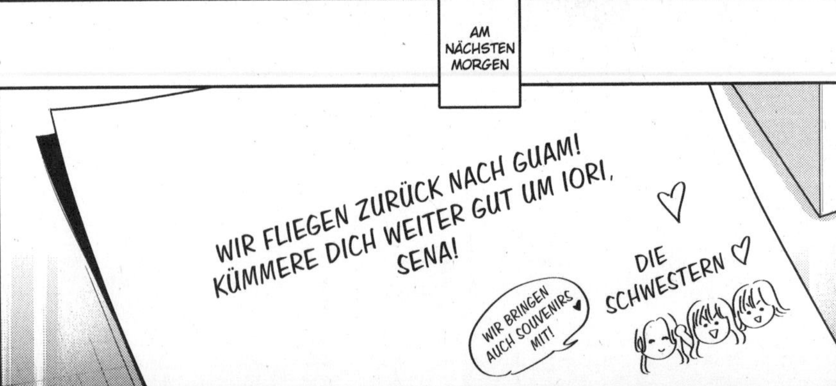

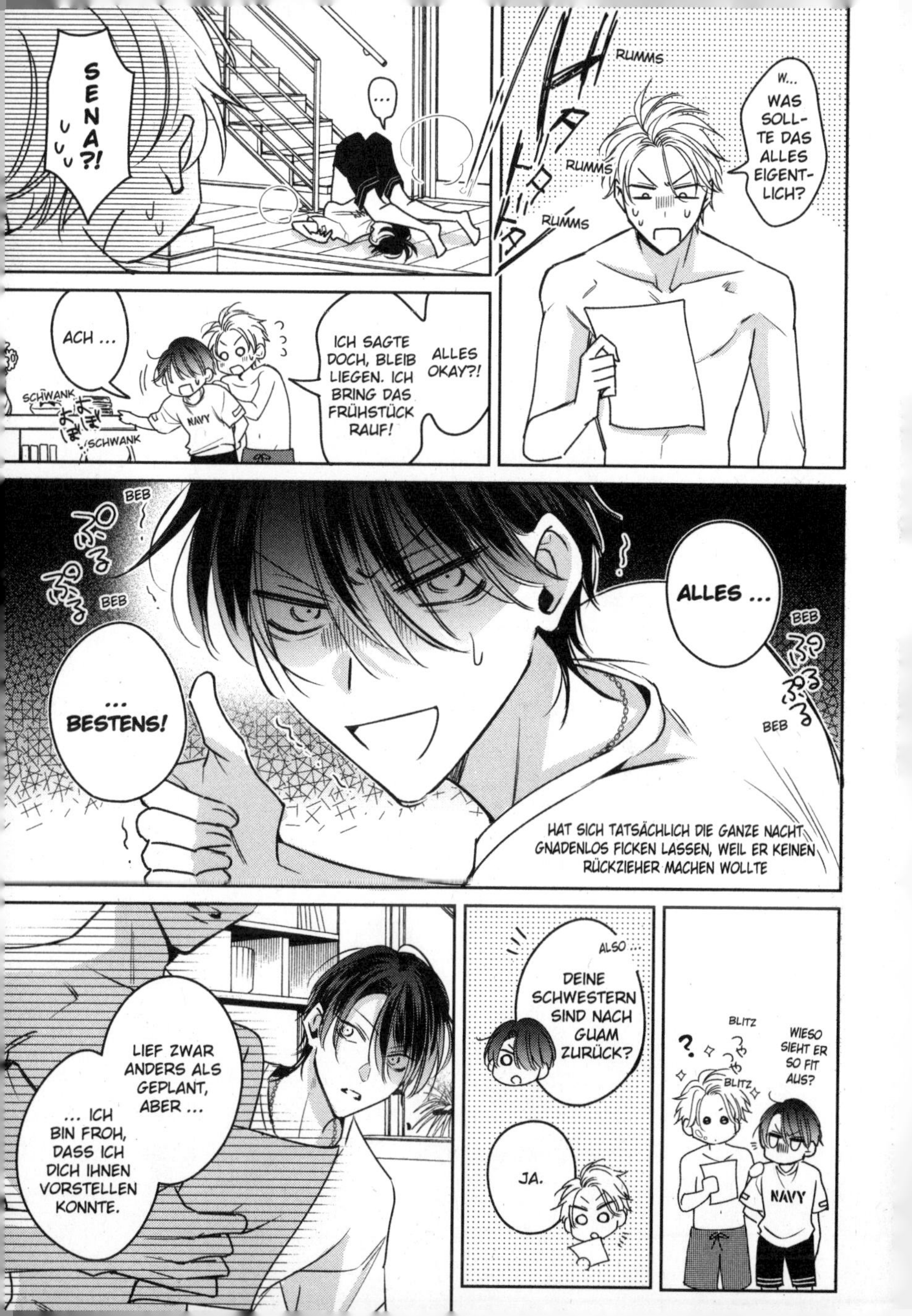

RUMMS
RUMMS
RUMMS
W... WAS SOLLTE DAS ALLES EIGENTLICH?
...
SENA?!

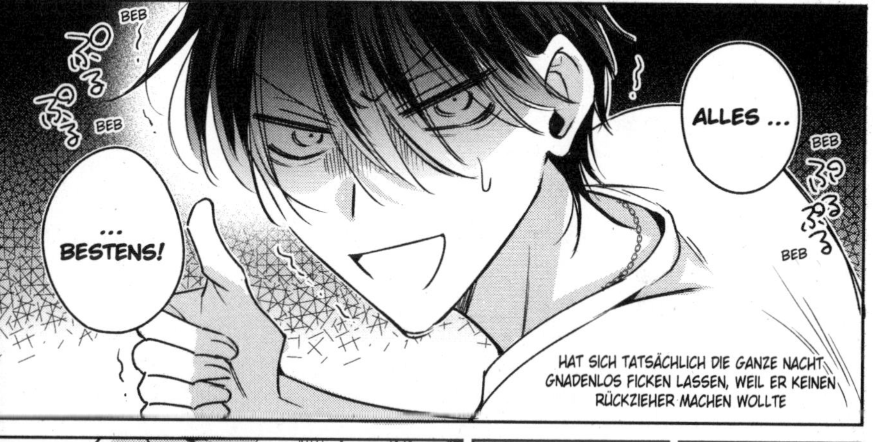

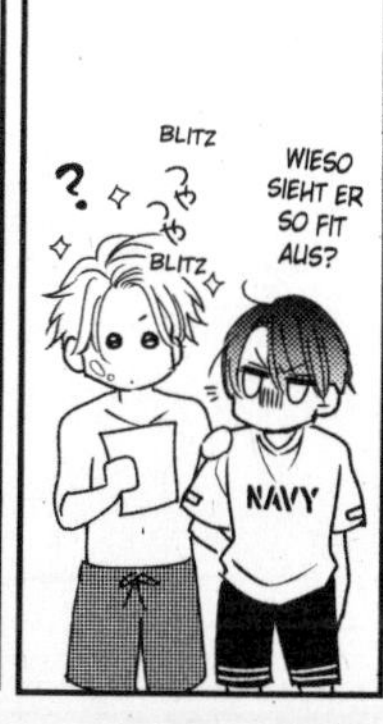

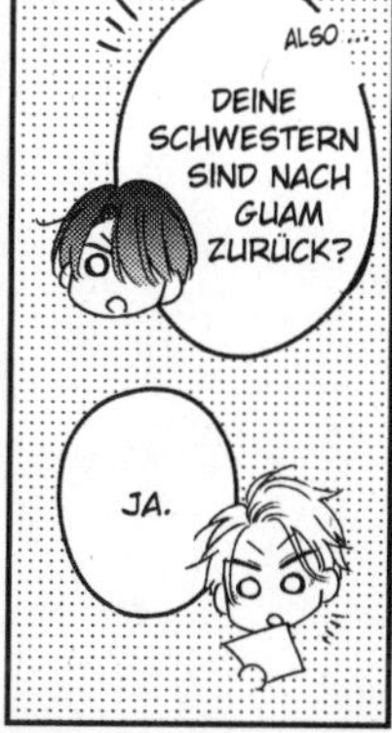

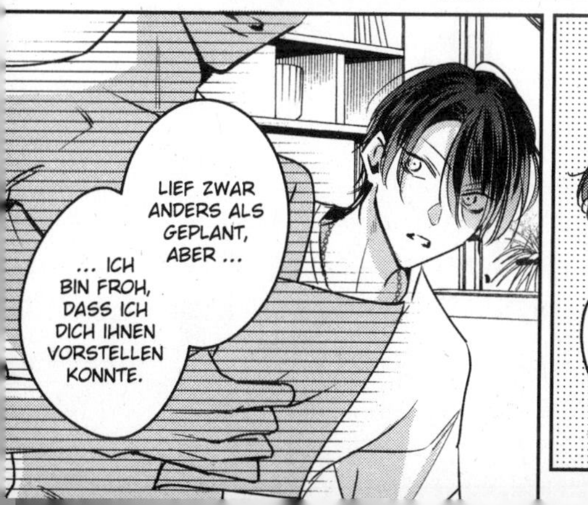

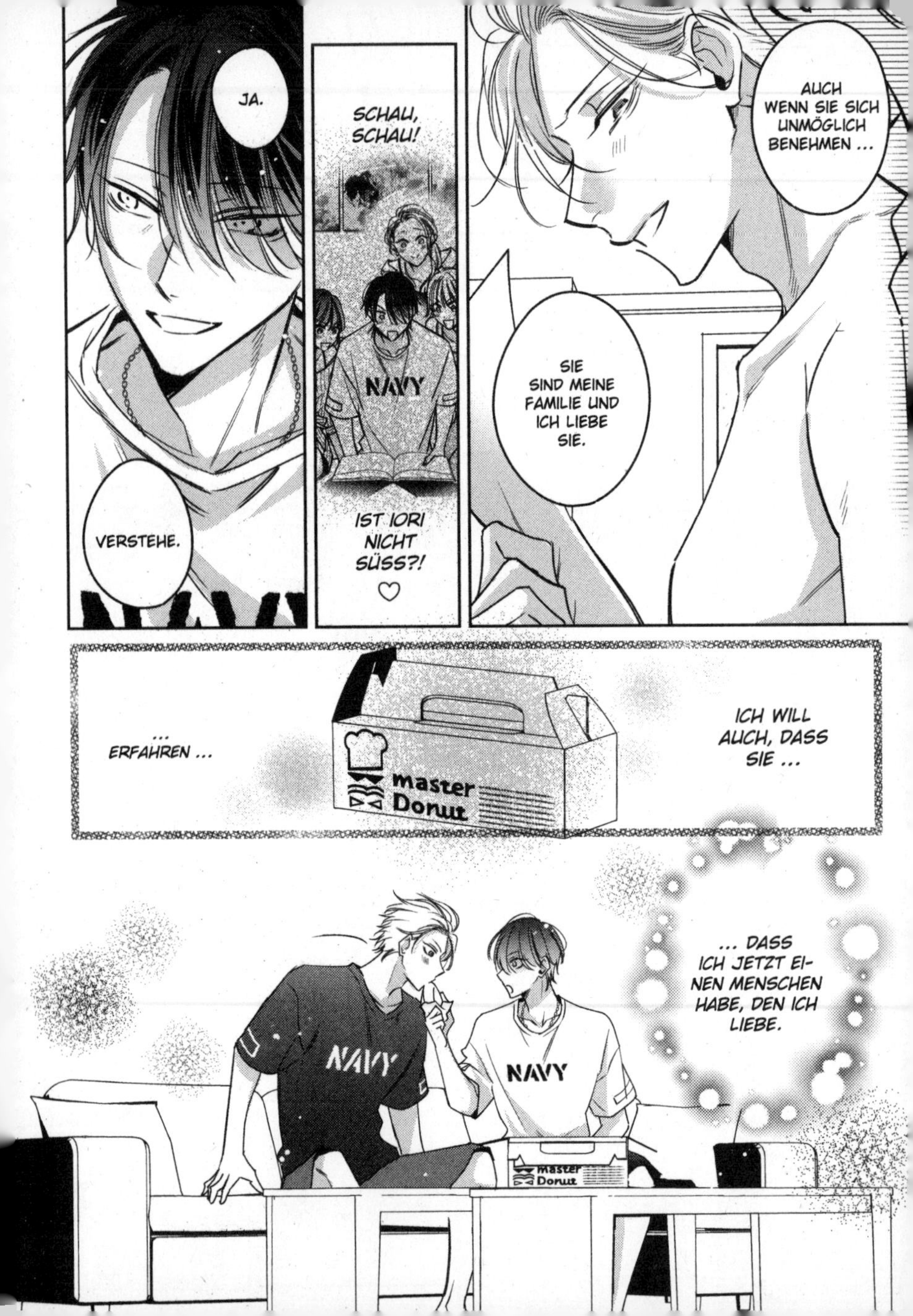

AUCH WENN SIE SICH UNMÖGLICH BENEHMEN ...

SIE SIND MEINE FAMILIE UND ICH LIEBE SIE.

SCHAU, SCHAU!

IST IORI NICHT SÜSS?! ♡

JA.

VERSTEHE.

ICH WILL AUCH, DASS SIE ...

master Donut

... ERFAHREN ...

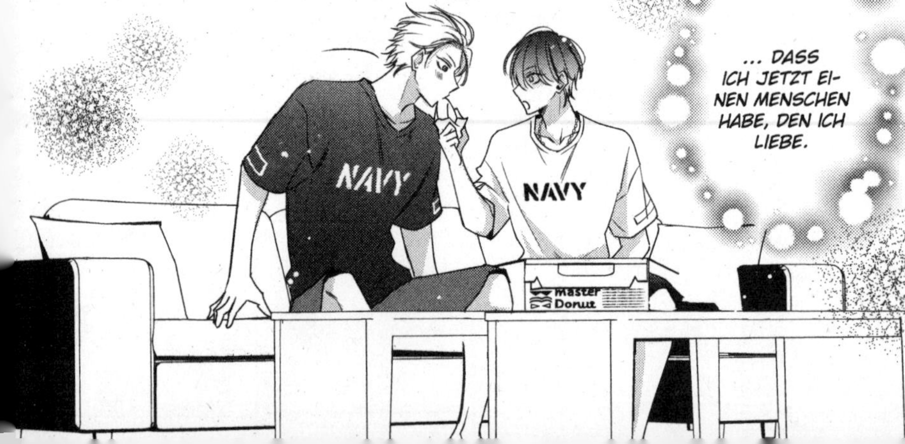

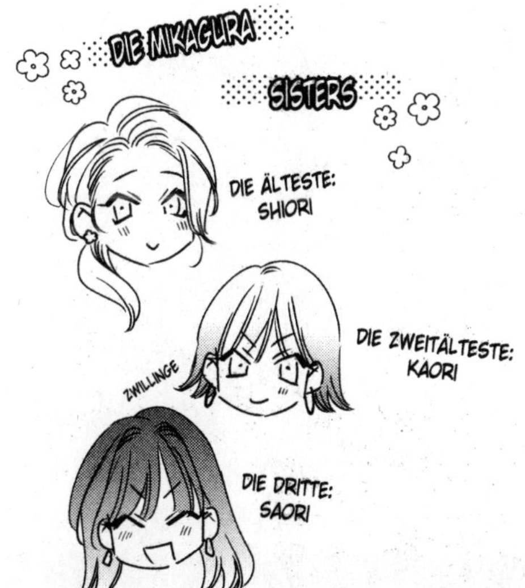
DIE MIKAGURA
SISTERS
DIE ÄLTESTE: SHIORI
DIE ZWEITÄLTESTE: KAORI
ZWILLINGE
DIE DRITTE: SAORI

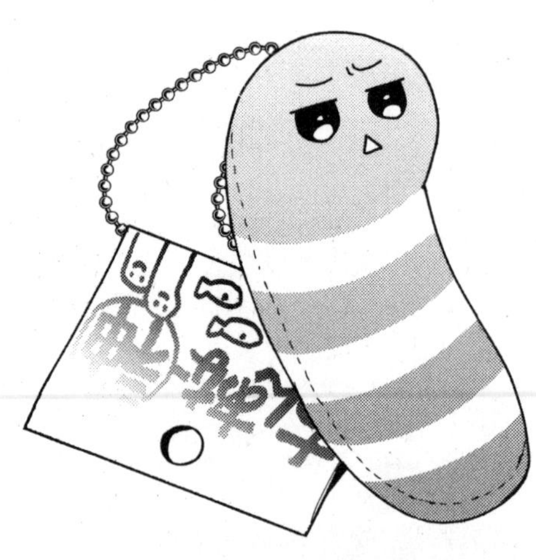

KAMPF DER VERFÜHRERGIGANTEN

PRESENTED BY TOTOFUMI

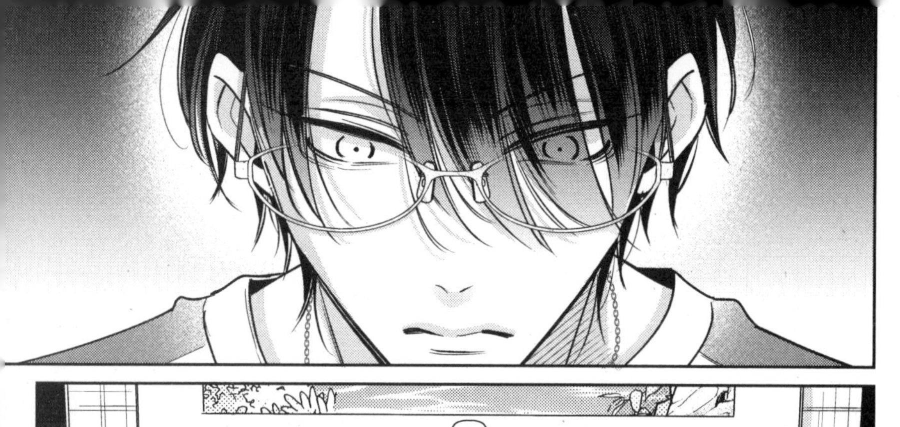

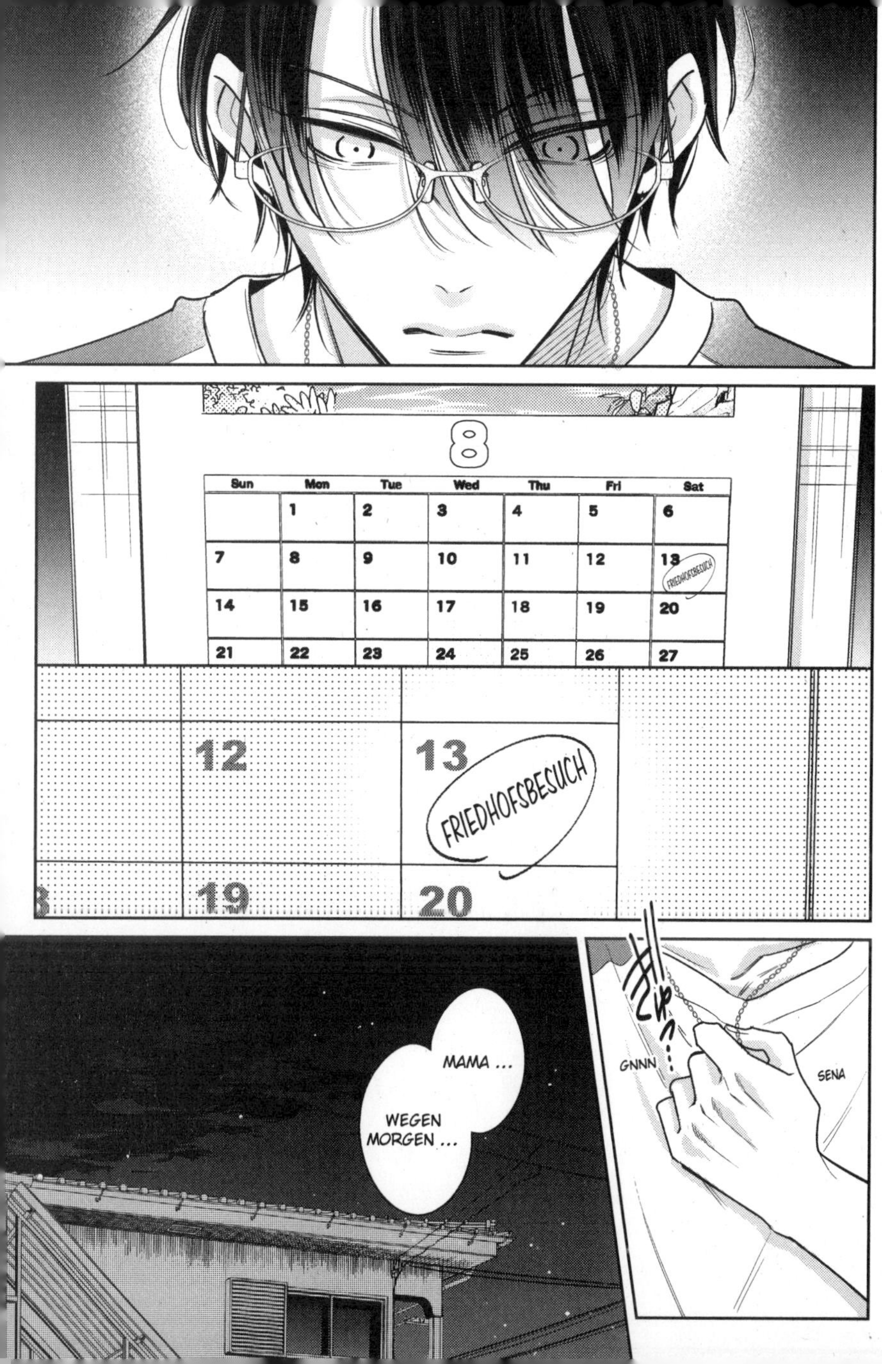

8

Sun Mon Tue Wed Thu Fri Sat

1 2 3 4 5 6

7 8 9 10 11 12 13 FRIEDHOFSBESUCH

14 15 16 17 18 19 20

21 22 23 24 25 26 27

12 13 FRIEDHOFSBESUCH

19 20

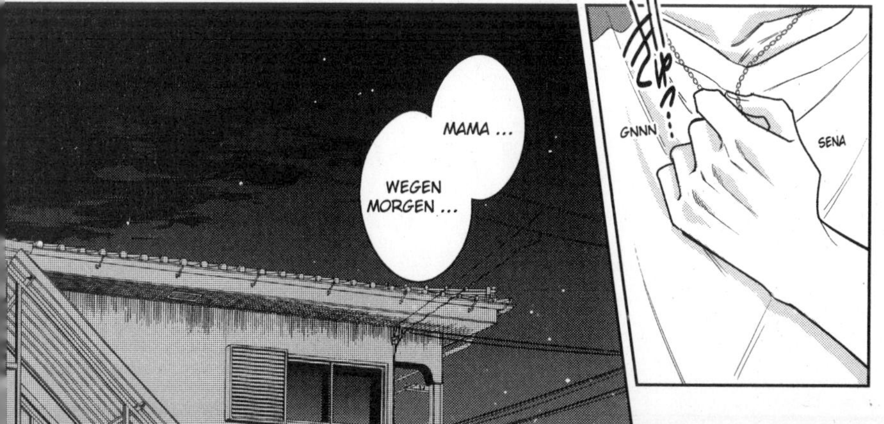

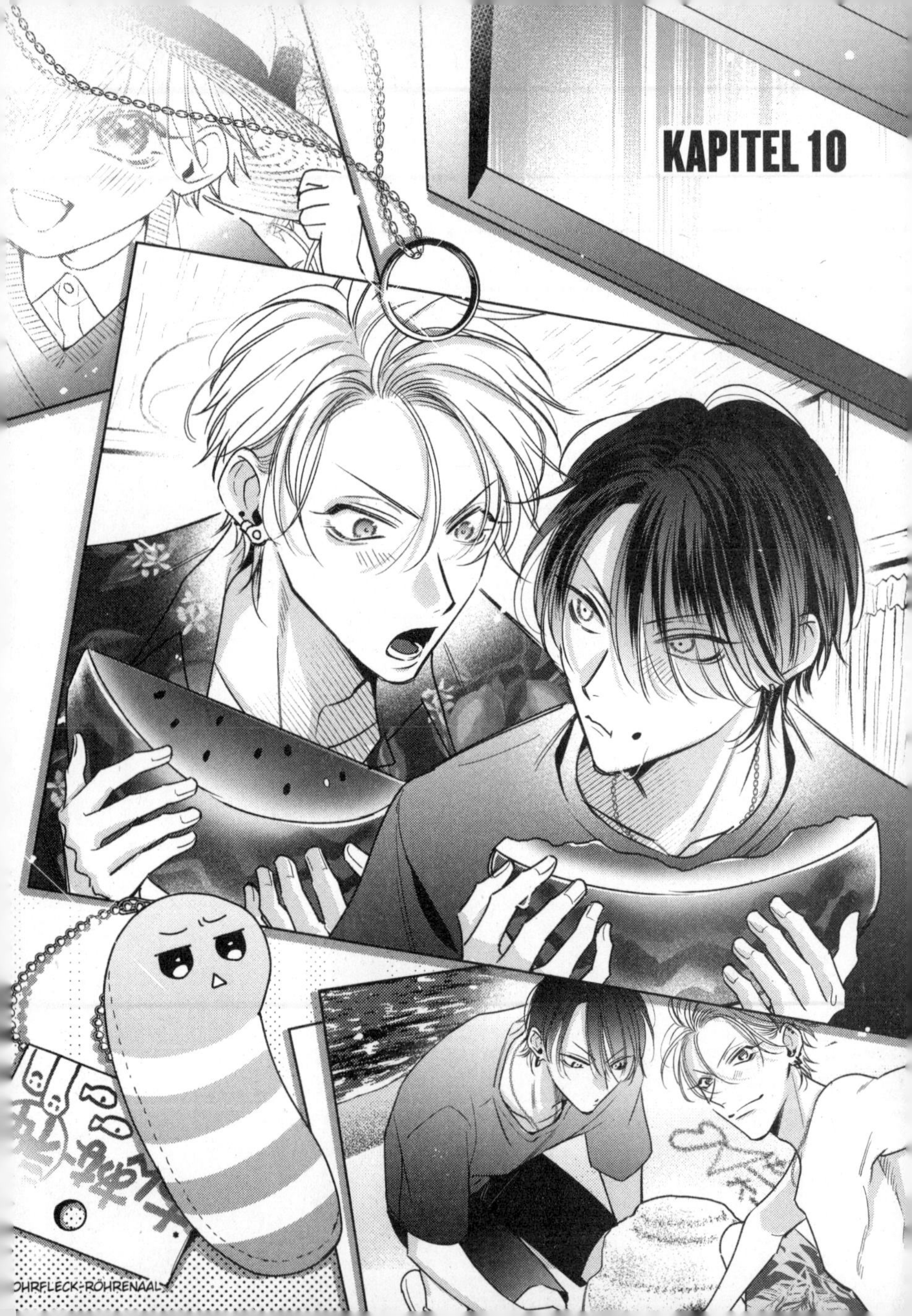
KAPITEL 10
OHRFLECK-RÖHRENAAL

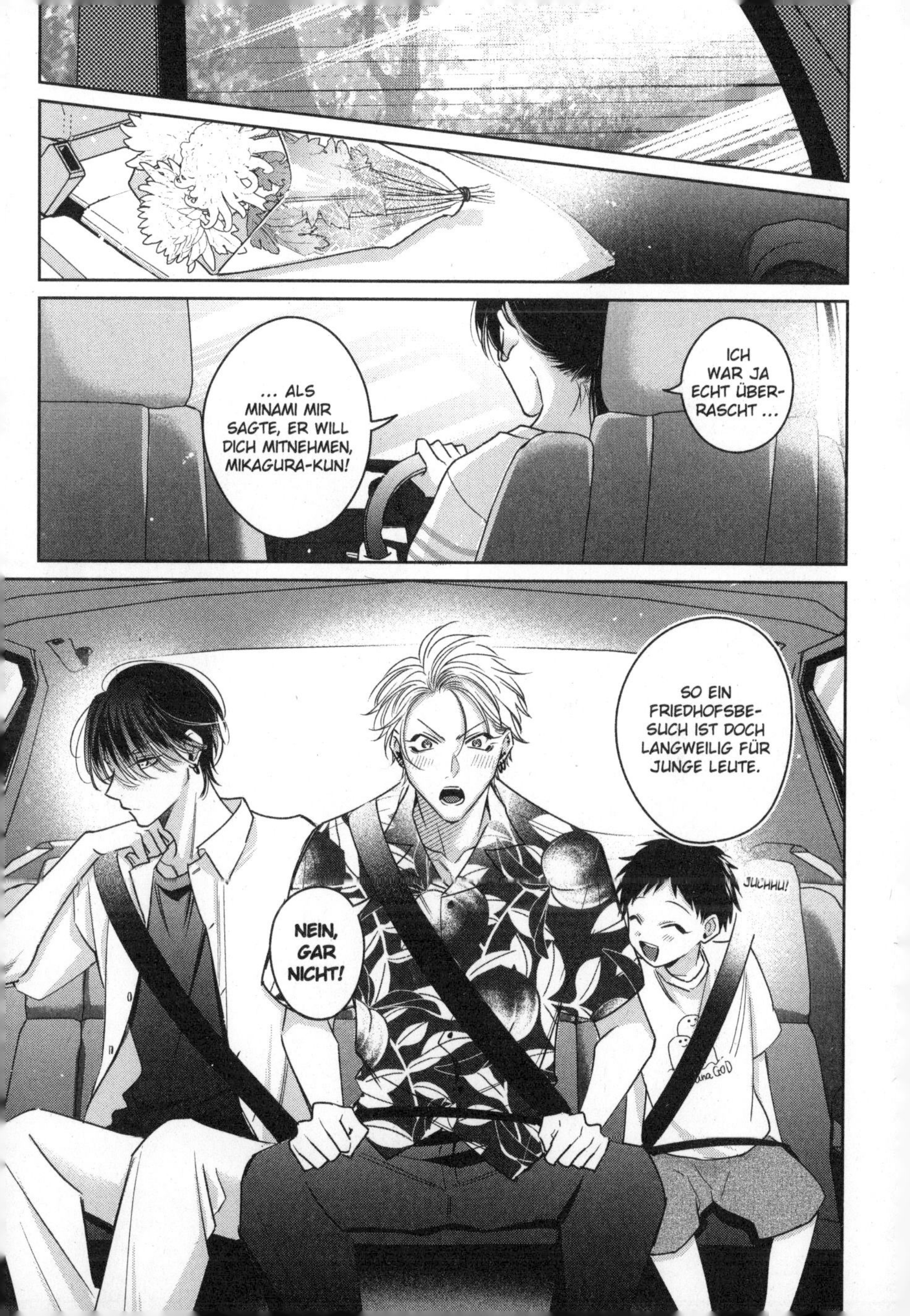

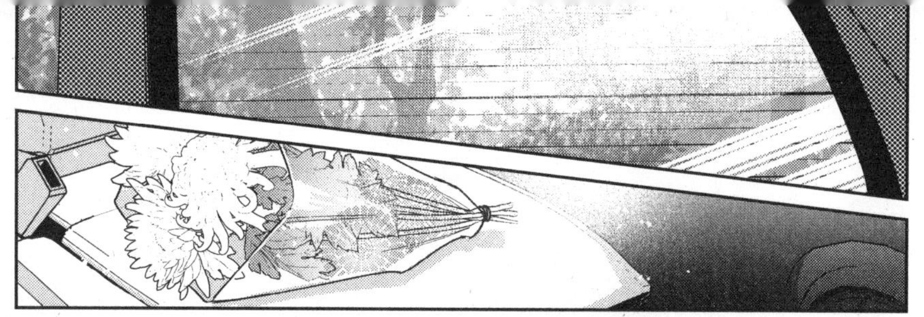

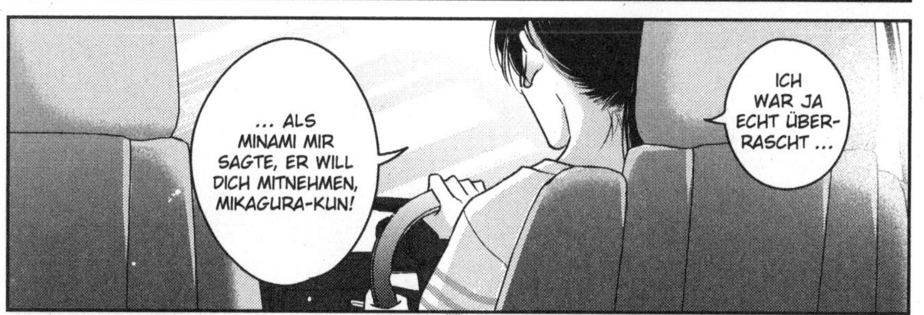

SO EIN FRIEDHOFSBE-SUCH IST DOCH LANGWEILIG FÜR JUNGE LEUTE.

JUCHHU!

NEIN, GAR NICHT!

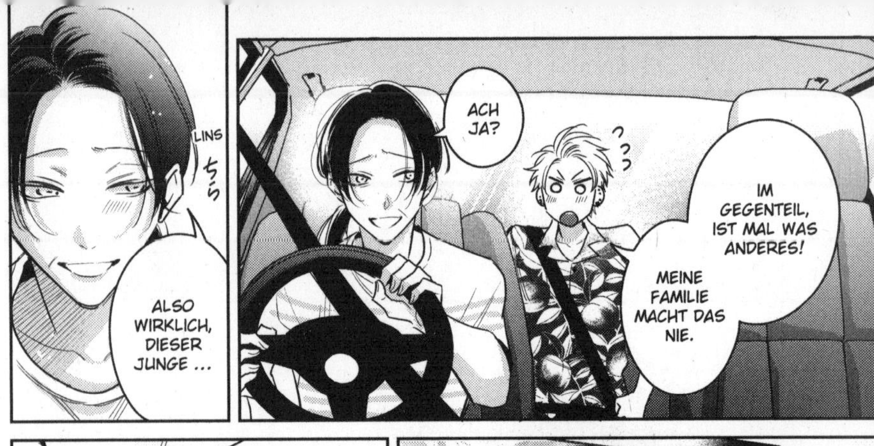
ACH JA?
???
IM GEGENTEIL, IST MAL WAS ANDERES!
MEINE FAMILIE MACHT DAS NIE.
LINS
ちら
ALSO WIRKLICH, DIESER JUNGE ...

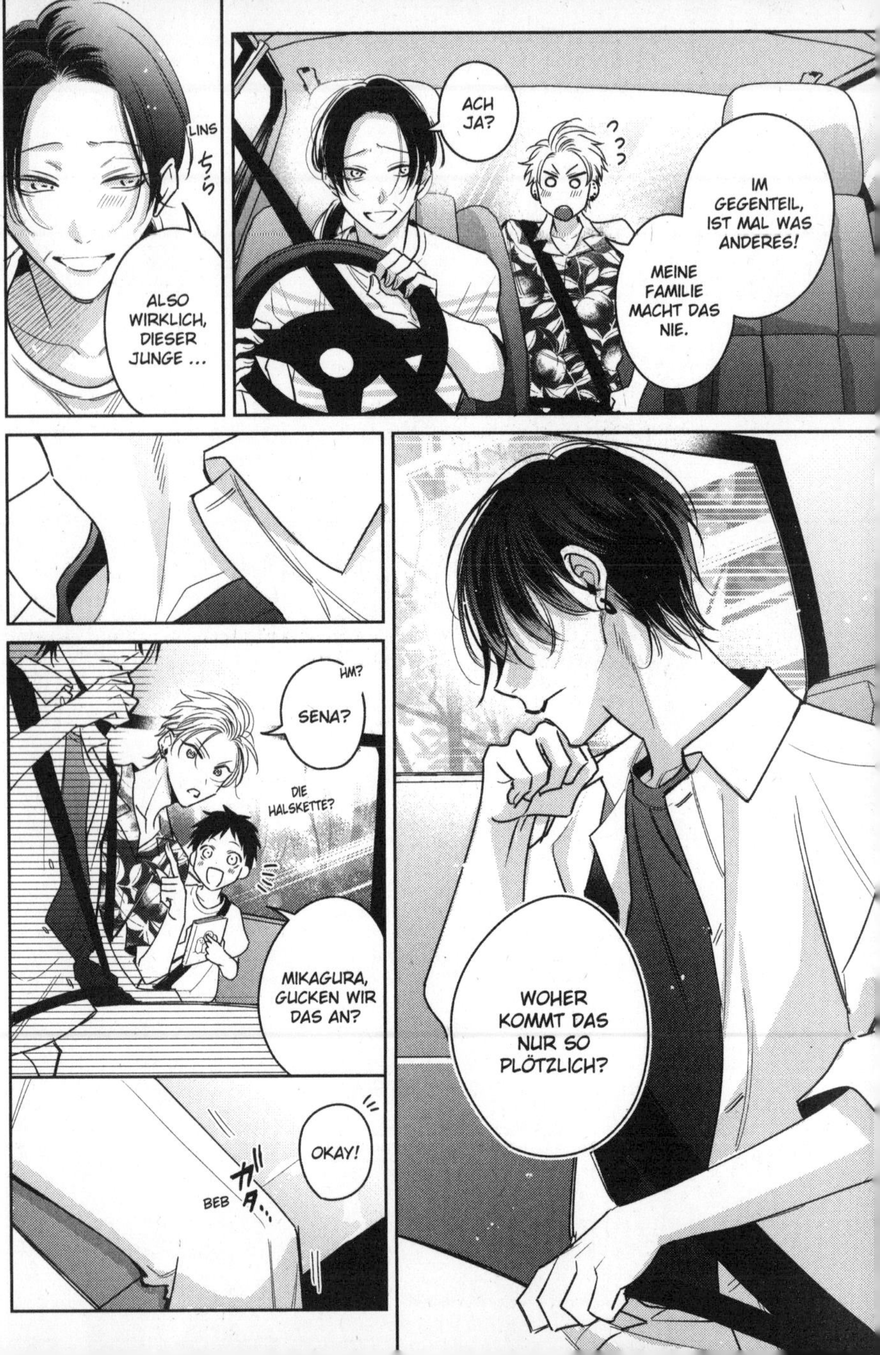

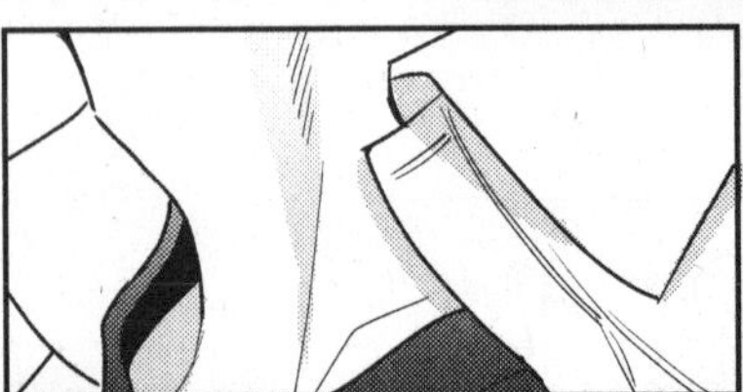
WOHER KOMMT DAS NUR SO PLÖTZLICH?

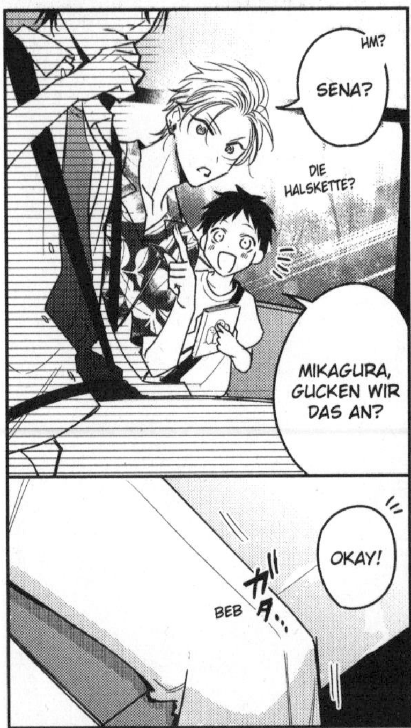
HM?
SENA?
DIE HALSKETTE?
MIKAGURA, GUCKEN WIR DAS AN?
OKAY!
BEB
ガタ…

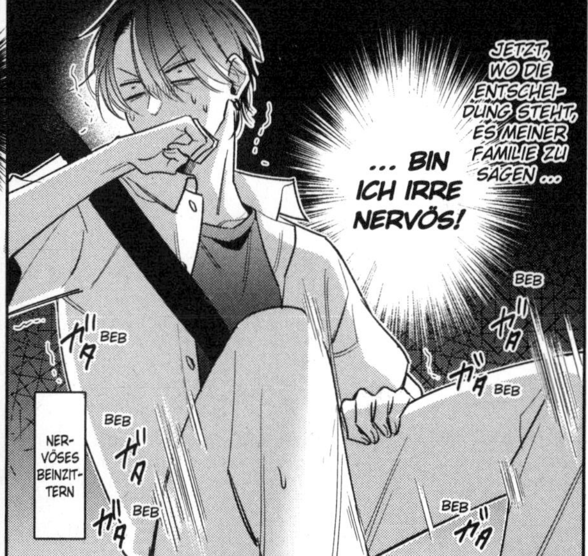
JETZT, WO DIE ENTSCHEIDUNG STEHT, ES MEINER FAMILIE ZU SAGEN ...
... BIN ICH IRRE NERVÖS!
BEB
BEB
BEB
BEB
BEB
BEB
NERVÖSES BEINZITTERN

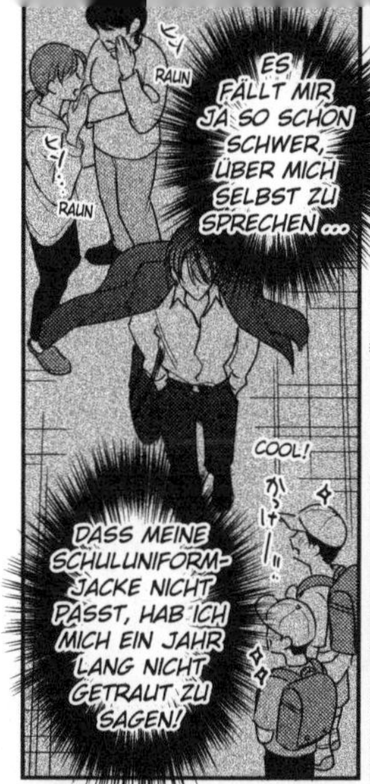
ES FÄLLT MIR JA SO SCHON SCHWER, ÜBER MICH SELBST ZU SPRECHEN ...
RAUN
RAUN
COOL!
DASS MEINE SCHULUNIFORMJACKE NICHT PASST, HAB ICH MICH EIN JAHR LANG NICHT GETRAUT ZU SAGEN!

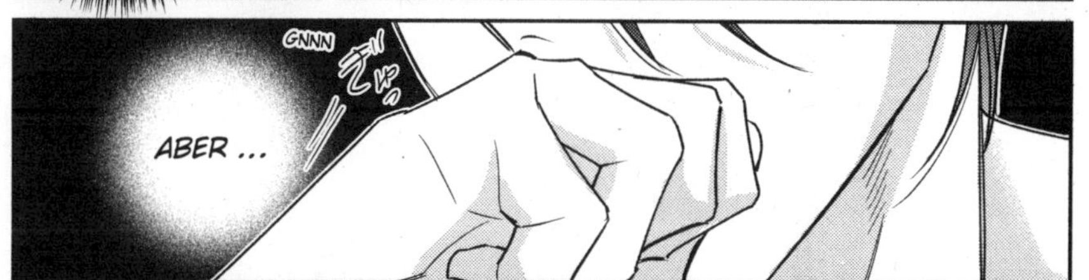
GNNN
ABER ...

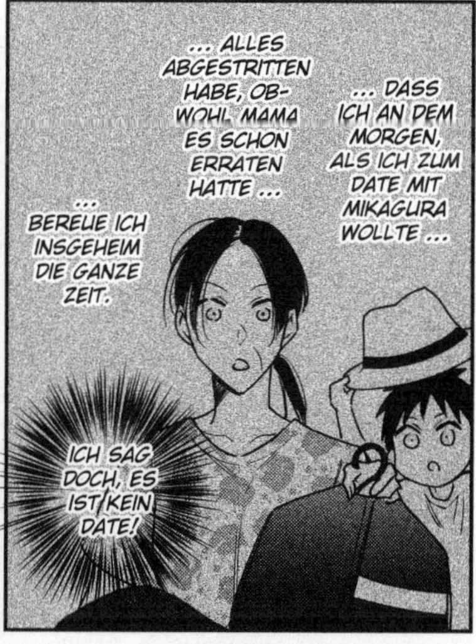
... DASS ICH AN DEM MORGEN, ALS ICH ZUM DATE MIT MIKAGURA WOLLTE ...
... ALLES ABGESTRITTEN HABE, OBWOHL MAMA ES SCHON ERRATEN HATTE ...
... BEREUE ICH INSGEHEIM DIE GANZE ZEIT.
ICH SAG DOCH, ES IST KEIN DATE!

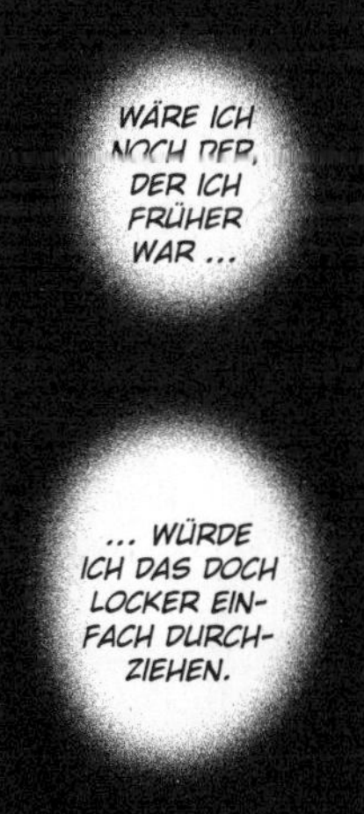
WÄRE ICH NOCH DER, DER ICH FRÜHER WAR ...
... WÜRDE ICH DAS DOCH LOCKER EINFACH DURCHZIEHEN.

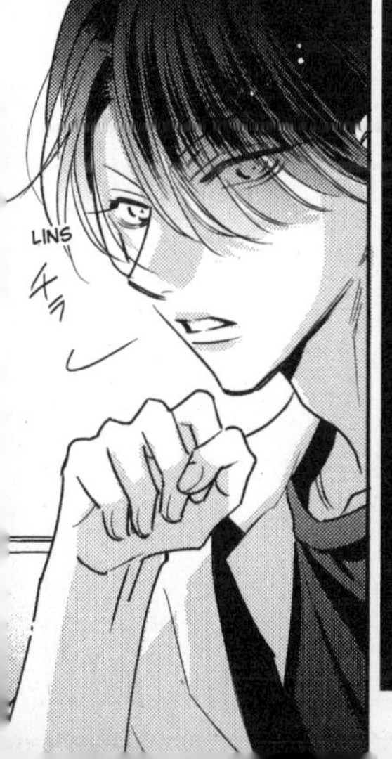
LINS

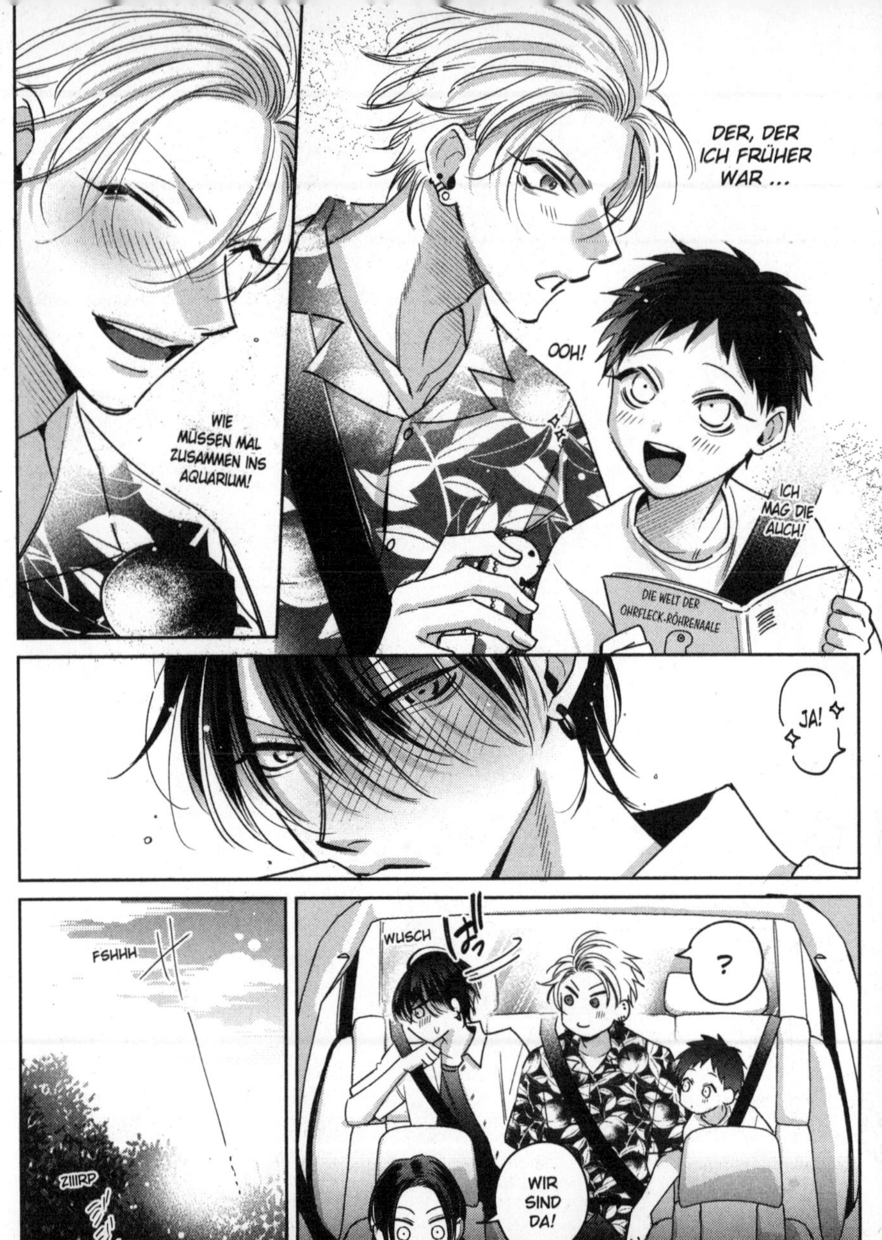
DER, DER ICH FRÜHER WAR ...
OOH!
ICH MAG DIE AUCH!
DIE WELT DER OHRFLECK-RÖHRENAALE
WIE MÜSSEN MAL ZUSAMMEN INS AQUARIUM!
JA!
?
WUSCH
WIR SIND DA!
FSHHH
ZIIIRP

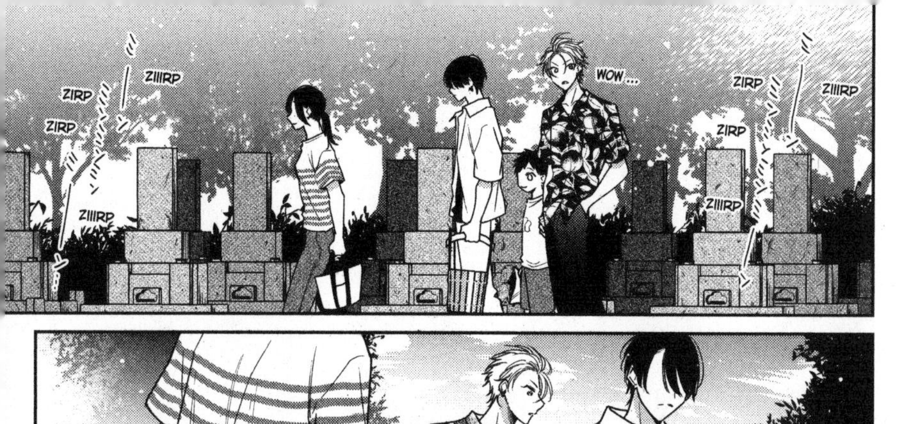

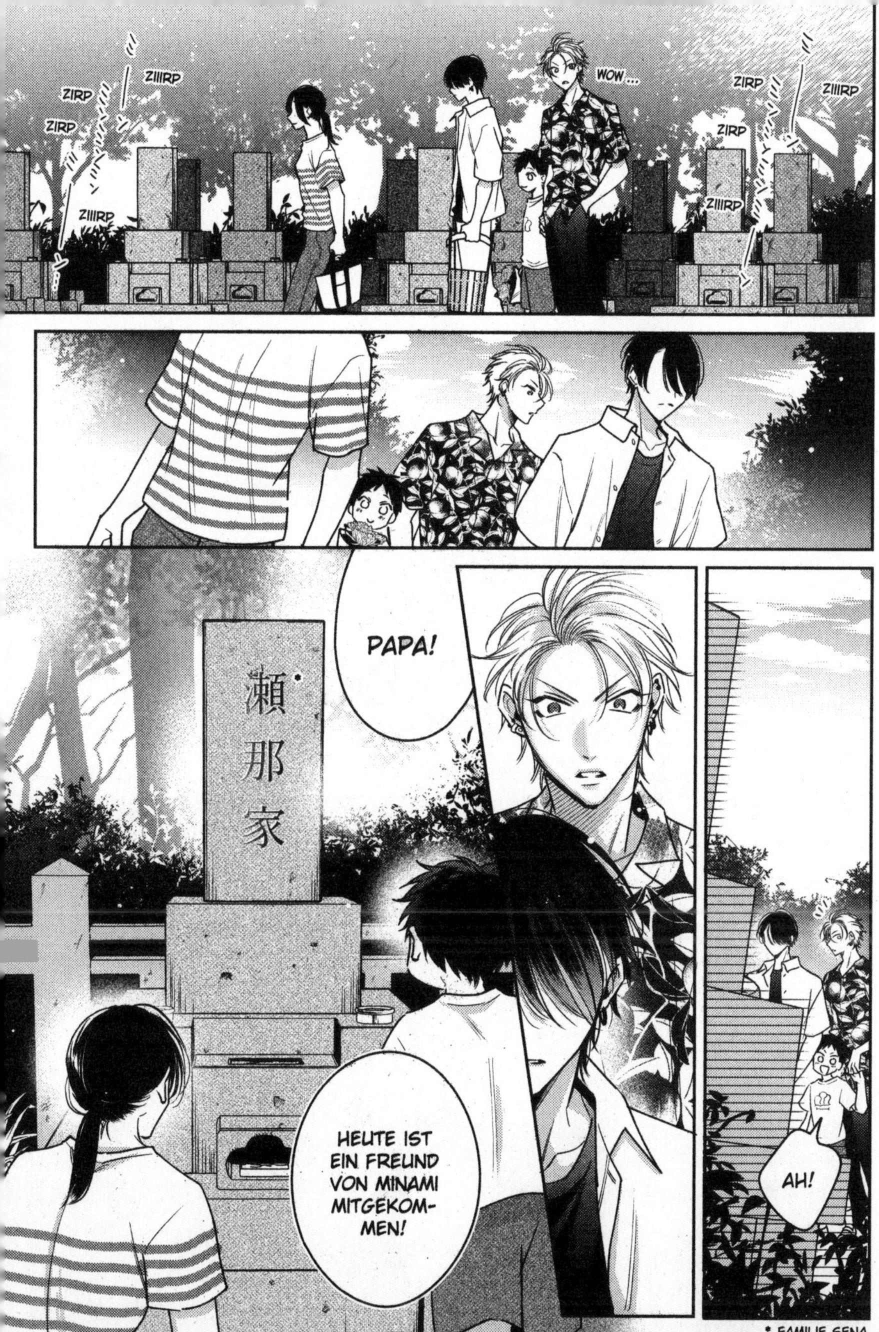

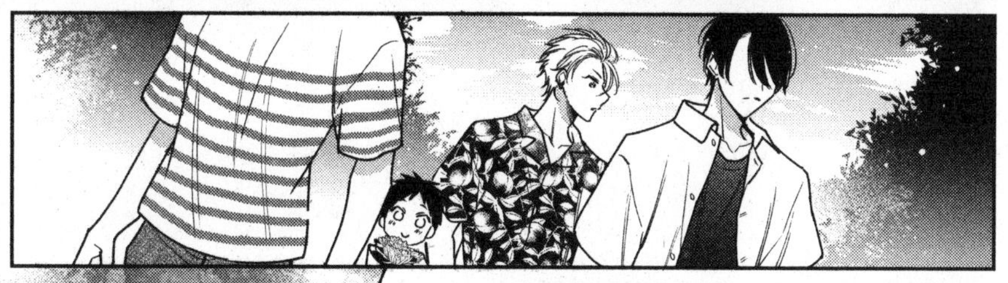

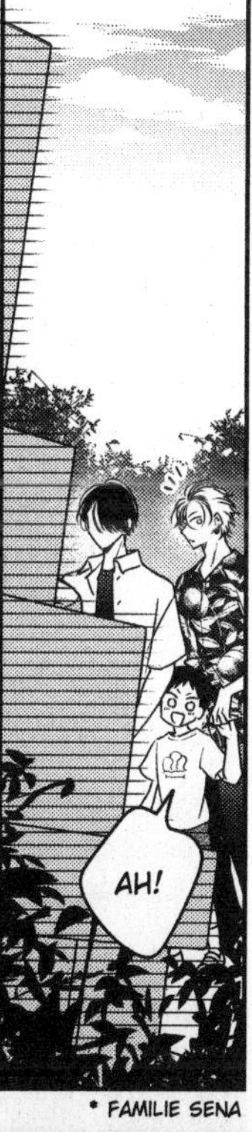

PAPA!

瀬那家*

HEUTE IST EIN FREUND VON MINAMI MITGEKOM-MEN!

* FAMILIE SENA

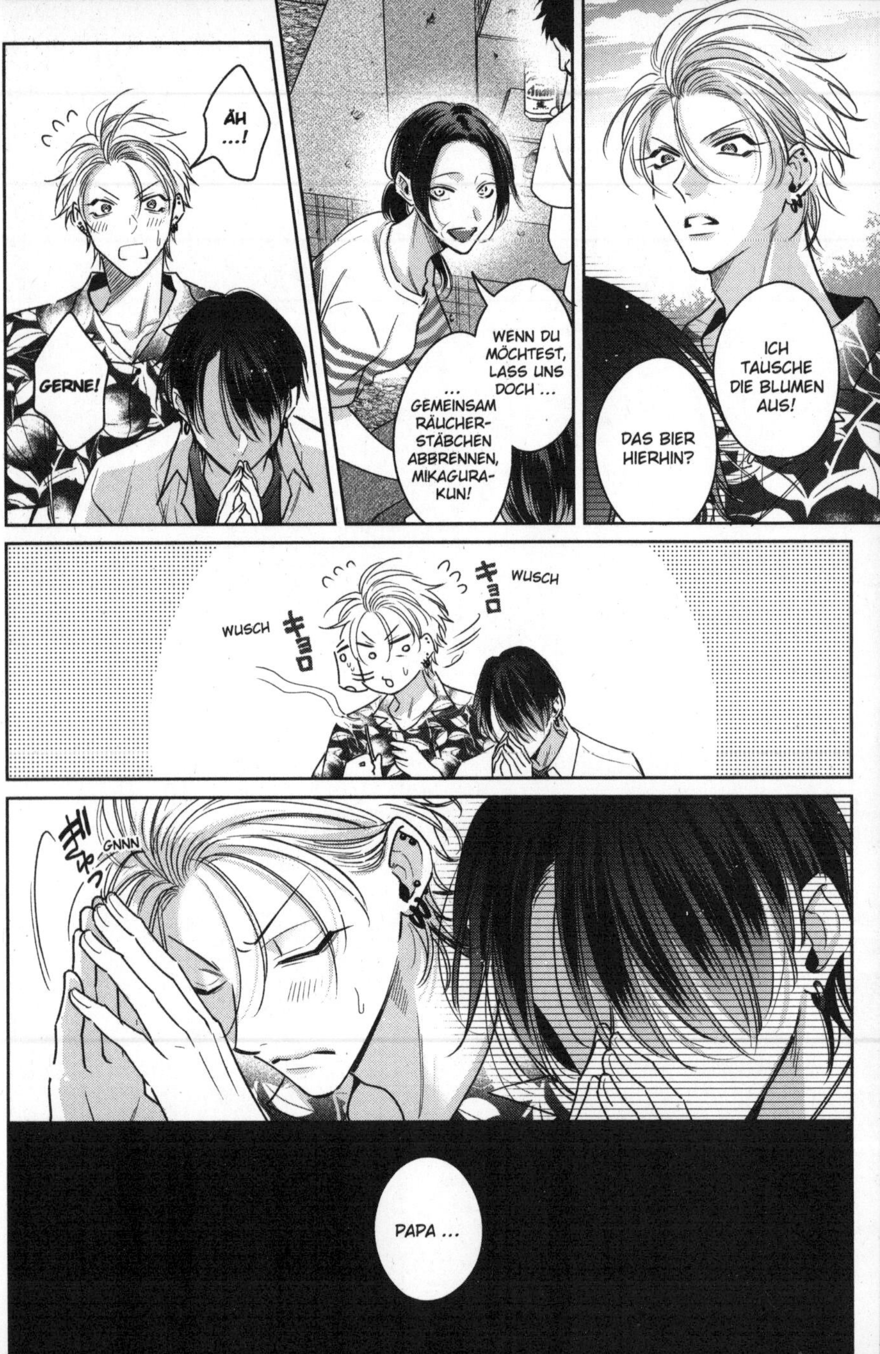

ICH TAUSCHE DIE BLUMEN AUS!
DAS BIER HIERHIN?
WENN DU MÖCHTEST, LASS UNS DOCH …
… GEMEINSAM RÄUCHER-STÄBCHEN ABBRENNEN, MIKAGURA-KUN!
ÄH …!
GERNE!

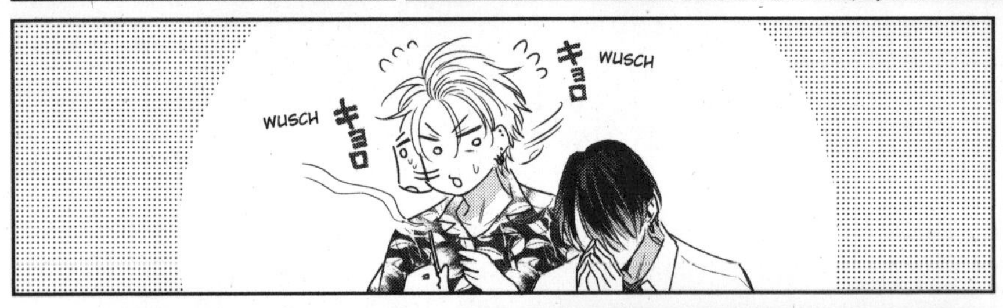

GNNN
PAPA …

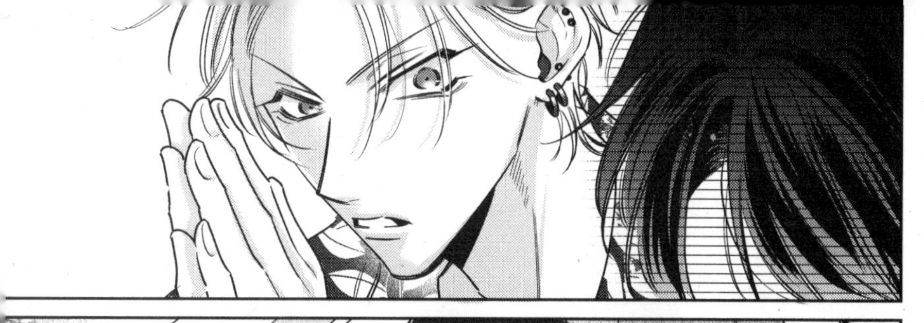

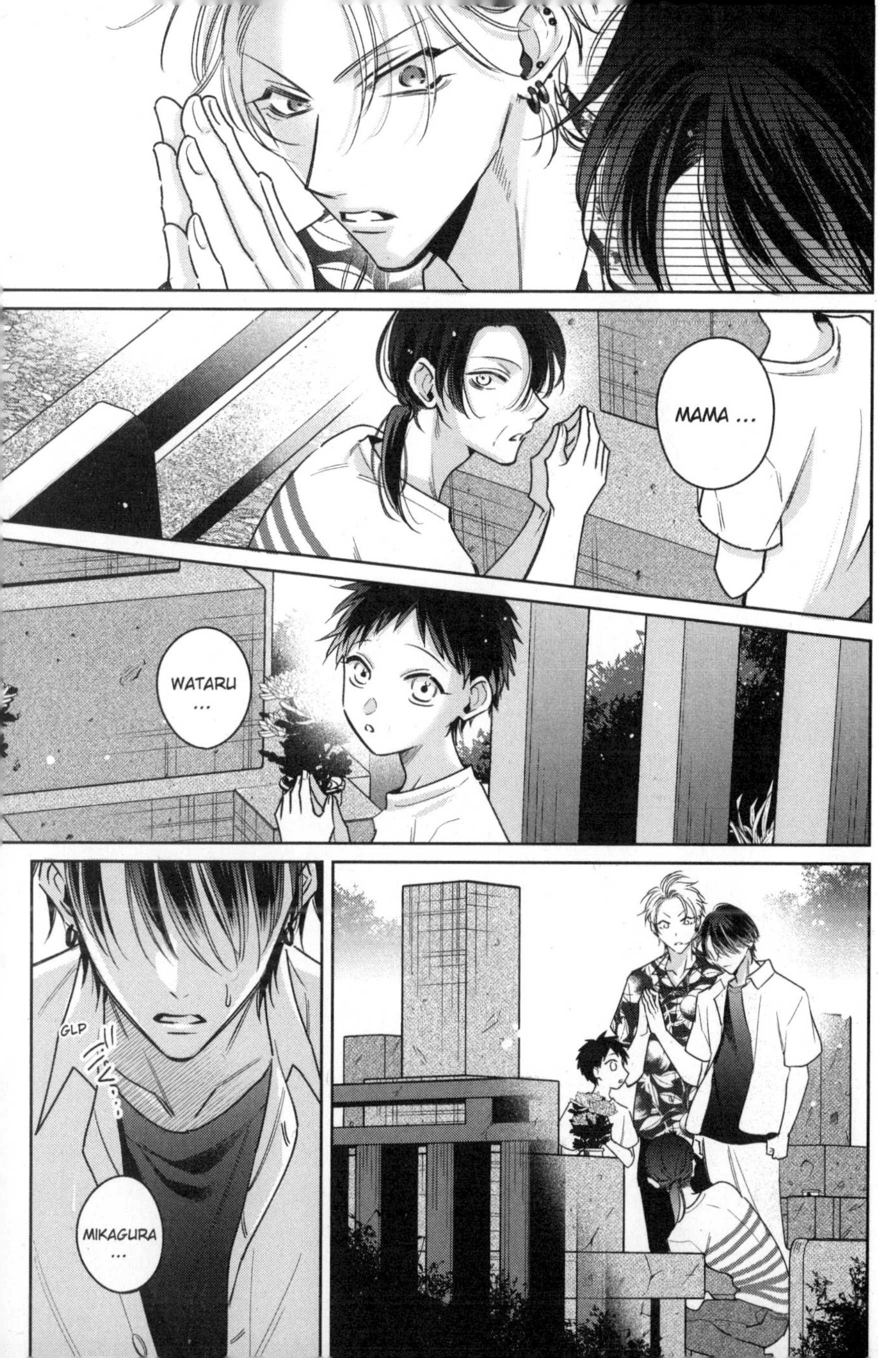

MAMA ...

WATARU ...

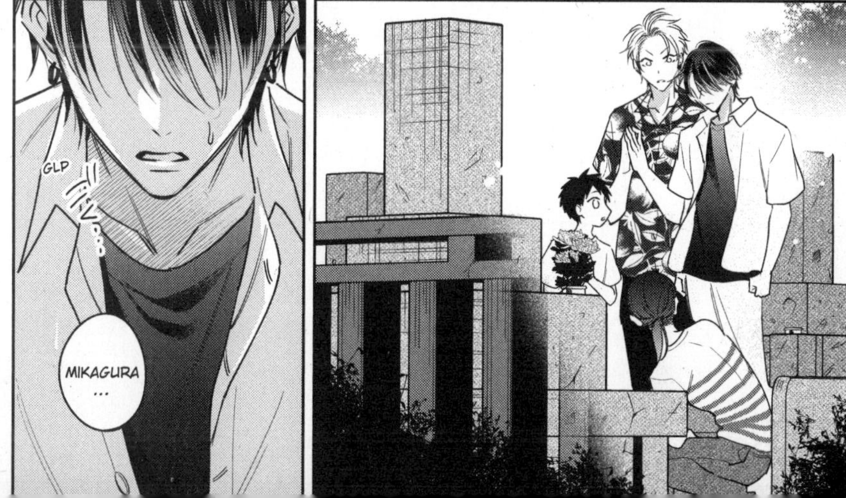

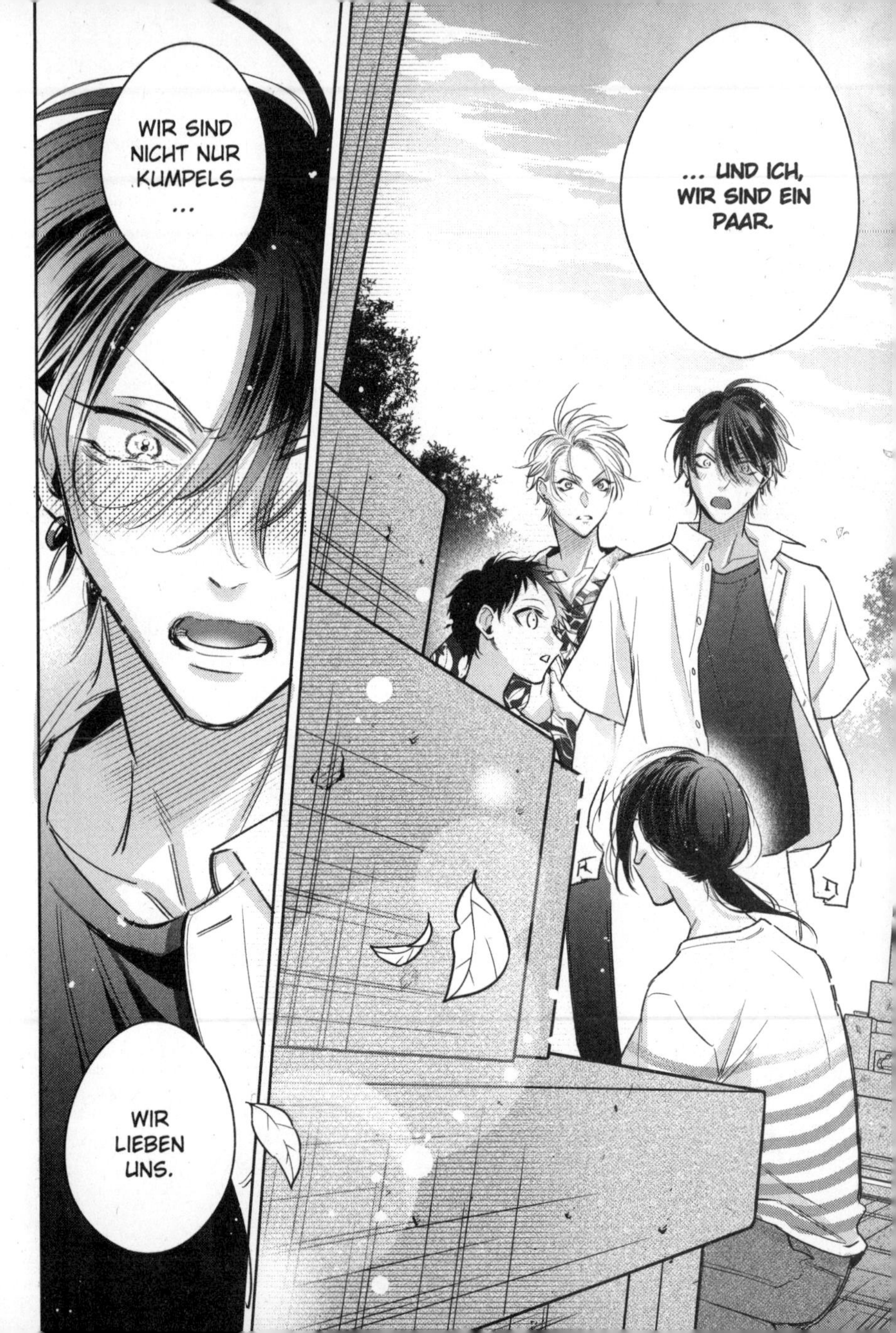

... UND ICH, WIR SIND EIN PAAR.
WIR SIND NICHT NUR KUMPELS ...
WIR LIEBEN UNS.

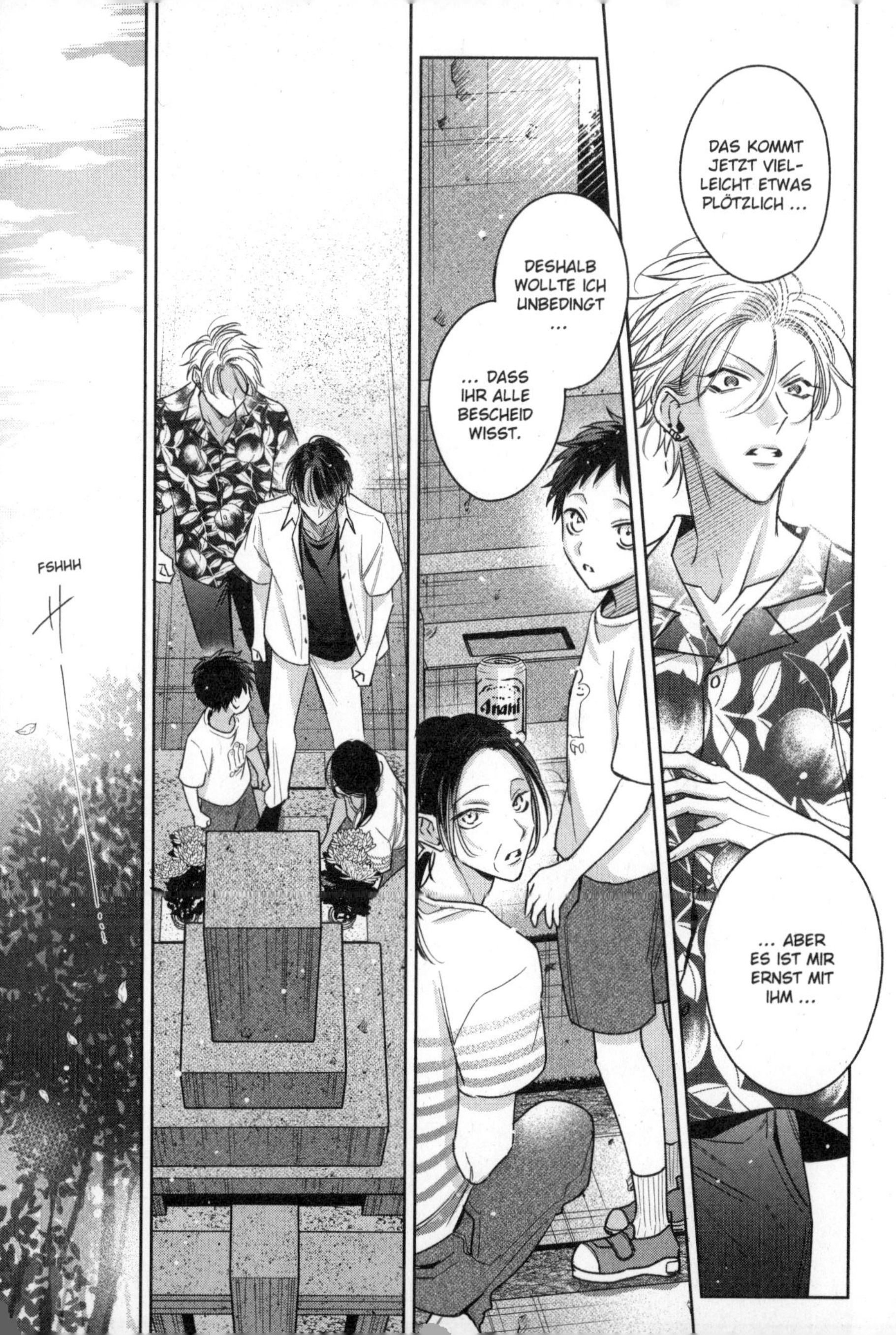
DAS KOMMT JETZT VIEL-LEICHT ETWAS PLÖTZLICH …
… ABER ES IST MIR ERNST MIT IHM …
DESHALB WOLLTE ICH UNBEDINGT …
… DASS IHR ALLE BESCHEID WISST.
Anani
FSHHH

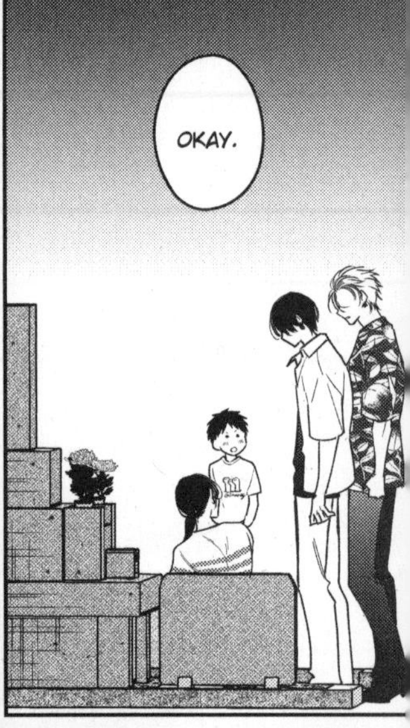
OKAY.

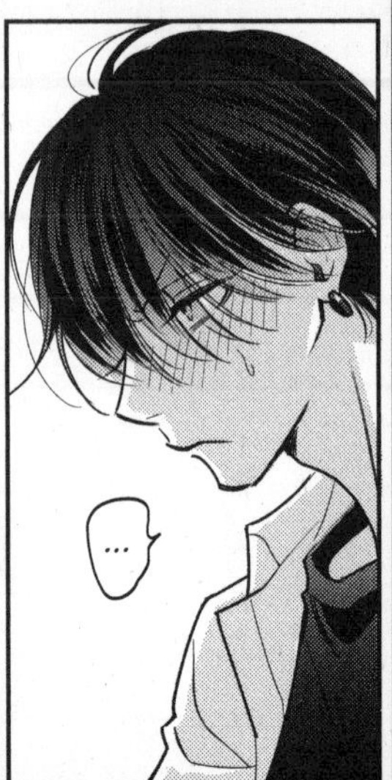
...

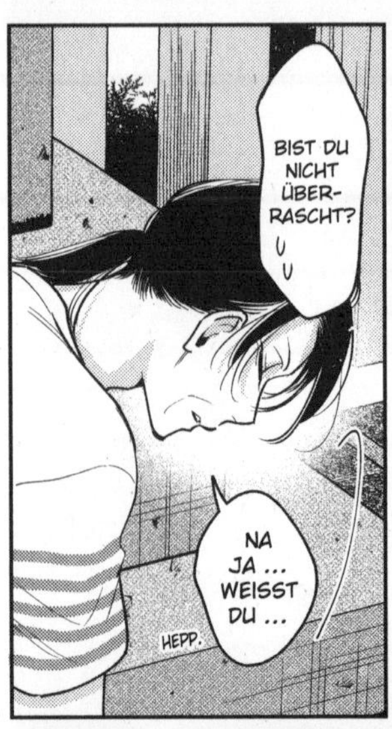
BIST DU NICHT ÜBERRASCHT?
NA JA ... WEISST DU ...
HEPP.

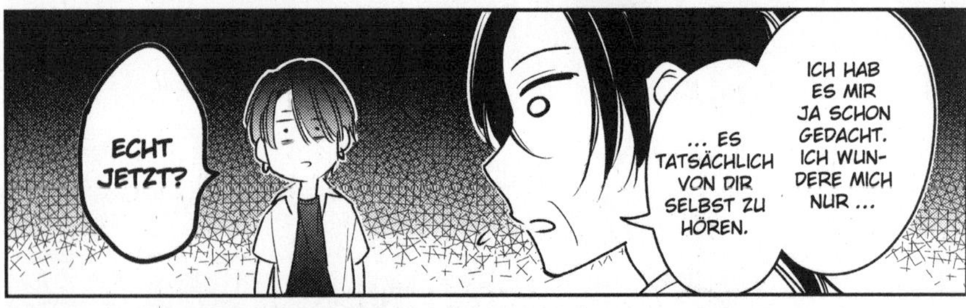
ICH HAB ES MIR JA SCHON GEDACHT. ICH WUNDERE MICH NUR ...
... ES TATSÄCHLICH VON DIR SELBST ZU HÖREN.
ECHT JETZT?

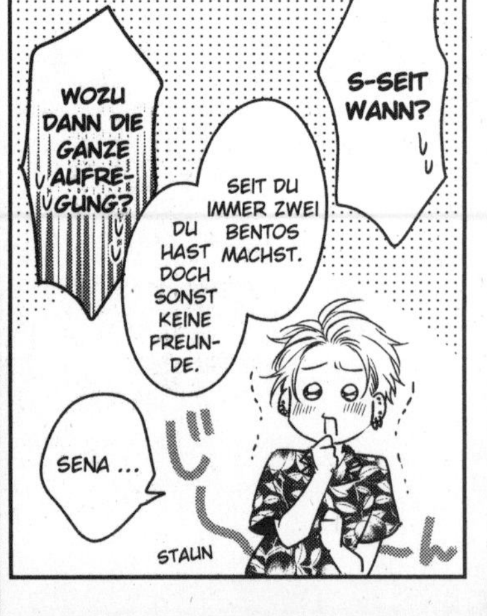
S-SEIT WANN?
WOZU DANN DIE GANZE AUFREGUNG?
SEIT DU IMMER ZWEI BENTOS MACHST.
DU HAST DOCH SONST KEINE FREUNDE.
SENA ...
STAUN

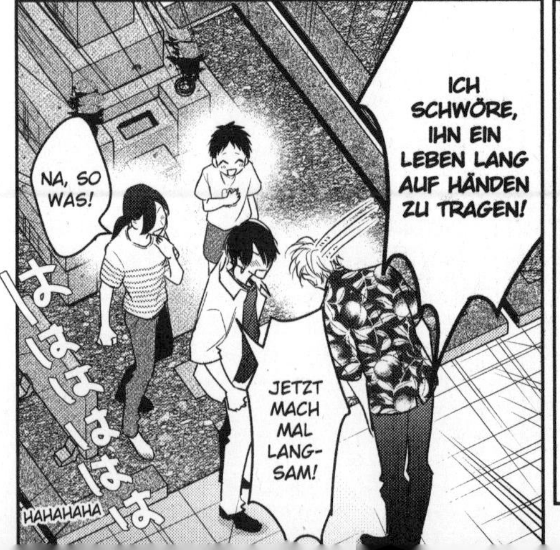
ICH SCHWÖRE, IHN EIN LEBEN LANG AUF HÄNDEN ZU TRAGEN!
NA, SO WAS!
JETZT MACH MAL LANGSAM!
HAHAHAHA

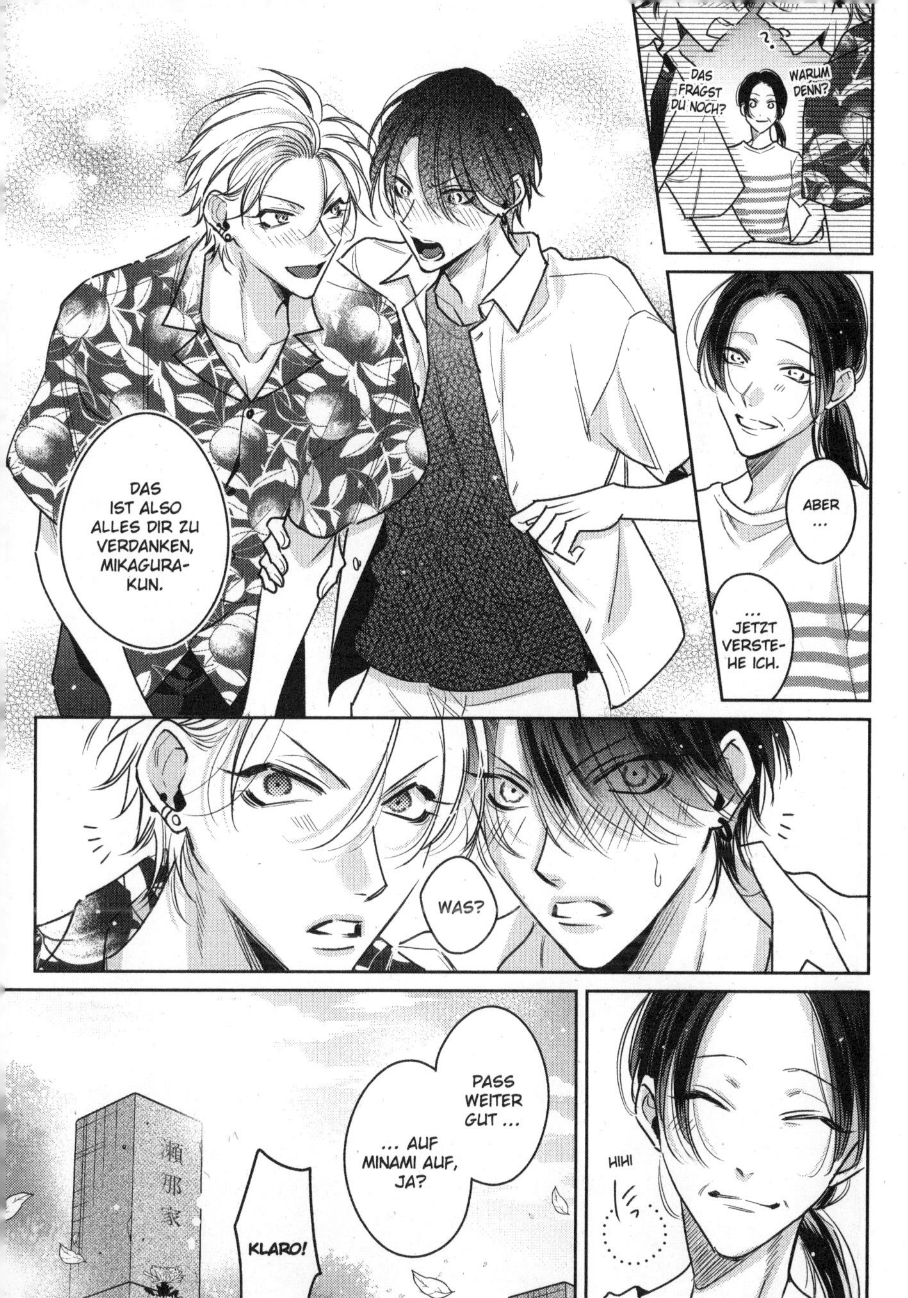
DAS IST ALSO ALLES DIR ZU VERDANKEN, MIKAGURA-KUN.
?
WARUM DENN?
DAS FRAGST DU NOCH?
ABER …
… JETZT VERSTEHE ICH.
WAS?
HIHI
PASS WEITER GUT …
… AUF MINAMI AUF, JA?
瀬那家
KLARO!

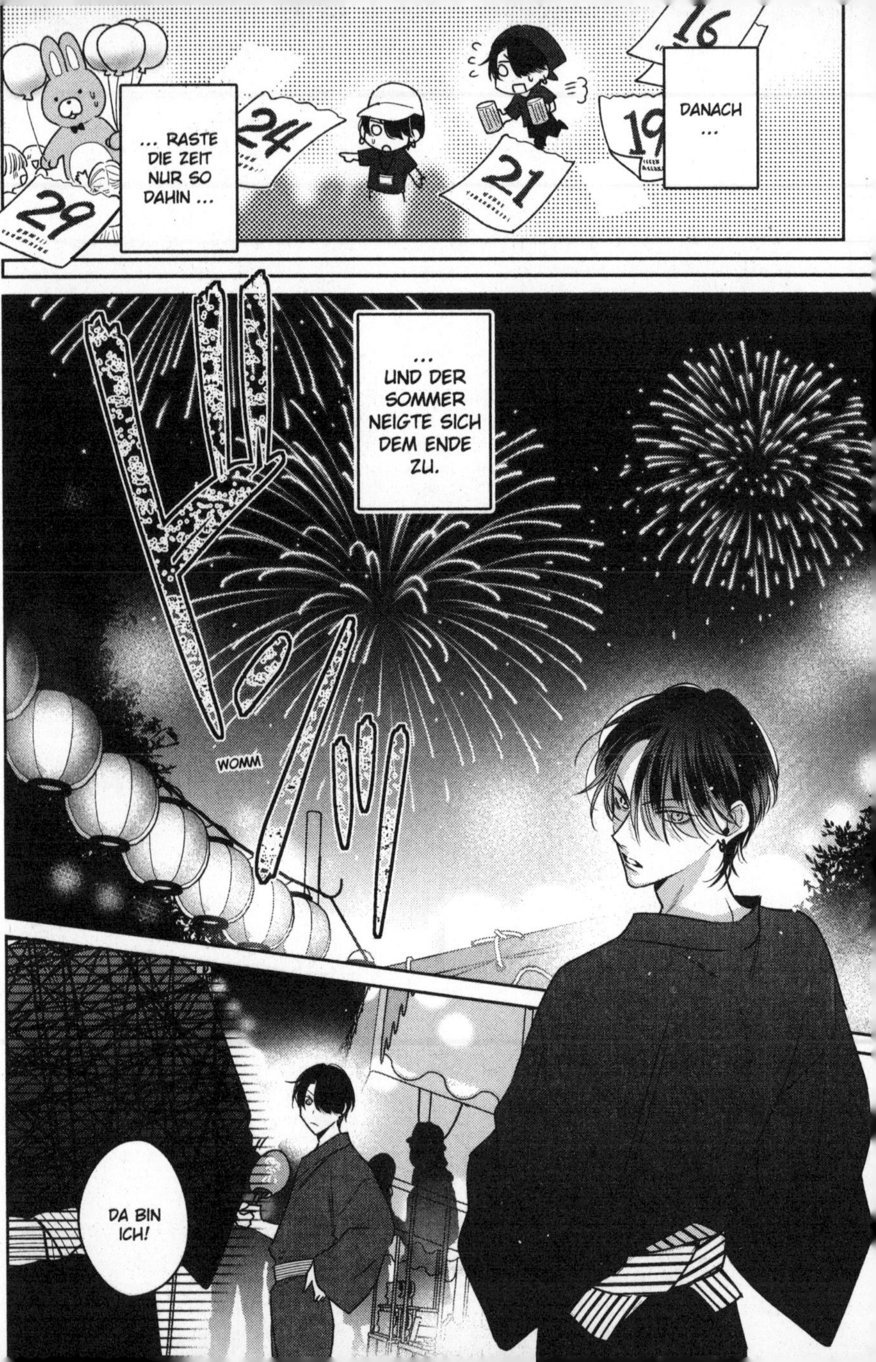

... UND DER SOMMER NEIGTE SICH DEM ENDE ZU.

WOMM

DA BIN ICH!

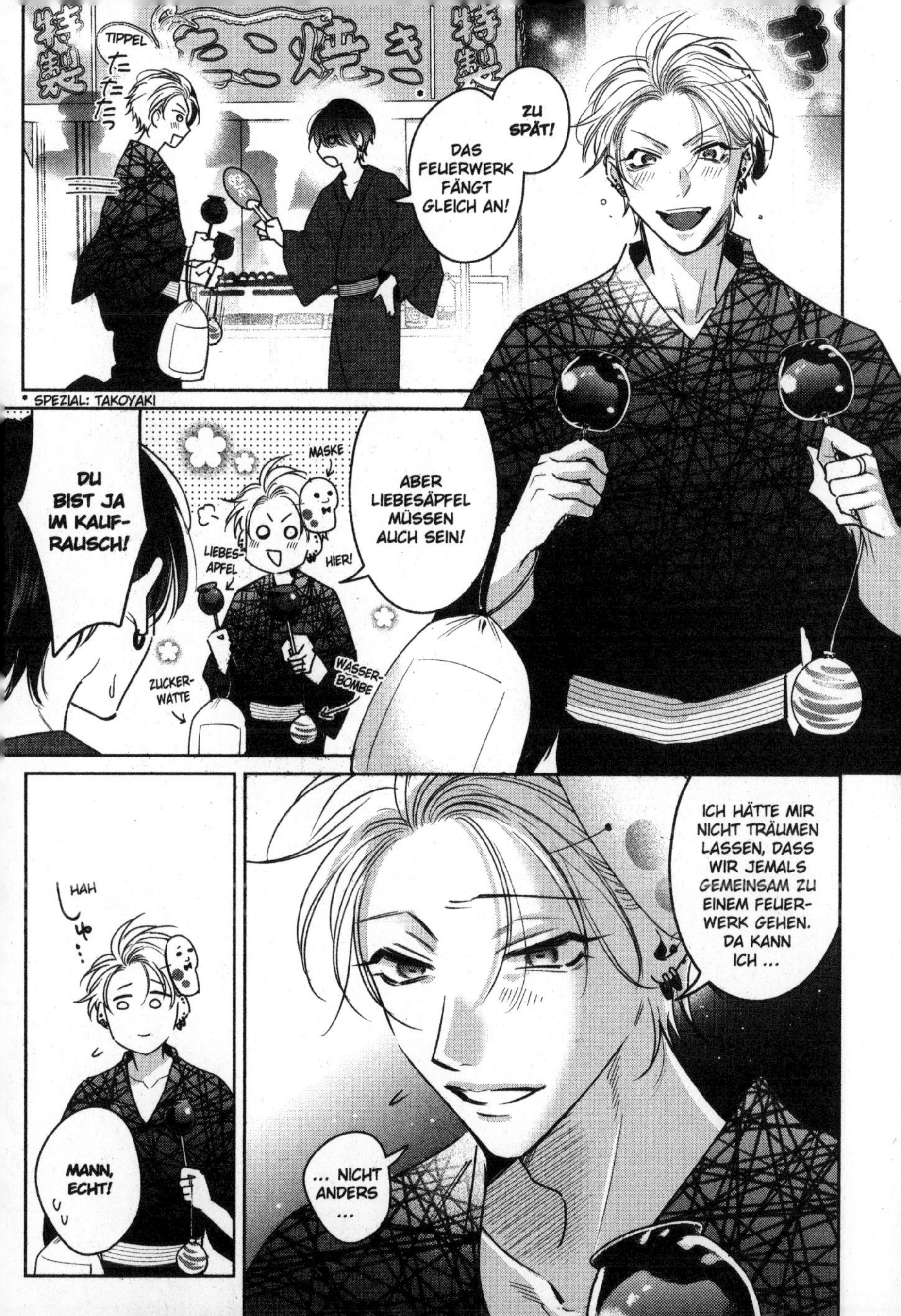
特製 たこ焼き 特製
TIPPEL
たたたっ
ZU SPÄT!
DAS FEUERWERK FÄNGT GLEICH AN!
* SPEZIAL: TAKOYAKI
ABER LIEBESÄPFEL MÜSSEN AUCH SEIN!
MASKE
HIER!
LIEBES-APFEL
WASSER-BOMBE
ZUCKER-WATTE
DU BIST JA IM KAUF-RAUSCH!
ICH HÄTTE MIR NICHT TRÄUMEN LASSEN, DASS WIR JEMALS GEMEINSAM ZU EINEM FEUER-WERK GEHEN. DA KANN ICH …
… NICHT ANDERS …
HAH
MANN, ECHT!

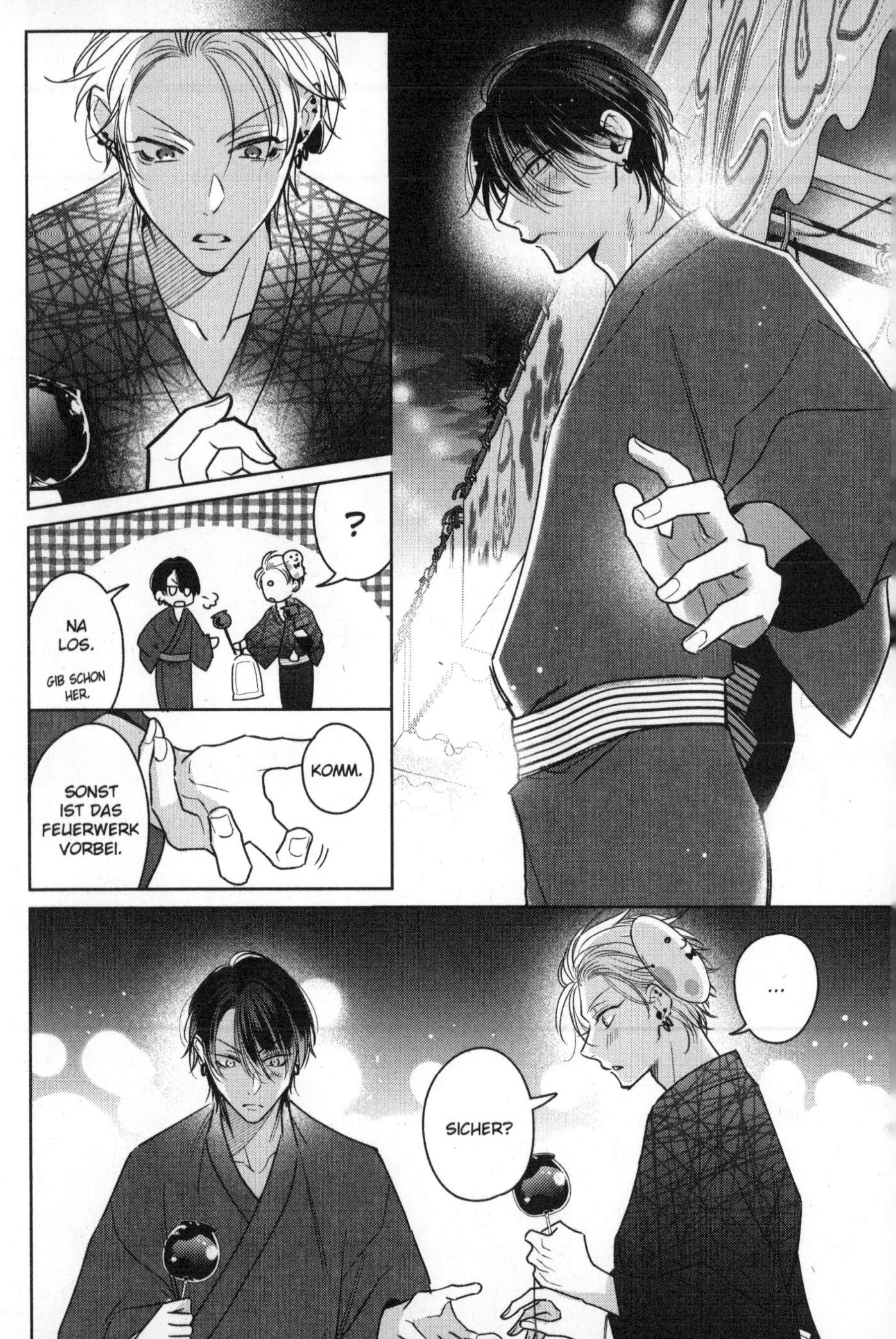
?
NA LOS.
GIB SCHON HER.
KOMM.
SONST IST DAS FEUERWERK VORBEI.
...
SICHER?

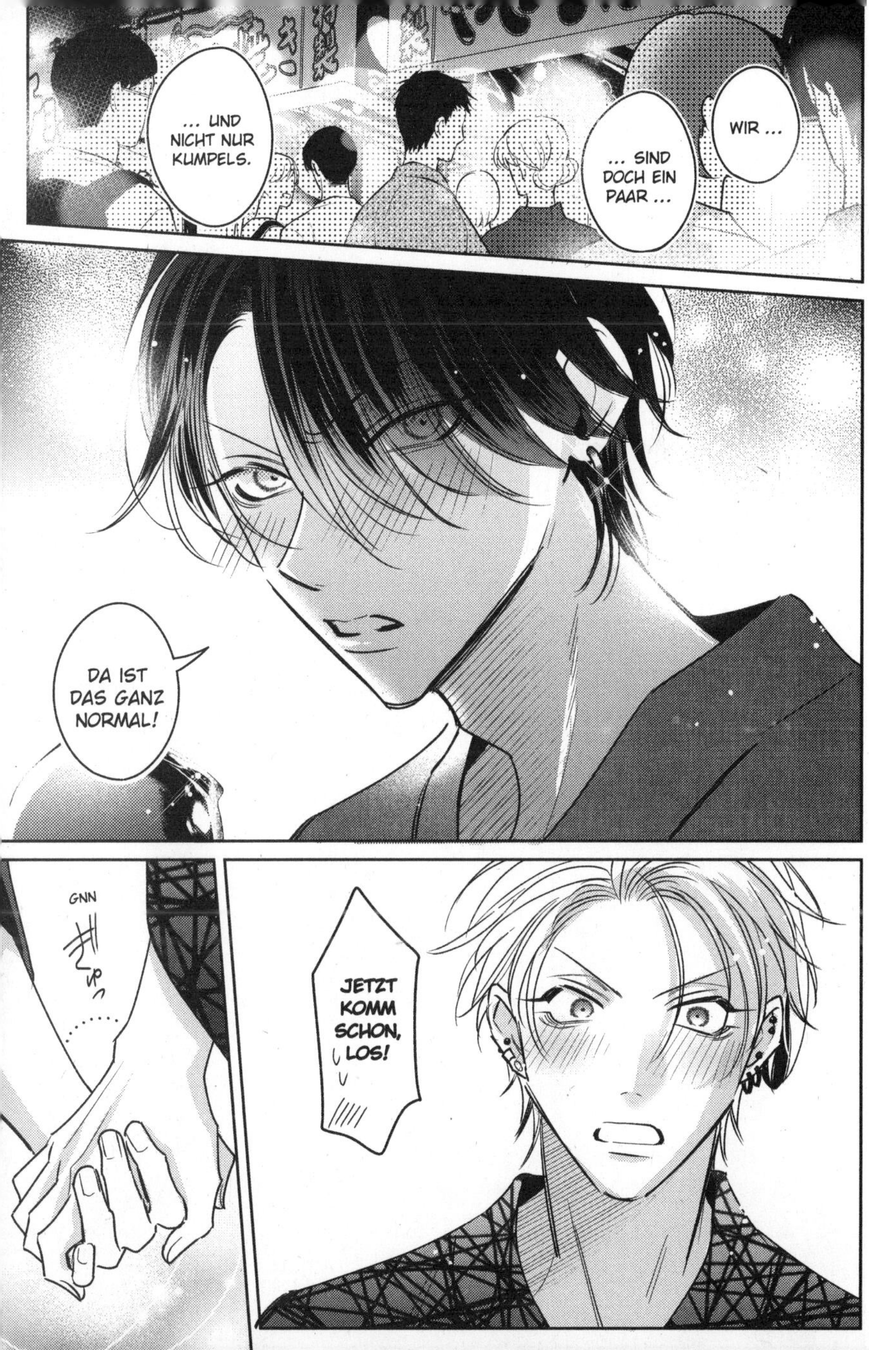

WIR ...
... SIND DOCH EIN PAAR ...
... UND NICHT NUR KUMPELS.
DA IST DAS GANZ NORMAL!
JETZT KOMM SCHON, LOS!
GNN

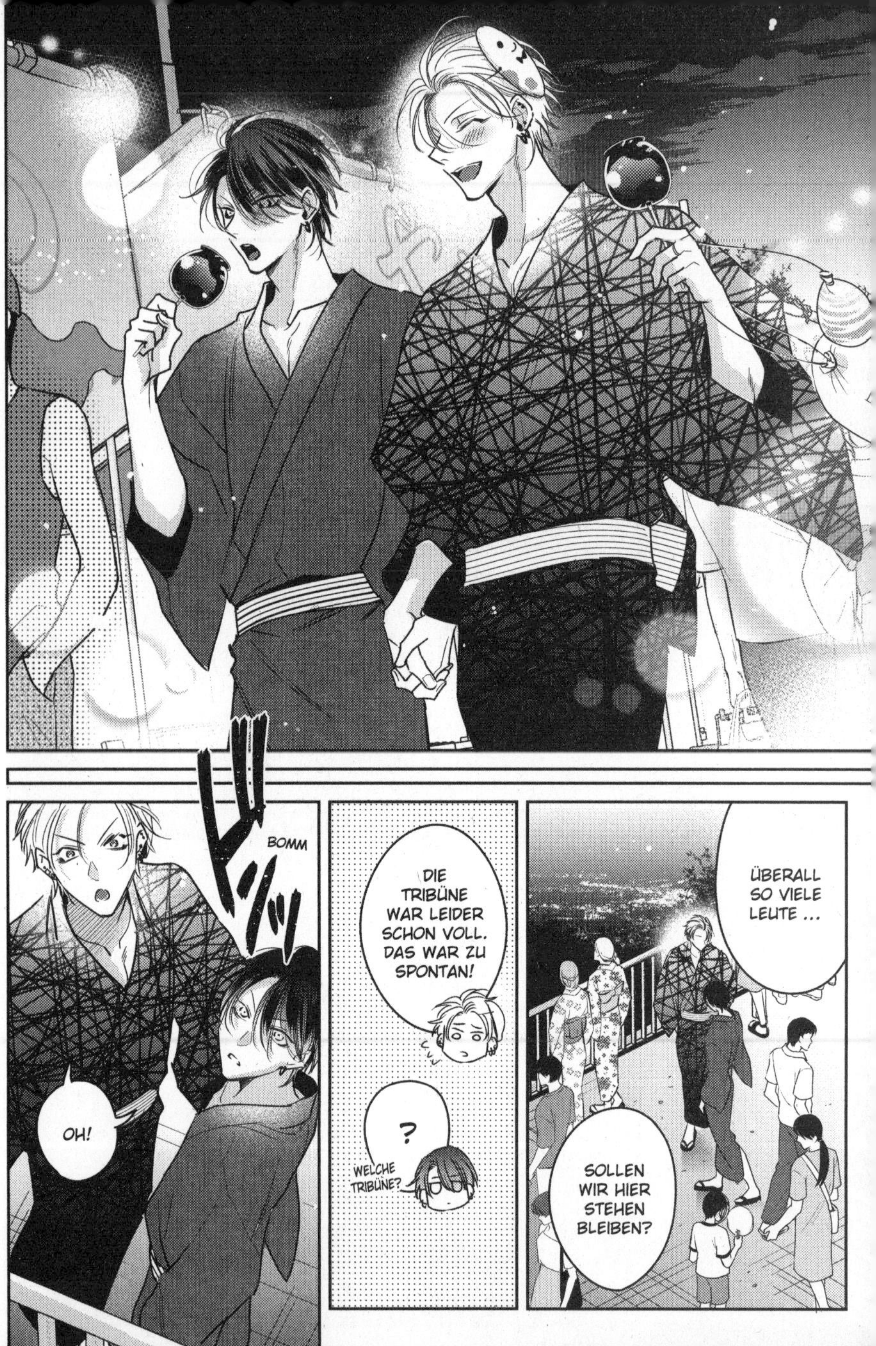

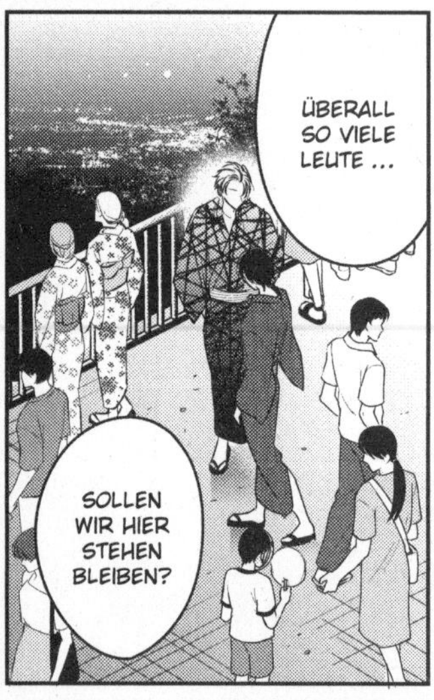
ÜBERALL SO VIELE LEUTE …
SOLLEN WIR HIER STEHEN BLEIBEN?

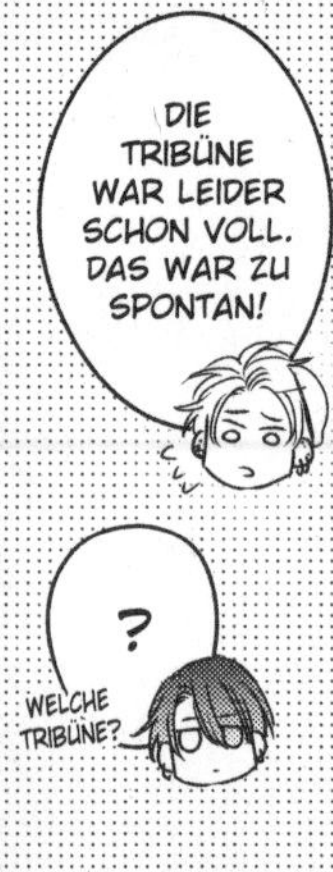
DIE TRIBÜNE WAR LEIDER SCHON VOLL. DAS WAR ZU SPONTAN!
?
WELCHE TRIBÜNE?

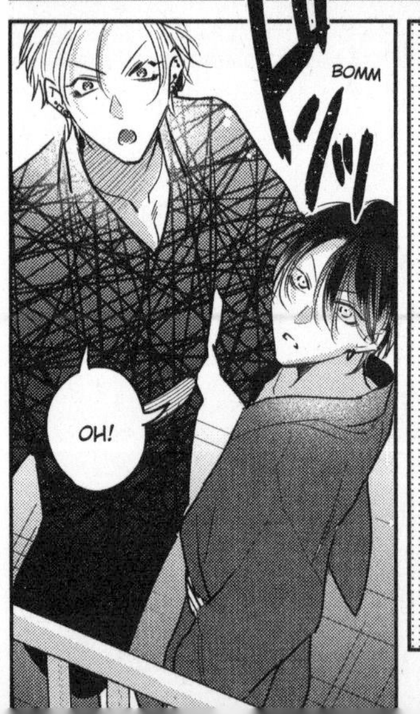
BOMM
OH!

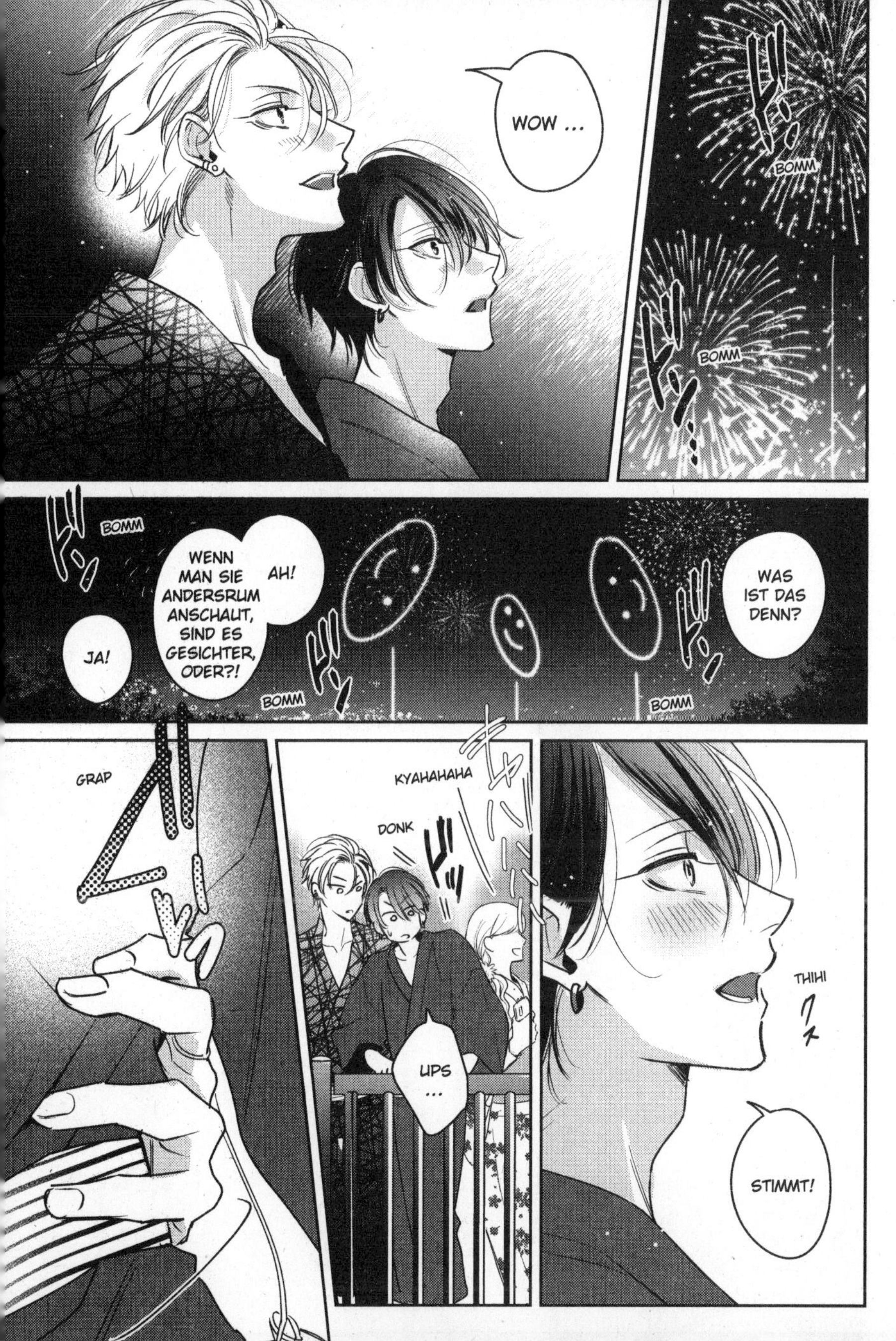
BOMM
BOMM
WOW ...
WAS IST DAS DENN?
BOMM
BOMM
AH!
WENN MAN SIE ANDERSRUM ANSCHAUT, SIND ES GESICHTER, ODER?!
JA!
BOMM
THIHI
STIMMT!
KYAHAHAHA
DONK
UPS ...
GRAP

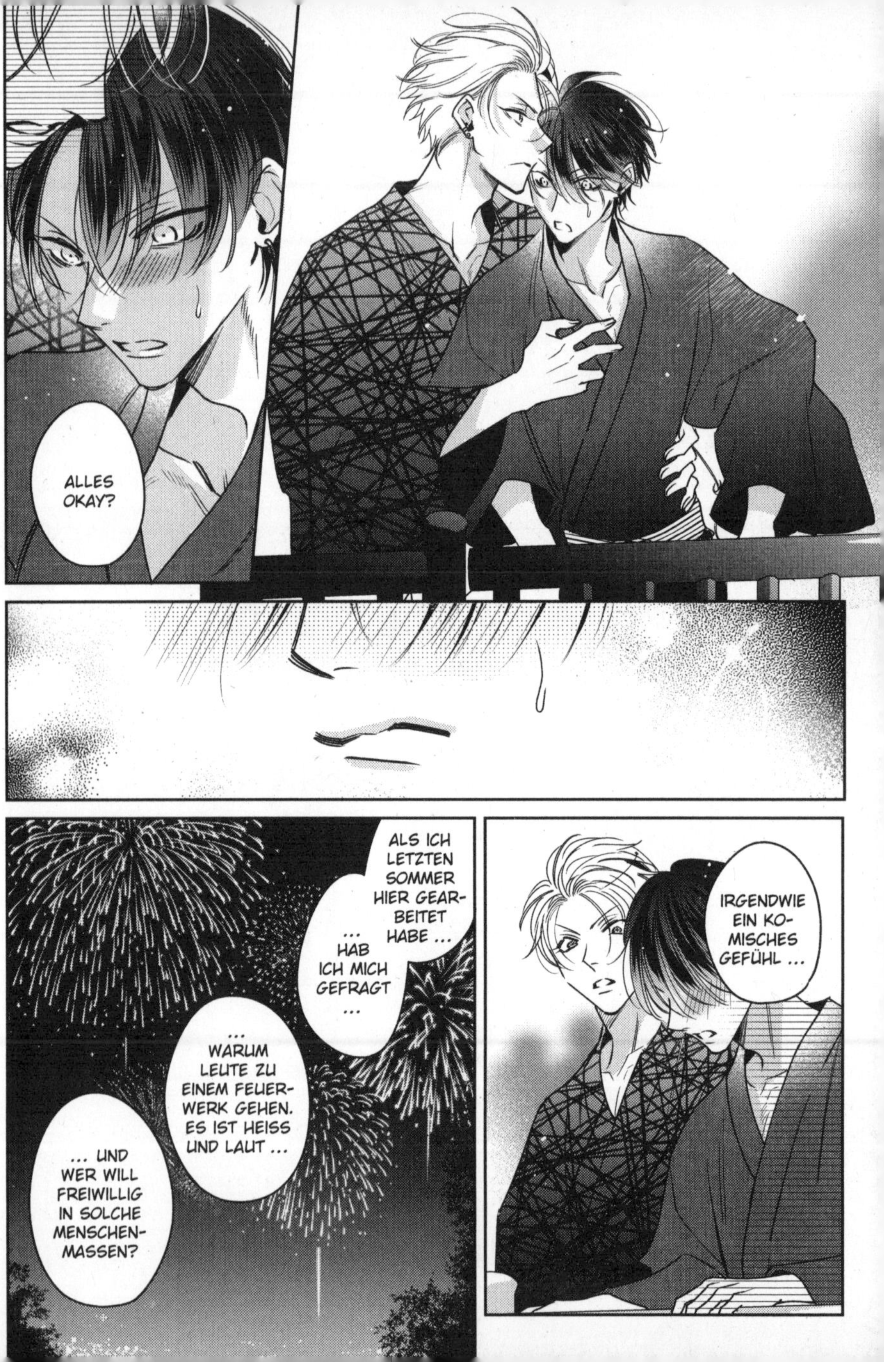

ALLES OKAY?

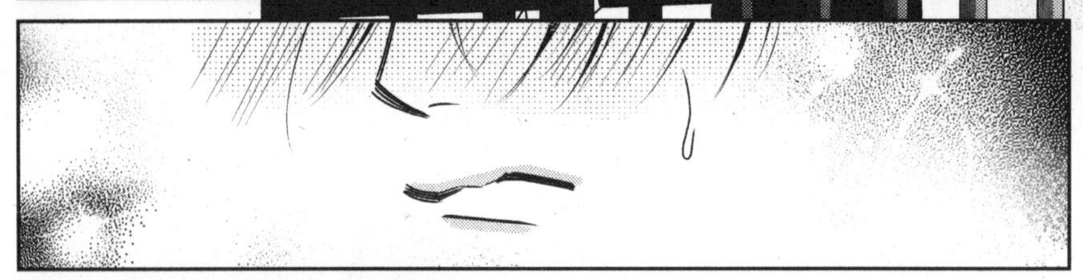

IRGENDWIE EIN KOMISCHES GEFÜHL …

ALS ICH LETZTEN SOMMER HIER GEARBEITET HABE …

… HAB ICH MICH GEFRAGT …

… WARUM LEUTE ZU EINEM FEUERWERK GEHEN. ES IST HEISS UND LAUT …

… UND WER WILL FREIWILLIG IN SOLCHE MENSCHENMASSEN?

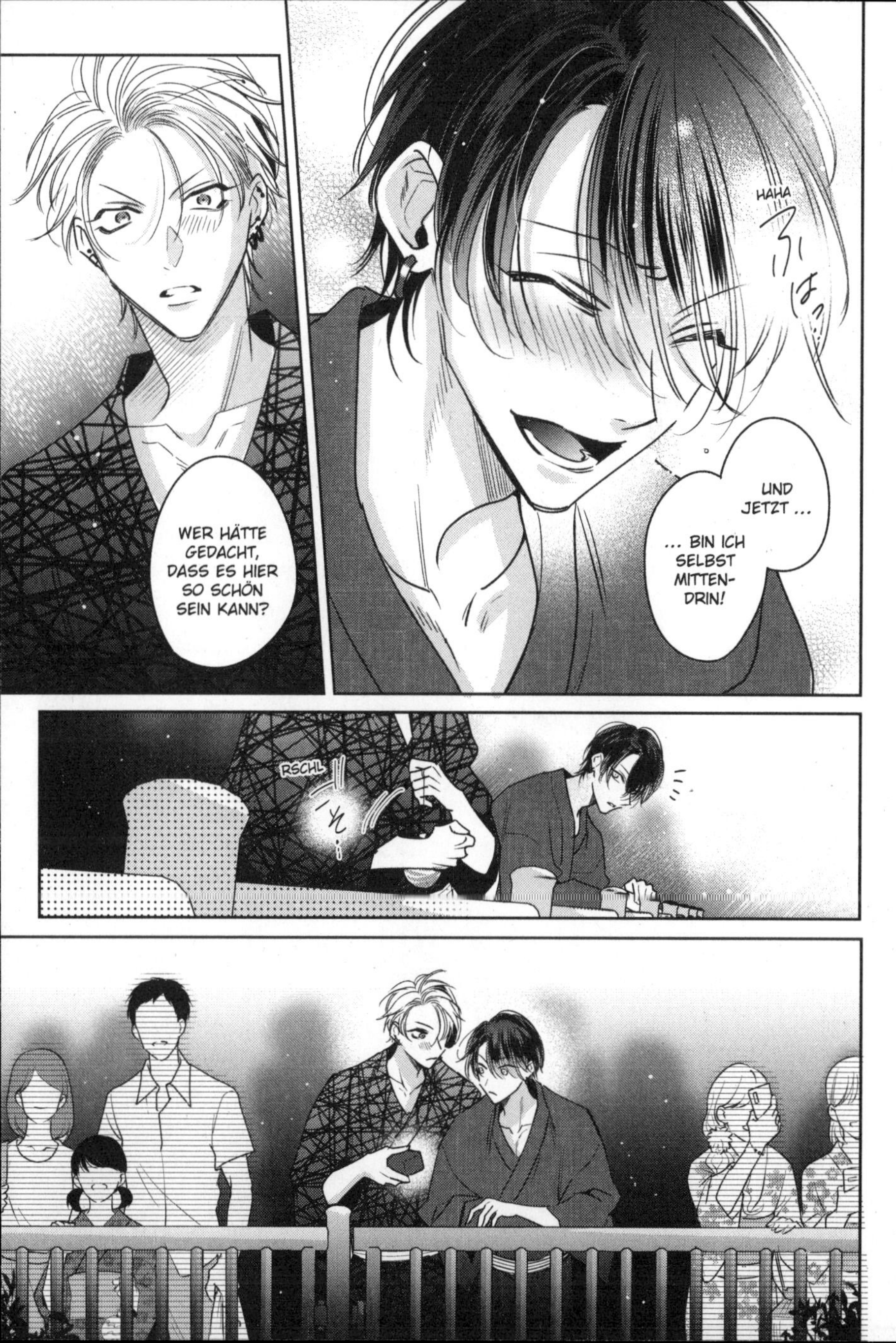

HAHA

UND JETZT …

… BIN ICH SELBST MITTEN-DRIN!

WER HÄTTE GEDACHT, DASS ES HIER SO SCHÖN SEIN KANN?

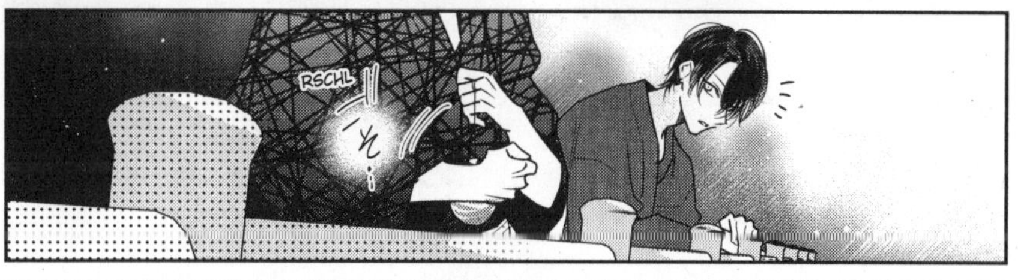

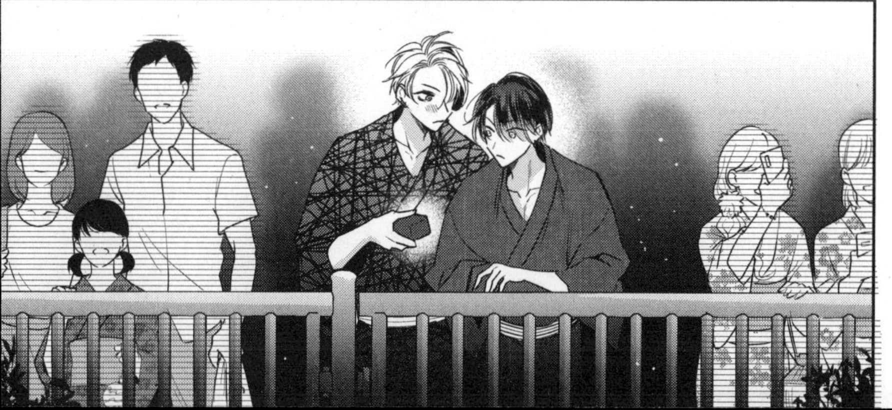

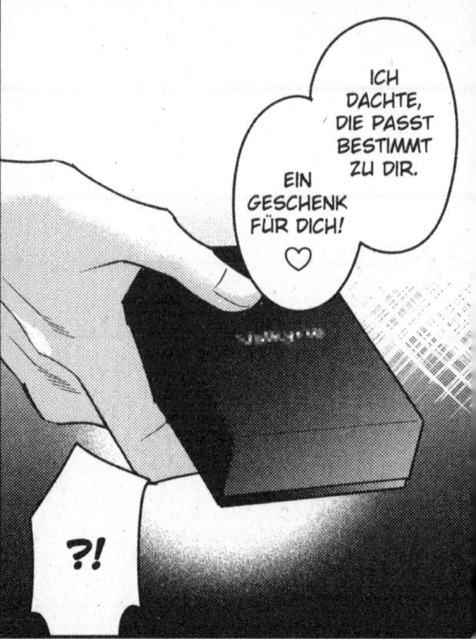
ICH DACHTE, DIE PASST BESTIMMT ZU DIR.
EIN GESCHENK FÜR DICH! ♡
?!

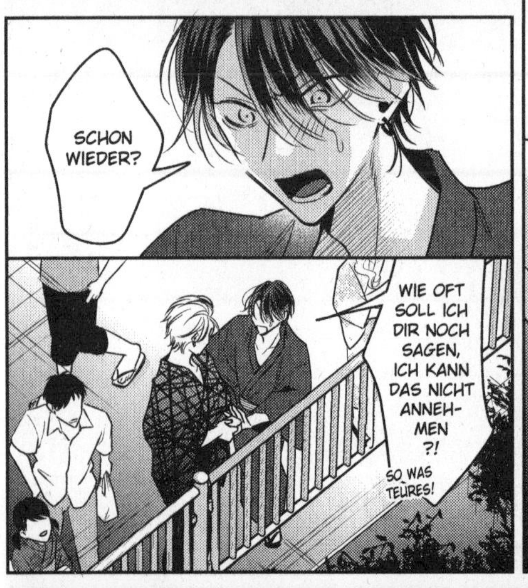
SCHON WIEDER?
WIE OFT SOLL ICH DIR NOCH SAGEN, ICH KANN DAS NICHT ANNEHMEN ?!
SO WAS TEURES!

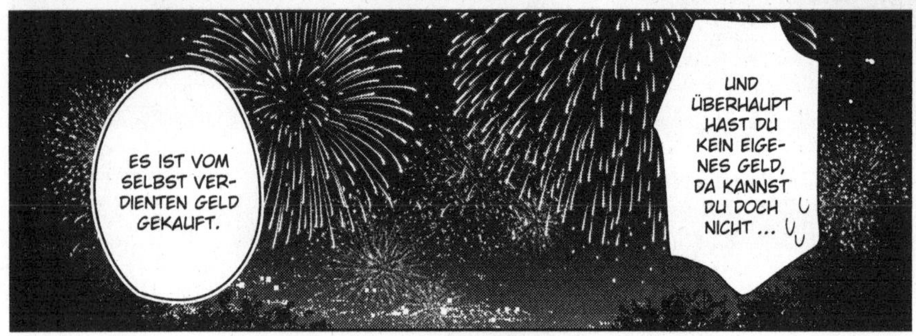
UND ÜBERHAUPT HAST DU KEIN EIGENES GELD, DA KANNST DU DOCH NICHT …
ES IST VOM SELBST VERDIENTEN GELD GEKAUFT.

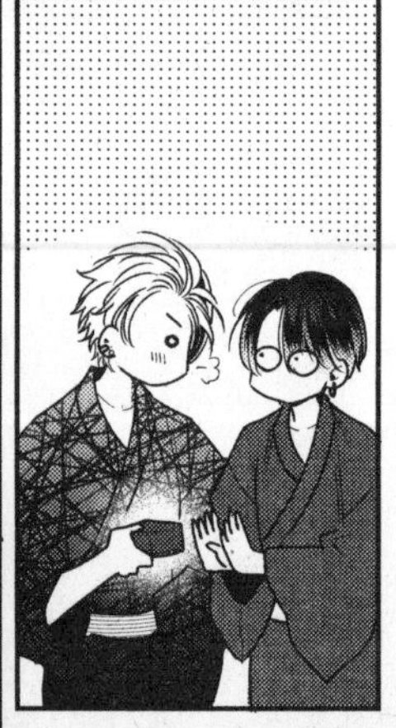

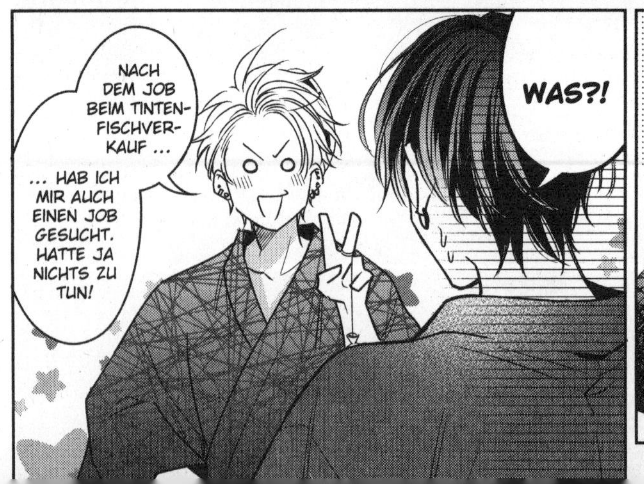
WAS?!
NACH DEM JOB BEIM TINTENFISCHVERKAUF …
… HAB ICH MIR AUCH EINEN JOB GESUCHT. HATTE JA NICHTS ZU TUN!

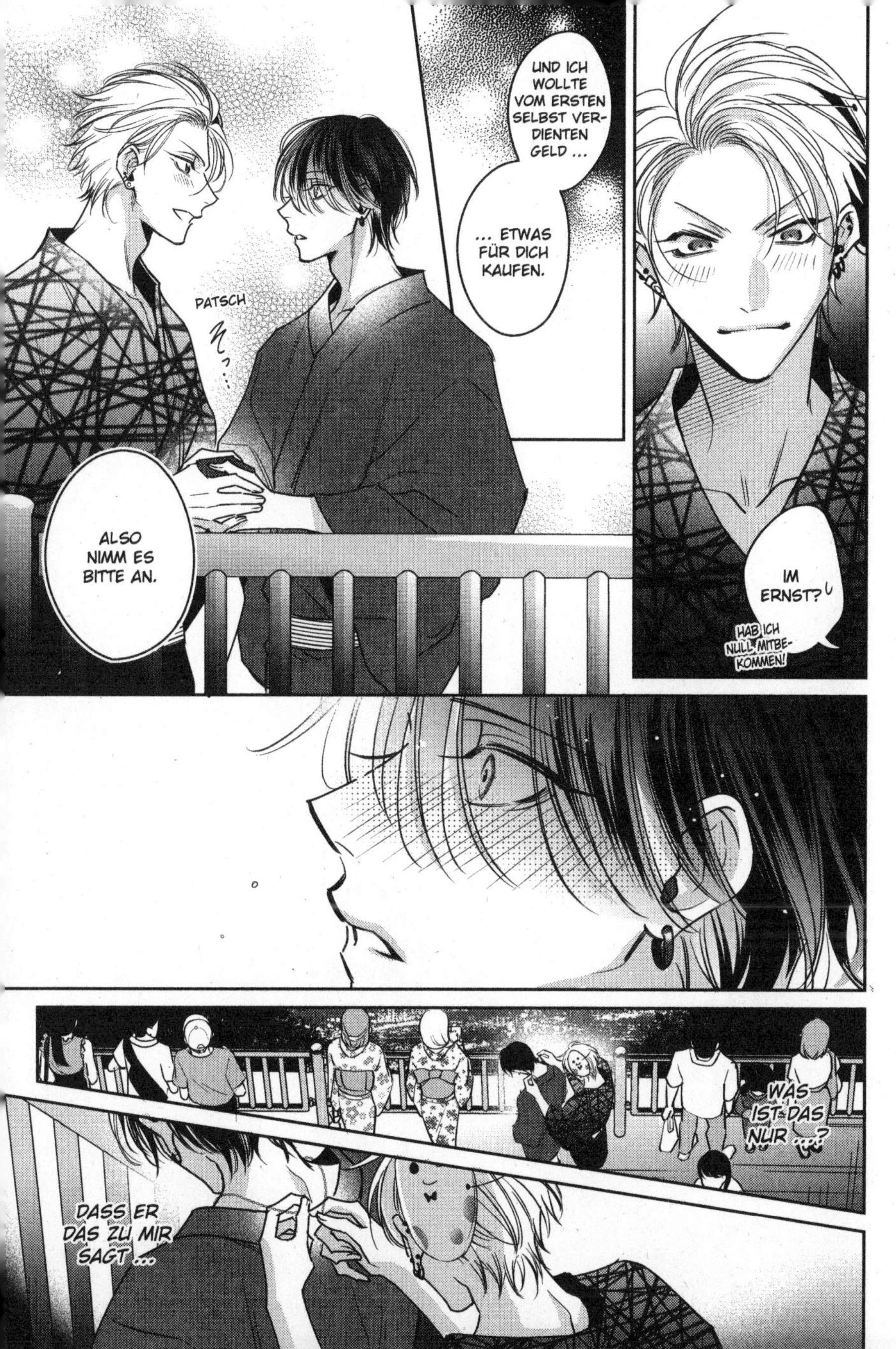

IM ERNST?
HAB ICH NULL MITBEKOMMEN!
UND ICH WOLLTE VOM ERSTEN SELBST VERDIENTEN GELD …
… ETWAS FÜR DICH KAUFEN.
PATSCH
ALSO NIMM ES BITTE AN.
WAS IST DAS NUR …?
DASS ER DAS ZU MIR SAGT …

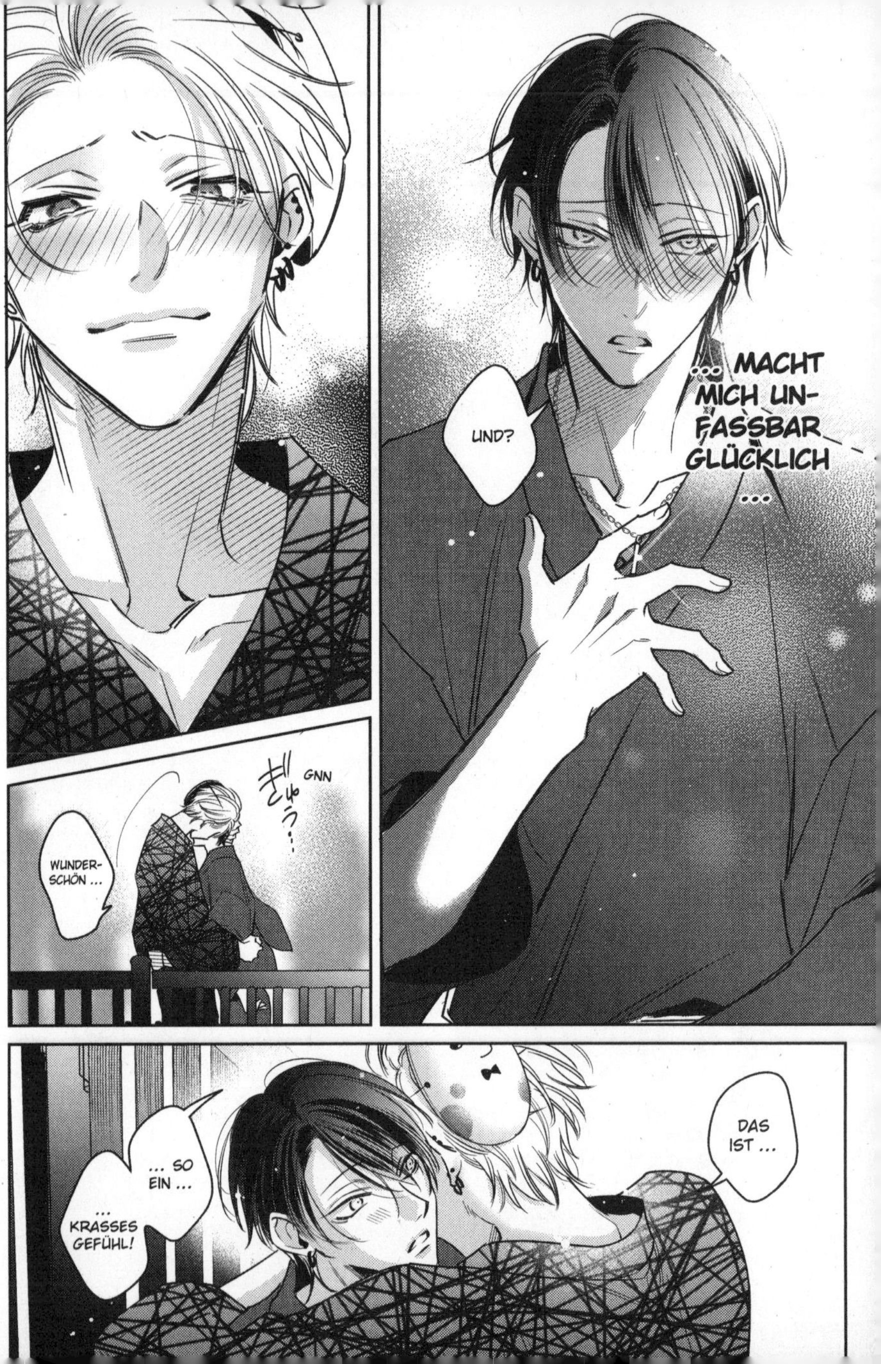

UND?

... MACHT MICH UN-FASSBAR GLÜCKLICH ...

GNN

WUNDER-SCHÖN ...

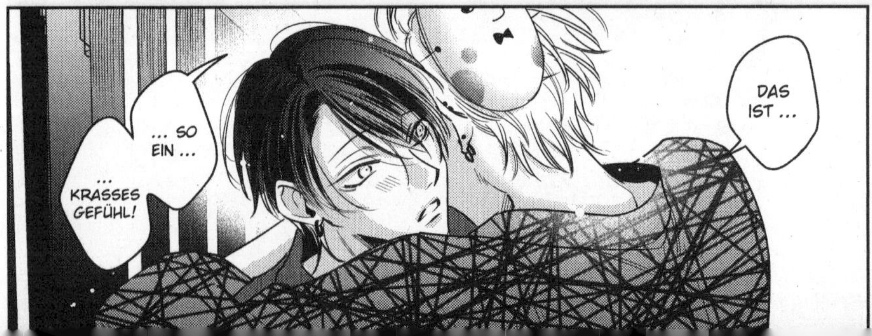

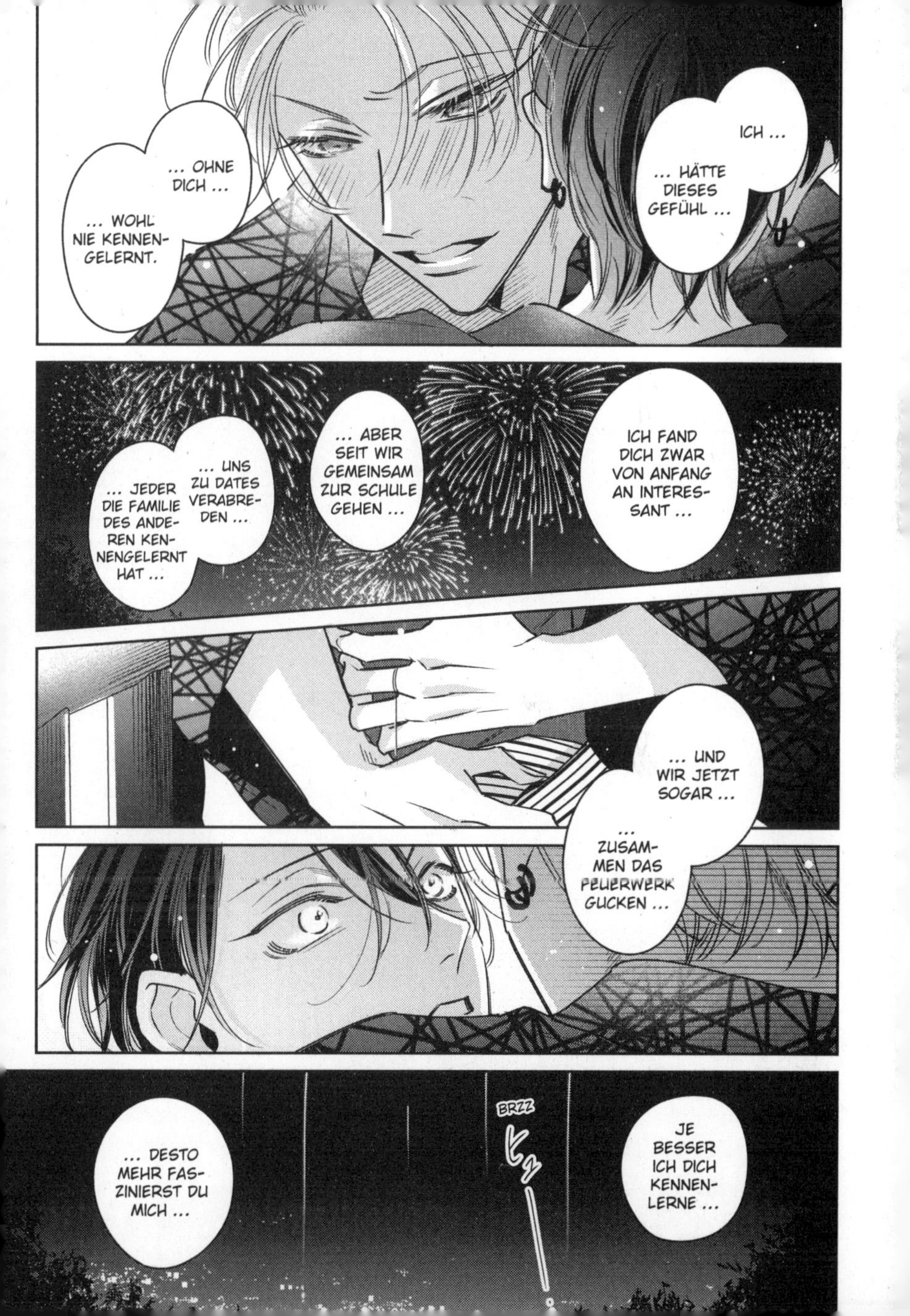

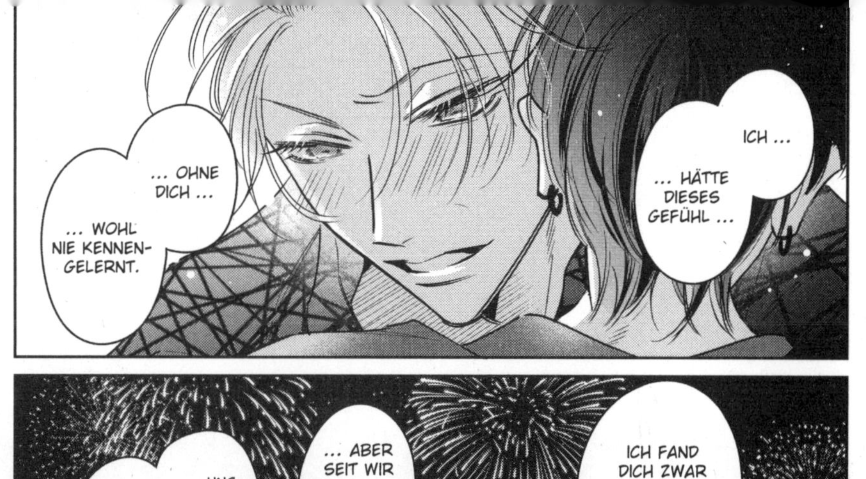
ICH …
… HÄTTE DIESES GEFÜHL …
… OHNE DICH …
… WOHL NIE KENNENGELERNT.

ICH FAND DICH ZWAR VON ANFANG AN INTERESSANT …
… ABER SEIT WIR GEMEINSAM ZUR SCHULE GEHEN …
… UNS ZU DATES VERABREDEN …
… JEDER DIE FAMILIE DES ANDEREN KENNENGELERNT HAT …
… UND WIR JETZT SOGAR …
… ZUSAMMEN DAS FEUERWERK GUCKEN …

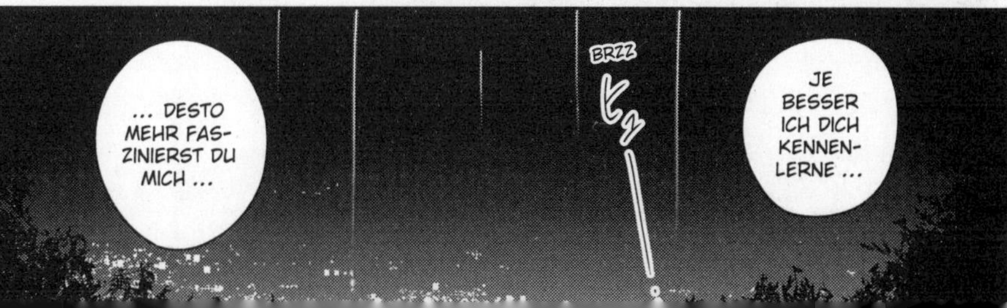
JE BESSER ICH DICH KENNENLERNE …
BRZZ
… DESTO MEHR FASZINIERST DU MICH …

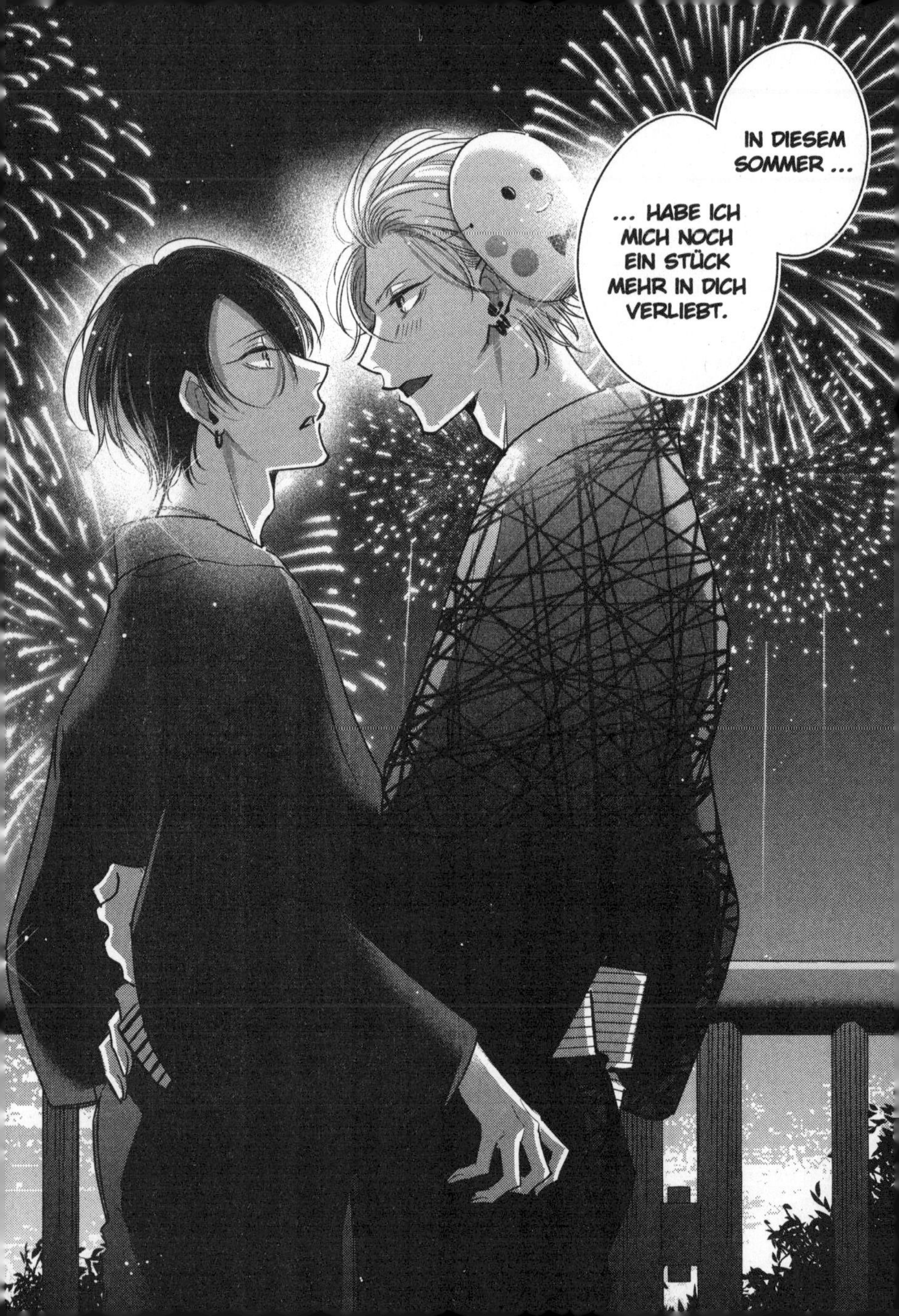
IN DIESEM SOMMER …
… HABE ICH MICH NOCH EIN STÜCK MEHR IN DICH VERLIEBT.

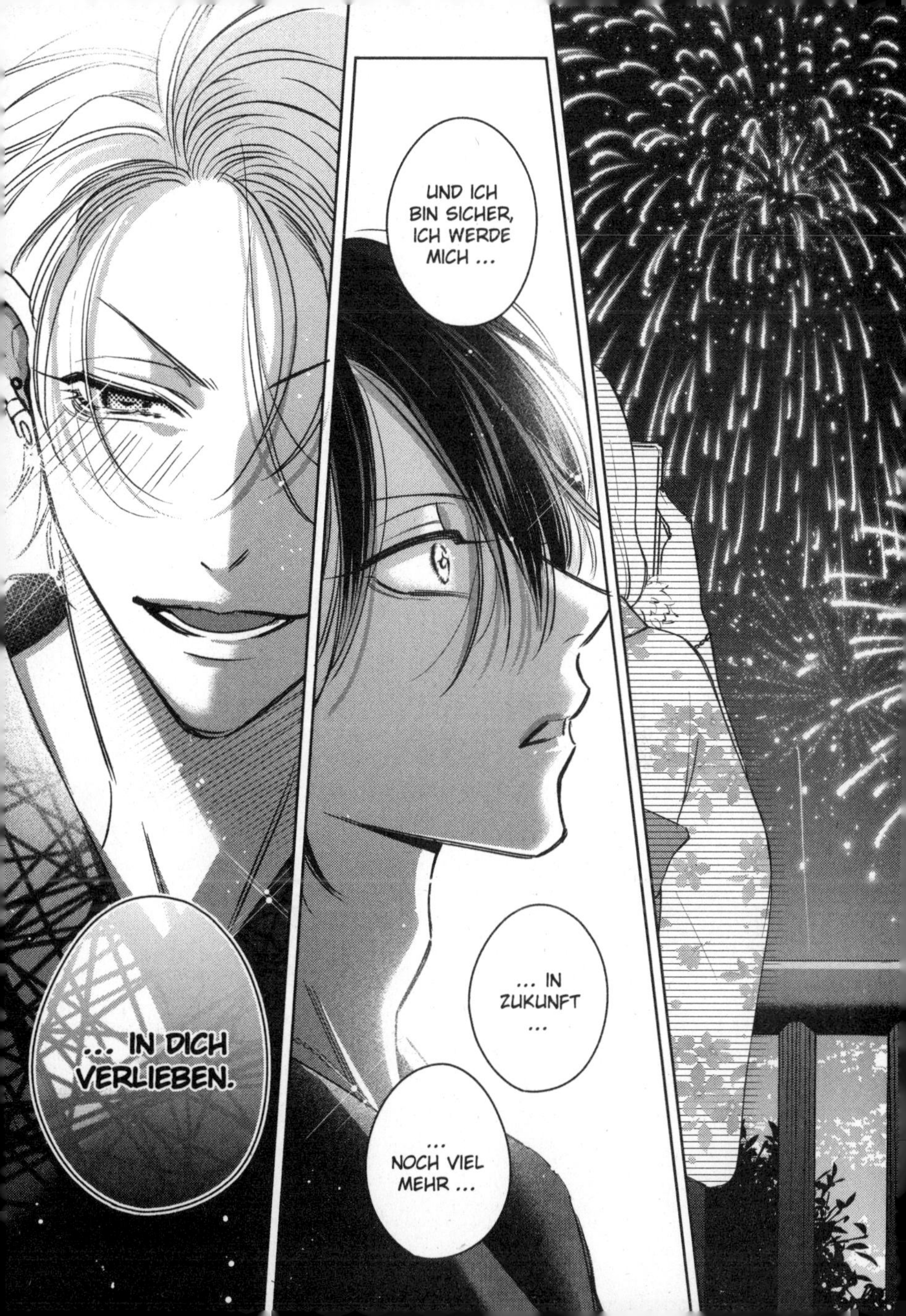
UND ICH BIN SICHER, ICH WERDE MICH …
… IN ZUKUNFT …
… NOCH VIEL MEHR …
… IN DICH VERLIEBEN.

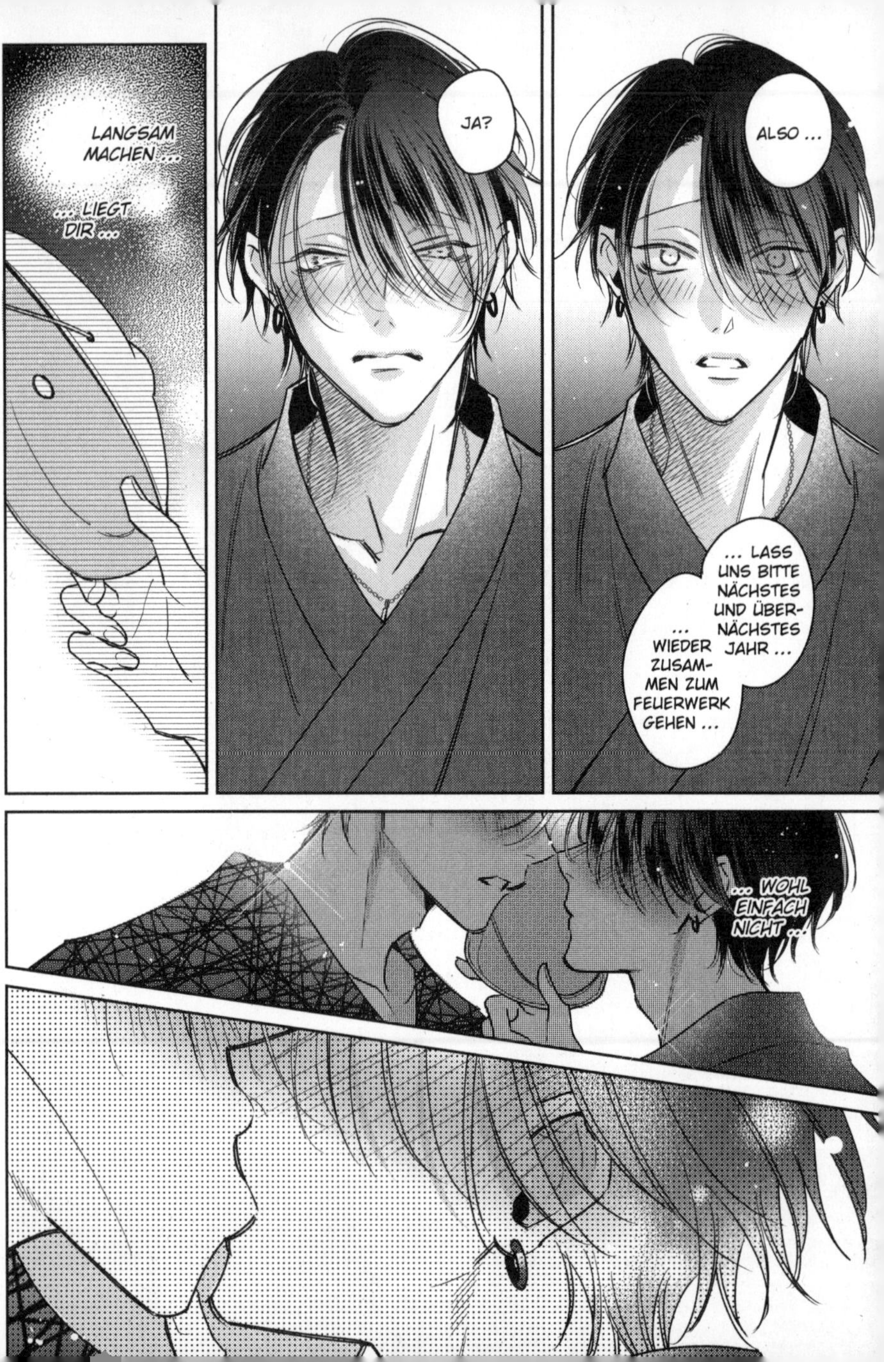

ALSO …
… LASS UNS BITTE NÄCHSTES UND ÜBERNÄCHSTES JAHR …
… WIEDER ZUSAMMEN ZUM FEUERWERK GEHEN …
JA?
LANGSAM MACHEN …
… LIEGT DIR …
… WOHL EINFACH NICHT …

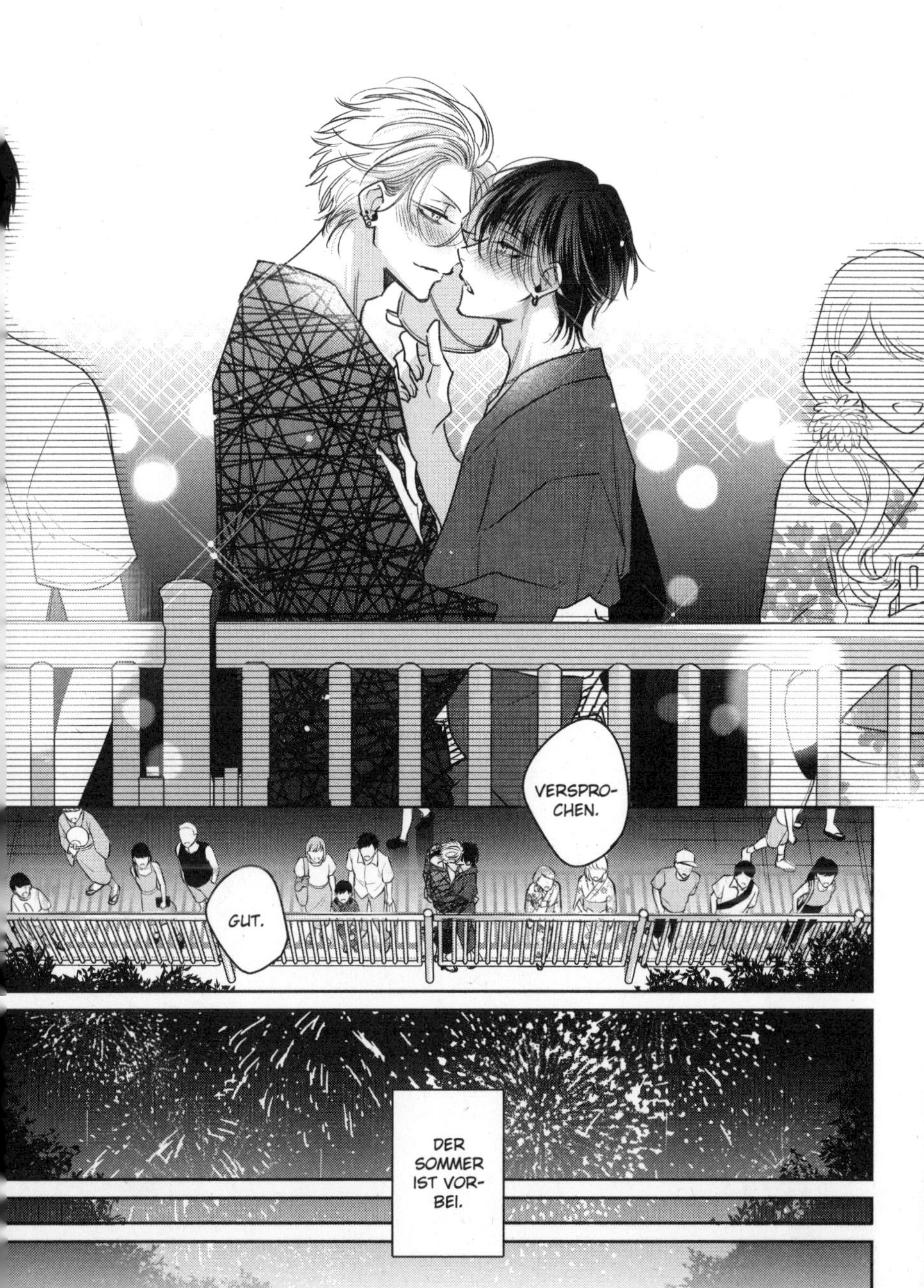
VERSPRO-
CHEN.
GUT.
DER
SOMMER
IST VOR-
BEI.

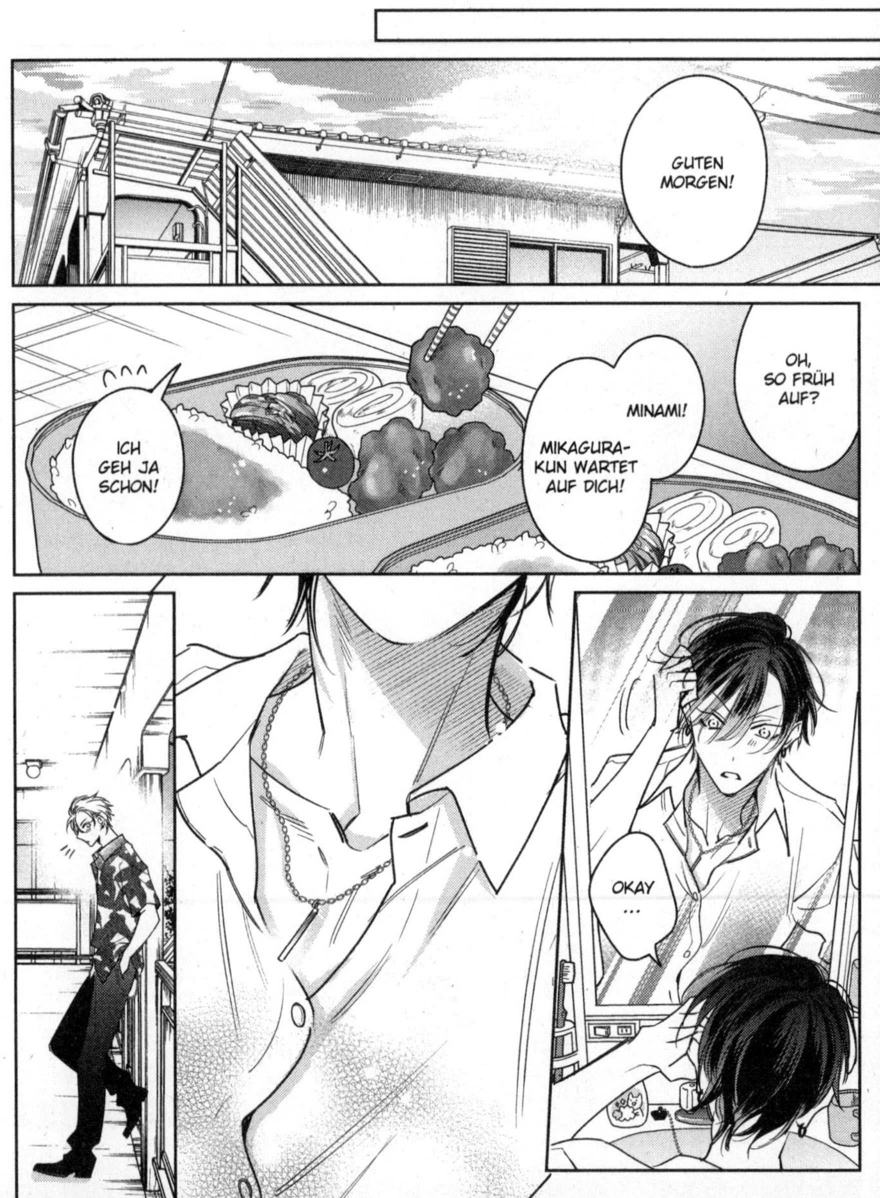
GUTEN MORGEN!
OH, SO FRÜH AUF?
MINAMI!
MIKAGURA-KUN WARTET AUF DICH!
ICH GEH JA SCHON!
OKAY …

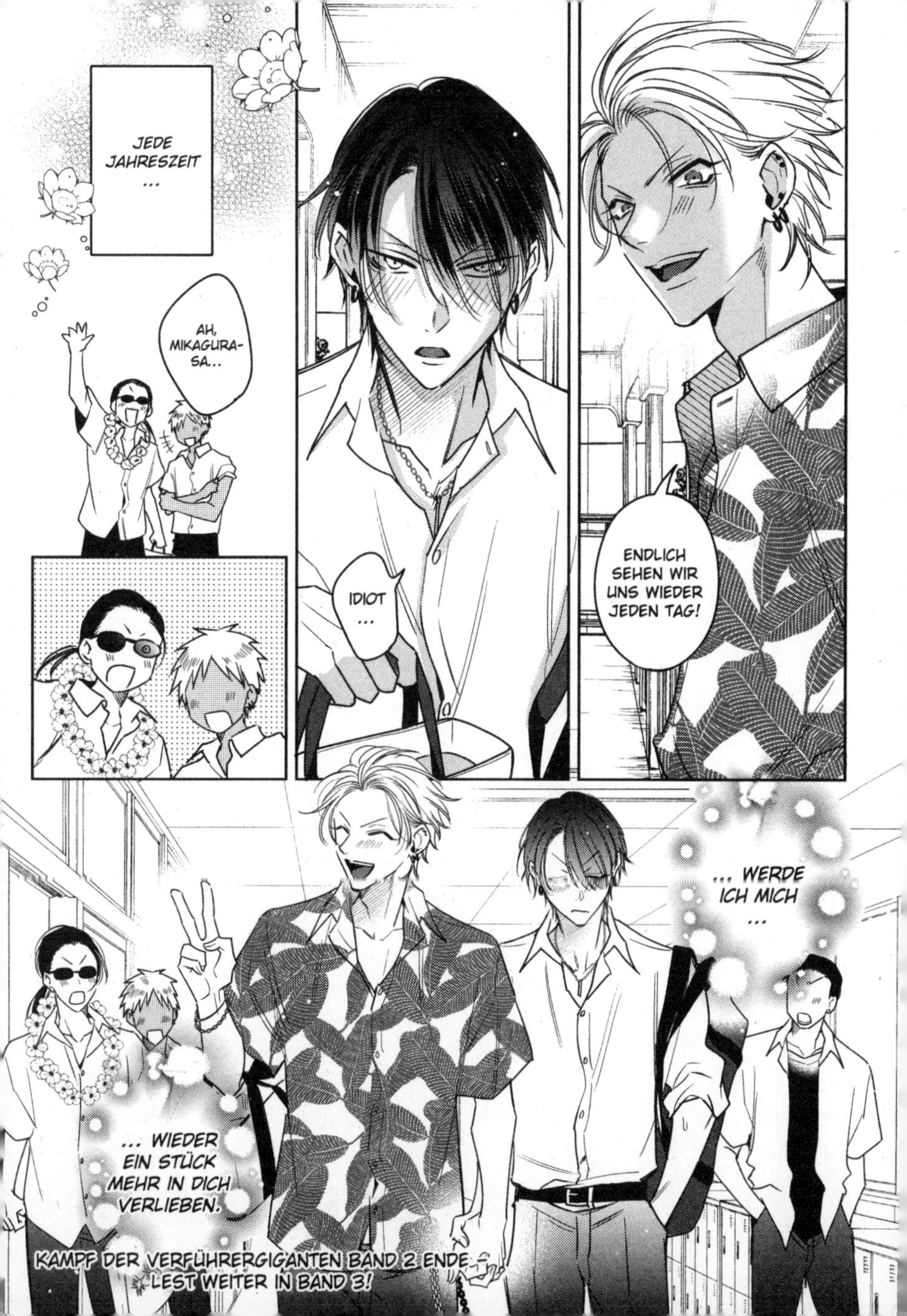
ENDLICH SEHEN WIR UNS WIEDER JEDEN TAG!
IDIOT ...
JEDE JAHRESZEIT ...
AH, MIKAGURA-SA...
... WERDE ICH MICH ...
... WIEDER EIN STÜCK MEHR IN DICH VERLIEBEN.
KAMPF DER VERFÜHRERGIGANTEN BAND 2 ENDE
LEST WEITER IN BAND 3!

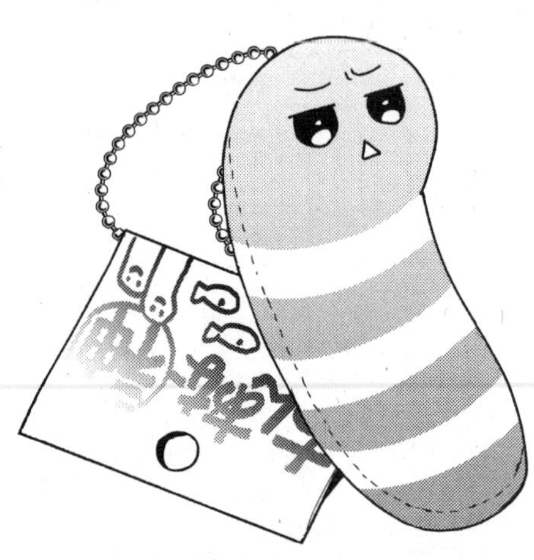

KAMPF DER VERFÜHRERGIGANTEN

PRESENTED BY TOTOFUMI

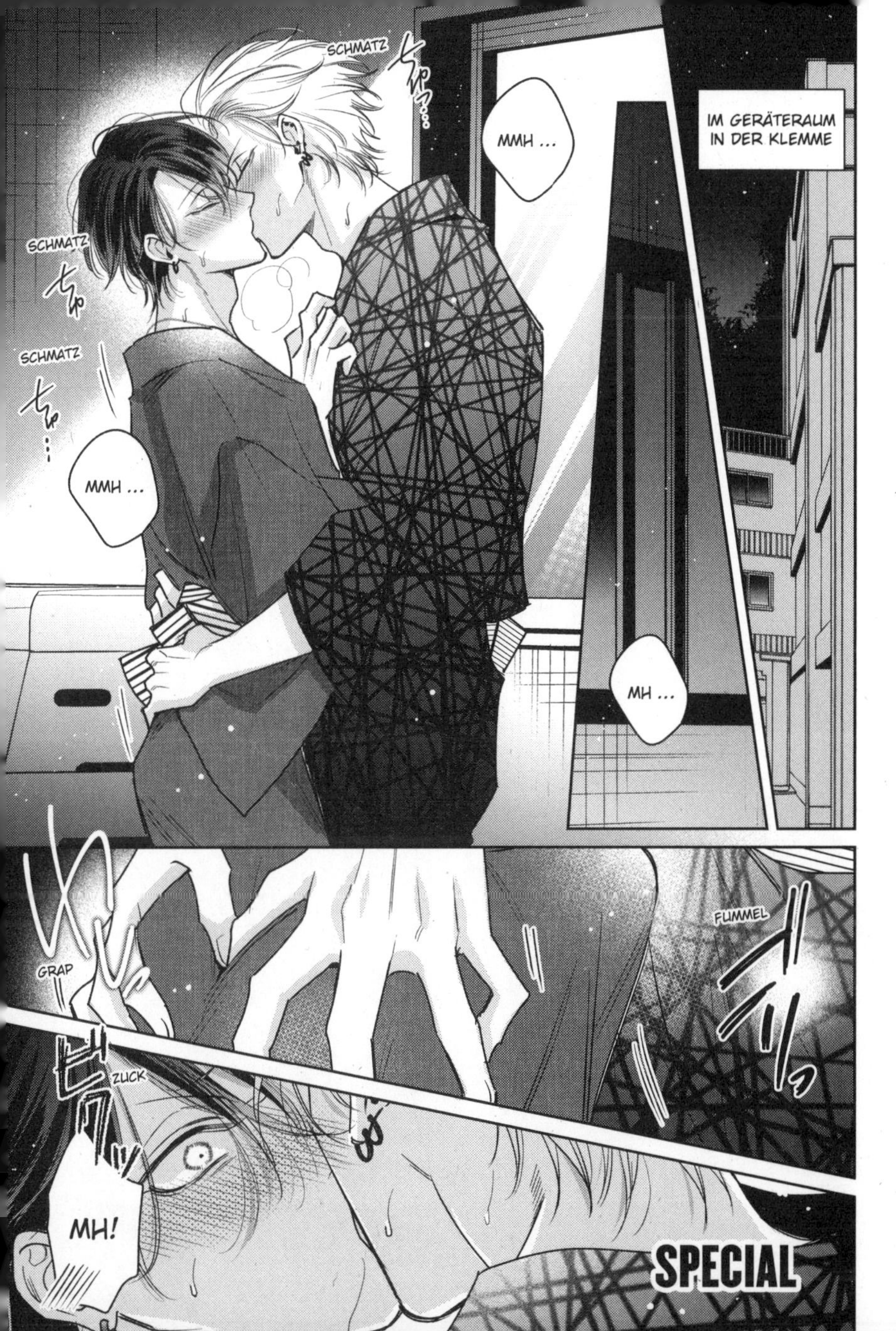
IM GERÄTERAUM IN DER KLEMME
SCHMATZ
MMH ...
SCHMATZ
SCHMATZ
MMH ...
MH ...
FUMMEL
GRAP
ZUCK
MH!
SPECIAL

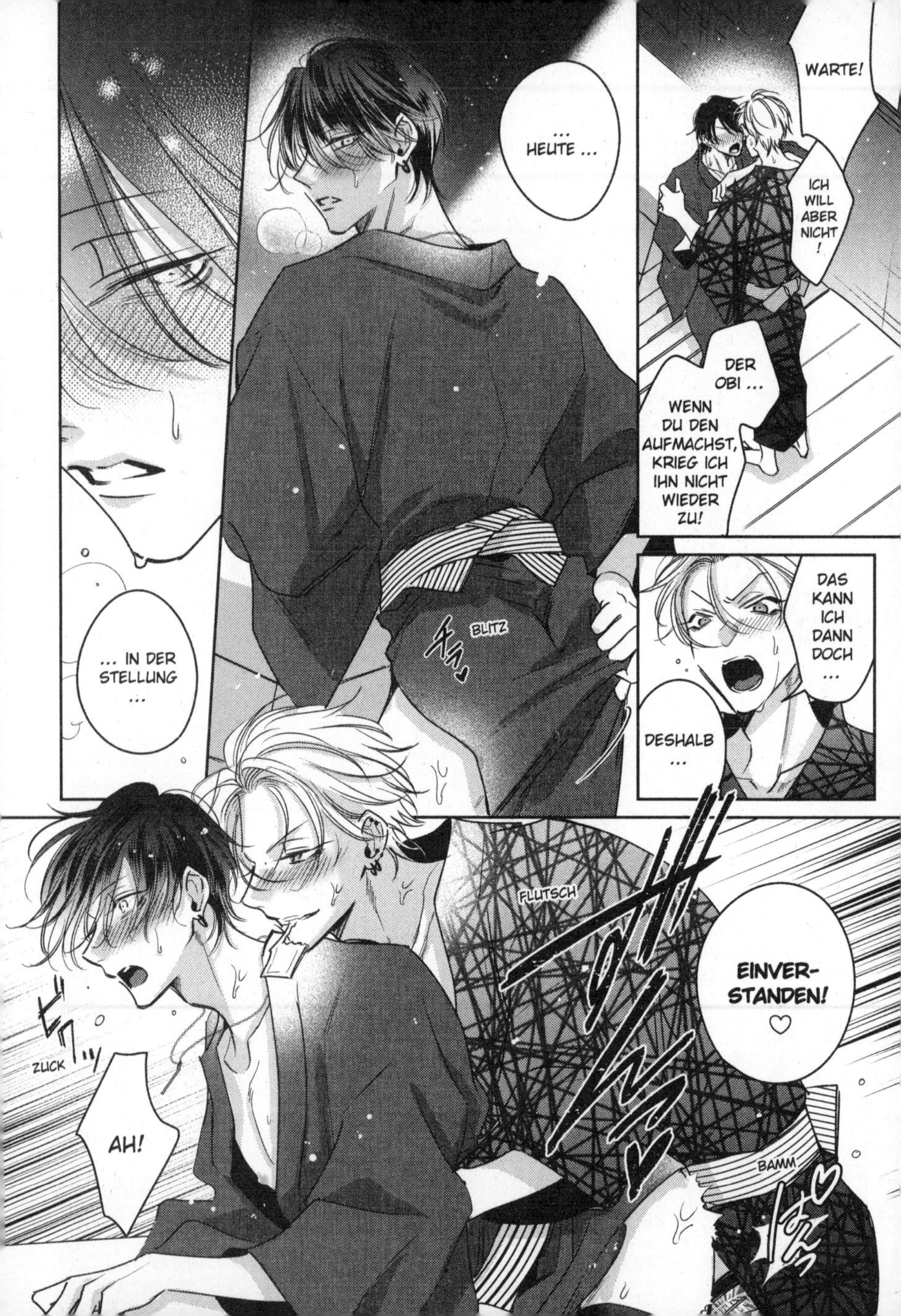

WARTE!
ICH WILL ABER NICHT!
DER OBI ...
WENN DU DEN AUFMACHST, KRIEG ICH IHN NICHT WIEDER ZU!
... HEUTE ...
... IN DER STELLUNG ...
BLITZ
DAS KANN ICH DANN DOCH ...
DESHALB ...
EINVERSTANDEN! ♡
FLUTSCH
BAMM
ZUCK
AH!

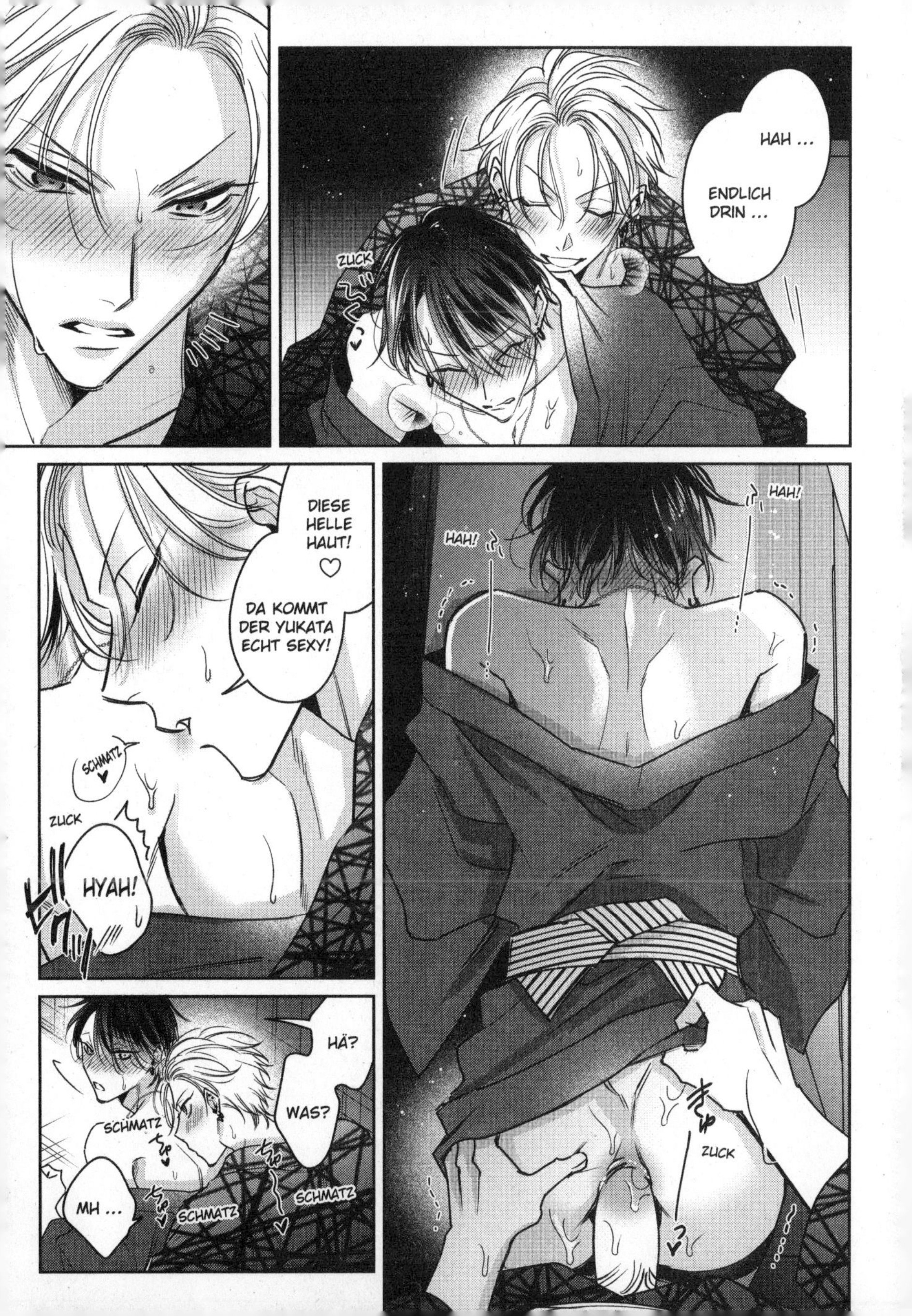

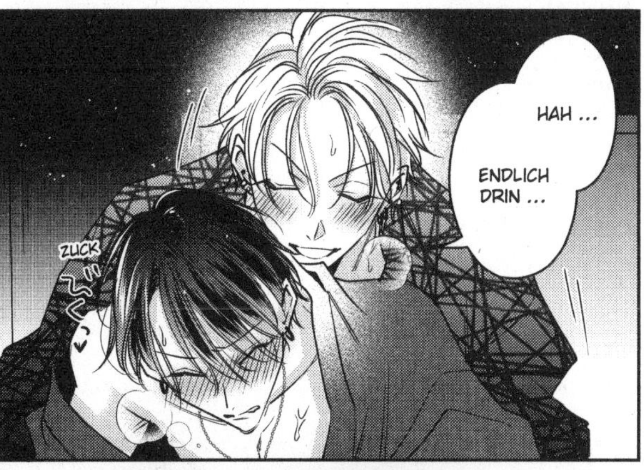
HAH …
ENDLICH DRIN …
ZUCK

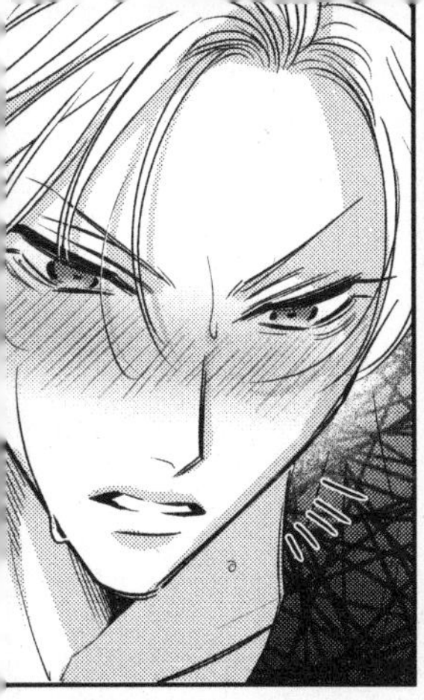

HAH!
HAH!
ZUCK

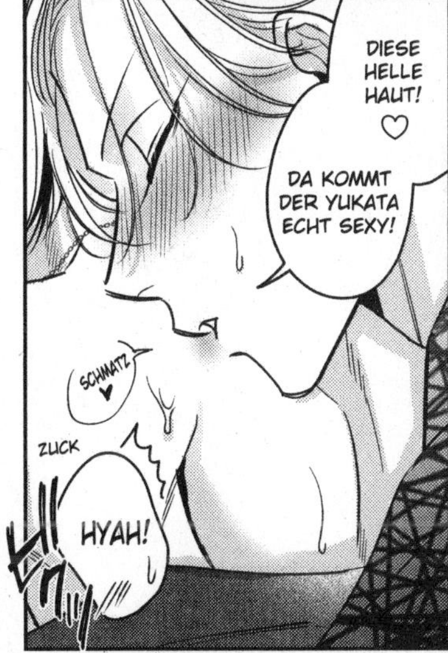
DIESE HELLE HAUT! ♡
DA KOMMT DER YUKATA ECHT SEXY!
SCHMATZ ♥
ZUCK
HYAH!

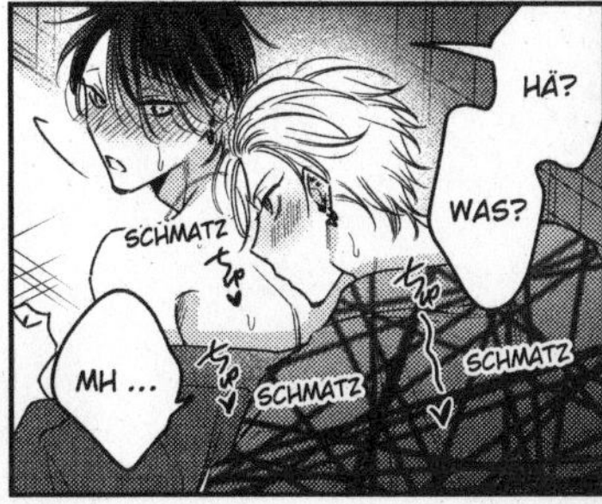
HÄ?
WAS?
SCHMATZ
SCHMATZ
SCHMATZ
MH …

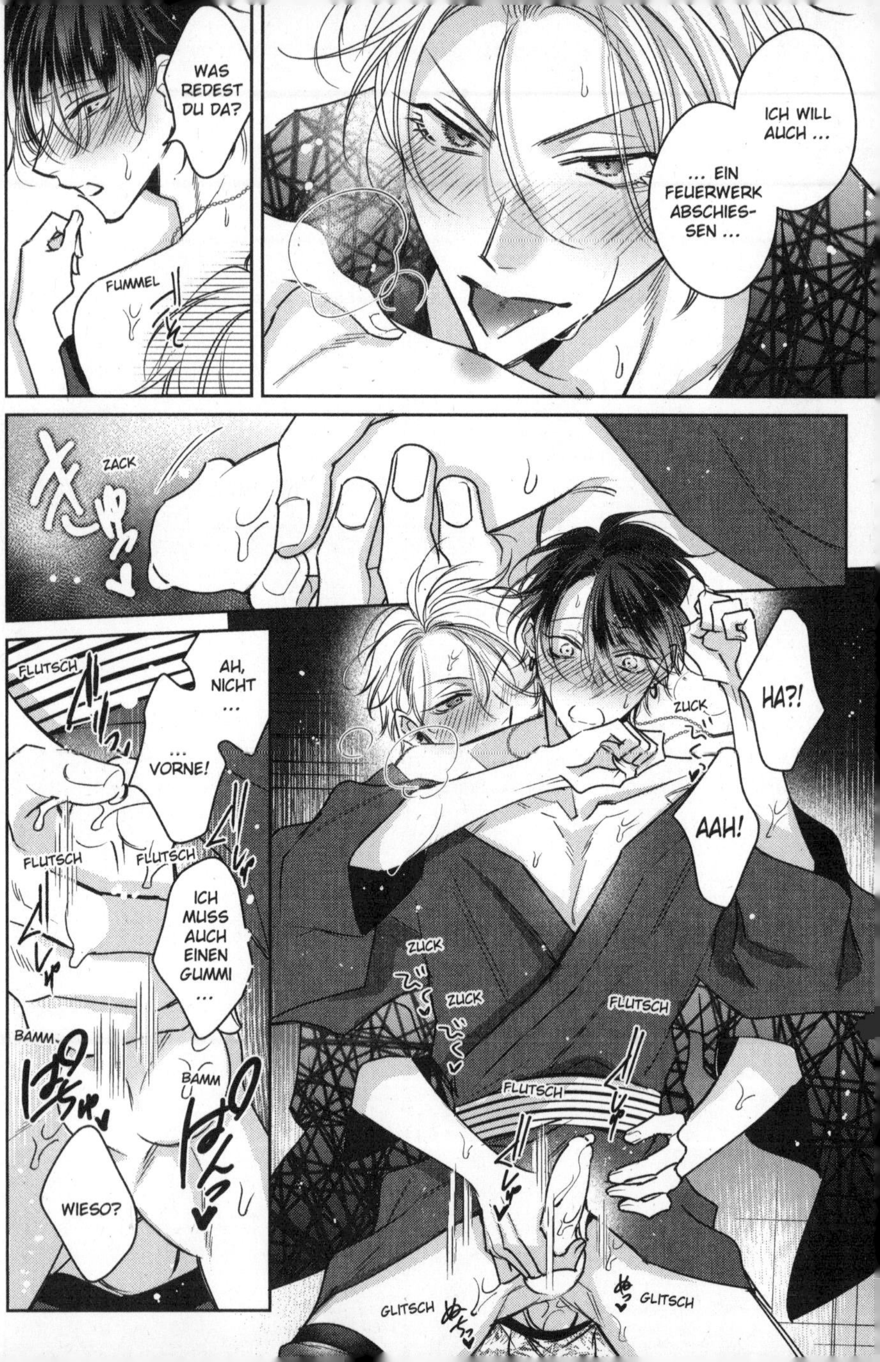

ICH WILL AUCH ...
... EIN FEUERWERK ABSCHIESSEN ...
WAS REDEST DU DA?
FUMMEL
ZACK
HA?!
ZUCK
AAH!
FLUTSCH
AH, NICHT ...
... VORNE!
FLUTSCH
FLUTSCH
ICH MUSS AUCH EINEN GUMMI ...
ZUCK
ZUCK
FLUTSCH
FLUTSCH
BAMM
BAMM
WIESO?
GLITSCH
GLITSCH

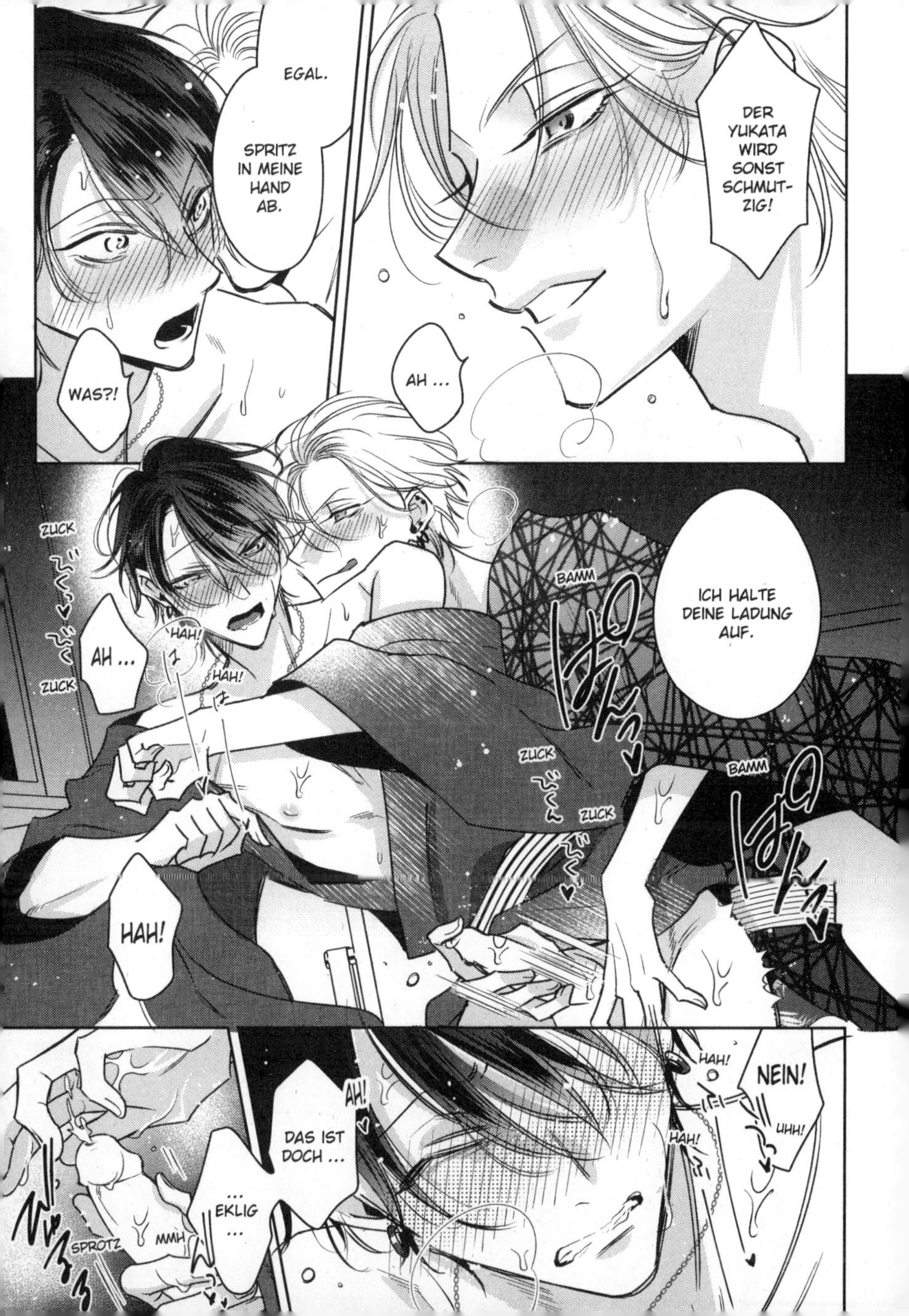
DER YUKATA WIRD SONST SCHMUTZIG!
EGAL.
SPRITZ IN MEINE HAND AB.
AH ...
WAS?!
ICH HALTE DEINE LADUNG AUF.
BAMM
BAMM
ZUCK
ZUCK
ZUCK
ZUCK
HAH!
HAH!
AH ...
HAH!
NEIN!
UHH!
HAH!
HAH!
AH!
DAS IST DOCH ...
... EKLIG ...
MMH
SPROTZ

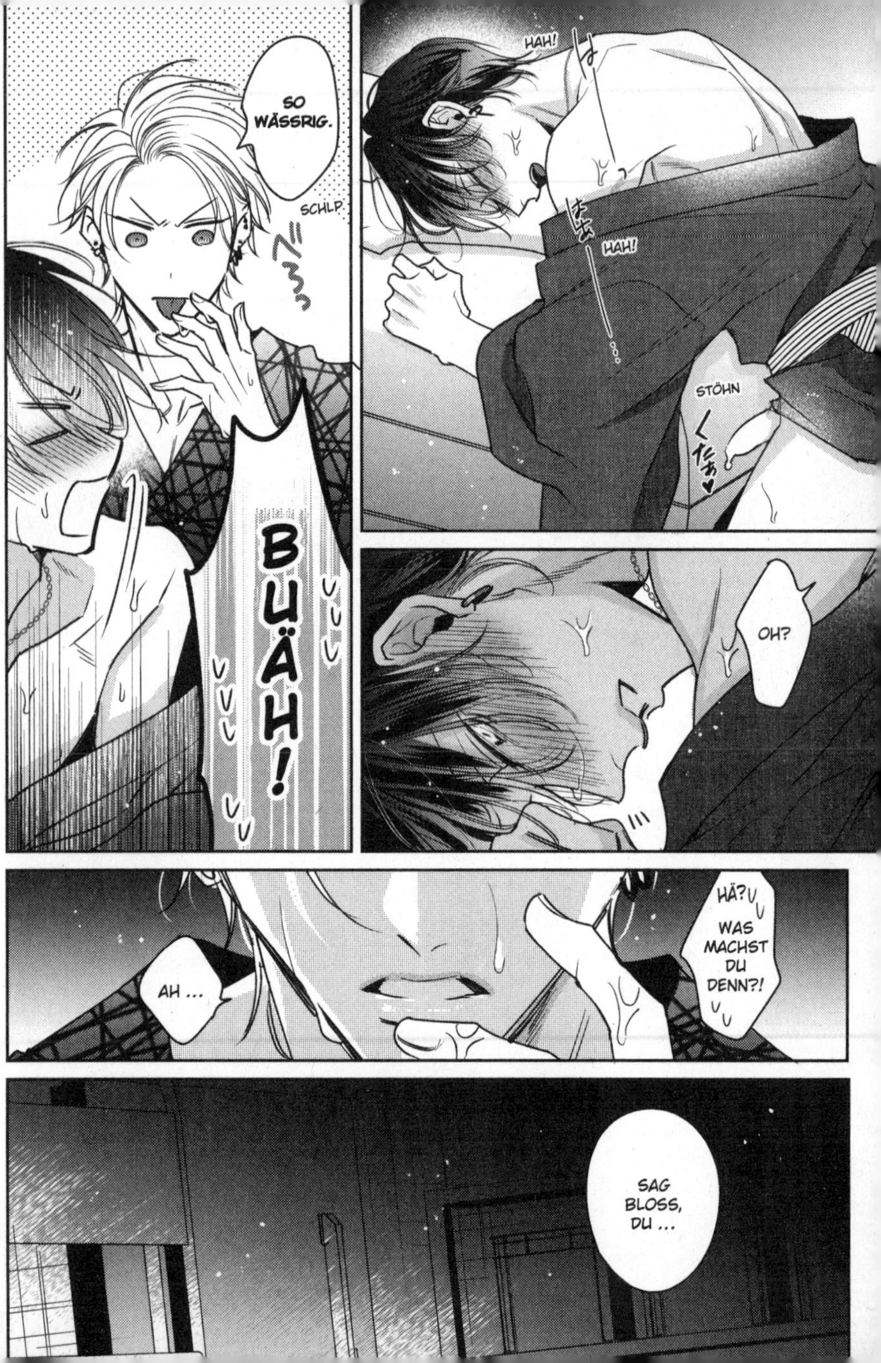

HAH!
HAH!
STÖHN
SO WÄSSRIG.
SCHLP
BUÄH!
OH?

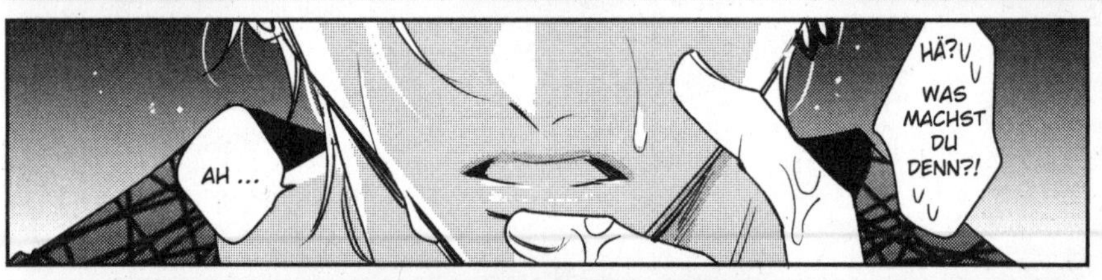

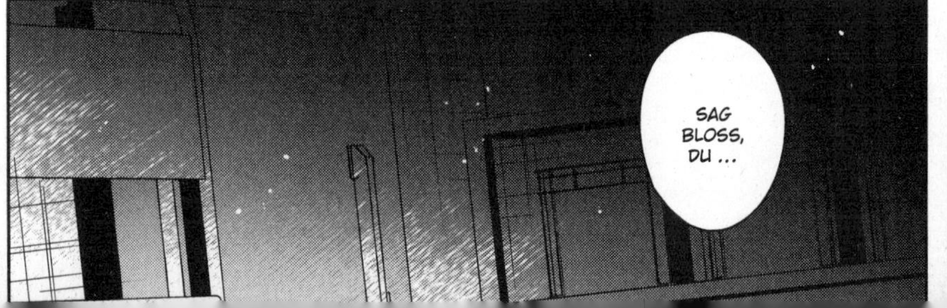

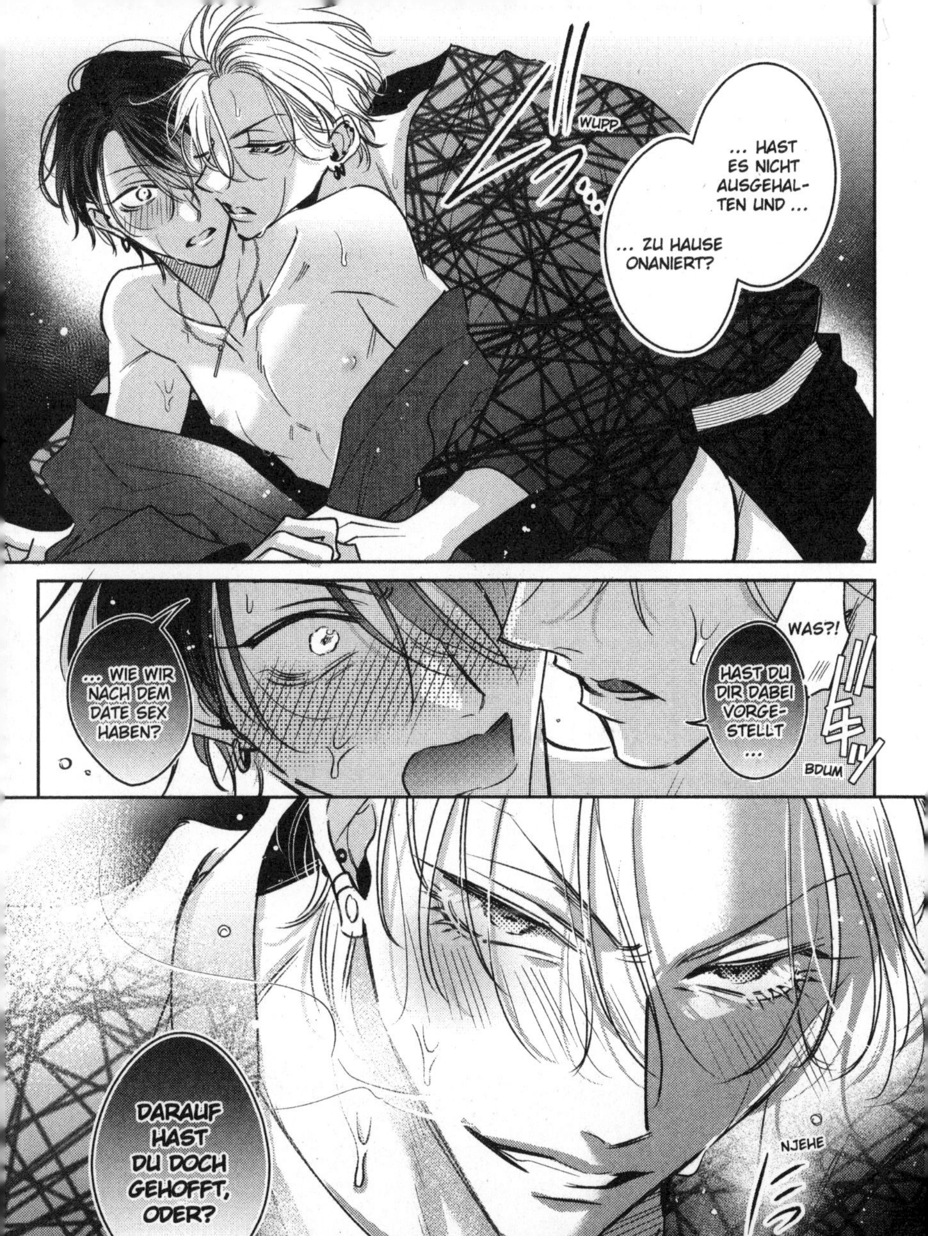

WUPP
... HAST ES NICHT AUSGEHALTEN UND ...
... ZU HAUSE ONANIERT?
WAS?!
HAST DU DIR DABEI VORGESTELLT ...
... WIE WIR NACH DEM DATE SEX HABEN?
BDUM
NJEHE
DARAUF HAST DU DOCH GEHOFFT, ODER?

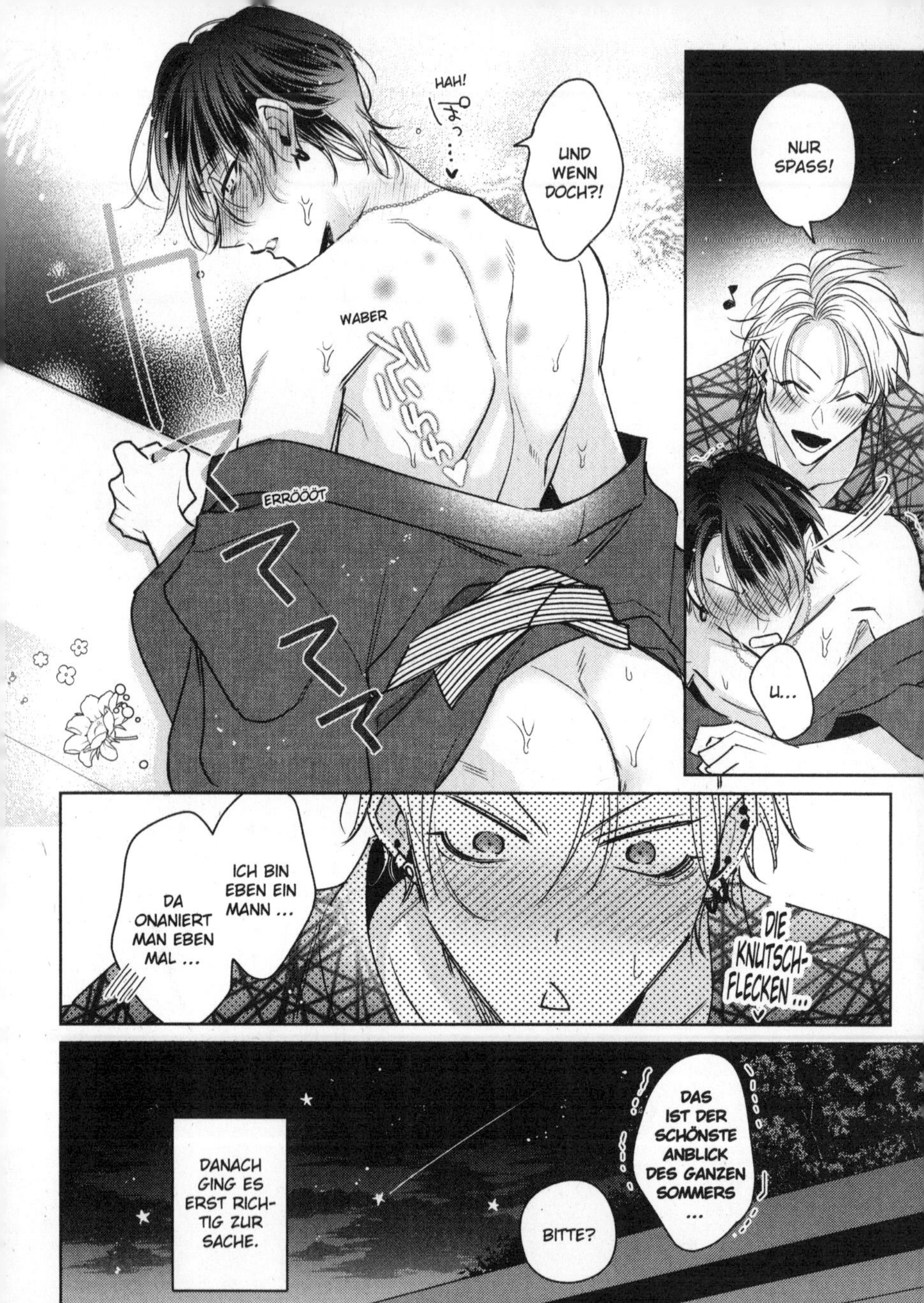

NUR SPASS!
U…
UND WENN DOCH?!
HAH!
WABER
ERRÖÖÖT
DIE KNUTSCH-FLECKEN …
ICH BIN EBEN EIN MANN …
DA ONANIERT MAN EBEN MAL …
DAS IST DER SCHÖNSTE ANBLICK DES GANZEN SOMMERS …
BITTE?
DANACH GING ES ERST RICHTIG ZUR SACHE.

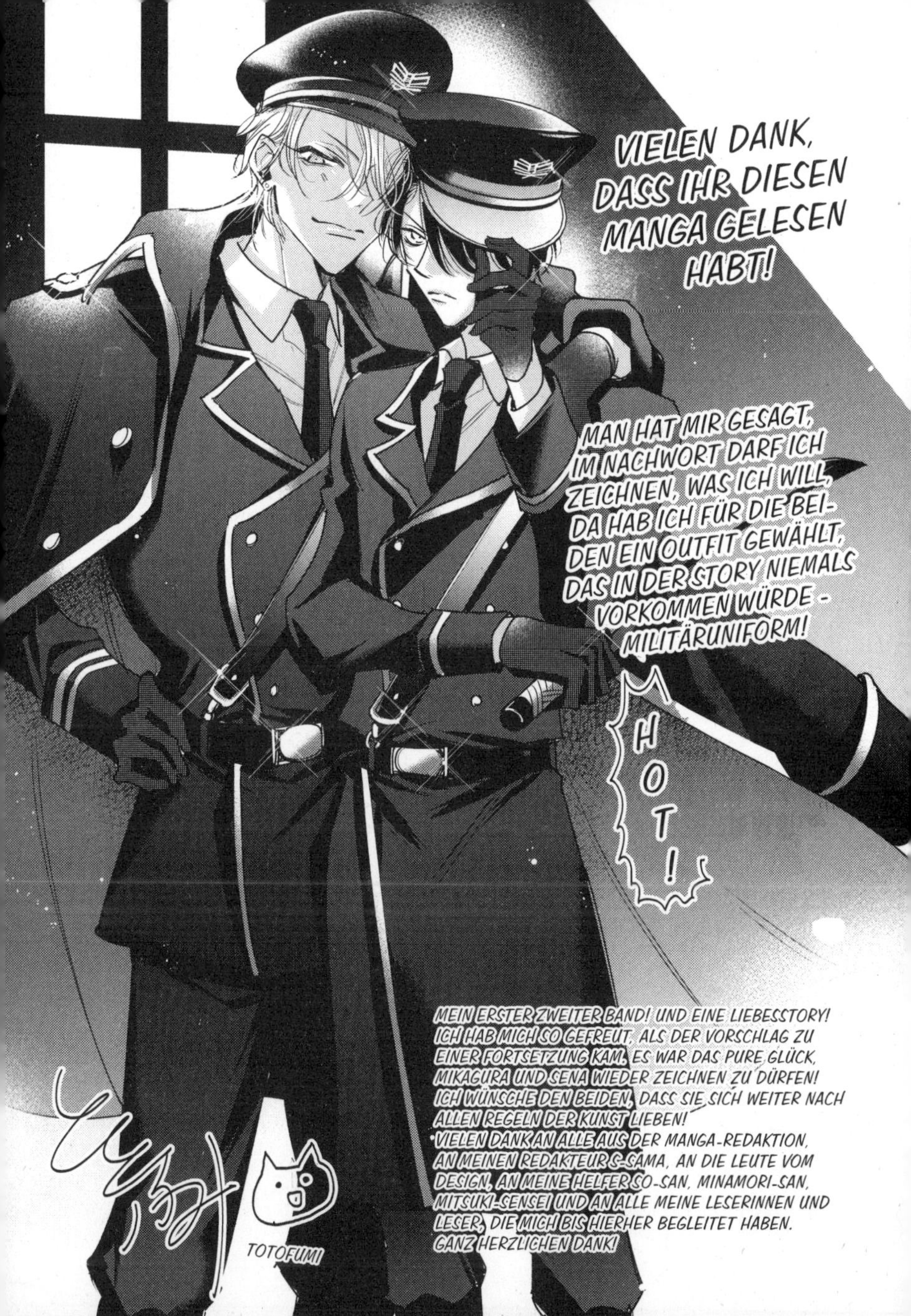
VIELEN DANK, DASS IHR DIESEN MANGA GELESEN HABT!
MAN HAT MIR GESAGT, IM NACHWORT DARF ICH ZEICHNEN, WAS ICH WILL, DA HAB ICH FÜR DIE BEIDEN EIN OUTFIT GEWÄHLT, DAS IN DER STORY NIEMALS VORKOMMEN WÜRDE - MILITÄRUNIFORM!
HOT!
MEIN ERSTER ZWEITER BAND! UND EINE LIEBESSTORY! ICH HAB MICH SO GEFREUT, ALS DER VORSCHLAG ZU EINER FORTSETZUNG KAM. ES WAR DAS PURE GLÜCK, MIKAGURA UND SENA WIEDER ZEICHNEN ZU DÜRFEN! ICH WÜNSCHE DEN BEIDEN, DASS SIE SICH WEITER NACH ALLEN REGELN DER KUNST LIEBEN!
VIELEN DANK AN ALLE AUS DER MANGA-REDAKTION, AN MEINEN REDAKTEUR S-SAMA, AN DIE LEUTE VOM DESIGN, AN MEINE HELFER SO-SAN, MINAMORI-SAN, MITSUKI-SENSEI UND AN ALLE MEINE LESERINNEN UND LESER, DIE MICH BIS HIERHER BEGLEITET HABEN. GANZ HERZLICHEN DANK!
TOTOFUMI

ACHTUNG!

Dieser Comic wird wie im Original gelesen:
von rechts nach links,
also fangt einfach von der anderen Seite des Buches an
und stürzt euch in die Welt von

KAMPF DER VERFÜHRERGIGANTEN

SCHÜRZENJÄGERLEGENDE VS. FUMMELKÖNIG

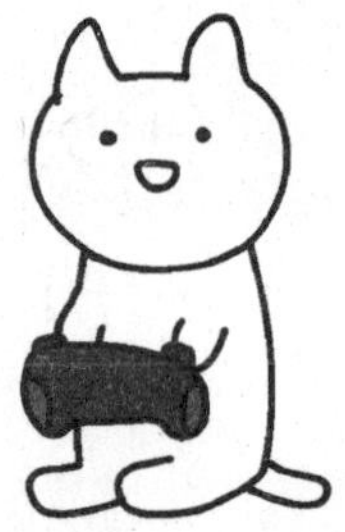

KAMPF DER VERFÜHRERGIGANTEN: SCHÜRZENJÄGERLEGENDE VS. FUMMELKÖNIG erscheint bei **PANINI MANGA**, Schloßstraße 76, D-70176 Stuttgart. KAMPF DER VERFÜHRERGIGANTEN: SCHÜRZENJÄGERLEGENDE VS. FUMMELKÖNIG wird unter Lizenz in Deutschland von PANINI Verlags-GmbH veröffentlicht. Druck: LEGO PRINT S.p.A. Direkt-Abos auf **www.paninimanga.de**. Geschäftsführer **Hermann Paul**, Publishing Director Europe **Marco M. Lupoi**, Finanzen/Logistik **Felix Bauer**, Marketing Director **Holger Wiest**, Marketing **Dr. Rebecca Haar, Jessica Langer**, Vertrieb **Alexander Bubenheimer**, PR/Presse **Steffen Volkmer**, Publishing Manager **Lisa Pancaldi**, Redaktion **Marlene Eggertsberger, Stephanie Jakob, Matthias Korn, Philipp Nakata, Daniela Uhlmann**, Übersetzung **Dorothea Klepper**, Proofreading **Julia Weisenberger**, grafische Gestaltung **Paola Locatelli, Rudy Remitti, Nicola Spano**, Art Director **Alessandro Gucciardo**, Redaktion Panini Comics **Elisa Panzani, Ludovica Ungari**, Prepress **Francesca Aiello, Andrea Bisi**, Repro/Packager **Alessandro Nalli** (coordinator), **Anna Boselli, Mario Da Rin Zanco, Valentina Esposito, Luca Ficarelli, Simone Guidetti, Linda Leporati, Fabio Melatti**. **ISBN** 978-3-7416-3812-1

2. Auflage

Digitale Ausgaben: ISBN 978-3-7569-0977-3 (.pdf) / ISBN 978-3-7569-0978-0 (.epub) / ISBN 978-3-7569-0979-7 (.mobi)

Bibliografische Information der Deutschen Nationalbibliothek
Die Deutsche Nationalbibliothek verzeichnet diese Publikation in der Deutschen Nationalbibliografie; detaillierte bibliografische Daten sind im Internet über dnb.d-nb.de abrufbar.